प्रज्ञा पुराण

ज्ञानामृतम्

चौधरी चरणसिंह विश्वविद्यालय, मेरठ की
संस्कृत में डी. लिट्. उपाधि हेतु
प्रस्तुत शोध प्रबन्ध
1996

शोधकर्त्री
डॉ. सुशीला देवी गुप्ता

Ratnakar
PUSTAK BHARATI
BOOKS-INDIA

Author : Dr. Sushila Devi Gupta, Ph.D (CCV Merath, India)
email : sushila.gupta@rogers.com

Title : Pragya Puran Gyanamritam

This classical work is based on Dr. Sushila Devi's research thesis submitted to the Meerut University for the degree of D. Lit. It is a wonderful exposition of the ancient traditions of the Vedas, Brahmanas, Aranyaks, Upanishads, Vedangas, Darshans, Sutras, Mahabharat and the puranas in sweet and simple language of the author. It encompasses the analysis of the linguistic styles, rhetoric and meters of the Vedic literature. मेरठ विश्वविद्यालय की डी. लिट् की उपाधि के लिये प्रस्तुत डा. सुशीला देवी के शोध प्रबंध पर आधारित यह का प्रज्ञा पुराण ग्रंथ वेद संहिता, ब्राह्मण ग्रंथ, आरण्यक, उपनिषद्, वेदांग, दर्शन, सूत्र साहित्य, महाभारत और पुराणों की परंपरा का सरल वाणी में दिग्दर्शन तथा पौराणिक साहित्य की भाषा, अलंकार और छंदों का विश्लेशण है ।

Sanskrit Editing :
Prof. Ratnakar Narale

Published by :
Pustak Bharati (Books-India),
.

Copyright ©2014

ISBN 978-1-897416-70-9

© All rights reserved. No part of this book may be copied, reproduced or utilised in any manner or by any means, computerised, e-mail, scanning, photocopying or by recording in any information storage and retrieval system, without the permission in writing from the author.

समर्पण

आधुनिक युग के वेदव्यास युगऋषि आचार्यप्रवर परम पूज्य गुरुदेव आचार्य श्रीराम शर्माजी एवं वंदनीय माताजी के श्री चरणों में श्रद्धायुक्त समर्पित ।

तन समर्पित, मन समर्पित और यह जीवन समर्पित । पूज्यवर इससे अधिक कुछ और देना चाहती हूँ ।
क्या दूँ?
भाव पुष्प लेकर आयी हूँ । इनको ही स्वीकार करो ।
यह तो वस्तु तुम्हारी ही है । ठुकरा दो या प्यार करो ।
त्वदीय वस्तु गोविन्दं तुभ्यमेव समर्पये ।

[illegible]

[illegible]

17-3-56

गायत्रीतीर्थ शान्तिकुञ्ज

नैतिक, बौद्धिक एवं सांस्कृतिक पुनरुत्थान का एक रचनात्मक अभियान

डॉ. प्रणव पण्ड्या
प्रमुख - अखिल विश्व गायत्री परिवार
कुलाधिपति - देव संस्कृति विश्वविद्यालय
संपादक - अखण्ड ज्योति

शैलबाला पण्ड्या
सुपुत्री - माता भगवती देवी शर्मा
वेदमूर्ति तपोनिष्ठ पं.श्रीराम शर्मा आचार्य

24 जनवरी 2015
वसन्त पंचमी

शुभ कामना संदेश

अन्यो न दृष्टः सुखदो हि मार्गः, पुराण मार्गो हि सदा वरिष्ठः। शास्त्रं विना सर्वमिदं न भाति, सूर्येण हीना इव जीवलोकाः॥ (शिवपुराण, उमा संहिता-अध्याय-13) अर्थात पुराण मार्ग सर्वदा श्रेष्ठ रहा है। दूसरा कोई भी मार्ग इतना सुखद दृष्टिगोचर नहीं होता। जैसे सूर्य के बिना समस्त जीव लोक प्रकाशविहीन रहता है उसी प्रकार पुराण शास्त्र के बिना यह सब कुछ अंधकार में डूबा रहता है। शिवपुराण के इस श्लोक का समर्थन करते हुए परम पूज्य गुरुदेव प्रज्ञापुराण की भूमिका में लिखते हैं-'दार्शनिक और विवेचनात्मक प्रवचन-प्रतिपादन उन्हीं के गले उतरते हैं, जिनकी सुविकसित मनोभूमि है, परन्तु कथानकों की यह विशेषता है कि बाल, वृद्ध, नर-नारी, शिक्षित-अशिक्षित सभी की समझ में आते हैं और उनके आधार पर किसी निष्कर्ष तक पहुँच सकना सम्भव होता है। कथा साहित्य की लोकप्रियता की सर्वविदित है। प्राचीन काल में 18 पुराण लिखे गये। उनसे भी काम न चला तो 18 उप-पुराणों की रचना हुई। इन सब में कुल मिलाकर 10,000,000 श्लोक हैं, जबकि चारों वेदों में मात्र बीस हजार मंत्र हैं। इसके अतिरिक्त भी संसार भर में इतना कथा साहित्य सृजा गया है कि उन सबको एक तराजू के एक पलड़े पर रखा जाय और अन्य साहित्य को दूसरे पर तो कथायें भारी पड़ेंगी।'

प्रज्ञापुराण सृजन करने के मूल उद्देश्य के बारे में परम पूज्य गुरुदेव लिखते हैं- स्वाध्याय शिक्षितों तक सीमित है। यदि उसका लाभ अशिक्षितों को भी देना हो तो उसको सत्संग रूप में परिणत करने के अतिरिक्त और कोई चारा नहीं। सत्संग के निमित्त व्यक्तिगत परामर्श देने की अपेक्षा यह कहीं अधिक उत्तम है कि प्रावनी कथा-पुराणों, इतिहासों के सन्दर्भ देकर उन विचारों की पुष्टि की जाय जो रूखे प्रतिपादन द्वारा प्रस्तुत किये जाते हैं। दृष्टांत उदाहरण अधिक प्रभावशाली होते हैं और स्मरण बहुत समय तक बने रहते हैं इसमें सन्देह नहीं। प्रज्ञा पुराण में इन्हीं बातों का ध्यान रखा गया है।

यह जानकर प्रसन्नता है कि डॉ0सुशीला गुप्ता ने चौधरी चरण सिंह विश्वविद्यालय मेरठ की संस्कृत में डी0लिट् उपाधि हेतु शोध प्रबंध का 1996 में विषय चुना 'प्रज्ञा पुराणः एक अध्ययन'। इसके द्वारा परम पूज्य गुरुदेव पं0श्रीराम शर्मा आचार्य जी की अमर साधना तथा साहित्यिक देन को बड़े ही गरिमापूर्ण ढ़ंग से प्रस्तुत किया है।

प्रथम अध्याय-विषय प्रवेश में पुराण का स्वरूप विवेचन एवं महत्व, पौराणिक परम्परा में प्रज्ञा पुराण का स्थान एवं आचार्य श्रीराम शर्मा के व्यक्तित्व एवं कृतित्व का संक्षिप्त परिचय है वहीं द्वितीय अध्याय में प्रज्ञापुराण की संरचना एवं उसका विवेचन प्रस्तुत किया गया है। तृतीय अध्याय में सांस्कृतिक चित्रण के अन्तर्गत वर्णाश्रम धर्म, संस्कार पर्व एवं यज्ञादि कर्मकाण्ड की महत्ता प्रतिपादित की गई है। चतुर्थ अध्याय में दार्शनिक तत्व, सृष्टि उत्पत्ति, प्रकृति जीव, ईश्वर, स्वर्ग-नरक, मोक्ष एवं पुनर्जन्म आदि का विवेचन है, पंचम अध्याय में नैतिक तत्वों की महत्ता अंकित है। षष्ठ अध्याय में परम्परागत प्राचीन पुराणों एवं प्रज्ञापुराण की तुलनात्मक समीक्षा की गई है। प्रथम खण्ड में पृष्ठ 21 से लेकर 38 तक परम पूज्य गुरुदेव के व्यक्तित्व एवं कृतित्व को बड़े ही सुंदर ढ़ंग से दर्शाया है।

संस्कार एवं पर्व प्रकरण में प्रज्ञापुराण के इस अंश को बड़े ही सुन्दर ढ़ंग से लिया गया है-**लोक मानस संस्थास्थाः शक्या कर्तुं परम्पराः। बहूनि सन्ति पर्वाणि दशमुख्यानि तेषु ते॥** प्र0पु04.3.45 अर्थात दस संस्कारों की तरह बसन्त पंचमी, शिवरात्रि, होली, रामनवमी, गायत्री जयन्ती, गुरुपूर्णिमा, श्रावणी, जन्माष्टमी, विजयादशमी, दीपावली हैं। इन पर्वों को सोत्साह मनाने से सुसंस्कार एवं सत्प्रवृत्तियों की वृद्धि होती है।

उपसंहार की इन पंक्तियों में परम पूज्य गुरुदेव के प्रति अटूट श्रद्धा का भाव प्रकट होता है-'प्रज्ञा पुराण की भाषा एवं रचना शैली भी लेखक की विलक्षण प्रतिभा की परिचायक है। सर्वत्र व्याकरण सम्मत, प्रौढ़, प्रांञल एवं भावानुकूल है एवं सरल, सुबोध, सुगम्य होने के कारण समान्यजन को प्रभावित करने में सक्षम है। प्रज्ञा पुराण का मुख्य उद्देश्य है लोक-कल्याण। मानव का कल्याण भगवत प्राप्ति से ही संभव है और भगवत्प्राप्ति आत्म-ज्ञान द्वारा ही हो सकती है। आत्म ज्ञान उपासना, साधना तथा आराधना अथवा ज्ञान भक्ति एवं कर्म के समन्वय से उपलब्ध होता है। अलंकारों का स्वाभाविक प्रयोग प्रज्ञा पुराण में उपलब्ध है। इस दृष्टि से आचार्य जी का भाषा पर पूर्ण अधिकार है। प्रसंगानुकूल स्थलों पर वे भाषा के सौंदर्य बोध की श्रीवृद्धि करते हैं। इनकी शैली, अनलंकृत, भावनात्मक एवं प्रसाद गुण से परिपूर्ण एवं संवादात्मक है। ' प्रज्ञा पुराण महान साधक युग निर्माता महाकवि की समग्र प्रतिभा को विशिष्ठ रूप से अपने जीवन में धारण और निर्वहण करने वाले सफल सार्थक कवि पूज्य गुरुदेव की श्रेष्ठतम कृति है, जो काव्यगत समस्त विशिष्ठताओं से ओत प्रोत है। इसमें पारिवारिक, सामाजिक, राजनीतिक, धार्मिक और सांस्कृतिक आदर्शों का निरूपण है, जिसमें रचना की जीवन्तता, लोकप्रियता और प्रभावोत्पादकता आ गई है।

सम्पूर्ण ग्रन्थ में प्रज्ञापुराण के श्लोकों का बड़ी संख्या में संदर्भ दिया गया है। इसके अतिरिक्त अखण्ड ज्योति सहित सैकड़ों ग्रन्थों, वेद, पुराण उपनिषदों को भी गूंथा गया है। यह शोध ग्रंथ समस्त विश्वविद्यालय के पुस्तकालयों के लिए अत्यंत ही उपयोगी एवं शोधार्थियों को मार्गदर्शन देने वाला है।

''प्रज्ञा पुराणः एक अध्ययन' के प्रकाशन पर डॉ0सुशीला गुप्ता के दीर्घायुष्य की कामना सहित उनके सहयोगियों को हार्दिक बधाई। **बसन्त पर्व एवं भावी 'कीलक' नवसंवत्सर 2072** के उपलक्ष्य में सभी स्नेहीजनों के मंगलमय जीवन की शुभकामना ऋषियुग्म की ओर से स्वीकार करें।

प्रणव पण्ड्या

(डॉ. प्रणव पण्ड्या)

(शैलबाला पण्ड्या)

हरिद्वार - 249411 (उत्तराखण्ड) भारत
फोन : (1334) 260602, 260309, 261328 • फैक्स : (1334) 260866
वेब साईट : www.awgp.org • ई-मेल : shantikunj@awgp.org

ॐ भूर्भुवः स्वः

मंगल कामना

श्री प्रज्ञापुराण ज्ञानामृतम् पुस्तक, समय की माँग के अनुरूप, दिव्य प्रेरणा और नैष्ठिक पुरुषार्थ के सुसंयोग के परिणाम स्वरूप विकसित हुई है। इसमें युगऋषि के स्नेहिल आशीर्वाद और आदरणीया सुशीला जीजी के नैष्ठिक तप-पुरुषार्थ का सुन्दर समन्वय है। मनुष्य मात्र के लिए ~~[illegible]~~ उज्ज्वल भविष्य रचने की ईश्वरीय योजना क्या है? उसमें जन-जन की भागीदारी कैसे संभव है? उसके सत्परिणाम किस प्रकार उभरेंगे? इन सभी जिज्ञासाओं के समाधान प्रज्ञापुराण में सन्निहित हैं। अध्ययनशील विवेकी जन इसका भरपूर लाभ उठा सकते हैं और चाहें तो जन सामान्य को भी इससे लाभान्वित कर सकते हैं।

आदरणीया सुशीला जीजी ने ढलती अवस्था में एक ऐसा पुरुषार्थ कर दिखाया है जो चढ़ती अवस्था के पुरुषार्थियों के लिए भी प्रेरणादायक सिद्ध होगा। ~~[illegible]~~ युगऋषि के प्रति उनकी श्रद्धा, सतत अध्ययन से उभरी प्रज्ञा और सत्पुरुषार्थ के प्रति उनकी अदम्य निष्ठा के परिणाम स्वरूप यह पुस्तक प्रकाशित हो रही है। इसमें उन्होंने अपने पुरुषार्थ और संवेदनशीलता से ही अपने प्रभावशील व्यक्तित्व से अन्य समर्थ सहयोगियों को भी इस पुण्य प्रयोजन में भागीदार बनाया। वे सभी हार्दिक साधुवाद के पात्र हैं। परमात्मा से विनम्र प्रार्थना है कि इस लोककल्याणकारी कार्य में नैष्ठिक भागीदारी निभाने वाले सभी जन अक्षय पुण्य तथा पावन सुयश के अधिकारी बनें।

विनीत
वीरेश्वर उपाध्याय

ॐ भूर्भुवः स्वः तत्सवितुर्वरेण्यं भर्गो देवस्य धीमहि धियो यो नः प्रचोदयात्

युग निर्माण योजना विस्तार ट्रस्ट

नैतिक एवं सांस्कृतिक पुनरुत्थान का रचनात्मक अभियान

संस्थापक-संरक्षक :

वेदमूर्ति तपोनिष्ठ पं.श्रीराम शर्मा आचार्य
शक्तिस्वरूपा माता भगवती देवी शर्मा

गायत्री तपोभूमि,
मथुरा-281003

शुभकामना संदेश

दिनांक : 23-01-2015

देखा गया है कि प्रवचनकर्त्ता गूढ़ विषयों पर उद्‌बोधन देते समय जिस विधा का उपयोग करते हैं, वह अधिकांश श्रोताओं की समझ से परे होता है। वेदों में भी जो सूत्र दिये गए हैं, वे सामान्य लोगों की समझ में नहीं आते। भिन्न-भिन्न समय की परिस्थितियाँ भी भिन्न-भिन्न होती हैं। उस समय के ऋषि उस समय में व्याप्त समस्याओं का समाधान भिन्न-भिन्न कथानकों के माध्यम से प्रस्तुत करते रहे हैं। इस प्रकार प्राचीन काल में अठारह पुराण लिखे गये। कालांतर में अठारह उप पुराणों की भी रचना हुई।

युग द्रष्टा परमपूज्य गुरुदेव ने इस युग की समस्याओं का समाधान प्रस्तुत करने के लिए उन्नीसवें पुराण, प्रज्ञा पुराण की रचना की जिसके चार खण्डों में लोक कल्याण, अध्यात्म दर्शन, अजस्र अनुदान, संयमशीलता, कर्त्तव्यपरायणता, उदार भक्तिभावना, सत्साहस-संघर्ष, युगान्तरीय चेतना, लीला संदोह, देव मानव, धर्म, सत्य, विवेक, अनुशासन-अनुबंध, सौजन्य-पराक्रम, सहकार-परमार्थ, परिवार-व्यवस्था, गृहस्थ-जीवन, नारी-माहात्म्य, शिशु-निर्माण, वृद्धजन माहात्म्य, सुसंस्कारिता-संवर्धन, विश्व परिवार, देव-संस्कृति, वर्णाश्रम धर्म, पर्व माहात्म्य, तीर्थ, देवालय, मरणोत्तर जीवन, आस्था संकट आदि युगीन विषयों का विवेचन करते हुए वे इस निष्कर्ष पर पहुँचे कि दसवें अवतार प्रज्ञावतार के अवतरण की भूमिका का ठीक यही समय है। युगसंधि के इस प्रभातपर्व पर, महा प्रज्ञा के रूप में आद्यशक्ति गायत्री ही अब युगशक्ति बनने जा रही है।

हमारा मानना है कि वेदों की बात सरल ढंग से आज के लोगों की समझ में आए, इसका एक सफल प्रस्तुतीकरण है--प्रज्ञापुराण! इसी प्रज्ञा पुराण पर आपने चौ. चरण सिंह विश्व विद्यालय, मेरठ से डी. लिट. की उपाधि प्राप्त की, जिस शोध प्रबंध का विषय था **'प्रज्ञापुराण—एक अध्ययन'**। यह महत्त्वपूर्ण सामग्री जन-जन के काम आए--इस उद्देश्य से आप इसे एक ग्रंथ के रूप में प्रकाशित करा रही हैं, यह जानकर प्रसन्नता हुई। आपको हार्दिक मंगल कामनाएँ।

हमें पूरा विश्वास है कि पाठकों को इससे प्रेरणा एवं नई दिशा मिलेगी और वे पूज्यवर के युग निर्माण योजना अभियान के सफल संवाहक सिद्ध होंगे।

आपका भाई

प्रति,

डॉ. सुशीला गुप्ता
टोरन्टो, कनाडा

(मृत्युंजय शर्मा)

फोन : (0565) 2530128, 2530399 . फैक्स : (0565) 2530200. मो. : 09927086287, 09927086289 - ई-मेल : yugnirman@awgp.org

FOREWORD

Lord Shri Krishna has said beautiful verses to Arjuna, illuminating and highlighting the essence of Bhakti yoga in the chapter twelve of the Gita.

मे परमोपदेशं यो भद्रजनेषु वक्ष्यति ।
भक्तिं मे प्राप्य तस्मात्स मामेष्यति न संशय: ।।
चौपाई॰ परम गुह्य ये जो बाँचेगा, प्रिय भक्तों में जो नाचेगा ।
पाकर मेरी भक्ति चरम वो, मुझे मिलेगा भक्त परम वो ।।
दोहा॰ कहे परम तम गुह्य ये, भद्र जनों में आप ।
प्रसाद मेरा है उसे, उसके जल कर पाप ।। 418/3735

He/she who listens to my righteous saying,
he/she who tells and propagates the nectar among righteous people,
he/she having earned my favor attains me, no doubt.

The sermon of Pragya Purana were delivered by Gayatri Mata Herself, to Acharya Shriram Sharma ji for removal of the misconceptions and divisions in the society, for the benefit of the mankind.

The essence of this philosophy is contained in the Vedas, Aranyakas, Puranas, Brahmanas, Brahmasutras, Upanishads and Bhagvad-Gita. Dr. Sushila Devi ji has extracted the Divine nectar (Amritam अमृतम्) from the teachings of Acharya ji and presented it in sweet and simple Hindi languages, with Sanskrit quotations and references for educating and enlightening the curious and receptive minds.

In today's world, infected with corruprion of every kind, violence against women and children and delusion of modern values, the greed and illusions have devastated people's thinking. People are struggling to fulfill their desire, striving for more and more, but in the process they are losing their peace and happiness. To face this situation, Pragya Puran teaches us to have faith in the Gayatri Mata, and to engage in righteous deeds. Pragya Purana shows us the path of Sadbuddhi (right thinking) which is based on the ancient values of our Sanatan Sanskriti (Indian civilization) as taught by the great sages, seers, rishis and maharishis.

I am deeply impressed by the dedication and scholarship of Dr. Sushila Devi ji which shows her commitment to the sacred objective of the book. I feel that the grace of Mata Gayatri is on the author of this book.

Ratnakar Narale,
Prof. Hindi, Ryerson University, Toronto.

वेदवाणीसमायुक्तं श्लोकछन्दैरलंकृतम् ।
उपकृतं सरस्वत्या ज्ञानदं पुण्यदं शुभम् ।।

शास्त्रं तत्प्रज्ञया दत्तं प्रज्ञापुराणमुच्यते ।
प्रज्ञापुराणज्ञाता स ज्ञानी पापात्प्रमुच्यते ।।

रत्नाकर:

प्रज्ञा पुराण: एक अध्ययन

चौधरी चरणसिंह विश्वविद्यालय, मेरठ की
संस्कृत में डी. लिट्. उपाधि हेतु
प्रस्तुत शोध प्रबन्ध
1996

शोधकर्त्री:
डॉ. सुशीला देवी
अवकाश प्राप्त वरिष्ठ प्रवक्ता, हिन्दी
आर्य कन्या स्नातकोत्तर महाविद्यालय हापुड़

आत्मनिवेदन

गुरुर्ब्रह्मा गुरुर्विष्णुर्गुरुर्देवो महेश्वरः ।
गुरुर्देवः परब्रह्म तस्मै श्रीगुरवे नमः ॥

गुरु ही ब्रह्मा हैं गुरु ही विष्णु हैं, गुरु ही महेश्वर तथा वे ही परब्रह्म हैं। इस स्तुति को बाल्यकाल से ही शुकवत् न जाने कितनी बार दोहराया होगा, किन्तु इस तथ्य की वास्तविक अनुभूति तब हुई जब परम पूज्य गुरुदेव आचार्य श्रीराम शर्माजी के दर्शनों का सौभाग्य प्राप्त हुआ। पूर्व जन्मों के संचित पुण्यों का फल, परम पिता एवं माताजी गायत्री की असीम अनुकम्पा, एवं पूर्वजों के आशीर्वाद से मैं उन चरणों तक पहुँची और उनके हिमालय जैसे विराट् तथा समुद्र जैसे गंभीर व्यक्तित्व से प्रभावित हो उनके सत्साहित्य पयोनिधि के रसामृत का पान करने की इच्छा मन में जागृत हो उठी।

पूज्य श्री के सम्मुख भाव प्रकट करने का साहस नहीं हो रहा था किन्तु अन्तर्यामी गुरुदेव ने संभवत: मेरे मन की भावना को समझ लिया, पूछा–"कहाँ तक पढ़ी हो?" मैं अभिभूत सी हो उठी, उनके चरणों का स्पर्श करते हुए अनायास ही मेरे मुख से निकल पड़ा–"पूज्यश्री" मेरी अब तक की पढ़ाई केवल शिक्षा मात्र थी जिसका उपयोग मैंने अध्यापन कार्य कर अर्थोपार्जन हेतु किया है किन्तु अब मैं शान्तिकुञ्ज विश्वविद्यालय में प्रवेश लेकर विद्यामृत का पान करना चाहती हूँ, कृपया मुझे आशीर्वाद दें।"

पूज्य गुरुदेव ने अपना वरद् हस्त मेरे शीश पर रख कर मुझे आशीर्वाद दिया और वन्दनीया माताजी शान्तिकुञ्ज की संचालिका तथा श्रद्धेय भ्राता श्री प्रणव जी से मिलने का आदेश दिया। उस समय पूज्य माता जी के रूप में जगदम्बे भगवती तथा माता सरस्वती का आशीर्वाद प्राप्त हुआ और आदरणीय भ्राता प्रणव जी के रूप में गुरुदेव साकार परब्रह्म बन कर विराट् रूप में प्रकट हुए। उन्होंने अपना अमूल्य समय एवं अमूल्य सुझाव देकर प्रज्ञा पुराण मेरे हाथ में दे दिया। मैं उन्हें कोटिशः प्रणाम करती हूँ। इस ग्रंथ को लेकर शान्तिकुञ्ज में ही मैं अपने अग्रज तुल्य श्रद्धेय श्री वीरेश्वर उपाध्याय जी एवं आदरणीय भ्राता श्री चन्द्रभूषण जी मिश्र से मिली तो उनके स्वरूप में गुरुदेव का साक्षात्कार शिव रूप में हुआ और उन्होंने मुझे प्रोत्साहित ही नहीं किया अपितु उसकी रूपरेखा बनाने में मेरा मार्ग दर्शन भी किया। सौभाग्यवश उसी संध्या को शान्तिकुञ्ज के प्रवचन कक्ष में सांस्कृतिक कार्यक्रम के अन्तर्गत सूत शौनक परम्परा का अनुसरण करने वाले मान्यवर भाई साहब श्री श्यामसुन्दर दूबे जी ने प्रज्ञा पुराण की सारगर्भित कथा इतनी मनोरंजक शैली में सुनाई कि श्रोतागण मंत्रमुग्ध हो गये। इस प्रकार गुरुदेव की सत्प्रेरणा पाकर जब मैंने इस विषय में शान्तिकुञ्ज के वरिष्ठ चिकित्सक पूज्य भ्राता डॉ. रामप्रकाश पाण्डेय से बात कीं तो उन्होंने भगवान श्रीराम के रूप में आशीर्वाद दिया। मैं उन सब को बारम्बार नमन करते हुए उनके प्रति आभार प्रकट करती हूँ। सौभाग्यवश इसी समय डॉ. संतोष शर्मा का शोध ग्रंथ ''भागवत पुराण का साहित्यिक अनुशीलन'' मुझे प्राप्त हुआ और मेरे हृदय में भागवत पुराण की भाँति प्रज्ञा पुराण को विद्वत्समाज के सम्मुख प्रस्तुत करने की इच्छा प्रबल हो उठी।

मैंने आद्योपरान्त इस ग्रंथ का अध्ययन करते हुए अनुभव किया इस युग के लिए यह कृति रामायण, गीता एवं भागवत पुराण के समान ही प्रेरणाप्रद सिद्ध हो सकती है। इस अनुपम कृति को विद्वज्जनों के दृष्टि पथ में लाने हेतु शोध कार्य करने की इच्छा से मैं संस्कृत के मनीषियों एवं विद्वानों से मिली। यह कार्य मेरे लिए सरल न था किन्तु गुरुदेव पग-पग पर सूक्ष्म रूप में मेरा मार्गदर्शन कर रहे थे। मेरे इस दुरूह कार्य की बाधा दूर करने के लिए वे श्री डॉ. गणेशदत्तजी शर्मा प्राचार्य लाला लाजपतराय स्नातकोत्तर महाविद्यालय के रूप में साक्षात् गणेश जी बन कर मेरे सहायक हुए। उन्होंने अथक् प्रयास कर मुझे इस ग्रंथ पर शोध कार्य करने की अनुमति मेरठ विश्वविद्यालय से दिलवा दी। उन्होंने समय समय पर अपना अमूल्य योगदान देकर मेरा मार्गदर्शन भी किया है उनके प्रति कृतज्ञता प्रकट करते हुए मैं उन्हें प्रणाम करती हूँ।

मेरे इस असीम सौभाग्य में पूज्य गुरुदेव की अनुकम्पा के साथ ही मेरे पूज्य पिताश्री का आशीर्वाद भी मेरे साथ था जिन्होंने बाल्यावस्था में मेरी बालहठ की उपेक्षा करते हुए मुझे संस्कृत विषय पढ़ने के लिए विवश किया। उनके प्रति श्रद्धाभिभूत होकर मैं उन्हें बार-बार नमन करती हूँ। उनके आशीर्वाद का ही यह सुपरिणाम है कि मैं इस ब्रह्म विद्या की अधिकारिणी बन कर प्रज्ञा पुराण जैसी महान् कृति पर कुछ लिखने का साहस कर रही हूँ।

मैंने इस महान् कार्य को यज्ञानुष्ठान के रूप में करने का संकल्प लिया। प्रज्ञा पुराण की भाँति यह शोध ग्रंथ सात अध्यायों में विभक्त है।

* प्रथम अध्याय-विषय प्रवेश में पुराण का स्वरूप विवेचन एवं महत्त्व, पौराणिक परम्परा में प्रज्ञा पुराण का स्थान एवं आचार्य श्रीराम शर्मा के व्यक्तित्व एवं कृतित्व का संक्षिप्त परिचय प्रस्तुत किया गया है।
* द्वितीय अध्याय में प्रज्ञा पुराण की संरचना एवं उसका विषय विवेचन है।
* तृतीय अध्याय में सांस्कृतिक चित्रण के अंतर्गत वर्णाश्रम धर्म, संस्कार पर्व एवं यज्ञादि कर्मकाण्ड की महत्ता प्रतिपादित की गई है।
* चतुर्थ अध्याय में दार्शनिक तत्त्व, सृष्टि उत्पत्ति, प्रकृति जीव, ईश्वर, स्वर्ग-नरक, मोक्ष एवं पुनर्जन्म आदि का विवेचन है।
* पंचम अध्याय में नैतिक तत्त्वों की महत्ता अंकित है। ऋत, सत्य, दान, दया, उदारता, परोपकार, पारिवारिक आदर्श, एवं विश्व कल्याण की भावनाओं में ग्रंथकार के महान् उद्देश्य का प्रतिपादन किया गया है।
* षष्ठ अध्याय में परम्परागत प्राचीन पुराणों एवं प्रज्ञा पुराण की तुलनात्मक समीक्षा की गई है।
* उपसंहार में समग्र विवेचन का निष्कर्ष दिया गया है।

इस अनुष्ठान को पूर्ण करने में मुझे अनेक बाधाओं का सामना करना पड़ा। मुझ पर सर्वप्रथम रोग रूपी असुर ने प्रहार किया और शल्य चिकित्सा करानी पड़ी, उसके पश्चात् मेरे पति देव पर उसका आक्रमण हुआ-फलस्वरूप उनके उपचार हेतु कई बार बम्बई जाना पड़ा।

दिसम्बर में जब डॉ. ने इनके आपरेशन के लिए कहा तब तो मैं नितांत हताश हो गई, मैंने सोच लिया कि अब मैं अपने इस संकल्प को पूर्ण नहीं कर पाऊँगी, किन्तु इस समय मैंने परम पूज्य गुरुदेव के विराट् स्वरूप का दर्शन अपने पतिदेव के रूप में किया जिन्होंने उस समय मेरे शोध कार्य को महत्त्व देते

हुए आपरेशन को भी मना कर दिया। इस प्रकार साकार ''ओंकार'' का रूप धारण कर मेरे प्रेरणास्त्रोत बनकर उन्होंने निरन्तर मुझे सजग बनाये रखा, स्वयं अस्वस्थ होने पर भी मेरे गृहस्थ जीवन के कर्त्तव्य एवं उत्तरदायित्व को वहन कर मुझे इस व्रतानुष्ठान को पूर्ण करने में कल्पनातीत योगदान दिया। उनके सहयोग के अभाव में इस महायज्ञ की पूर्णाहुति की कल्पना भी नहीं की जा सकती थी। पूज्य गुरुदेव की असीम अनुकम्पा से वे अब स्वस्थ हैं और संभव है- आपरेशन कराने की आवश्यकता ही न पड़े। मैं उनके प्रति आभार प्रकट करते हुए उनके दीर्घ जीवन की कामना करती हूँ।

इन परिस्थितियों में कितनी ही बार शारीरिक और मानसिक पीड़ाओं से संत्रस्त होने के कारण जब जब निराशाजनक स्थिति उत्पन्न हुई तब तब गुरुदेव विष्णु रूप में मेरे प्रेरणास्त्रोत बनें, मेरे प्रारम्भिक गुरु- अग्रज तुल्य डॉ. विष्णु शरण ''इन्दु'' जी पूर्व वरिष्ठ प्रवक्ता हिन्दी विभाग मेरठ कालेज, मेरठ के रूप में वे बार-बार मुझे आश्वस्त कर प्रोत्साहित करते और कहते-''बार बार विघ्न-बाधाओं के आने पर भी उत्तम श्रेणी के व्यक्ति कार्य को प्रारम्भ करके उसका परित्याग नहीं करते।'' और मैं पुन: अपनी साधना में संलग्न हो जाती। उनके मार्ग दर्शन एवं सत्प्रेरणा के फलस्वरूप मैं इस अनुष्ठान को पूर्ण कर सकी हूँ, मैं उनके प्रति आभार प्रकट करते हुए मैं उन्हें कोटिश: प्रणाम करती हूँ। पूज्य गुरुदेव के इसी विष्णु रूप में मैं श्री डॉ. विष्णु दत्त जी शर्मा अध्यक्ष संस्कृत विभाग नानक चन्द कालेज, मेरठ के प्रति कृतज्ञ हूँ जिन्होंने अपना अमूल्य समय देकर अपने अमूल्य सुझाव समय समय पर दिये हैं।

शोधा प्रबन्ध की इस कार्यावधि में मैं जब जब आसुरी प्रवृत्तियों के प्रहार से चिन्ताग्रस्त हुई, वे गुरुदेव मेरी चिन्ताहरण करने के लिए मेरे श्रद्धेय भाई डॉ. श्री चिन्तामणि जी जोशी आचार्य एवं अध्यक्ष साहित्य विभाग श्री विलेश्वर संस्कृत महाविद्यालय मेरठ के रूप में उपस्थित हुए और मुझे चिन्तामुक्त कर दिया। उनकी इस आत्मीयता तथा स्नेह पूर्ण सहयोग के प्रति श्रद्धावनत होकर मैं उन्हें प्रणाम करती हूँ। उनकी इस कृपा के लिए मैं चिरऋणी रहूँगी।

पितृ तुल्य संस्कृत के महाविद्वान आचार्य श्री डॉ. आद्यशंकर जी मिश्र पूर्व कुलपति, इलाहाबाद विश्वविद्यालय को मैं कोटिश: नमन करती हूँ जिन्होंने अपना अमूल्य समय देकर मेरा दिग्दर्शन कर मुझे आशीर्वाद दिया। मैं उन सभी संस्कृत के मनीषियों एवं विद्वानों के प्रति आभारी हूँ जिन्होंने अपना आशीर्वाद, सहयोग, मार्गदर्शन तथा सुझाव देकर मेरे इस महानुष्ठान को पूर्ण करने में मेरी सहायता की है। मैं उन सबका शत शत वन्दन करती हूँ।

मेरे अग्रज तुल्य भ्राता श्रीराम गोपालजी के रूप में कभी गुरुदेव मेरे प्रेरणा स्रोत बने तो कभी बालगोपाल, अर्चना, विजय, मुकुल, अनुजा, अर्पित, अक्षय, सौरभ एवं आस्था के रूप में मुझे प्रोत्साहित करते रहे मैं उन सब की ऋणी हूँ।

इस ग्रंथ के विषय में यह कहने में अतिशयोक्ति न **होगी कि** श्री वेद व्यास जी ने जिस पौराणिक परम्परा को प्रारम्भ किया उसी शृंखला में आचार्य श्री ने प्रज्ञा पुराण लिख कर एक कड़ी जोड़ दी है किन्तु आर्य संस्कृति का प्रतिपादक यह ग्रंथ अभी विद्वज्जनों के दृष्टिपथ से दूर है। अतः देव संस्कृति की उत्प्रेरक इस कृति को प्रकाश में लाना ही इस शोध कार्य का मुख्य लक्ष्य है।

अन्त में मैं पुनः इस महानुष्ठान की पूर्णाहुति में समस्त नित्यवंद्य पूर्वजों, पूज्यपाद गुरु जनों तथा सहयोगियों को कोटिशः नमन करती हूँ। आशा है मेरी अल्पज्ञता के कारणा प्रबन्ध में आई त्रुटियां को सुधीजन क्षमा करेंगे।

पुनश्च :-

परम पूज्य गुरुदेव, वन्दनीया माताजी व समस्त गुरूजनों की अनुकम्पा व आशीर्वाद से आज इस शोध ग्रन्थ को प्रकाशित कराते हुए मुझे अपार हर्ष हो रहा है ।यह शोध कार्य १९९६ में सम्पन्न हुआ था किन्तु न जाने क्यों लगभग बीस वर्ष बाद जीवन के उत्तरार्ध जीवन संध्या में यह अभिलाषा जाग उठी कि गुरु प्रसाद का यह ज्ञानामृत जन जन तक कैसे पहुँचाऊँ ।इसे कैसे प्रकाशित कराऊँ ।यह कार्य शान्तिकुंज में सरल था क्योंकि गुरूजनों की सहायता से वेद आदि समस्त ग्रंथ उपलब्ध हो सकते थे जिनके उद्धरण दिये गये हैं तथा उनकी सहायता व आशीर्वाद भी । किन्तु यहाँ विदेश में पुस्तकों की प्राप्ति असम्भव प्रतीत हो रही थी किन्तु पग पग पर मेरा मार्ग दर्शन करने वाले पूज्य गुरूवर ने मेरी अन्तर्पीड़ा को समझा और उन्होंने मेरे सुपुत्र मुकुल कुमार और विजय मोहन के स्वरूप में यह पुस्तक प्रकाशित होने में मेरी मानसिक तथा शारिरिक अस्वस्थता को सहारा देकर मुझे हर प्रकार से प्रोत्साहित किया । तथा, आचार्य श्री ने डा. रत्नाकर नराले जी के रूप में मेरी सहायता की । आचार्य श्री रत्नाकर जी ने

श्रीमद्भगवतगीता पर संस्कृत विषय में **आचार्य** की उपाधि प्राप्त की है, तथा इनकी इंगलिश से हिन्दी सीखाने के लिये बहुत सी पुस्तकें प्रकाशित हो चुकीं हैं ।

उन्होंने इस महायज्ञ की पूर्णाहुति में मेरा जो सहयोग दिया है इसके लिये उन्हे धन्यवाद देने के लिये मेरे पास शब्द नहीं हैं । मैं परम पिता परमात्मा से उनके उज्जवल भविष्य, दीर्घ यशस्वी जीवन की कामना करती हूँ ।

अन्त में पुनःसभी गुरूजनों व प्रज्ञापुत्रों के प्रति आभार प्रकट करती हूँ जिनके आशीर्वाद एवं सहयोग से मैंने यह पुष्पहार पिरोया है ।मैं इसे अपनी उन्हीं मार्गदर्शक परम गुरू सत्ता के श्री चरणों में समर्पित करती हूँ जिन्होंने मेरी उँगलियों का प्रयोग कर मुझ जैसी अक्षम छन्दशास्त्र से अनभिज्ञ तथा अकिंचन से यह लिखवाया है, कि उन्होंने स्वयं कहा है कि, हाथ किसी के भी हों चिन्तन हमारा ही रहेगा ।" मेरी अन्तिम इच्छा है कि उस परम सत्ता की कठपुतली बनकर इसी प्रकार अन्तिम समय तक कार्य करती रहूँ और अन्त में मैं उनकी अखण्ड ज्योति में विलीन हो जाऊँ । उन के श्री चरणों में मेरा शतशत नमन।

तमसो मा ज्योतिर्मय । असतो मा सद्गमय। ।मृत्योर्माऽमृतमगमय ।

निवेदिका ----

सुशीला देवी (गुप्ता)

१ ४ १ -२ ६ - Livingston Rd. Toronto on, Canada

शोधकर्त्री:

एल–21, शास्त्रीनगर, मेरठ।

डॉ. सुशीला देवी गुप्ता

अवकाश प्राप्त वरिष्ठ प्रवक्ता, हिन्दी

आर्य कन्या स्नातकोत्तर कालेज, हापुड़।

दिनांक: 06.02.1996

विषयानुक्रम

प्रथम अध्याय: विषय प्रवेश पृष्ठ संख्या 1–३९

(क) पुराण: स्वरूप विवेचन एवं महत्त्व पुराण की परिभाषा एवं उसका अर्थ पुराणों का महत्त्व

(ख) पौराणिक परम्परा एवं प्रज्ञा पुराण

वेद संहिता, ब्राह्मण ग्रंथ, आरण्यक, उपनिषद्, वेदांग और सूत्र साहित्य, लौकिक साहित्य, महाभारत पुराणों का रचना काल, उपपुराण, जैन पुराण परम्परा, प्रज्ञा पुराण

(ग) आचार्य श्रीराम शर्मा : व्यक्तित्व, कृतित्व, जन्म, शिक्षा, दीक्षा, प्रेरणा स्रोत, स्वतंत्रता संग्राम के सेनानी

द्वितीय अध्याय: प्रज्ञा पुराण की संरचना एवं उसका विषय– ४०–६४

(क) प्रज्ञा पुराण का रचनाक्रम, नामकरण तथा उद्देश्य

(ख) प्रज्ञा पुराण का प्रतिपाद्य विषय

तृतीय अध्याय: प्रज्ञा पुराण में सांस्कृतिक चित्रण– ६५-१०७

(क) प्रज्ञा पुराण में वर्णाश्रम धर्म वर्ण व्यवस्था, आश्रम व्यवस्था

(ख) प्रज्ञा पुराण में संस्कार तथा पर्व संस्कार, पर्व

(ग) प्रज्ञा पुराण में यज्ञादि कर्मकाण्ड

चतुर्थ अध्याय: प्रज्ञा पुराण में दार्शनिक तत्त्व– १०८–१५१

(क) प्रज्ञा पुराण में सृष्टि उत्पत्ति

(ख) प्रज्ञा पुराण में प्रकृति

(ग) प्रज्ञा पुराण में जीवन

(घ)प्रज्ञा पुराण में ईश्वर

(ङ) प्रज्ञा पुराण में स्वर्ग, नरक, मोक्ष

(च) प्रज्ञा पुराण में पुनर्जन्म

पंचम अध्याय: प्रज्ञा पुराण में नैतिक तत्त्व– १५२-१८१

(क) प्रज्ञा पुराण में ऋत एवं सत्य

(ख) प्रज्ञा पुराण में दान, दया, उदारता, परोपकार आदि

7

प्रज्ञा पुराण ज्ञानामृतम्

(ग) प्रज्ञा पुराण में पारिवारिक आदर्श
(घ) प्रज्ञा पुराण में विश्व कल्याण की भावना

षष्ठ अध्याय: प्रज्ञा पुराण का साहित्यिक विवेचन-   १८२-२१६
(क) प्रज्ञा पुराण का वस्तु-विधान
(ख) प्रज्ञा पुराण की शैली
(ग) प्रज्ञा पुराण की भाषा
(घ) प्रज्ञा पुराण में अलंकार एवं छन्द

सप्तम अध्याय: परम्परागत प्राचीन पुराण एवं प्रज्ञा पुराण का तुलनात्मक विवेचन-   २१८-२२७
    उपसंहार-   २२९-२३२
    परिशिष्ट-   २३३-२३९

प्रथम अध्याय

विषय-प्रवेश

(क) पुराण, स्वरूप विवेचन एवं महत्त्व

(ख) पौराणिक परम्परा एवं प्रज्ञा पुराण

(ग) आचार्य श्रीराम, व्यक्तित्व और कृतित्व

(क) पुराण, स्वरूप विवेचन एवं महत्त्व

प्राचीन भारतीय साहित्य में वर्ण्य विषय की दृष्टि से पुराणों का महत्त्वपूर्ण स्थान है जो इतिहास के साथ धार्मिक-साहित्य की प्रमुखता लिए हुए हैं। वैदिक साहित्य के पश्चात जिन ग्रंथों ने हिन्दू धर्म को सबसे अधिक मात्रा में प्रभावित किया उनमें प्रथम स्थान पुराणों का ही है। प्रारम्भ में पुराण शब्द ''पुराने आख्यान'' का द्योतक था। ब्राह्मण, उपनिषद् और प्राचीन जैन-बौद्ध साहित्य में ''पुराण'' इतिहास के रूप में भी प्रयुक्त हुआ किन्तु कालान्तर में पुराण का पृथक साहित्य के रूप में अस्तित्व हो गया। वस्तुतः पुराण भारतीय वाङ्मय का विशाल भाग है। ''यह वाल्मीकि रामायण से सोलह गुणा तथा महाभारत से चार गुणा लगभग चार लाख श्लोकों में निबद्ध है।''(1-संस्कृत साहित्य का इतिहास, डॉ. वचनदेव कुमार, पृ०-69) छान्दोग्योपनिषद् के ऋषि ने ''इतिहास पुराण'' को ''पंचमवेद'' और वेदों का वेद कहा है- ''इतिहास पुराणं पंचमं वेदानां वेदः। (2-छान्दोग्योपनिषद्- 7/1)

पुराण की परिभाषा एवं उसका अर्थ :-

पुराण भारतीय साहित्य की अमूल्य निधि हैं। भारतीय धर्म, दर्शन एवं संस्कृति को समग्र एवं समन्वित रूप में जानने के लिए पुराणों का ज्ञान अत्यन्त अपेक्षित है। अनेक ग्रंथों में पुराण शब्द की जो व्याख्याएँ की गई हैं, इनके आधार पर कहा जा सकता है कि ''पुराण'' शब्द का अर्थ पुराना अथवा प्राचीन है। भारतीय संस्कृति के मूलाधार ऋग्वेद की अनेक ऋचाओं में इस शब्द का प्रयोग प्राचीनता के अर्थ में किया गया है। ''सना पुराणमध्येभ्यारान्यहः''(1-ऋग्वेद-3/54/9 11) तुम्हारी प्राचीनता और हमारा उत्पादन इस सब का एक ही कारणभूत है तथा ''पुराणमोर्कः संख्यं शिवं वां युवोर्नरा द्रविणम्'' (2-वही-3/58/6 11 10/130/6 11)। हे अश्विनी कुमारों, तुम्हारी मित्रता प्राचीन और सबको मंगलकारी है। अथर्ववेद में ''ऋचः सामानि छन्दांसि पुराणं यजुषा सह'' (3-अथर्ववेद-11/7/24- अथर्व संहिता-7/17/24 11)। ऋक्, साम, छन्द, और पुराण एक साथ उत्पन्न हुए। इस कथन द्वारा पुराणों की पुरातनता का उल्लेख किया है। शतपथ ब्राह्मण तथा वृहदारण्यक में भी पुराणों

की उत्पत्ति ऋग्वेद, यजुर्वेद तथा सामवेद के साथ ही वर्णित है। (4-(क) शतपथ ब्राह्मण-14/6/10/6 11 (ख) वृहदारण्यक- 2/4/10)।

इसके अतिरिक्त निरूक्त, अन्य शास्त्रों एवं विभिन्न कोषों में भी ''पुराण'' शब्द के विभिन्न अर्थ एवं निर्वचन किये गये हैं जो इस प्रकार हैं-

- यास्काचार्य ने ''पुरा'' इस अव्यय को पूर्व में रख कर ''नु'' धातु से ''पुराण'' शब्द को सिद्ध किया है। उनकी व्युत्पत्ति है:- ''पुरा नवं भवति'' (5-निरूक्तम्- 3/19/24 11)। अर्थात् जो प्राचीन काल में नया था। उन्हीं के अनुसार इस की व्याख्या ''पुराणमाख्यानं पुराणम्'' है अर्थात् जिसमें प्राचीन आख्यान हों वह पुराण है।
- कोषकार के अनुसार ''पुराणे प्रतनप्रत्नपुरातनचिरन्तना:'' (6-अमरकोष-भानु दीक्षित की व्याख्या-31/177 11)। पुराण पुरातन एवं चिरन्तन हैं।
- पद्म चन्द्र कोष में ''पुराणं पुराभवं'' (1-पद्मचन्द्र कोष- सं० गणेशदत्त शास्त्री- पृ०-320) कह कर इस शब्द की व्युत्पत्ति की गई है। ''पुरा'' अव्यय पद है, इसका अर्थ है- ''अत्यंत प्राचीन'' (1-पद्मचन्द्र कोष-सं० गणेशदत्त शास्त्री-पृ०-320) उससे ''भव'' इस अर्थ में ''ट्यु'' प्रत्यय करने से ''पुराण'' शब्द सिद्ध होता है। इससे स्पष्ट है कि अत्यंत प्राचीन काल में जो कुछ हुआ उसे पुराण कहते हैं।
- वायु पुराण में ''यस्मात् पुरा हि अनति तदिदं पुराणम्'' (वायु पुराण- 1/203 11) जो पूर्व में सजीव था वह पुराण है-इस प्रकार पुराण शब्द का स्वरूप निर्धारित किया है।
- ''पुरा परम्परा वक्ति पुराणं तेन वै स्मृतम्'' (पद्म पुराण-1/2/53 11) इस परिभाषा के द्वारा पुराणों की प्राचीन परम्परा का समर्थन पद्मपुराण में हैं।
- ''यस्मात् पुरा ह्यभूच्चैतत् पुराणम्'' (4- ब्राह्मण पुराण-1/1/173 11) प्राचीन काल में ऐसा हुआ। इस व्युत्पत्ति द्वारा पुराणों की प्राचीनता स्वत: सिद्ध है।
- ''जगत: प्रागवस्थामनुक्रम्य सर्ग प्रतिपादकं वाक्यं जातं पुराणम्'' सायणाचार्य तथा मधुसूदन सरस्वती ने ''विश्वसृष्टेरितिहास: पुराणम्'' कह कर पुराण को विश्व सृष्टि का इतिहास बताया है।
- पाणिनि के अनुसार ''सायं चिरं प्राह्णे प्रगेव्ययेभ्यष्ट्युलौ तुट् च'' (5-पाणिनि सूत्र-4/3/23) इस सूत्र से ''पुरा'' शब्द से ''ट्यु'' प्रत्यय करने तथा ''तुट्'' का आगमन होने पर ''पुरातन'' शब्द निष्पन्न होता है। इस शब्द की व्युत्पत्ति में ''पूराणात्'' (1-संस्कृत साहित्यका इतिहास-आचार्य बलदेव उपाध्याय, पृ०-80) का भी उल्लेख है। जिसका तात्पर्य है वेदार्थ को परिपूर्ण करने के कारण इस का नाम पुराण पड़ा।

उपर्युक्त निर्वचनों, शास्त्र संदर्भों तथा विविध विद्वानों द्वारा प्रस्तुत अर्थ का निष्कर्ष ग्रहण करते हुए यह कहा जा सकता है कि पुराण वह अमर ग्रंथ हैं जिन्हें भारतीय संस्कृति का मेरूदण्ड कहा जा सकता है तथा उनमें पुरातन वैदिक धर्म, दर्शन एवं भारत की उज्ज्वल ज्ञान परम्परा प्रतिबिम्बित है।

पुराणों का महत्त्व :-

वैदिक वाङ्मय भारतीय संस्कृति का मूलाधार है। वेद ज्ञान के पवित्रतम एवं प्राचीनतम ग्रंथों का समन्वित अभिधान हैं तथा वेदों के गंभीर, सार्वभौम एवं सनातन रूप ने केवल भारतीय ही नहीं अपितु समस्त विश्व के मनीषियों, दार्शनिकों को मंत्र मुग्ध किया है, किन्तु वेदों में वर्णित अगम्य रहस्यमय योग साधना जैसे कठिन विषय ज्ञान-विज्ञान एवं अर्थों को सरल शब्दों एवं कथानक शैली के माध्यम से सामान्य बुद्धि वाले पाठकों को हृदयंगम कराने के लिए पुराणों की रचना हुई। भक्ति रस से परिपूर्ण पुराणों की मंगलमयी, शोक-निवारिणी, ज्ञान प्रदायिनी, दिव्य कथाओं का श्रवण-मनन, पठन-पाठन कर प्रत्येक व्यक्ति आनन्द सागर में निमग्न हो जाता है। मनोरंजन के साथ ही उनमें विश्व-कल्याणकारी विविध उन्नति का मार्गदर्शन भी निहित है।

पुराण भारतीय संस्कृति के कोषागार हैं, इनके अध्ययन के बिना भारत के वास्तविक स्वरूप को नहीं जाना जा सकता। मनुष्य के पाथेय एवं गन्तव्य का सम्पूर्ण ज्ञान इनमें समाविष्ट है, साथ ही इनमें आध्यात्मिक, आधिदैविक, एवं आधिभौतिक सभी विद्याओं का विस्तृत निरूपण है। इनके अन्तर्गत लोक जीवन के सभी पक्षों को सुचारू एवं आकर्षक रूप में प्रतिपादित किया गया है।

वैदिक साहित्य, शास्त्रों स्मृतियों एवं आलोच्य ग्रंथों में पुराणों की महिमा वर्णित है। अथर्ववेद में वेदों की भाँति पुराण भी प्रियधाम के रूप में स्तुत्य है:-

"इतिहासस्य च वै स पुराणस्य च गाथानां च नाराशंसीनां,
च प्रिय धाम भवति य एवं वेद।"
(1-अथर्ववेद-15/6/12 11)

अन्य स्थल पर- **"तमितिहासश्च पुराणं च गाथाश्च नाराशंसीचानुव्यवचलन"** (2-वही-15/6/11 11) इस कथन के द्वारा पुराणों का वेदों के साथ घनिष्ठ सम्बन्ध स्थापित किया गया है।

उपनिषदों में भी वेद, इतिहास एवं पुराणों को समान स्थान प्राप्त है-
"सामवेदोऽथर्वाङ्गिरस इतिहासः पुराणं विद्या उपनिषदः श्लोकाः।" (वृहदारण्यको०-2/4/10) धर्मशास्त्रकार ने भी चतुर्दश विधाओं की गणना में पुराण विद्या को सर्व प्रथम रखा है-

"पुराणन्यायमीमांसाधर्मशास्त्राङ्गमिश्रिताः।
वेदाःस्थानानि विद्यानां धर्मस्य च चतुर्दश॥"
(1- याज्ञवल्क्य, स्मृति-उपोद्ध्यात् श्लोक 3॥)

सभी शास्त्रों में भी पुराण पंचम वेद की भाँति स्वीकृत हैं:- न्याय दर्शन में **"इतिहासपुराणं पंचमो वेदानां वेदः"** (2-न्याय दर्शन-4/1/62) तथा श्रीमद्भागवत् में **"इतिहासं पुराणं च पंचमो वेद उच्यते"** (3-भागवत पुराण-1/4/20)

अन्य शास्त्र ग्रंथों में **"वेदों"** की भाँति **"पुराण"** भी ईश्वर के निःश्वास के रूप में सम्मानित हैं-

''अस्य महतो भूतस्य निश्वसितमे तत्पद ऋग्वेदो यजुर्वेदः
सामवेदोऽथर्वाङ्गिरस इतिहासः पुराणम्।''
(4-वाजसनेपि ब्राह्मणोपनिषद्- 1/4/10)

मत्स्य पुराण के अनुसार पुराणों की उत्पत्ति ब्रह्मा के मुख से हुई:-
''**पुराणं सर्वशास्त्राणां प्रथमं ब्रह्मणा स्मृतम्॥**'' (5-मत्स्य पुराण-53/3/)

पद्म पुराण में इसकी पुष्टि की गई है। (6-पद्म पुराण-सृष्टि ख०-51/45) भागवत पुराण में कहा गया है कि-
''**ऋग्यजुः सामार्थवाख्यान् वेदान् पूर्वादिर्मुखै इतिहासपुराणानि पंचमं वेदमीश्वरः।**'' (7-भागवत पुराण-3/12/37) अर्थात् ब्रह्मा ने पूर्व मुख से ऋग्वेद, पश्चिम मुख से सामवेद, दक्षिण मुख से यजुर्वेद उत्तरमुख से अथर्ववेद की रचना कर चारों मुखों से इतिहास पुराण रूप पांचवे वेद का सृजन किया। इस दृष्टि से कहा जा सकता है कि वेदों में जो बात संक्षिप्त रूप में कही गई है पुराणों में उसे विस्तृत रूप प्रदान किया गया है-
इसी लिए कहा गया है:-

''इतिहास पुराणाभ्यां वेदं समुपबृहं चेत्,
विभेत्यल्पं श्रुताद् वेदो मामयं प्रहरिष्यति।''
(1- महाभारत आदि पर्व अध्याय-1/267)

अर्थात् इतिहास एवं पुराणों के द्वारा वेद का उप वृहण करना चाहिए, क्योंकि अल्पज्ञ से वेद को भय होता है कि इतिहास पुराणों से अनभिज्ञ व्यक्ति मुझ पर प्रहार न कर दें। कहीं ये अर्थ का अनर्थ कर जन समुदाय को भ्रमित न कर दें। भारतीय मनीषियों ने तो इन्हें यहाँ तक महत्त्व दिया है कि- ''जो द्विज अंगों सहित चारों वेदों को जानता है किन्तु पुराणों को नहीं जानता वह पण्डित कदापि नहीं हो सकता:-

''यो विद्याच्चतुरो वेदान् साङ्गोपनिषदो द्विजः।
न चेत् पुराणं स विधात् नैव स स्याद् विचक्षणः॥''
(2-वायु पुराण- 1/1/180)

यही तथ्य पद्म पुराण में इस प्रकार वर्णित है:-

''यो विद्याच्चतुरो वेदान् साङ्गोपिनिषदो द्विजः।
पुराणं च विजानाति यः स तस्माद्विचक्षणः॥''
(3-पद्म पुराण-सृष्टि खण्डऽ 2/51)

जो विद्वान् चारों वेदों एवं उपनिषदों का ज्ञाता है उससे से भी अधिक ज्ञानी वह है जो पुराणों का विशेषज्ञ है। महाभारत के अनुसार पुराणों की कथाएँ धर्म व अर्थ को देने वाली हैं-''**पुराण संहिता पुण्याः कथा धर्मार्थसंश्रिताः।**'' (महाभारत आदि पर्व-1/16) मत्स्य पुराण में भी इस कथ्य की पुष्टि की गई है:-

''धर्मश्चार्थश्च कामश्च मोक्षश्चैवात्र कीर्त्यते।
सर्वेष्वपि पुराणेषु यद्विरूद्धं च यत्फलम्॥''
(1-मत्स्य पुराण-53/65-66)

अर्थात् पुराणों में धर्म, अर्थ, काम, और मोक्ष का विस्तृत विवेचन है। इसके विरूद्ध आचरण करने से जो फल प्राप्त होता है उसका भी निरूपण है। इसी तथ्य के समर्थन में नारद पुराण का वचन द्रष्टव्य है-

''वेदाः प्रतिष्ठिताः सर्वे पुराणेष्वेव सर्वदा।'' (नारद पुराण-2/24/17-18)

इसी पुराण में एक स्थान पर पुराणों को वेदों से भी अधिक महत्वपूर्ण बताया है:-

''वेदार्थादधिकं मन्ये पुराणार्थं वरानने।
वेदाः प्रतिष्ठिताः सर्वे पुराणे नात्र संशयः॥''
(वही-2/2/17)

इसी के उत्तर खण्ड में तो यह भी कहा है कि जो बातें वेदों में नहीं मिलतीं वे स्मृतियों में हैं और जो इन दोनों में नहीं हैं वे पुराणों द्वारा ज्ञात होती हैं:-

''यत्रदृष्टं हि वेदेषु तत्सर्वं लक्ष्यते स्मृतौ।
उभयोर्यन्न दृष्टं हि तत्पुराणैः प्रगीयते॥''
(4-नारद पुराण, उत्तर खण्ड-अध्याय-24)

वेद स्मृतियाँ दोनों ही मानव के नेत्र हैं किन्तु पुराण हृदय के समान है। यदि कोई देव स्मृति ज्ञान से वंचित है तो वह नेत्रहीन के समान हैं किन्तु पुराण विद्या से अनभिज्ञ हृदयहीन होने के कारण इन दोनों से भी निकृष्ट है, अतः पुराण विद्या दीपक है जिसके आलोक में स्थित चक्षुहीन भी भव सागर से पार हो जाता है:-

''चतुर्दशसु विद्यासु पुराणं दीप उत्तमः।
अन्धोऽपि तदालोकात् संसारावधौ क्वचित् पतेत्॥''
(स्कन्द पुराण-2/96-97, 99,100)

पुराणों की लोक प्रियता का कारण उनकी रसात्मकता, भावात्मकता एवं भाषा की सरलता है। वैदिक मंत्रों की दुष्पारिता, वेदार्थ की दुरधिगमता एवं वेदार्थ के निर्णय में मुनियों के पारस्परिक विरोध के कारण वेद सामान्य जनता के लिए दुरूह और अगम्य हो गये। अतः उनके तत्त्व ज्ञान को सरल वाणी, रोचक आख्यान एवं महापुरुषों के चरित्र द्वारा भारतीय संस्कृति के आदर्शों को जीवंत बनाये रखने की नितांत आवश्यकता थी। ऐसे दुष्कर समय में भगवान व्यास ने पुराणों की रचना द्वारा वेदोक्त धर्म तत्त्व और दर्शन की व्याख्या प्रस्तुत कर जनता को श्रेय मार्ग पर चलने की प्रेरणा दी। पुराण न तो दुष्पार हैं, न उनका अर्थ दुरधिगम्य है, न अर्थ में मुनीनां मतिभ्रम है। (2-संस्कृत साहित्य का इतिहास-आचार्य बलदेव उपाध्याय, पृ०-81)

पुराण वेदों की विशद् व्याख्या हैं। उनमें वेदों के दर्शन शास्त्र, राजनीति, धर्म नीति, इतिहास, भूगोल, समाज-विज्ञान, गृह नक्षत्र विज्ञान, आयुर्वेद, व्याकरण, छन्दःशास्त्र, ज्योतिष विज्ञान, गणित आदि विविध विधाओं के साथ साथ वर्णाश्रम धर्म के समस्त संस्कारों का वर्णन प्रचुर मात्रा में किया गया है। (3-कल्याण-पुराण कंथाक, वर्ष-63, पृ०-37) अन्तर इतना ही है कि वेदों में शाश्वत सत्य, परम तत्त्व का सर्वोत्तम निरूपण है, स्मृतियों में धर्माचार, शिष्टाचार का एवं धर्मशास्त्रों में कर्त्तव्याकर्त्तव्य का प्रतिपादन है किन्तु जो मंद बुद्धि प्रमाद दुराग्रह एवं शिक्षा के अभाव में अपने कल्याण का मार्ग प्रशस्त नहीं कर पाते उन्हें पुराण मधुर कथाओं, आख्यायिकाओं तथा आदर्श दृष्टान्तों द्वारा इस प्रकार सम्मोहित कर देते हैं कि सामान्य जन भी श्रुति सम्मत ज्ञान को सरलता से हृदयङ्गम कर श्रेय मार्ग पर आरूढ़ हो जाते हैं, जैसे- वेदों की आज्ञा है, सत्यं वद, धर्मं चर, इसका आदर्श पुराणों में हरिश्चन्द्र राम तथा युधिष्ठिर के आदर्शमय पावन चरित्र के रूप में प्रतिपादित किया गया है, ''अतिथिदेवो भव''(1-तैत्तिरीय०-1/11/2) के उदाहरण राजा शिवि तथा राजा रन्तिदेव एवं ब्रह्मचर्य पालन की वैदिकी आज्ञा का अनुपम आदर्श भीष्म, हनुमान आदि के द्वारा प्रस्तुत हैं। इस दृष्टि से वेदों में सिद्धांत निरूपण है और पुराणों में उसका व्यवहार पक्ष विद्यमान है। इसी प्रकार वैदिक वाङ्मय में त्रिपुर दाह (2-कृष्णयजुर्वेद संहिता-6/3/2/1, वाजसनेयि-30/9) का संक्षिप्त वर्णन पुराणों में विस्तृत एवं रोचक शैली में चित्रित है। उर्वशी, पुरुरवा, वशिष्ठ, विश्वामित्र तथा पुरंजनादि की कथाएँ इतनी सरल भाषा तथा आकर्षक रूप में प्रस्तुत की गई है कि संसार का कोई साहित्य उसकी समता नहीं कर सकता। जनता के हृदय तक ज्ञान, कर्म और भक्ति का संदेश पहुँचाने वाले, दुष्प्रवृत्तियों का उन्मूलन तथा सत्प्रवृत्तियों का संवर्धन करने वाले पौराणिक सरस साहित्य का प्रतिस्पर्धी साहित्य अन्य भाषा में दुर्लभ है।

पुराणों में संसार सागर को पार करने के लिए भगवान के विभिन्न अवतारों की कथाएँ, सज्जन-प्रशंसा, दुर्जन-निन्दा, सन्मार्ग पर चलने वालों की सद्गति, कुमार्ग गामी स्वार्थी की दुर्गति का वर्णन जिस मोहक, सरस एवं कथात्मक शैली में उपन्यस्त है उसे सुहृत्सम्मत तथा कान्तासम्मित उपदेश की संज्ञा दी जासकती है। (काव्य प्रकाश-आचार्य मम्मट, पृ०-10) ध्रुव प्रह्लाद की प्रभु भक्ति, महर्षि दधीचि का त्याग, कर्ण की दानशीलता, हनुमान तथा अर्जुन का समर्पण भाव, श्री राधा-कृष्ण की प्रेम परक लीलाएँ आदि अनेक मधुराति मधुर भक्ति परक आख्यायिकाएँ जन-जन के हृदय को तरंगित कर भक्ति रस की फुहारों से भिगों देती हैं और बिना कुछ कहे ही उनकी मधुर गूंज झोंपड़ी से लेकर राजमहलों तक प्रतिध्वनित होती रहती है। पुराणों के विषय में यह उक्ति सर्वथा उचित प्रतीत होती है:-

''अन्यो न दृष्टः सुखदो हि मार्गः,
पुराण मार्गो हि सदा वरिष्ठः।
शास्त्रं विना सर्वमिदं न भाति,
सूर्येण हीना इव जीवलोकाः॥''

(1-शिव पुराण, उमा संहिता-अध्याय-13)

''पुराण मार्ग सर्वदा श्रेष्ठ रहा है। दूसरा कोई भी मार्ग इतना सुखद दृष्टिगोचर नहीं होता। जैसे सूर्य के बिना समस्त जीव लोक प्रकाशविहीन रहता है उसकी प्रकार पुराण शास्त्र के बिना यह सब कुछ अंधकार में डूबा रहता है7

अतः यह कहा जा सकता है कि पुरणों में मूर्ति पूजा तथा अवतार वाद का, ब्रह्मा, विष्णु, महेश, गणेश, सूर्यादि देवताओं की उपासना पद्धति से उनका धार्मिक महत्त्व विज्ञापित होता है तो परीक्षित, नन्द मौर्य, **चन्द्र** गुप्त, आमीर, हूण आदि राजाओं की वंशावली विलोकने से ऐतिहासिक एवं राजनैतिक,चर्तुद्वीप, **सप्तद्वीप,** वसुमती, चौदह भुवन, नदी, समुद्र, पर्वत, तीर्थ स्थल, अरण्यादिक वर्णन से भौगोलिक, वर्णाश्रम धर्म, आचार संस्कार विद्या वर्णन से सामाजिक, व्याकरण काव्य, दर्शन, ज्योतिष, आयुर्वेदादि विविध विषयों के उल्लेख से शास्त्रीय एवं वैज्ञानिक महत्त्व उद्घोषित होता है। पुराण साहित्य को चिर पुरातन चिन नवीन कहा जाये तो अत्युक्ति न होगी।'' (1-पुराण विमर्श-आचार्य बलदेव उपाध्याय, पृ०-39) वस्तुतः वैदिक धर्म को लोकप्रिय बनाने का श्रेय पुराणों को ही है।'' (2-प्राचीन-भारतीय साहित्य एवं संस्कृति की एक झलक, नारायण प्रसाद बलूनी, पृ०-128)

संक्षेप में कहा जा सकता है कि पुराण, ज्ञान, भक्ति और कर्म का संगम हैं। मानव जीवन को व्यावहारिकता की शिक्षा देने में पुराणों का महत्त्वपूर्ण स्थान है। जीवन के सभी क्षेत्रों के विकास में पुराण साहित्य सार्थक और उपयोगी है। राजनीतिक, धार्मिक, ऐतिहासिक तथा भौगोलिक दृष्टि से पुराण-अत्यंत उपादेय हैं जिनमें वेदोक्त-धर्म, तत्कालीन समाज की स्थिति, तीर्थों के स्थलों का निरूपण, सहजबोधगम्य वर्णन उपलब्ध है। भारतीय जीवन की क्रमिक विकास धारा को भलीभाँति समझने के लिए पुराण साहित्य अत्यंत उपयोगी और महत्वपूर्ण कहा जा सकता है।

(ख) पौराणिक परम्परा एवं प्रज्ञा पुराण

संस्कृत साहित्य अत्यंत विशाल और व्यापक है जिसे वैदिक साहित्य और लौकिक साहित्य दो भागों में विभाजित किया जाता है। वैदिक साहित्य का भारतीय साहित्य ही नहीं अपितु विश्व साहित्य में अद्वितीय स्थान है। इनमें विविध विद्या, सकल-शास्त्र, समस्त धर्म, विश्व संस्कृति, विभिन्न दर्शन एवं कमनीय कलाओं के स्रोत उपलब्ध हैं। ये भारतीय संस्कृति एवं धर्म के आधार हैं। पुराणों का उद्गम केन्द्र भी ये ही हैं। वेद शब्द विद् ज्ञाने, विद् सत्तायाम्, विद् लाभे, विद् चेतनाख्यानं निवासेषु तथा विद् विचारणे । विद् धातु से करण और अधिकरण में ''हल् यच्'' (1-अष्टाध्यायी-3/3/121) सूत्र से ''घञ्'' अथवा ''अच्'' प्रत्यय (2-वैदिक संस्कृति और दर्शन-डॉ. विश्वम्भर दयाल अवस्थी, पृ०-3) का प्रयोग करने पर निष्पन्न होता है। इसके संग्रह में यह श्लोक दर्शनीय है:-

सत्तायां विद्यते, ज्ञाने वेत्ति विन्ते विचारणे,
विन्दते, विन्दति, प्राप्तौ श्यन्, लुक् श्नम् शेषु च क्रमात्।
(3-सिद्धान्त कौमुदी-भाग-2)

स्वामी दयानन्द सरस्वती द्वारा किये गये ''वेद'' शब्द के निर्वचन से यही धारणा बनती है कि उन्हें भी ''वेद'' शब्द का अर्थ ''ज्ञान'' ही अभीष्ट है- विदन्ति जानन्ति, विद्यते भवन्ति, विन्दन्ति विन्दन्ते लभन्ते, विन्दते विचारयन्ति सर्वे मनुष्या सर्वाः सत्यविद्याः यैर्येषु वा विद्वांसश्च भवन्ति ते वेदाः'' (4-ऋग्वेदादि भाष्य-भूमिका-) इसकी व्युत्पत्ति संहिता, (5-तैत्तिरीय संहिता-1/420) उपनिषद्, (6-तैत्तिरीय ब्राह्मण-3/3/9/69) नाट्यशास्त्र, (7-नाट्यशास्त्र-1/1) कोष, (8-अमरकोष-1/5/3), कल्प (9-आपस्तम्ब गृह्य सूत्र-1/33) आदि सभी ग्रंथों में इसी अर्थ में की गई है। मनुस्मृति में इन्हें ''वेदोऽरिवलो धर्म मूलम्'' तथा सर्वज्ञानमयम्। (10-मनुस्मृति-मेधातिथि की टीका 2/6-7) की उपाधि से विभूषित किया गया है। इस का शाब्दिक अर्थ आध्यात्मिक एवं धार्मिकज्ञान है। इन सब व्युत्पत्तियों से वेदों की ज्ञानमयता, दृष्टि-सिद्धि विधायकता एवं पुरुषार्थ चतुष्ट्य साधकता स्पष्ट हो जाती है।

वेदों के प्रादुर्भाव के विषय में विद्वानों के विभिन्न मत हैं किन्तु स्वदेश संस्कृति के गौरव महर्षि दयानन्द तथा सातवलेकर आदि विद्या विशारद मनीषियों ने इनका आविर्भाव सृष्टि के रचनाकाल को ही स्वीकार किया है। हमारे दूरदर्शी ऋषियों ने समस्त वैदिक साहित्य किंवा समग्र वैदिक वाङ्मय को श्रुतियों की सहस्रों वर्षों की अव्याहत एवं अटूट परम्परा के माध्यम से आज तक पूर्ण रूपेण सुरक्षित रखा है। श्रुति की यह अजस्र प्राणदायिनी परम्परा गुरु मुख से वेद वचन सुना-सुना कर तथा मूल ग्रंथों के बारम्बार आलोडन-विलोडन कर्मकाण्ड एवं पाठ से सदियों से मानव मन एवं आत्मा के अन्तराल तक ज्ञान का भास्वर प्रकाश बिखेरती आई है। यही कारण है कि वैदिक वाङ्मय समस्त मानवता के लिए प्राचीन भारत की सर्वातिशायिनी एवं अतिसमृद्ध धरोहर बन कर अमर हो गया है। इन निर्मल अन्तःकरण वाले ऋषियों को ''ऋषिर्दर्शन'' (1-निरूक्त 2/11) क्रान्तदर्शन (2-वही-12/13) तथा मेधावी कहा गया।

प्रारम्भ में ''वेद'' शब्द समग्र वैदिक वाङ्मय के लिए प्रयुक्त होता था। (4-भारतीय संस्कृति-लल्लन जीगोपाल, पृ०-176) मंत्र ब्राह्मणोयोर्वेदनामधेयम्'' (5-गोपथ ब्राह्मण-1/10-आपस्तम्ब परिभाषा सूत्र-1/33, पृ०-176) से इस तथ्य की पुष्टि होती है। अर्थात् वेद, मंत्र और ब्राह्मण दोनों वेद हैं। किन्तु कालान्तर में विषयों की विभिन्नता जटिलता तथा जन साधारण के लिए अगम्य होने के कारण ब्रह्मा ने इसे चार भागों में विभक्त कर दिया। भावगत् पुराण में इसका उल्लेख है:- ऋग्यजुः सामाथर्वाख्यान् वेदान् पूर्वादिभिर्मुखे इतिहासपुराणनि पंचमं वेदमीश्वरः।'' (6-भागवत पुराण-3/12/37 से 39) ब्रह्मा ने पूर्व मुख से ऋग्वेद की पश्चिम मुख सामवेद की, दक्षिण मुख से यजुर्वेद की और उत्तर मुख से अथर्ववेद की रचना की तत्पपश्चात् चारों मुखों से इतिहास पुराण रूप पाँचवे वेद का सृजन किया।

वेद संहिताः-

''संहिता'' शब्द की व्युत्पत्ति अष्टाध्यायी में ''**परः सन्निकर्षः संहिता**'' (1-अष्टाध्यायी- 1/4/109) की गई है। इसका शाब्दिक अर्थ संग्रह हैं। इसका तात्पर्य यह है कि संहिताओं में देवताओं की स्तुति के मंत्रों का संग्रह हुआ है।

(2-भारतीय संस्कृति- डॉ. लल्लन जी गोपाल, पृ०-176) इन संहिताओं को वेद कहा जाता है। ये चार हैं-ऋग्वेद, यजुर्वेद, सामवेद तथ अथर्ववेद।

ऋग्वेद संहिताः-

यह सबसे प्राचीन एवं महत्वपूर्ण संहिता है। यह अन्य संहिताओं की अपेक्षा अधिक विस्तृत है। भारतीय दर्शन, संस्कृति एवं धर्म का उद्‌गम स्रोत यही है। इसमें प्राचीन ऋषियों की उन दिव्य अनुभूतियों का भण्डार उपलब्ध है जो उन्हें मानव जीवन के प्रभात में प्राप्त हुई थीं। इन गीतों को मंत्रों की संज्ञा से विभूषित किया है, जो दस मण्डलों में विभक्त है।''

यजुर्वेद संहिताः-

''यज्'' धातु का अर्थ यज्ञ करना है। ''यज् देव पूजा संगतिकरण दानेषु''। (3-सिद्धांत कौमुदी-पृ०-205) इस का तात्पर्य है-यजुर्वेद में यज्ञ से सम्बन्धित ऋचाओं का संकलन तथा आर्यों की वर्ण जाति व्यवस्था से सम्बन्धित वेद मंत्रों का संकलन है। इसके दो मुख्य भाग हैं-कृष्ण यजुर्वेद एवं शुक्ल यजुर्वेद।

सामवेद संहिताः-

''साम'' शब्द का अर्थ संगीत अर्थात् ''गान'' (1-संस्कृत साहित्य का इतिहास-वाचस्पति गैरोला, पृ०-62) है। इसका आकार छोटा है किन्तु अन्य वेदों की अपेक्षा इसका महत्व अधिक है। गीता में भगवान कृष्ण ने वेदानां सामवेदोऽहम्'' (2-गीता-10/22) कहा है। यह संगीत शास्त्र का उद्‌गम स्रोत है।

अथर्ववेद संहिताः-

आर्यों की चतुर्थ संहिता है। इसका नामकरण अथर्वा एवं अंगिरा के नाम पर हुआ है। (3-गोपथ ब्राह्मण-1/4, 1/9) ऋग्वेद में प्राकृतिक वर्णन अधिक है किन्तु इसमें जादू-टोना, भूत-प्रेत, मरण, मोहन-वशी करण जैसी अभिचार प्रक्रियाओं का उल्लेख है। इसमें आयुर्वेद तथा वनस्पति विज्ञान का उद्‌गम दृष्टिगोचर होता है।

ब्राह्मण ग्रंथः-

संहिताओं के पश्चात् वैदिक वाङ्मय में ब्राह्मण ग्रंथों की गणना होती है जो वेद के धार्मिक उपचार के लिए निर्मित किये गये। इनमें भारत का इतिहास संस्कृति साहित्य तथा धर्म सुरक्षित है। सहस्त्रों वर्ष बाद भी इनमें कोई परिवर्तन नहीं हुआ। कुछ विद्वानों के अनुसार ब्राह्मण वैदिक मंत्रों के भाष्य हैं। (4-भारतीय संस्कृति-डॉ. लल्लन जी गोपाल, पृ०-178) प्रत्येक ग्रंथों का मुख्य विषय यज्ञ ही है। ''यज्ञं वै श्रेष्ठतमं कर्म''। (1-गोपथ ब्राह्मण-1/7, 1/5) कह कर गोपथ ब्राह्मण में यज्ञ की महिमा स्वीकृत है। इनकी संख्या शौनक के अनुसार 11000 तथा पंतजलि के अनुसार 1130 है किन्तु इस समय केवल 9 ब्राह्मण ही उपलब्ध हैं। इनमें सत्य की महिमा पर बल दिया गया है। (2-शतपथ

ब्राह्मण- 3/1/3/8) इनके तीन भाग हैं-ब्राह्मण, आरण्यक, तथा उपनिषद्। यह कहा जा सकता है कि ब्राह्मण ग्रंथों का परिशिष्ट आरण्यक तथा अंतिम चरण उपनिषद् हैं।

आरण्यक :-

"अरण्य" शब्द का अर्थ वन है। जन कोलाहल से दूर रहकर तप संयम साधना को धारण कर ऋषियों ने जिस अध्यात्म विद्या का साक्षात्कार किया उसका वर्णन आरण्यकों में किया गया है। इनमें यज्ञों की अपेक्षा दार्शनिकता को प्रधानता दी गई है। इनके महत्त्व के कारण बोधायन सूत्र में इन्हें ब्राह्मण (3-बोधायन सूत्र-3/7/7/16) ही कहा गया है।

उपनिषद् :-

यह शब्द "उप" "नि" इन दो उपसर्गों के साथ "सद्" धातु "क्विप्" प्रत्यय के योग से निर्मित हुआ है, (4-संस्कृत हिन्दी कोश-वामन शिवराम आप्टे, पृ०-206) जिसका अर्थ है किसी के साथ बैठना। उपनिषद् में सच्चिदानन्द ब्रह्म का जो स्वरूप चित्रित किया गया वह अन्यत्र दुर्लभ है। शंकराचार्य के मत में उपनिषद् ब्रह्म विद्या है। "**मुमुक्षून् परं ब्रह्म गमयतीति ब्रह्मगम षितत्वेन योगाद्ब्रह्म विद्योपनिषद्।**" (5-शंकराचार्य कठोपनिषद्-भूमिका) इनकी संख्या 108 बताई जाती है किन्तु ग्यारह उपनिषद् सर्वाधिक प्रसिद्ध हैं-ईश, केन, कठ, प्रश्न, मुण्डक, माण्डूक्य, तैत्तिरीय, ऐतरेय, छान्दोग्य, वृहदारण्यक, तथा श्वेताश्वतर। उपनिषदों में "**अहं ब्रह्मास्मि**"। (1-वृहदा०-1/4/10) **सर्वं खल्विदं ब्रह्म**" (छान्दोग्योपनिषद्-3/14/1) का जो उपदेशामृत पान कराया गया है उसकी प्रशंसा विदेशी दार्शनिक शापन हावर ने भी की है। औरंगजेब के भाई दारा शिकोह तो इन्हें पढ़कर इतने प्रभावित हुए कि उन्होंने इनका अनुवाद फारसी और अरबी में करके यवनों में इनका प्रचार किया। इन्हें वेदों का ज्ञानदीप कहा जा सकता है।

वेदांग और सूत्र साहित्य :-

यह वैदिक साहित्य का अन्तिम भाग है। "**वेदस्य अगानि**" इस विग्रह के अनुसार वेदों के अर्थ ज्ञान में, उच्चारण में, सस्वर पाठ में, उनके यज्ञादि कर्मों में जो सहयोगी हो उन्हें वेदांग कहा गया है। इनकी संख्या छ: है।

शिक्षा कल्पो व्याकरणं निरूक्तं छन्दसां चय:।
शिक्षा कल्पो व्याकरणं निरूक्तं छन्दो ज्योतिषामिति॥
(3-मुण्डको०-1/1/5)

गोपथ ब्राह्मण में इनका उल्लेख इस प्रकार है-

ज्योतिषामथनं चैव वेदांगानि षडेव तु॥'' (4-गोपथ ब्राह्मण-1/27) वेदों के शुद्ध उच्चारण सहित पठन-पाठन तथा गूढ़ार्थ को सुगम्य बनाने के लिए वेदांग की रचना हुई। सूत्र चार प्रकार के हैं- पाणिनीय शिक्षा में इनका वर्णन इस रूप में हैं:-

''छन्दः पादौ तु वेदस्य हस्तौ कल्पोऽथ पठ्यते।
ज्योतिषामयनं चक्षु निरूक्तं श्रोत्रमुच्यते॥
शिक्षा घ्राणं तु वेदस्य मुखं व्याकरणं स्मृतम्।
तस्मात् साङ्गमधीत्यैव ब्रह्मलोके महीपते॥''

(1-पाणिनीय शिक्षा-41-42)

इस दृष्टि से वेदों में वेदांग तथा सूत्र साहित्य का महत्त्व स्वयं सिद्ध हो जाता है। सम्पूर्ण वैदिक साहित्य इतना विलक्षण, विशाल एवं सारगर्भित है और इसे अत्रुटिपूर्ण बनाए रखने के लिए जिन साधनों का प्रयोग किया गया है वह निस्सन्देह प्रशंसनीय हैं।

लौकिक साहित्यः-

समय की परिवर्तन शीलता के साथ ही सामाजिक व धार्मिक परिस्थितियाँ भी परिवर्तित होती हैं। वेदों को अपौरूषेय स्वीकार किया गया किन्तु लौकिक साहित्य का सृजन मानव की करूणा एवं संवेदना से हुआ। क्रौंच पक्षी के करूण क्रन्दन को सुनकर महर्षि वाल्मीकि के मुख से जो वाणी निःसृत हुई-**''मा निषाद प्रतिष्ठां त्वमगमः शाश्वती समाः''** (2-वाल्मीकि रामायण-1/2/25) वही आदि छन्द कहलाया तथा महर्षि वाल्मीकि आदि कवि। लौकिक धरातल पर रामायण प्रथम कमनीय काव्य है जो रस भाव से परिपूर्ण, भारतीय संस्कृति के समस्त गुणों से गौरवान्वित अलंकारो से अलंकृत जनमानस को आनन्द विभोर कर देता है।

महाभारतः-

यह ग्रंथ भी भारतीय साहित्य का गौरव है। ''महा'' शब्द इसके महत्व तथा ''भारत'' शब्द भारतीय संस्कृति धर्म एवं दर्शन का परिचायक है। यह केवल आकृति से ही विशाल नहीं है अपितु अर्थ गौरव की दृष्टि से भी अपनी महत्ता बनाए हुए हैं। सरलता, रोचकता, सर्वजन उपयोगिता के कारण यह आज भी सबको सम्मोहित कर रहा है। इसके रचयिता कृष्ण द्वैपायन वेद व्यास जी थे-

त्रिभिर्वर्षैः सदोत्थाय कृष्णद्वैपायनो मुनिः।
महाभारतमाख्यानं कृतवानिदमुत्तमम्॥''

(1-महाभारत-1/56/62)

इसमें राजनीति, धर्मनीति, इतिहास, पुराण, इतिवृत्त आख्यान, छः दर्शन अर्थ शास्त्र आदि सभी विषय समाहित हैं।

वास्तव में वाचस्पति गैरोला का कथन अक्षरशः सत्य है-''महर्षि वाल्मीकि और महर्षि वेद व्यास भारतीय साहित्याकाश के दो प्रोज्ज्वल नक्षत्र, साहित्य साधना के अनन्त राजमार्ग के दो अविश्रान्त पथिक, विभिन्न युगों की दो

प्रकाशमान प्रतिमाएँ और सृष्टि के साथ सदाशय रूप में दिनरात चलने वाली दो अक्षय विभूतियाँ हैं।" (2-संस्कृत साहित्य का इतिहास-वाचस्पति गैरोला, पृ०-269)

इन्हीं भगवान वेद व्यास ने पुराण विद्या को ग्रंथ रूप में सृजन करने का कार्य किया। संस्कृत ज्ञान परम्परा को अक्षुण्ण बनाए रखने वाले वेद व्यास को एक अमर स्मारक एक युगनिर्माता कहने में अतिशयोक्ति न होगी। इस विषय में शंकराचार्य का मत भी उल्लेखनीय हैं-

"पुरा कालीन वेदाचार्य अपान्तरतम नामक ऋषि ही कलियुग और द्वापर युग के संधिकाल में भगवान की आज्ञा से कृष्ण द्वैपायन के रूप में पुनरूद्भूत हुए। (1-वेदान्त सूत्र-भाष्यकार शंकराचार्य-3/3/32) इन्हीं का नाम वादरायण व्यास भी माना गया है। (2-मत्स्य पुराण-14/16) पराशर के पुत्र होने के कारण इन्हें पाराशर्य भी कहा गया है। (3-पद्म पुराण-उत्तर खण्ड-2/9/42) पंडित गिरधर शर्मा के कथनानुसार भारतीय ज्ञान मंदिर के प्रधान निर्माता, प्राचीन ऋषि मण्डल के दैदीप्यमान रत्न, ज्ञान समुद्र के मंदराचल भगवान कृष्ण द्वैपायन वेद व्यास विष्णु के अवतार माने गये हैं। श्रीमद्भागवत पुराण में चौबीस अवतारों में इनकी भी गिनती होती है। (पुराण अनुशीलन-पं० गिरधर शर्मा-पृ०-58) इतना होने पर भी यह नहीं कहा जा सकता कि समस्त पुराणों के रचयिता ये वेद व्यास ही थे क्योंकि पुराणों के रचना काल को लेकर विद्वानों में बहुत मतभेद हैं।

पुराणों का रचना कालः-

वैदिक काल से लेकर बारहवीं शताब्दी तक पुराणों का रचना काल माना गया है। लोकमान्य तिलक के मतानुसार पुराण ग्रंथों का समय ईस्वी सन् के दूसरे शतक तक है। (5-लोकमान्य तिलक-गीता रहस्य-पृ०-566) डॉ. हजारा के अनुसार मार्कण्डेय पुराण तथा ब्रह्माण्ड पुराण की रचना विष्णु पुराण से पहले हुई। विष्णु पुराण 400 ईस्वी, वायु पुराण 500 ईस्वी, भागवत 600 ई० तथा कूर्म को 700 ई० माना है। अग्नि पुराण की रचना 800 ई०, नारदीय पुराण 900 ई०, स्कन्द पुराण 8वीं शताब्दी, गरूड़ पुराण दशवीं शताब्दी, पद्म पुराण 1200-1500 ई० के बीच स्वीकृत है। ब्रह्म वैवर्त को 700 ई० पूर्व की रचना माना है। (6-इंडियन कलचर भाग-2 डॉ. आर.सी. हजारा, पृ०-237) इस प्रकार पुराणों के प्राचीन तथा आधुनिक स्वरूपों पर पूर्ण रूप से विचार करने पर उनकी पूर्व सीमा वैदिक युग तथा उत्तर सीमा गुप्त साम्राज्य तक निश्चित की जा सकती है। (1-भागवत पुराण का साहित्यिक अनुशीलन-डॉ. संतोष शर्मा, पृ०-32) रचना काल की इस विभिन्नता को देखते हुए निश्चित रूप से कहा जा सकता है कि पुराणों के निर्माता का व्यक्तिगत नाम कृष्ण द्वैपायन तथा पदवी या अधिकार का नाम व्यास या वेद व्यास है। (2-पुराण अनु०-पं० गिरधर शर्मा, पृ०-58-59)

निष्कर्ष यह है कि पुराणों के निर्माता को वेद व्यास की पदवी से विभूषित किया गया। व्यास जी ने पुराण विद्या का संग्रह करने में अपने अद्भुत कौशल का परिचय दिया। उन्होंने अनादि काल से प्रकीर्ण रचनाओं को संग्रहीत कर उन्हें अठारह भागों में विभक्त कर दिया।

पुराणों की संख्याः-

विद्वानों के मतानुसार पुराणों की संख्या अठारह है। इस विषय में पं० गिरधर शर्मा का मत द्रष्टव्य है-''धर्मशास्त्र में अठारह विद्या, अठारह स्मृतियाँ हैं, महाभारत में अठारह पर्व और श्रीमद्भागवत गीता में अठारह अध्याय हैं। भागवत पुराण की श्लोक संख्या अठारह हजार है, पुराण संख्या भी अठारह है तथा उप पुराण भी अठारह है। (वही-पृ०-23) इसका प्रमाण विष्णु पुराण है, (4-विष्णु पुराण-3/3/1) भागवत पुराण, (5-भागवत पुराण-12/7, 13) तथा पद्म पुराण (6-पद्म पुराण-1/89-93) में भी पाया जाता है। ये पुराण स्वतंत्र नहीं है, जैसे एक ही ग्रंथ के कई अध्याय होते हैं वैसे ही एक ही पुराण के अठारह अध्याय हैं।

पुराणों की संख्या अठारह हैं यह निर्विवाद तथ्य है किन्तु उनकी क्रम संख्या के विषय में विद्वानों में मत भेद हैं। देवीं भागवत में नामावली इस प्रकार हैं-

''मद्वयं भद्वयं चैव ब्रत्रयं वचतुष्टयम्।''
अनाप लिंग कू-स्कानि पुराणानि पृथक् पृथक्॥
(1-देवी भागवत-1/3/2)

अर्थात् मकार से दो मत्स्य, मार्कण्डेय; भकारादि दो नाम भागवत, भविष्य पुराण; ''ब्र'' आदि तीन ब्रह्मपुराण, ब्रह्म वैवर्त तथा ब्रह्माण्ड पुराण; वकारादि चार नाम विष्णु, वायु, वामन, वराह पुराण और ''अ'' अग्नि पुराण, ना नारद, प पद्म, कू कूर्म, स्क स्कन्द पुराण, लि लिंग, ग गरूड़ पुराण हैं किन्तु यहाँ केवल नाम गिनाये गये हैं क्रम संख्या नहीं है। कुछ पुराणों में क्रम संख्या में प्रथम, द्वितीय, तृतीय कह कर नाम बताए हैं। नारद पुराण, मत्स्य पुराण, विष्णु पुराण तथा भागवत पुराण में पुराणों की क्रमिक संख्या दी गई है। (2-पुराण अनु०-पं० गिरिधर शर्मा, पृ०-27) पद्म पुराण में भगवान के अंग रूप से क्रमानुसार पुराणों का संगठन बताया है-''एकं पुराणंरूपं वै तत्र पद् परं महत्।'' (3-पद्म पुराण-स्वर्ग खण्ड-62/2-7) विष्णु पुराण में भी यह क्रम इसी प्रकार बताया गया है-

''अष्टादश पुराणानि पुराणज्ञाः प्रचक्षते।
ब्राह्मं पाद्मं वैष्णवं च शैवं भागवतं तथा॥
तथान्यन्नारदीयं च मार्कण्डेय च सप्तमम्।
आग्नेयमष्टम चैव भविष्यन्नवमंस्मृतम्।
दशमं ब्रह्मवैवर्तम् लैंगमेकादशं स्मृतम्॥
वाराहं द्वादशं चैव स्कन्दं चैव त्रयोदशम्।
चतुर्दशं वामनं च कौर्मं पंचदशं स्मृतम्॥
मात्स्यं च गरूडं चैव ब्रह्माडं च ततः परम्।''

(1-विष्णु पुराण-3/6/20-24)

अतः पुराणों का क्रम निम्नलिखित हैं:-

(1) ब्रह्म पुराण	(2) पद्म पुराण	(3) विष्णु पुराण	(4) वायु पुराण या शैव पुराण
(5) भागवत पुराण	(6) नारद पुराण	(7) मार्कण्डेय पुराण	(8) अग्नि पुराण
(9) भविष्य पुराण	(10) ब्रह्म वैवर्त्त पुराण	(11) लिंग पुराण	(12) वराह पुराण
(13) स्कन्द पुराण	(14) वामन पुराण	(15) कूर्म पुराण	(16) मत्स्य पुराण
(17) गरूड़ पुराण	(18) ब्रह्माण्ड पुराण		

पद्म पुराण में सत्, रज एवं तम गुणों के आधार पर इन पुराणों का वर्गीकरण किया है- विष्णु, नारदीय, भागवत्, गरूड़, पद्म, और वराह सतोगुणी, ब्रह्म वैवर्त, मार्कण्डेय, भविष्य, वामन, और ब्रह्माण्ड पुराण रजोगुणी तथा मत्स्य, कूर्म, लिंग, शिव, वायु, स्कन्द और अग्नि पुराण को तमो गुणी माना गया है। (2-पद्म पुराण-उत्तर खण्ड-163/81-84) आचार्य द्विजेन्द्र नाथ शास्त्री ने अठारह पुराणों का क्रम देवी भागवत के'' ''**मद्वयं भद्वयं**'' मकारादि, भकारादि के अनुसार ही किया है। (3-संस्कृत साहित्य विमर्श-पं० द्विजेन्द्र नाथ शास्त्री, पृ०-319)

पुराणों का संक्षिप्त परिचय

(1) ब्रह्म पुराण :-

श्री ब्रह्मा जी द्वारा कथित तथा श्रीकृ**ष्ण** को ब्रह्म मान कर इसका निरूपण करने के कारण इसे ब्रह्म पुराण कहा गया है। महापुराणों की गणनाक्रम में सर्व प्रथम संख्या पर परिपठित होने के कारण इसे आदि पुराण भी कहते हैं। इसके प्रारम्भिक श्लोकों में ब्रह्म के स्वरूप का लक्षण बताया है। नित्यानन्दमय प्रसन्न ममलम्। (1-ब्रह्म पुराण-1/3) सम्पूर्ण पुराण में 246 अध्याय तथा लगभग दस हजार श्लोक हैं। (2-कल्याण पुराण कथाङ्क-पृ०-132)

(2) पद्म पुराण :-

इसे भगवान का हृदय कहा गया है। (3-पद्म पुराण-स्वर्ग खण्ड-62/2) जिस समय जगत् स्वर्णमय कमल के रूप में परिणत था उस समय इसकी रचना होने के कारण इसका नाम पद्म पुराण रखा गया। (4-कल्याण पुराण कथाङ्क, पृ०-141) इसमें सात खण्ड हैं- सृष्टि खण्ड, भूमि खण्ड, स्वर्ग खण्ड, ब्रह्म खण्ड, पाताल खण्ड, उत्तर खण्ड, क्रिया योग सार। नारद पुराण में पांच खण्ड स्वीकृत हैं। इसकी श्लोक संख्या 55 हजार हैं। (5-इतिहास पुराण का इतिहास-डॉ. कुंवर लाल व्यास शिष्य, पृ०-106)

(3) विष्णु पुराण :-

महापुराणों की गणना में प्रायः सर्वत्र यह तृतीय स्थान पर परिगणित हैं। (1-नारद पुराण-92/1-3, भागवत-12/8/23-24, विष्णु पुराण-3/6/21-24) यह वैष्णव दर्शन तथा विष्णु भक्ति उपासना का मूलाधार है। परिमाण में

न्यून होने पर भी इसका महत्त्व बहुत अधिक है। इसे पुराण संहिता कहा गया है। (2-विष्णु पुराण-1/1/26-30) इसकी श्लोक संख्या तेईस हजार है। इसमें भक्ति और ज्ञान का अद्‌भुत समन्वय है। इसे भगवान की दक्षिणी भुजा होने का गौरव प्राप्त है।

(4) शिव पुराण :-

पुराणों के क्रम में चतुर्थ स्थान पर कहीं शिव तथा कहीं वायु पुराण की संज्ञा से उपन्यस्त है। विषय वस्तु की दृष्टि से दोनों महत्वपूर्ण है। शिव पुराण का उद्‌देश्य शिव भक्ति का प्रसार कर जन मानस में परोपकार की भावनाओं को जागृत करना है। (3-शिव पुराण-सं० आचार्य श्रीराम शर्मा, भूमिका, पृ०-15) इसे बारह संहिताओं में विभक्त किया गया है जिनकी श्लोक संख्या एक लाख है। किन्तु व्यास जी द्वारा संक्षिप्त किये जाने पर इसमें इस समय चौबीस हजार श्लोक हैं। (4-शिव पुराण-सं० श्रीरामनाथ शर्मा-) स्कन्द पुराण, मत्स्य पुराण तथा नारद पुराण के अनुसार श्वेत कल्प के प्रसंग में वायु द्वारा प्रोक्त शिव के माहात्म्य से संयुक्त पुराण ''वायवीय'' या ''वायु पुराण'' कहा गया है। यह भगवान विष्णु की वाम भुजा के रूप में स्वीकृत हैं।

(5) भागवत पुराण :-

यह रसमय ग्रंथ मानव जीवन में अमृत की वर्षा कर जन मानस को आह्लादित कर देता है। इसकी रचना कर स्वयं व्यास जी को पूर्ण संतोष प्राप्त हुआ था। इसमें बारह स्कन्द तथा अठारह हजार श्लोक हैं तथा यह ग्रंथ ज्ञान, कर्म एवं भक्ति रस से समन्वित है। कुछ पुराणों में इस संख्या पर देवी भागवत पुराण को स्वीकार किया गया है। जिसमें 12 स्कन्द तथा अठारह हजार श्लोक हैं। यह पुराण भगवती पराशक्ति की महिमा पर आधारित है। इसका मूलाधार तथा परम तत्व स्वयं देवी भगवती है। (देवी भागवत-1/2/19-20) यह भगवान के ऊरू युगल के रूप में वर्णित है।

(6) नारद पुराण :-

विष्णु भगवान की भक्ति के माहात्म्य को प्रतिपादित करने वाले इस पुराण का विशिष्ट स्थान है। इसका नाम श्रोता नारद जी के नाम पर प्रचलित है (2-नारद पुराण-1/8/36)। ''तस्मादिदं नारद नामधेयं पुण्यं पुराणम्।'' (नारद पुराण-1/64) यह पुराण पूर्व तथा उत्तर दो भागों में विभक्त है। पूर्व भाग में 125 तथा उत्तर भाग में 82 अध्याय हैं। श्लोक संख्या पच्चीस हजार है। (4-भागवत पुराण-12/13/5) इसमें विविध विषय प्रतिपादित हैं। अत: यह भगवान विष्णु की नाभि हैं। अग्नि पुराण तथा गरूड़ पुराण की भाँति यह विश्व कोश कहलाता है। (5-कल्याण पुराण कथाङ्क, पृ०-201)

(7) मार्कण्डेय पुराण :-

इसमें चण्डी देवी का माहात्म्य वर्णित है। दुर्गा सप्तशती मार्कण्डेय पुराण का ही एक अंश हैं। यह मार्कण्डेय ऋषि के नाम पर आधारित है। इसके अन्तर्गत 137 अध्याय तथा 9 हजार श्लोक (6-पुराण विमर्श-आचार्य बलदेव उपाध्याय, पृ०-150) हैं। यह श्रीहरि के दाहिने चरण के रूप में सुशोभित हैं।

(8) अग्नि पुराण :-

विषयगत विविधता एवं लोकोपयोगिता की दृष्टि से यह पुराण अत्यधिक महत्त्वपूर्ण हैं। इसकी महत्ता का वर्णन स्वयं अग्नि पुराण के निर्माता ने किया है-"आग्नेये हि पुराणेऽस्मिन् सर्वा विद्याः प्रदर्शिताः।" (1-अग्नि पुराण-383/51) मत्स्य पुराण (2-मत्स्य पुराण-53/28-29) में इसकी श्लोक संख्या सोलह हजार, नारद पुराण (3-नारद पुराण-1/4/25/1-2) में पन्द्रह हजार तथा भागवत पुराण (4-भागवत पुराण-12/13/5) में पन्द्रह हजार चार सौ परिगणित है।

(9) भविष्य पुराण :-

विषय वस्तु, वर्णन शैली तथा काव्य रचना की दृष्टि से यह पुराण अत्यन्त भव्य आकर्षक तथा उच्च कोटि का काव्य रत्न है। यह धर्म, सदाचार, नीति, उपदेश, आख्यान, साहित्य, व्रत तीर्थ, दान, ज्योतिष, तथा आयुर्वेदादि समस्त विषयों का अपूर्व भण्डार है। वैताल पंचविंशति में भविष्य की पच्चीस कथाओं का संग्रह है। जिसका अनुवाद अनेक देशी भाषाओं में हो चुका है। (5-कल्याण कथांक, पृ०-232 वर्ष 63) इसमें पांच पर्व हैं-तथा नारद पुराण एवं भागवत पुराण के अनुसार इसकी श्लोक संख्या चौदह हजार है। (6-भागवत-12/13/6)

(10) ब्रह्म वैवर्त पुराण :-

यह वैष्णव पुराण चार खण्डों में विभाजित है। ब्रह्म खण्ड, प्रकृति खण्ड, गणपति खण्ड, तथा श्रीकृष्ण जन्म खण्ड। अन्तिम खण्ड में दो भाग हैं-पूर्व खण्ड तथा उत्तर खण्ड। इसकी श्लोक संख्या सोलह हजार हैं तथा दो सौ छियासठ अध्याय हैं। प्रकृति के भिन्न-भिन्न परिणामों का प्रतिपादन होने के कारण इसे ब्रह्म वैवर्त की संज्ञा प्रदान की गई। दूसरी व्याख्या के अनुसार इसमें भगवान कृष्ण ने अपनी पूर्ण ब्रह्म स्वरूपता को प्रकट किया है इसलिए इसे ब्रह्म वैवर्त पुराण कहा गया-

"विवृतं ब्रह्म कार्त्स्न्येन कृष्णो यत्र शौनकः।
ब्रह्मवैवर्त्तकं **तेन प्रवदन्ति पुराविदः॥"**
(ब्रह्म वैवर्त्त खण्ड-1/58-59)

(11) लिंग पुराण :-

इसमें शिव का विस्तृत वर्णन है। यह दो भागों में विभक्त है–पूर्व भाग तथा उत्तर भाग। पहिले भाग में 108 तथा दूसरे में पचपन अध्याय हैं। पुराण विमर्शकार के अनुसार इसकी अध्याय संख्या 133 तथा श्लोक संख्या ग्यारह हजार है। (2-पुराण विमर्श-आचार्य बलदेव उपाध्याय, पृ०-153) शिव की पूजा का विविध विधान से उल्लेख होने के कारण इसे लिंग पुराण कहते हैं:-

अलिङ्गी लिङ्ग मूलम् तु अव्यक्तं लिङ्ग मुच्यते।
अलिङ्गः शिव इत्युक्तो लिङ्गं शैवमिति॥"
(3-लिंग पुराण-1/31)

(12) वराह पुराण :-

इस वैष्णव पुराण में भगवान विष्णु के वराह रूप में अवतरित होने का उल्लेख है। मत्स्य पुराण, (1-मत्स्य पुराण-अध्याय-51/257-70) नारद पुराण (2-नारद पुराण-1/103) तथा भागवत (3-भागवत पुराण-12/13/7) के अनुसार इस पुराण का परिमाण चौबीस हजार श्लोकों का है किन्तु उपलब्ध वराह पुराण में केवल दस हजार श्लोक प्राप्त हैं। इसमें वेदोक्त देव शुनी सरमा तथा कठोपनिषद् में नचिकेतोपाख्यान जैसी अनेक रोचक कथाओं का वर्णन है। (4-पुराण कथांक कल्याण-7पृ०-257) मथुरा के समस्त तीर्थों का विस्तृत वर्णन होने के कारण यह वहाँ के भौगोलिक ज्ञान के लिए अत्यंत उपयोगी है। (5-मत्स्य पुराण-53/257-70 तथा वराह पुराण-अ०-157/721) विभिन्न मतों के आधार पर आचार्य बलदेव उपाध्याय ने इसे बारहवीं शताब्दी से पूर्व की रचना स्वीकार किया है तथा उनके मतानुसार इसमें दो सौ अठारह अध्याय एवं चौबीस हजार श्लोक हैं। (6-पुराण विमर्श-आचार्य बलदेव उपाध्याय,पृ०-153)

(13) स्कन्द पुराण :-

भगवान स्कन्द द्वारा कथित होने के कारण इस का नाम स्कन्द पुराण रखा गया। यह विशालकाय पुराण भागवत से पाँच गुना होने पर भी रमणीक कथानकों से परिपूर्ण है। विभिन्न तीर्थ स्थानों का आकर्षक वर्णन होने के कारण इसका भौगोलिक महत्त्व भी है। इसमें छः संहिता तथा 81 हजार श्लोक हैं। (7-वराह पुराण-अ०-193-212)

(14) वामन पुराण :-

यह वैष्णव सम्प्रदाय का प्रिय ग्रंथ है। नारदीय पुराण (8-नारद पुराण-1/105/1-2) तथा मत्स्य पुराण (1-मत्स्य पुराण-53-44-45) के अनुसार इसमें मुख्य रूप से भगवान त्रिविक्रम, सरस्वती माहात्म्य, सृष्टि वर्णन एवं धर्म का महत्त्व प्रतिपादित हैं। यह दो भागों में विभक्त है तथा इसकी श्लोक संख्या दस हजार है।

(15) कूर्म पुराण :-

भगवान विष्णु की कच्छपावतार की कथा पर आधारित है। यह कूर्म ऋषि द्वारा रचित है अत: इसका नाम कूर्म पुराण रखा गया। मत्स्य पुराण (2-53/47) के अनुसार इसमें 99 अध्याय तथा 18 हजार श्लोक थे। भागवत पुराण (3-भागवत पुराण-12/13/8) में इसकी श्लोक संख्या 17 हजार बताई गई है।

(16) मत्स्य पुराण :-

भगवान विष्णु के मत्स्यावतार से सम्बंधित यह पुराण वैष्णव, शैव, शाक्त सौर आदि सभी सम्प्रदायों के लिए पूज्य है। इसमें 15 हजार श्लोक तथा 291 अध्याय हैं जिनमें सृष्टि तत्त्व की मीमांसा, मन्वन्तर, सोम वंशी तथा पितृ वंश का विस्तृत वर्णन है। (4-मत्स्य पुराण-257-70)

(17) गरुड़ पुराण :-

यह विशेष रूप से वैष्णव पुराण है। इसमें 264 अध्याय एवं 19 हजार श्लोक हैं। (5-भागवत पुराण-12/13/8) सांपों के लक्षण स्वरोदय शास्त्र, धर्म शास्त्र, विविध व्रत, सम्पूर्ण अष्टांग, राजनीति (6-गरुड़ पुराण-108,115), आयुर्वेद (7-गरुड पुराण-150/81), भगवत्कथा, कीर्तन आदि इसके प्रमुख विषय है। यह प्रेत मुक्ति के लिए विशेष रूप से प्रसिद्ध है।

(18) ब्रह्माण्ड पुराण :-

समस्त ब्रह्माण्ड का भौगोलिक वर्णन होने के कारण इसे ब्रह्माण्ड की संज्ञा से विभूषित किया गया। ''ब्रह्माण्डचरितोक्तत्वाद् ब्रह्माण्डं परिकीर्तितम्।'' (1-कल्याण-पुराण कथांक-पृ०-393 (शिव उमा संवाद)44/135) यह तीन भागों में विभक्त है तथा इसकी श्लोक संख्या लगभग 12 हजार है। पंचविध लक्षणों के अतिरिक्त इसमें अन्य महत्त्व पूर्ण विषयों का उल्लेख भी हुआ है। वायु प्रोक्त होने के कारण इसे वायवीय पुराण भी कहते हैं।

उप-पुराण

अष्टादश महापुराणों की भाँति उपपुराण भी भारतीय साहित्य की अमूल्य निधि तथा भारतीय संस्कृति के सम्माननीय ग्रंथ हैं। उपकार, उपासना, उपहार, उपदेश, उपनयन की भाँति उप पुराण में भी ''उप'' प्रत्यय श्रेष्ठता का बोधक है।

पुराणों के समान ही ये पंच लक्षणों तथा विशिष्ट देवता या तीर्थ माहात्म्य से सम्बन्धित है। इनमें भी ज्ञान विज्ञान, सदाचार, धर्मादि की श्रेष्ठ कथाओं द्वारा ज्ञान कर्म भक्ति की शिक्षा दी गई है। (3-कल्याण पुराण कथांक-पृ०-393)

उपपुराणों की संख्या सभी विद्वान् अठारह ही मानते हैं किन्तु उनके नामों में भिन्नता होने के कारण उनकी संख्या बहुत हो जाती है। कल्याण पुराण कथांक (4-कल्याण पुराण कथांक-पृ०-393) में 61 उपपुराणों की नामावली प्रस्तुत की गई है। देवी भागवत (1-देवी भागवत्-1/1/3) के अनुसार सनत्कुमार, नारसिंह, नारदीय, शिव, दौर्वासस, कापिल, मानव, औशनस, वारूण, कालिका, शाम्ब, सौर, पाराशर, आदित्य, माहेश्वर, भागवत, नन्दी वासिष्ठ ये अठारह उपपुराण हैं।

(१)जैन-पुराण-परम्परा :-

वैदिक साहित्य, वेदांग तथा पुराणों की भाँति जैन धर्मावलम्बियों के पुराणादि भी उपलब्ध हैं जिनका अपना स्वतंत्र महत्त्व है। इनमें जैन धर्म के चौबीस तीर्थकर महात्माओं के माहात्म्य उल्लिखित हैं। ये पुराण पंच-लक्षणी न होकर महापुरुषों की पुरातन कथा के प्रतिपादक ग्रंथ हैं, प्रमुख पुराणों के नाम इस प्रकार हैं:-

(1) आदि पुराण	(2) अजित नाथ पुराण	(3) संभव नाथ पुराण	(4) अभिनन्द पुराण
(5) सुमतिनाथ पुराण	(6) पद्मनाथ पुराण	(7) सुपार्श्व पुराण	(8) चंद्रप्रभ पुराण
(9) पुण्यदंत पुराण	(10) शीतल नाथ पुराण	(11) श्रीयांस पुराण	(12) वासुपूज्य पुराण
(13) विमल नाथ पुराण	(14) अनन्तजीत पुराण	(15) धर्म नाथ पुराण	(16) शांतिनाथ पुराण
(17) कुन्थुनाथ पुराण	(18) अमर नाथ पुराण	(19) मल्लिनाथ पुराण	(20) मुनि सुव्रत पुराण
(21) नेमिनाथ पुराण	(22) अरिष्ठ नेमि पुराण	(23) पार्श्वनाथ पुराण	(24) सम्मति पुराण।

(2-संस्कृत साहित्य का संक्षिप्त इतिहास-वाचस्पति गैरौला, पृ०-156-157)

इन पुराणों में सुप्रसिद्ध पुराण के आदि पुराण, पद्म पुराण, अरिष्ठनेमि पुराण (हरिवंश पुराण) तथा उत्तर पुराण हैं। (श्री शांतिनाथ पुराण-श्रीमद् असद्, प्रस्तावना, पृ०-8) जिनमें आदि पुराण और उत्तर पुराण का विशेष महत्त्व है। कुछ पुराणों का परिचय इस प्रकार है:-

(1) आदि पुराण :-

इसमें जैनियों के प्रथम तीर्थंकर महात्मा ऋषभदेव की कथाएँ वर्णित हैं। भागवत में प्रोक्त बाईस अवतारों में इन्हें आठवाँ अवतार बताया गया है। इसमें 47 पर्व हैं। इसके रचयिता जिन सेन हैं। ये दर्शन शास्त्र एवं आध्यात्मिक ज्ञान के पारंगत थे। इस ग्रंथ के अन्तिम 1620 श्लोक इनके सुयोग्य शिष्य गुणभद्र द्वारा रचित हैं। इनका समय 658-765 श०सं० हैं। (संस्कृत साहित्य का संक्षिप्त इतिहास, वाचस्पति गैरोला, पृ०-174)

(2) उत्तर पुराण :-

यह आदि पुराण का उत्तरार्द्ध भाग है। आचार्य जिन सेन आदि पुराण के 44 सर्ग लिखने के बाद निर्वाण को प्राप्त हुए। तदनन्तर 45 सर्ग से 47 सर्ग तक और अन्त में जिन चरित्र का वर्णन कर उनके शिष्य गुणभद्र (3-श्री

शान्तिनाथ पुराण, प्रस्तावना, पृ०-8) ने आदि पुराण के उत्तर भाग की समाप्ति की। यह पुराण जैनों के चतुर्विंशति पुराणों का विश्वकोष है। इसका आरम्भ 48 वें पर्व से होता है तथा दूसरे तीर्थंकर अजित नाथ से लेकर चौबीसवे तीर्थंकर महावीर स्वामी तक आख्यान इसमें वर्णित हैं और 23 उत्तर वर्ती पुराणों की अनुक्रमणिका भी उल्लिखित है। जैन पुराणों के अनुसार वे तीर्थंकर पूर्व जन्म में राजा थे। इसमें 63 महात्माओं के चरित्र अंकित हैं। अत: इसे त्रिषष्टायवयवी पुराण भी कहते हैं। इसका समय 820 शकषिबाल संवत्सर है। अधिकांश पुराण ग्रंथ गुणभद्र के उत्तर पुराण पर आधारित हैं। (श्री शान्ति नाथपुराण, प्रस्तावना, पृ०-9)

(3) पद्म पुराण :-

इस पुराण के मूल लेखक श्री रविषेणाचार्य हैं, जिन्होंने इसे संस्कृत भाषा में लिखा है। (पद्मपुराण, निवेदन।) यह संस्कृत में जैन साहित्य का प्रथम ग्रंथ है। प्राकृत के ''पउम चरित'' का छायानुवाद होते हुए भी दोनों के कलेवर में न्यूनाधिक वैषम्य है।

(4) पउम चरित एवं अरिष्ठ नेमि पुराण :-

इसे हरिवंश पुराण भी कहते हैं। स्वयंभू ने ''पउम चरित तथा अरिष्ठनेमि चरित की रचना क्रमश: धनंजय एवं धवलइया के आश्रम में रहकर की थी। त्रिभुवन इनके सुयोग्य पुत्र तथा सह लेखक भी थे। ये दोनों ग्रंथ पिता पुत्र की संयुक्त कृतियाँ हैं। इनका समय 734-840 के मध्य का है।''

(5) अन्य पुराण :-

इसे चामुण्डाराय पुराण भी कहते हैं। इसके रचयिता चामुण्डा राय थे। वे महामात्य, सेनापति तथा विद्वान् भी थे। इसका रचनाकाल समय 896-906 शक संवत, 1031-1041 वि० स्वीकृत है। (3-संस्कृत साहित्य का इतिहास, वाचस्पति गैरोला, पृ०-184)

(6) महापुराण :-

इसकी रचना आचार्य मल्लिषेण ने 1104 वि० में की। ये संस्कृत एवं प्राकृत के विद्वान् थे तथा अजित सेन की शिष्य परम्परा में थे।

इनके अतिरिक्त पाण्डव पुराण, पार्श्व पुराण, शांति पुराण एवं हरिवंश पुराण आदि की रचना भी की गई (1-संस्कृत साहित्य का इतिहास-वाचस्पति गैरोला, पृ०-178-180)। इसके पश्चात् पुराण परम्परा लुप्त प्राय: हो गई। 20वीं शताब्दी में आचार्य श्रीराम शर्मा जी ने प्रज्ञा पुराण की रचना कर इस परम्परा का पुन: शुभारम्भ किया है।

(7) प्रज्ञा पुराण :-

पुराणों की परम्परा में आधुनिक युग के व्यास आचार्य श्रीराम शर्मा जी ने प्रज्ञा पुराण की रचना कर एक नया अध्याय जोड़ दिया है। वास्तविकता यह है कि पुराण विद्या सनातनी है क्योंकि कल्पादि में ब्रह्माजी ने पुराण का मन

से स्मरण किया था (पुराणं मनसा स्मरत्) अत: जैसे वेद, ज्ञान, कर्म, भक्ति त्रिकाण्ड विषयक होकर भी ब्रह्मात्मक विषयक हैं वैसे ही सभी पौराणिक कथाओं का उद्देश्य भगवत् प्राप्ति ही है। जैसे आकाश से गिरता हुआ जल समुद्र में ही विलीन हो जाता है वैसे पुराण के सभी प्रवचनों का अवसान परमात्मा में ही होता है:-

''आकाशात्पतितं तोयं यथा समुद्रमद्धिगच्छति।
सर्वदेवनमस्कारः केशवं प्रति गच्छति।।''

(2-पद्म पुराण-स्वर्ग खण्ड-61/62)

अत: वेदों के पौराणिक वर्णन परमात्मपरक स्वीकृत हैं। वे भगवान परम दयालु हैं, वे जीवों के कल्याणार्थ बहुत सी लीलाएँ करते हैं, वे कहीं आवेशावतार कहीं अवशेषावतार, कहीं अंशावतार, कहीं कलावतार, कहीं पूर्णावतार लेकर पृथ्वी का कष्ट दूर करते है। उनके सभी स्वरूप दुष्ट दमन एवं साधुओं के कल्याणार्थ हैं, पुराणों में उन्हीं श्रीहरि के विभिन्न चरित्रों का उल्लेख होने के कारण उन्हें साक्षात् श्री हरि का विग्रह रूप बताया गया है। जिस प्रकार सम्पूर्ण जगत् को आलोकित करने के लिए भगवान सूर्य रूप में प्रकट हो कर वाह्य अन्धकार को नष्ट करते हैं उसी प्रकार हमारे हृदयान्धकार को दूर करने के लिए श्री हरि पुराण विग्रह धारण करते हैं:-

''यथा सूर्यवपुर्भूत्वा प्रकाशाय चरेत् हरिः।
सर्वेषां जगतामेव हरिरालोकहेतवे।।
तथैवान्तः प्रकाशाय पुराणावयवो हरिः।
विचरेदिह भूतेषु पुराणं पावनं परम्।।''

(1-पद्म पुराण-स्वर्ग खण्ड-61-62)

इस प्रकार पुराणों को ब्रह्म के अवयव रूप में चित्रित किया गया है। समय समय पर व्यास पदवी धारी महर्षियों ने विभिन्न पुराणों की रचना की है ।काल के अनुसार पुराणों में सबसे अन्तिम पुराण भागवत पुराण है, जिसे द्वापर के अन्त तथा कलियुग के प्रारम्भ में मानव की मुक्ति हेतु श्रीव्यास जी ने निर्मित किया था। यह रस से परिपूर्ण ग्रंथ आज भी जन-मानस को आनन्दित कर हा है किन्तु आधुनिक परिस्थितियों में उनके सिद्धांत प्रभावहीन हो गये हैं। अत: वर्तमान काल में युगस्रष्टा एवं युगद्रष्टा आचार्य श्रीराम शर्मा ने आधुनिक परिस्थितियों के अनुरूप इस समय की समस्याओं के समाधान हेतु प्रज्ञा पुराण की रचना की है।

आज का युग भयंकर विभीषिकाओं का युग है। इस समय आस्था संकट उपस्थित हो गया है। मानव चिन्तन भ्रष्ट हो गया है। अत: उसे सद्बुद्धि स्वरूपिणी प्रज्ञा की आवश्यकता है। इसके लिए आचार्य प्रवर ने सद्बुद्धि की अधिष्ठात्री देवी महाप्रज्ञा गायत्री को विश्व जननी मानकर उनका प्रज्ञावतार रूप में चित्रण करने के लिए प्रज्ञा-पुराण की रचना की है। इसमें पौराणिक शैली का आश्रय लिया गया है और मानवोपयोगी समस्त विषयों तथा अभ्युदय एवं नि:श्रेयस् के साधक सकल सिद्धांतों का जो विवेचन किया है वह इस युग के लिए उनकी अनुपम देन है। यह अद्भुत ग्रंथ अभी विद्वानों के दृष्टिपथ से दूर है। अत: इस ग्रंथ को प्रकाश में लाने के लिए इसका विवेचन किया जा

रहा है। आशा है इसके द्वारा उनकी अमर साधना तथा साहित्यिक देन के साथ-साथ प्रज्ञा पुराण मे निहित जनोपयोगी विषयों को प्रकाश में लाया जा सकेगा।

(ग) आचार्य श्रीराम शर्मा - व्यक्तित्व एवं कृतित्व

मानव विधाता की सर्वश्रेष्ठ कृति है। परम पिता परमात्मा ने उसे जो प्रतिभा एवं विवेक प्रदान किया है वह अन्य प्राणियों के लिये दुर्लभ है। आहार, निद्रा, भय तथा काम वासना-ये प्रवृत्तियाँ मनुष्य तथा पशु पक्षियों में समान रूप से पाई जाती है किन्तु सद्ज्ञान मानव के लिए ईश्वर प्रदत्त वह वरदान है जिसे पाकर वह धन्य हो जाता है। साधारण मनुष्य भोजन शयनादि मे अपना बहुमूल्य जीवन पशुवत् व्यतीत करता है किन्तु श्रेष्ठ पुरुष इन मूल प्रवृत्तियों से सम्पर्कित होते हुए भी उनमें लिप्त नहीं होते। वे जीवन के लक्ष्य की उपलब्धि के लिए, जीवन के आदर्श को प्राप्त करने के लिए अपने ज्ञान का सदुपयोग करते हैं और महामानव की श्रेणी में आ जाते हैं। ये महापुरुष युग युग में जन्म लेते हैं और मानव जीवन को प्रेरणा देकर समाज, राष्ट्र तथा सम्पूर्ण विश्व का कल्याण करते हैं। आचार्य श्रीराम शर्मा जी उन्हीं युग प्रवर्तक महान् पुरुषों में अपनाा महत्त्वपूर्ण स्थान रखते हैं।

जन्मः-

स्वामी रामकृष्णा परमहंस के ब्रह्म लीन होने के चौबीस वर्ष बाद आश्विन कृष्ण त्रयोदशी संवत् 1968 अर्थात् 20 सितम्बर सन् 1911 में आगरा जनपद के आंवलखेड़ा नामक ग्राम के एक समृद्ध ब्राह्मण परिवार में इनका जन्म हुआ। (1-व्रज के धर्म सम्प्रदायों का इतिहास-(भाग दो)-श्री प्रभुदयाल मीतल, पृ०-598) इनके दादा जी पंडित श्री मोती लाल शर्मा उच्च कोटि के विद्वान् एवं लोकप्रिय व्यक्ति थे। वे सनाढ्य ब्राह्मण थे तथा उनका गोत्र भारद्वाज था। उनके दो पुत्र एवं दो पुत्रियाँ थीं। प्रथम पुत्र श्री रूप किशोर शर्मा तथा द्वितीय पुत्र का नाम श्री देव लाल शर्मा था। श्री रूप किशोर शर्मा आचार्य श्रीराम शर्मा के पिता थे। (2-आचार्य श्रीराम शर्मा-व्यक्तित्व एवं कृतित्व, पृ०-27) वे प्रतिष्ठित ज्योतिषी, बैद्य तथा समाजसेवी एवं भागवत् के प्रकाण्ड पंडित थे। उनके पास भरी पूरी जमींदारी थी। उनके तीन विवाह हुए थे। तीसरी पत्नी सहमऊ (मथुरा) के पंडित श्री लीलाधर शर्मा की सुपुत्री श्रीमती दान कुँवरि जी थी। ये सौभाग्य शालिनी ही आचार्य श्रीराम शर्मा की माता श्री थी। (3-आचार्य श्रीराम शर्मा-व्यक्तित्व एवं कृतित्व, डॉ. प्रज्ञानन्द, पृ०-12-13) ये धर्म परायण महिला थीं। शिशु रूप में श्रीराम ने भी अपने माता-पिता के तपस्वी जीवन के संस्कार बीज रूप में प्राप्त किये थे। कालान्तर में वे ही संस्कार वट वृक्ष के रूप में परिणत हुए। उनका लालन-पालन उच्च कुल की परम्परा के अनुरूप हुआ। (4-अखण्ड ज्योति-जनवरी-1972, गुरुदेव और उनकी अनुभूतियाँ, पृ०-58)

शिक्षाः-

आचार्य जी की जन्मभूमि के गाँव में एक प्राथमिक पाठशाला थी। सरकारी स्कूल की दृष्टि से इतना ही अध्ययन किया था। उनके पिता श्री संस्कृत के प्रकाण्ड पंडित थे। अत: संस्कृत विद्या उन्हें वंश परम्परा से प्राप्त हुई थी। पैतृक व्यवसाय पुराणों की कथा का प्रवचन करना तथा पौरौहित्य आदि ब्रह्मकर्म ही था। अत: उन्हें उस का भी समुचित ज्ञान हो गया था। डिग्रीधारी योग्यता न होने पर भी उन्होंने आचार्य तक के विद्यार्थियों को शिक्षा दी है। (वसीयत और विरासत, आचार्य श्रीराम शर्मा, पृ०-32)

अंग्रेजी भाषा जानने के लिए उन्होंने जेल में लोहे के तसले पर कंकड़ की पैंसिल बनाकर लिखना प्रारम्भ किया। राष्ट्रीय आन्दोलन में एक वर्ष बाद जेल से बाहर आये तो अंग्रेजी की पर्याप्त योग्यता उपलब्ध हो गई थी। इस प्रकार अपनी कुशाग्र बुद्धि द्वारा अन्य भाषाएँ भी सीख लीं। (2-वही, पृ०-32) उनकी प्रतिभा तथा अध्ययन शक्ति विलक्षण थी। स्मरण शक्ति की तीव्रता के कारण वे जो पढ़ते थे उन्हें कण्ठस्थ हो जाता था, इसीलिए उन्हें चलता फिरता एनसाइक्लोपीडिया कहा जाता था। अखण्ड ज्योति एवं उनके साहित्य में दिये गये उदाहरण एवं दृष्टान्त इस कथ्य के साक्षी हैं।

दीक्षाः-

आचार्य श्रीराम शर्मा के पिताश्री महामना मालवीय जी के घनिष्ठ मित्र एवं सहपाठी थे। 8 वर्ष की आयु में वे बालक श्रीराम को उपनयन संस्कार के लिए मालवीय जी के पास ले गये। मालवीय जी ने विधिवत् गायत्री महामंत्र की दीक्षा देकर गायत्री माता को कामधेनु बताकर उन्हें पांच माला निरन्तर जप करने की आज्ञा दी। (3-वही, पृ०-13) इस आज्ञा का उन्होंने जीवन भर पालन किया।

प्रेरणा स्रोतः-

माता, पिता एवं गुरु ही मानव के संरक्षक एवं प्रेरणा स्रोत होते हैं। आचार्य श्रीराम शर्मा जी ने माता गायत्री, पिता हिमालय एवं गुरु सत्ता को प्रेरक शक्ति के रूप में स्वीकार किया। मालवीय जी से दीक्षित होने पर उनकी गायत्री साधना का क्रम जीवन पर्यन्त अनवरत चलता रहा। (1-अखण्ड ज्योति-स्मृति विशेषांक-पृ०-23) हिमालय को वे अपना आध्यात्मिक प्रेरक मानते थे। बचपन में एक बार वे घर से निकल कर 5-6 किलो मीटर दूर स्टेशन तक पहुँच गये। जब घर के लोगों ने उन्हें पकड़ कर पूछा कि कहा जा रहे हो तो उन्होंने कहा-"हिमालय जा रहे हैं वही हमारा घर है।" दस वर्ष के बालक की यह बात उस समय तो महत्वहीन प्रतीत हुई, किन्तु बाद में जब वे गुरु सत्ता के निर्देश पर कई बार हिमालय गये तो यह सिद्ध हो गया कि वास्तव में वे हिमालय के ही प्राणी थे। (2-अखण्ड ज्योति-जनवरी 1972-पृ०-58) वे हिमालय को पारस की उपमा देते थे। (3-अखण्ड ज्योति-स्मृति विशेषांक-पृ०-23)

गुरु सत्ता उनकी तीसरी प्रेरक शक्ति थी। 15 वर्ष की आयु में जब श्रीराम अपने कक्ष में प्रात: गायत्री जप कर रहे थे तब बसंत पंचमी के दिन उनके मार्ग दर्शक ने स्वयं उन्हें दर्शन दिये और उनके विगत तीन जन्मों की झाँकी तथा

दिव्य सत्ता से साक्षात्कार कराया था। इसे आत्मबोध या परोक्ष सत्ता द्वारा शक्ति का अनुग्रह कहा जा सकता है। यह उनके जीवन का महत्वपूर्ण मोड़ था। आचार्य जी उन्हें कल्पवृक्ष, अति मानव, दिव्य सत्ता तथा ब्रह्म का प्रतीक मानते थे तथा कभी मार्ग दर्शक एवं कभी मास्टर भी कहते थे। यही दैवी सत्ता जीवन पर्यन्त उन्हें प्रेरणा देती रही और यही विराट् गायत्री आन्दोलन एवं गायत्री परिवार की सूत्रधार बन कर इस महानाटक का संचालन करती रही है। (1-अखण्ड ज्योति-जनवरी 1972, पृ०-59,60)

उपासना एवं साधना क्रमः-

प्रथम साक्षात्कार के समय मार्ग दर्शक द्वारा तीन कार्यक्रम आरम्भ करने का आदेश दिया गया। प्रथम, सभी नियमोपनियमों का पालन करते हुए 24 वर्ष तक 24 लाख के चौबीस गायत्री महापुरश्चरण सम्पन्न करना अर्थात् 66 माला प्रतिदिन गायत्री जप तथा गोघृत से अखण्ड दीपक को प्रज्ज्वलित करना। द्वितीय, स्वतंत्रता संग्राम में स्वयं सेवक की भूमिका का निर्वाह करना। तृतीय, लोक कल्याण हेतु साहित्य सृजन तथा आर्ष साहित्य का पुनरुद्धार करना। इसके लिए गहन स्वाध्याय एवं जन सम्पर्क करने का आदेश दिया गया जिससे संगठन क्षमता का विकास हो सके। (2-वसीयत और विरासत, पृ०-26,27) यद्यपि ये तीनों कार्य क्रमदायित्व एवं शैली की दृष्टि से परस्पर विरोधी प्रतीत होते हैं किन्तु उनकी साधना निरन्तर गतिशील रही। इसका श्रेय वे अपनी उस मार्ग दर्शक सत्ता को ही देते हैं। (3-वही, पृ०-26,27) उपासना एवं साधना क्रम के प्रारम्भिक दिनों में परिजनों एवं स्वजनों ने विरोध भी किया, प्रताड़ना भी दी और प्रलोभन भी दिये किन्तु उन्होंने उस दैवी सत्ता के आदेशानुसार आत्मा-परमात्मा को साक्षी बनाकर प्रेय मार्ग का परित्याग कर श्रेय पथ को ही चुना और उपासना तथा साधना प्रारम्भ कर दी। (4-वही, पृ०-29)

अखण्ड दीप जलाकर गायत्री महापुरश्चरण का शुभारम्भ हुआ। प्रतिदिन 66 माला का जप, गायत्री माता के चित्र का धूप, दीप, नैवेद्य, अक्षत, रोली पुष्प तथा जल से पूजन, उदीयमान सविता का ध्यान अन्त में सूर्यार्घ्य दान। अटूट श्रद्धा के साथ इतनी छोटी सी विधि को अपनाया। (1-वसीयत और विरासत, पृ०-30) उपासना की तन्मयता का उल्लेख उन्होंने स्वयं किया है। ''सामने गायत्री माता के चित्र को देखकर श्रद्धा उमड़ी, प्रतीत होता वे साक्षात् सम्मुख बैठी हैं। कभी-कभी उनके आँचल में मुँह छिपाकर प्रेमाश्रु बहाने के लिए मन उमड़ता। इस उपासना क्रम में एक दिन का भी अन्तर नहीं आया। (2-वही, पृ०-31) उनका यह उपासना क्रम निरन्तर चौबीस वर्ष तक चला। कुण्डलिनी एवं पंचाग्नि विद्या की सिद्ध साधना इसी बीच सम्पूर्ण हुई। इसी के साथ मानसिक परिष्कार एवं भावनात्मक उत्कृष्टता का प्रयत्न चलता रहा। (3-अखण्ड ज्योति-जन० 1972, गुरुदेव और उनकी दिव्य अनुभूतियाँ, पृ०-56)''

साधनाः-

इस समय उन्होंने खान पान पर भी पूरा प्रतिबन्ध लगा दिया। पाँच छटांक जौ का आटा सवा सेर छाछ, बस। न नमक न मसाला न शक्कर न पकवान। (4-वही, जनवरी-1972, गुरुदेव और उनकी दिव्य अनुभूतियाँ, पृ०-57)

त्याग, तितिक्षा, शम और दम की साधना उन्होंने पूर्ण निष्ठा से सम्पन्न की। गाय को खिलाये हुए जौ को गोबर में से निकाल कर धो-सुखा तथा पीस कर रोटी बनती थी। यह कठोर साधना अविराम 24 वर्ष तक निरन्तर गतिशील रही। (5-वही, फरवरी-1972, हमारे दृश्य जीवन की अदृश्य अनुभूतियाँ, पृ०-75)
उन्होंने अपरिग्रही ब्राह्मण का आदर्श जीवन व्यतीत किया। वे सदैव दूसरों को देते ही रहे। जो सुख बांटने तथा दुःख बँटाने में ही आनन्द की अनुभूति करते हैं उन्हें भौतिक पदार्थों का संग्रह अरुचिकर लगना स्वाभाविक है। (1-अखण्ड ज्योति-सितम्बर-1971, यति और योद्धा की प्रवृत्तियों से सम्पन्न प्रतिभा, पृ०-60) उन्होंने परिवार के पाँच छः व्यक्तियों के लिए 200/- रुपये मासिक खर्च की व्यवस्था बनाई थी जिसमें से आधा अतिथि सत्कार में ही व्यय हो जाता था। इस प्रकार उन्होंने भारतीय संस्कृति के अनुरूप प्राचीन ऋषि परम्परा का पूर्ण अनुसरण किया। वे वास्तव में युग पुरुष थे। जिनकी प्रेरणा से सांस्कृतिक जागरण को प्रोत्साहन मिला।

स्वतंत्रता संग्राम के सेनानीः-

मार्गदर्शक के आदेश एवं भारत माता की पुकार सुनकर वे सन् 1930 में मतवाले बनकर स्वतंत्रता संग्राम में कूद पड़े तथ मत्त के नाम से प्रसिद्ध हुए। उनकी धर्म पत्नी (गायत्री परिवार में माता जी के नाम से सम्मानित) ने उन्हें पति एवं योद्धा की संज्ञा दी है। (2-वही, पृ०-60) कौटुम्बिक स्वजनों के विरोध करने पर भी ये प्रातः भ्रमण के बहाने घर से निकल कर सत्याग्रहियों के दल में सम्मिलित हो गये और जब तक इनकी खोज की गई ये जेल जा चुके थे।

स्वतंत्रता आन्दोलन की कुछ घटनाएँ इनकी अडिग शक्ति एवं दृढ़ संकल्प की परिचायक हैं। राष्ट्रीय आन्दोलन अपनी तीव्रता से आगे बढ़ रहा था और आगरा में श्रीमती स्वरूप रानी के नेतृत्व में जुलूस निकल रहा था। श्रीराम झण्डा लेकर अग्रिम पंक्ति में चल रहे थे। अंग्रेज अधिकारी के पैरों की ठोकर से ये नीचे गिरे तो झण्डा मुँह में दबा लिया मूर्च्छितावस्था में भी झण्डे को नीचे नहीं गिरने दिया। इस रोमांचकारी घटना ने सबको अभिभूत कर दिया। (3-आचार्य श्रीराम शर्मा-व्यक्तित्व एवं कृतित्व-डॉ. प्रज्ञानन्द, पृ०-32)

नमक सत्याग्रह आन्दोलन में लाठी प्रहार से आहत ये नमक के कुण्ड में गिर गये। सभी इनके लिए चिन्तित हो उठे किन्तु तूफान शान्त होने पर ये हँसते हुए उसमें से निकल आये। शौर्य एवं जिजीविषा का यह संगम देखकर सब आश्चर्य चकित थे। (1-अखण्ड ज्योति-स्मृति विशेषांक, पृ०-21)

ये कांग्रेस के अत्यन्त विश्वसनीय एवं प्रामाणिक कार्यकर्त्ता थे। गाँधी इर्विन समझौते के अन्तर्गत एक विषय लगान बन्दी का भी था। लगान बन्दी सम्बन्धी आँकड़े पंत जी ने नैनीताल से मँगवाएँ। आचार्य श्री ने गाँव-गाँव घूम-घूम कर जो आँकड़े तैयार किये उन्हें देखकर श्री रावत जी तथा पन्त जी आश्चर्य चकित रह गये थे। इनके द्वारा प्रस्तुत सूची के अनुसार किसानों को लगान मुक्त कर दिया गया। स्वयं गाँधी जी ने इनके कार्य की प्रशंसा की थी तथा

इंग्लैण्ड की एसेम्बली में भी इनकी सराहना की गई थी। (2-स्वतंत्रता संग्राम सैनिक (33) संक्षिप्त परिचय-पृ०-45)

आसनसोल जेल में पंडित जवाहर लाल नेहरू, मदन मोहन मालवीय, श्रीमती स्वरूप रानी, श्री चन्द्रभानु गुप्त, देवदास गाँधी, रफी अहमद किदवई, जैसे देशभक्तों के साथ ये एक वर्ष रहे। यदि ये राजनीति में रहे होते तो शीर्ष नेताओं में होते किन्तु देश के स्वतंत्र होते ही इन्होंने राजनीति से सन्यास ले लिया, यहाँ तक कि सरकार द्वारा प्रदत्त पैंशन भी उन्होंने राष्ट्र-हित के कार्यों के लिए समर्पित कर दी। (3-अखण्ड ज्योति-स्मृति विशेषांक, पृ०-126) 1966 ई० में चिन्तामणि शुक्ल जी ने एक पुस्तक छपवाई थी जिस में श्रीराम मत्त की स्वतंत्रता संग्राम की गतिविधियों का उल्लेख करते हुए लिखा है कि श्रीराम शर्मा ने स्वराज्योपरान्त देश की नैतिक एवं आध्यात्मिक उन्नति करने का स्तुत्य प्रयास किया है। (1-स्वातन्त्र युद्धों के मथुरा जनपदीय सेनानी, चिन्तामणि शुक्ल, पृ०-331-332)

श्री प्रभु दयाल मित्तल ने इनकी गतिविधियों का इस प्रकार उल्लेख किया है-"आँवलखेड़ा नामक ग्राम में उत्पन्न श्रीराम मत्त ने शिक्षा प्राप्ति के पश्चात् 1930 से 1942 तक आगरा में स्वतंत्रता संग्राम में सहयोग देकर कारागार की यंत्रणा सहन की थी किन्तु इनकी मुख्य प्रवृत्तिधार्मिक थी। दोनों में समन्वय न कर पाने के कारण ये राजनीति से पृथक् हो गये और मथुरा में अपनी धार्मिक योजना को कार्यान्वित करने में लग गये। (2-व्रज के धर्म समप्रदायों का इतिहास-भाग-दो, श्री प्रभुदयाल मित्तल, पृ०-598)
वास्तव में ये गायत्री माता के वरद् पुत्र थे। माँ गायत्री के पाँच मुख एवं दश भुजाओं की कल्पना की जाती है किन्तु उनके अनन्य साधक ने प्रत्यक्ष दिखा दिया कि एक शरीर से पाँच गुनी स्तर की क्रिया शक्ति किस प्रकार सम्भव हो सकती है। उनके पाँचों कोष जागृत हो चुके थे। (3-अखण्ड ज्योति-नवम्बर-1971-आत्मदेव की उपासना और उसके चमत्कार, पृ०-53) इसी कारण इतने कम समय में आचार्य श्रीराम इतने महान् एवं स्तुत्य कार्य कर सके।

अनेक प्रकार की परम्पराएँ, संस्कार, चिन्तन-धाराएँ तथा विभिन्न परिस्थितियाँ व्यक्तित्व का निर्माण करती हैं और विभिन्न प्रकार के तत्त्व व्यक्तित्व के विकास में सहयोग देते हैं। महापुरुषों का व्यक्तित्व महान् होता है। उनके व्यक्तित्व और कृतित्व में एक रूपता के दर्शन होते हैं। आचार्य श्रीराम शर्मा उस महान् व्यक्तित्व के आदर्श रूप थे जिनका साहित्य उनके व्यक्तित्व की पूर्णता से प्रतिबिम्बित हैं। व्यक्तित्व-निरूपण में बहिरंग तथा अन्तरंग दोनों स्वरूपों का दिग्दर्शन आवश्यक है। बहिरंग की अपेक्षा अन्तरंग का वर्णन और भी कठिन है क्योंकि भौतिकता को महत्वहीन समझकर जो आध्यात्मिकता की गहराई में प्रविष्ट हो जाते हैं उनके अन्तराल में बहुमूल्य मोती निहित रहते हैं।

बहिरंग पक्षः-

आचार्य श्रीराम अत्यन्त सरल, सौम्य और प्रभावपूर्ण व्यक्ति थे। वे लम्बे दुबले, शरीरधारी जब पास से निकलते तो अपरिचित व्यक्ति भी उनके प्रभावशाली व्यक्तित्व को देखने के लिए रुक जाते थे। उनके दिव्य ललाट, साँचे में ढली

अनुपम आकृति गुलाबी रंग का पुट लिये हुए गेहुँए रंग का तो कुछ वर्णन किया जा सकता है किन्तु उनके तेजस्वी नेत्रों की तीक्ष्ण दृष्टि तथा उससे निकलने वाली प्रेम, करूणा एवं माधुर्य की अनुपम धारा का चित्रण संभव नहीं। उनके ब्रह्माण्ड के आस-पास का श्वेत गुच्छ देखकर लगता कि वे अनेक शक्तियों के अधिकारी हैं। उनके प्रशस्त ललाट में समस्त विश्व का ज्ञान भरा हुआ है। (आचार्य श्रीराम शर्मा व्यक्तित्व एवं कृतित्व, पृ०-44) राजस्थान विधान सभा के भूतपूर्व अध्यक्ष श्री निरंजन नाथ आचार्य ने अपनी अनुभूतियों को इस प्रकार अभिव्यक्त किया है:-

''जब मैंने उनकी ओर देखा तो सहसा मौलिक अनुभूति हुई। सैंकड़ों की भीड़ में उनकी ओर आकर्षित होता हुआ चला गया। मुझे विश्वास हो गया कि यही वह व्यक्तित्व है जिसके लिए मैं भटक रहा था। (पूज्य आचार्य श्री के सान्निध्य में-आचार्य निरन्जन नाथ शर्मा, पृ०-6)

उनकी वेशभूषा बहुत साधारण थी। उनके पास आधुनिक संत महंतों साधुओं जैसी लम्बी-लम्बी जटाएँ, बढ़ी हुई दाड़ी, माथे पर त्रिपुण्ड रेखाएँ, देह पर भस्म, गेरूए वस्त्र कुछ भी नहीं थे। सादी खादी की धोती, खादी का कुरता, आवश्यकता पड़ने पर (1-आचार्य श्रीराम शर्मा: व्यक्तित्व एवं कृतित्व, डॉ. प्रज्ञानन्द, पृ०-45) पैरों में खड़ाऊँ, उस पर भी मधुर मुस्कुराहट में खिले हुए उनके मुखमण्डल के मोहक आकर्षण तथा अपार, दया, प्रेम से परिपूर्ण उनकी अलौकिक छवि को चित्रित करना सम्भव नहीं है।

विवेक चूडाम**णि** में आचार्य शंकर ने ऐसे सिद्ध संतों को आनन्द का पिटारा कहा है। इसका तात्पर्य है शिशु की भाँति निश्चल हँसता-हँसाता विनोदी जीवन। इस विषय में उनके जीवन की एक घटना का उल्लेख अप्रासंगिक न होगा, तपोभूमि में गुरुदेव दो कार्यकर्ताओं के साथ बैठे थे-एक कार्यकर्ता बढ़े हुए बाल तिलकधारी तथा पीत वस्त्रों में महन्त जैसे सुशोभित हो रहे थे। एक व्यक्ति ने प्रवेश करके उन्हीं को गुरु जी समझ कर चरण स्पर्श कर लिए। जब उन्होंने कहा कि मैं गुरु जी नहीं हूँ तो गुरुजी ने मुस्कराते हुए कहा-''इनके बहकाने में मत आना ये ही गुरुजी हैं।'' बहुत देर तक वातावरण हँसी से गूँजता रहा। जब आगन्तुक को वास्तविकता कहा पता चला तो उनके शिशु सदृश हास्य विनम्रता एवं सरलता को देखकर वह मुग्ध हो गया। (2-स्मृति विशेषांक, पृ०-205) माता जी उन्हे मनुष्य शरीर में विचरण करने वाला देवता मानती हैं।

अन्तरंग पक्षः-

वे बहुत ही भावुक तथा करुणाशील थे। उनके हृदय में ममता स्नेह और वात्सल्य था। जिस समय वे 1971 में हिमालय गये उस समय परिजनों के प्रति उनके अपनत्व का परिचय प्रस्तुत पंक्तियों में मिलता है:- ''अपनी कमजोरी को हम छिपाते नहीं। हमारा अन्त:करण अत्यधिक भावुक और मोह मतता से भरा पड़ा है। स्नेह सद्भाव की प्रेम मिठास हमें बहुत भाती है कि चींटी की तरह रेंग कर वहीं जा पहुँचते हैं जहाँ जरा सी भी मिठास मिलती है। प्रेमी के लिए मिलन का आनन्द बड़ा सुखद है किन्तु बिछुड़ने का दर्द उसे मर्माहत कर देता है। (1-अखण्ड ज्योति-अप्रैल 1971, पृ०-60)

आचार्य श्रीराम के ह्रदय में करूणा का स्रोत उमड़ता रहता था। बचपन से ही वे मनुष्यों के दु:ख से द्रवित होकर दीन दुखियों की सहायता यथा शक्ति करते थे। 12 वर्ष की अवस्था में अपने पारिवारिक परिजनों से प्रताड़ित होने पर भी हरिजन बस्ती में जाकर उन्होंने एक वृद्धा रुग्ण स्त्री की सेवा की थी। उन दिनों सवर्ण के लिए हरिजन की छाया भी अछूत थी अत: उसकी सेवा करने के कारण दण्ड स्वरूप इन्हें बाहर चबूतरे पर सोना पड़ा था तो भी वे उसके पूर्ण स्वस्थ्य होने तक वहाँ जाते रहे। (2-अखण्ड ज्योति-स्मृति विशेषांक, पृ०-7) इस घटना का उल्लेख उनके समवयस्क ने इस प्रकार किया है:- ''एक दिन गनेशी ने मुझ से कहा-श्रीराम ने तो वामन होकर सब की नाक कटा दी। कहाँ तो उसके कथा वार्ता वाचिवे वारे मसहूर बाप और कहाँ अस घोर अघोरी बेटा। जाकर तो देखो वे हरिजन बस्ती में का करि रये हैं। ''मैंने जाकर देखा तो ईदा की बुढ़िया कराह रही थी और वे उसके कीड़ों से सने गैग्रीन में बदल रहे घाव को लाल दवा से साफ कर मरहमपट्टी कर रहे थे। वह वृद्धा डबडबाये नेत्रों से उन्हें आशीर्वाद दे रही थी किन्तु घर आकर देखा तो परिवार के लोग गंगाजल लिए खड़े थे। (3-आगरा के आध्यात्मिक महारथी, श्रीराम शर्मा, राम सिंह चौहान)

दुर्जनों पर भी उनकी अथाह करुणा थी। उनके गाँव के एक पटवारी हुब्बालाल ने कई परिवारों का सुख चैन नष्ट कर दिया था। युवा श्रीराम ने अपाहिजों एवं रोगियों की सेवा करने वाली समिति बनाई थी। एक दिन अपाहिजों की सेवा के लिए गए तो देखा हुब्बा लाल फालिज का शिकार होकर चिथड़ों में लिपटा गंदगी में लेटा था। वह उन्हें देखकर सिसक सिसक कर रोने लगा। उन्होंने अपने साथियों के साथ उसकी बहुत सेवा की। जो उसके पास नहीं आते थे उन्हें प्रेरणा दी कि पाप से घृणा करो पापी से नहीं। (स्मृति विशेषांक-अमर उजाला बरेली 9 जून, 1990, पृ०-8)

वे मनुष्य ही नहीं पशु-पक्षियों के प्रति करुणार्द्र हो उठते थे। घासमंडी में एक बार बिल्ली के मुख से कबूतर को छुड़ा कर इन्होंने उस घायल कबूतर को हल्दी चूना लगाकर पानी पिलाया और ठीक होने पर उड़ा दिया। इस घटना की तुलना महात्मा बुद्ध की हंस वाली घटना से की जा सकती है। ऐसे प्रसंग मानव को देव मानव, ऋषि और भगवान बना देते हैं। (2-वही, पृ०-231)
वे प्राणिमात्र से स्नेह करते थे। अपने एक संस्मरण में माता जी ने लिखा है कि चुहिया, गिलहरी, चिड़िया भी उनकी थाली में उनके साथ भोजन करती थीं। (अखण्ड ज्योति 1971 अप्रैल, पृ०-60) यह उनके ममत्व का विकास ही है जिससे उन्होंने लाखों व्यक्तियों को प्रेम के दृढ़ बन्धन में बाँध दिया है। (4-वही, फरवरी 1972, पृ०-61) अपने विषय में उनके विचार द्रष्टव्य है- ''हम न सन्त हैं, न स्थित प्रज्ञ, न अवधूत, न परम हंस, कोई हमें जानना चाहे तो भावनाओं का मित्र कहना पर्याप्त होगा। (अखण्ड ज्योति-मार्च 1971, पृ०-53-54) अन्य स्थल पर उनकी मार्मिक भावना का दर्शन किया जा सकता है-''**कोई हमें सन्त कहता है कोई योगी, कोई लेखक, कोई सिद्ध, किन्तु कोई भी यह नहीं जानता कि मानव पीड़ा को देख कर हमारी कितनी ही रातें सिसकियों में ही बीत जाती हैं।**'' (2-वही, स्मृति विशेषांक, पृ०-6)

सिद्धान्त निष्ठाः-

एक बार माता जी ने उन्हें मौसमी का रस दे दिया तो उन की आँखों से आँसू छलक उठे। माता जी ने सोचा पता नहीं क्या भूल हो गई। पूछने पर बोले-हमारा ब्रह्म हम तक ही सीमित नहीं हैं। तुम सब अखण्ड ज्योति के कार्यकर्त्ताओं को पौष्टिक आहार की आवश्यकता है। एकाकी खाना चोर का काम है। इस मौसमी के रस से शरीर भले ही पौष्टिक हो या न हो किन्तु आत्मा अवश्य दुर्बल हो जायेगी। (3-वही, पृ०-37)

अगस्त 1930 का प्रसंग है। उनकी हवेली की सफाई करने वाले कर्मचारी ने कथा कहलवाने की इच्छा प्रकट की। वह सोचता था उनके यहाँ कौन कथा करेगा-पर श्रीराम जी अपनी कथा पोथी, हवन कुण्ड सामग्री, झालर शंख आदि सब सामान लेकर पहुँच गये। पूरे टीले के हरिजन एकत्रित हो गये और उन्होंने कथा वह डाली। ब्राह्मणों को पता चला तो लाठियाँ लेकर वहाँ पहुँचे तब तक वे शंखनाद कर अपना सामान समेट कर बाजरे के खेत की ओर भाग गये। घर आने पर डाँट पड़ी तो कहा ''हमने ब्राह्मण का कार्य कथा ही तो की है कोई अपराध तो नहीं किया। (अखण्ड ज्योति-स्मृति विशेषांक, पृ०-8)

सामाजिक कुरीतियों के विरोधीः-

एक बार एक विधवा के गर्भवती हो जाने पर घर के लोगों ने मार डालने को योजना बना डाली। उन्होंने साहस कर उसका पुनर्विवाह एक विधुर से करा दिया। वह महिला आज भी अपने सुखी जीवन का उत्तरार्द्ध कानपुर में बिता रही है। (2-वही, पृ०-113-114) इसी प्रकार एक घटना है कि-एक कसाई से दो गायों को छुड़ाने के लिए उन्हें अपनी पत्नी के जेवर गिरवी रखने पड़े। उन्होंने गऊओं को छुड़ाया ही नहीं-किराये की बैलगाड़ी करके उन्हें हाथरस की गौशाला में पहुँचाया। इसी प्रकार एक बार एक साहूकार के बेटे की बहू को बचाने के लिए वे जलती अग्नि में कूद पड़े थे। (3-वही, पृ०-23) ये घटनाएँ उनकी दृढ़ संकल्प शक्ति एवं सेवा साधना की परिचायक हैं।

विनम्रताः-

उनके अन्तरंग की पवित्रता अद्भुत प्रतिभा, एवं अलौकिक कार्य शैलियों ने यद्यपि उन्हें लोक में पूज्य बना दिया था किन्तु उनका हृदय अत्यन्त सरल एवं विनम्र था। आनन्द स्वामी उनसे आयु में 25 वर्ष बड़े थे। एक बार वे शान्तिकुञ्ज पधारे तो हाथ में माला लिये हुए थे। गुरुदेव भी माल्यार्पण द्वारा उनका सम्मान करने के लिए तत्पर थे। अपने तर्क में आचार्य जी ने कहा-''**आप सन्त हैं, महान्, मुझसे बड़े हैं आप सम्मान योग्य हैं-यह सुनकर श्री आनन्द स्वामी ने कहा-मुझे बड़ा मानते हो न तो नीचे झुको।**'' उनके आदेश पर गुरुदेव नीचे झुके और ''**मुनि रघुवीर परस्पर नवहि**'' जिसने भी यह दृश्य देखा वह धन्य हो गया। (1-अखण्ड ज्योति-स्मृति विशेषांक, पृ०-32)

संक्षिप्त रूप में कहा जा सकता है आचार्य श्रीराम शर्मा आदर्शवादी, सतोगुणी, मानवता की उदात्त प्रवृत्तियों, मुक्त सरलता और सहजता की प्रतिमूर्ति थे। उनका समस्त जीवन, जाति, धर्म, देश और संस्कृति के विकास में व्यतीत हुआ। राष्ट्रीयता, सांस्कृतिक उत्थान और विश्वबन्धुत्व की भावनाओं से उनका कोमल हृदय ओत-प्रोत था।

आत्मनिर्भरता, आत्म-विश्वास तथा आत्म सम्मान उनके व्यक्तित्व के महत्वपूर्ण अंग थे। उनके महान् व्यक्तित्व के दर्शन उनके जीवन की अनेक घटनाओं के माध्यम से किये जा सकते हैं। समुद्र की गहराई को जलयान द्वारा तथा आकाश की ऊँचाई को वायुयान द्वारा नापना संभव नहीं है, उसी प्रकार उनके समुद्र के समान गंभीर एवं आकाश सदृश विराट व्यक्तित्व का वर्णन तुच्छ लेखनी द्वारा संभव नहीं है। उनका महान् व्यक्तित्व उनके कृतित्व में प्रतिबिम्बित है। इस शोध ग्रंथ में उनके सत्साहित्य एवं रचनात्मक कार्यों का संक्षिप्त परिचय देने का प्रयास किया गया है। जिसमें उनके व्यक्तित्व की झाँकी लक्षित की जा सकती है।

आचार्य श्रीराम शर्मा का कृतित्वः-

लेखक की अनुभूतियाँ एवं व्यक्तित्व उनके कृतित्व में निहित रहता है अत: उसकी रचनाओं के द्वारा उसके व्यक्तित्व का अनुमान किया जा सकता है। कभी-कभी अपवाद स्वरूप ऐसा भी होता है कि साहित्यकार की रचनाएँ पढ़कर उसके प्रति जो धारणा होती है उसका व्यक्तित्व उसके विपरीत होता है किन्तु संसार उन्हीं को श्रद्धा की दृष्टि से देखता है जो मन, वाणी और कर्म से एक रूप रहते हैं-आचार्य श्रीराम जी के कृतित्व में उनका व्यक्तित्व पूर्णतया प्रतिबिम्बित हैं। अपने 80 वर्ष की जीवन यात्रा में उन्होंने लगभग 3000 छोटी-बड़ी पुस्तकें लिखीं जो अपने आपमें एक कीर्तिमान है।

प्रारम्भिक रचनाएँ:-

आचार्य श्रीराम शर्मा ने किशोरावस्था में ही अपने ग्रामीण अनुभव के आधार पर व्रजभाषा में जाति-भेद, मृतक भोज, खर्चीली शादी, पण्डावाद तथा अन्यान्य अन्ध विश्वासों पर पाँच पुस्तकें बहुत ही व्यंग्यात्मक शैली में लिखीं थीं जो बहुत लोकप्रिय हुई। (1-अखण्ड ज्योति-स्मृति विशेषांक, पृ०-112) वे इन सब कुरीतियों एवं अन्ध विश्वासों के प्रबल विरोधी थे। मृतक भोज से संबंधित एक पुस्तक, "बेटे की तेरहवी" में पंडितों पर कठोर व्यंग तथा घरवालों की दु:खद स्थिति का वर्णन करते हुए वे लिखते हैं-''पंडित दही के कुल्हड़ पर कुल्हड़ पिये जा रहे हैं और कंगाल हुए घर वालों को उलाहना दे रहे हैं-''चौं पोहे के खाजे में मोहे मार रह्यों हैं।'' समाज की इन मान्यताओं के प्रति उनका क्रान्तिकारी अभियान बचपन से ही प्रारम्भ हो गया था।

अपने अनुभवों के आधार पर ही अनेक फसलों को उगाने, अधिक उपज लेने का महत्व दर्शाने वाली एक पैसा मूल्य की सोलह पुस्तकें भी उन्हीं दिनों प्रकाशित हुई। इन्हें वे नगण्य मूल्य पर घर, बाजार में जाकर बाँटा करते थे।

उल्लेखनीय है कि घर से मदद न मिलने पर उन्होंने ये पुस्तकें अपनी प्रथम पत्नी की सोने की हँसली गिरवी रखकर प्रकाशित की थी। (1-अखण्ड ज्योति-स्मृति विशेषांक, पृ०-112)

देशभक्ति पूर्ण कविताएँ:-

स्वतंत्रता संग्राम में सक्रिय भाग लेने की अवधि में उन्होंने देशभक्ति भावना से परिपूर्ण ओजस्वी कविताएँ लिखीं जो कानपुर के विद्यार्थी: (संपादक गणेश शंकर विद्यार्थी) कलकत्ता के विश्वामित्र तथा आगरा के दैनिक पत्र सैनिक में प्रकाशित होती थीं। मत्त प्रलाप, किसान, परिवर्तन युग, जवाहर के प्रति इत्यादि उनकी लगभग पाँच सौ कविताएँ हैं जिन्हें संगृहीत कर उन पर शोध कार्य किया जा सकता है। (2-आचार्य श्रीराम शर्मा: व्यक्तित्व एवं कृतित्व, डॉ. प्रज्ञानन्द, पृ०-34)

उनकी कविताएँ कितनी संवेदनशील थीं इसका परिचय ''किस्मत'' के सम्पादक के पत्र द्वारा जाना जा सकता है। जिसमें लिखा था-"तुम्हारी कविता किसी बच्चे के द्वारा लिखी प्रतीत नहीं होती, निश्चित रूप से तुम में संवेदनाओं का स्रोत है जो भविष्य में निर्झर बनकर रहेगा। (3-अखण्ड ज्योति-स्मृति विशेषांक, पृ०-10) उनके साहित्य के पाठक यह समझ सकते हैं कि यह भविष्यवाणी आज अक्षरश: सत्य सिद्ध है। सैनिक पत्र से सम्बन्धित एक घटना का उल्लेख अप्रासंगिक न होगा-एक बार सैनिक पत्र के तीन, महत्त्वपूर्ण व्यक्तियों के एक साथ त्याग पत्र देने के कारण पत्र बन्द होने की स्थिति उत्पन्न हो गई, उस समय आचार्य जी को यह कार्य सौंपा गया, सम्पादन, प्रूफ रीडिंग के साथ-साथ कम्पोजिंग, छपाई, वितरण सभी कार्य पूर्ण तत्परता के साथ पूर्ण कर उन्होंने सब को आश्चर्य चकित कर दिया। वे सब को यही समझाते थे कि व्यक्ति की शक्तियाँ अपार हैं और उनकी अभिव्यक्ति का माध्यम श्रम है। (1-अखण्ड ज्योति-स्मृति विशेषांक, पृ०-33)

अखण्ड ज्योति पत्रिका का प्रकाशन:-

माता गायत्री रूपी कामधेनु का पय: पान, पारस की भाँति हिमालय से प्राप्त ऊर्जा, तथा कल्पवृक्ष तुल्य गुरु सत्ता का सहयोग-तीनों को प्राप्त कर उन्होंने नैतिक क्रान्ति, बौद्धिक क्रान्ति तथा सामाजिक क्रान्ति का संकल्प लेकर 1940 में एक पत्रिका प्रकाशित की। इसका शुभारम्भ अपने आध्यात्मिक जन्म दिवस वसंत पंचमी से किया जिस दिन उन्हें दिव्य सत्ता से साक्षात्कार हुआ था, उनके आदेशानुसार जो अखण्ड ज्योति 15 वर्ष पूर्व 1926 से जगाई थी, उसी के नाम पर उस पत्रिका का नाम अखण्ड ज्योति रखा। (2-वही, पृ०-128)

जिस समय उन्होंने पत्रिका प्रारम्भ की उस समय ब्रिटिश प्रशासन का दमन चक्र घूम रहा था। स्वतंत्रता संग्राम में भाग लेने के कारण कई बार-घर की नीलामी हो चुकी थी। आर्थिक समस्याओं के साथ-साथ सामग्री मिलनी भी कठिन थी, किन्तु अपनी संकल्प शक्ति एवं गुरु सत्ता के आशीर्वाद से उन्होंने पत्रिका का शुभारम्भ कर दिया। मासिक मूल्य 9 पैसे तथा वार्षिक मूल्य डेढ़ रुपया। मुख पृष्ठ पर भगवान कृष्ण जी सुदर्शन हाथ में लेकर खड़े हैं, मानों महाकाल का संरक्षण उन्हें प्राप्त हो। वह साधक की लेखनी का प्रथम पुष्प था जो इस समय मत्स्यावतार की भाँति

बढ़ कर लगभग पाँच लाख साधकों तक पहुँच रही है तथा इसका अनुवाद कई भाषाओं में हो रहा है। (1-वसीयत और विरासत, पृ०-72) इसके पश्चात् युग निर्माण योजना, युग शक्ति गायत्री, आदि पत्रिकाओं का प्रकाशन हुआ जो गुजराती, उड़िया, अंग्रेजी तथा अन्य भाषाओं में प्रकाशित होकर देश-विदेश में लाखों भूले-भटके मानवों का मार्ग दर्शन कर रही हैं।

सद्ज्ञान ग्रंथमाला अध्यात्म से संबंधित पुस्तकें:-

इसी समय उन्होंने सद्ज्ञान ग्रंथमाला के नाम से पुस्तकें लिखी जिसका पृथम पृष्ठ था ''मैं क्या हूँ?'' यह पुस्तक अखण्ड ज्योति कार्यालय आगरा से प्रकाशित हुई थी। इसकी कुछ पंक्तियाँ द्रष्टव्य है:- यह राज मार्ग है, सीधा, सच्चा और बिना किसी जोखिम का। यह मेरी बात हर एक की समझ में आ जानी चाहिए कि अपनी शक्ति और अपने हथियारों की क्षमता का ज्ञान और अज्ञानता किसी भी कार्य की सफलता, असफलता के लिए अत्यन्त आवश्यक है। (अखण्ड ज्योति-स्मृति विशेषांक, पृ०-129) इसके पश्चात इस शृंखला में अन्य आध्यात्मिक पुस्तकें जुड़ती चली गई-यथा ''ईश्वर कौन है।'' कहाँ हैं, आगे बढ़ने की तैयारी, आन्तरिक उल्लास का विकास, सफलता के तीन साधन, योग के नाम पर मायाचार, बिना औषधि के कायाकल्प, इत्यादि। ये सभी पुस्तकें जहाँ पहुँची अपना चमत्कार दिखाती हैं। (3-वही, पृ०-130)

1943 में मित्रता बढ़ाने की कला तथा 1946 में वैज्ञानिक अध्यात्मवाद, 1948 में जादूगर का छल, गायत्री की दिव्य अनुभूतियाँ, गायत्री ब्राह्मण की कामधेनु इत्यादि अनेक अनूठी पुस्तकें प्रकाशित हुईं। (4-वही, पृ०-134) इन पुस्तकों के माध्यम से आचार्य जी ने लोगों के मन में व्याप्त दुर्बलता को समाप्त करने तथा अध्यात्म पक्ष को उभारने का सराहनीय कार्य किया है।

भारतीय धर्म संस्कृति का महत्त्व प्रतिपादित करने एवं आर्ष साहित्य का पुनरूद्धार करने के लिए उन्होंने भारतीय संस्कृति के प्रतीकों शिखा, यज्ञोपवीत की उपयोगिता, उनका वैज्ञानिक आधार, गुरु, गंगा, गीता, गायत्री गौ पंच गगार इत्यादि का शिक्षण देने के लिए व्रत त्यौहार जैसी धार्मिक रचनाएँ प्रस्तुत की।

गायत्री महाविज्ञान:-

देश की स्वतंत्रता के साथ साथ 1940 में गायत्री के महाविज्ञान के तीन भाग प्रकाशित हुए जिसके 29 संस्करण निकल चुके हैं तथा इसका अंग्रेजी में अनुवाद भी हो चुका है। इसमें आद्यशक्ति गायत्री के विवेचन सिद्धान्त, व्यवहार, साधना, एवं तत्व ज्ञान पर प्रकाश डाला गया। तदुपरान्त अब तक सद्ज्ञान ग्रंथमाला के अन्तर्गत ऋषिचिंतन, गायत्री मंत्र एवं षोडश संस्कार, यज्ञोपवीत द्वारा धर्म अर्थ काम मोक्ष की प्राप्ति, गायत्री की दैनिक साधना, गायत्री द्वारा आत्मोत्कर्ष, इन्द्रिय संयम, गायत्री का वैज्ञानिक आधार, गायत्री की दिव्य शक्ति गायत्री की महान् महिमा, गायत्री उपासना कैसे, गायत्री के चौदह रत्न, गायत्री से ब्रह्म साक्षात्कार, गायत्री से योग साधना, सुख शान्ति दायिनी गायत्री, पंचमुखी एवं एक मुखी गायत्री, गायत्री गीता, गायत्री का हर अक्षर शक्ति स्रोत, गायत्री अनुष्ठान, गायत्री

विषयक शंका समाधान इत्यादि अनेक पुस्तकों की रचना की। (1-अखण्ड ज्योति-स्मृति विशेषांक, पृ०-135) इन पुस्तकों के माध्यम से उन्होंने अपने मार्ग दर्शक के आदेश पर गायत्री मंत्र एवं जप द्वारा भारत ही नहीं समस्त विश्व को जगाने का संकल्प लिया। दूसरी बार हिमालय जाने पर उन्होंने आर्ष साहित्य का सृजन कर गायत्री परिवार की नींव रखी। यह एक महत्वपूर्ण कार्य था। (1-अखण्ड ज्योति-स्मृति विशेषांक, पृ०-134)

दार्शनिक ग्रंथ-आर्ष साहित्य का पुनरूद्धार:-

गायत्री जयन्ती 1961 को चारों वेदों के साथ उपनिषदों के तीन खण्ड गायत्री तपोभूमि मथुरा से पूज्य आचार्य जी द्वारा सम्पादित हो कर पहली बार प्रकाशित हुए। उपनिषदों के ज्ञान खण्ड, साधना खण्ड एवं ब्रह्म विद्या खण्डों में 108 उपनिषदों की पहली बार हिन्दी में सरल भाषा में टीका जनसमुदाय के समक्ष प्रस्तुत की गई। इस आर्ष साहित्य को जब तत्कालीन राष्ट्रपति सर्वपल्ली श्री राधाकृष्णनन् जी को भेंट किया गया तो उन्होंने कहा था कि यदि यह ज्ञान नवनीत मुझे कुछ वर्ष पहिले मिल गया होता तो संभवत: मैं राजनीति में प्रवेश न कर आचार्य श्री के चरणों में बैठकर अध्यात्म का शिक्षण ले रहा होता।'' (2-वही, पृ०-153)

इसके पश्चात छ: दर्शन, अठारह पुराण, बीस स्मृतियाँ, चौबीस गीता, आरण्यक, ब्राह्मण, निरूक्त व्याकरण आदि की पुनर्रचना की। (3-वही, पृ०-154) पुराणों का कार्य अत्यधिक दुरुह था। पुराणों के नाम में काफी मतभेद हैं तथा लगभग साठ पुराणों के नाम मिलते हैं उन्होंने काशी के विद्वानों के परामर्श से अठारह पुराणों की नामावलि निश्चित की। यह साहित्य लगभग पाँच वर्ष में जन सामान्य के समक्ष आ गया। (4-वही, पृ०-155) इस कठिन कार्य की पूर्ति का श्रेय वे अपनी गुरु सत्ताको देते हुए लिखते हैं ''कि यह कार्य श्रीगणेश जी तथा व्यास जी के सदृश ही सम्पन्न हुआ। हमारी अंगुलियों का प्रयोग ही इन ग्रंथों के लेखन में हुआ बोलती लिखती कोई अदृश्य शक्ति ही थी। (5-वसीयत और विरासत, आचार्य श्रीराम शर्मा, पृ०-71) इस समय तक सद्ज्ञान ग्रंथ माला के अन्तर्गत साधना से सिद्धि, ब्रह्मविद्या कारहस्योद्घाटन, संजीवनी विद्या का विस्तार, गायत्री साधना से कुण्डलिनी जागरण, गायत्री उपनिषद्, गायत्री से ब्रह्म साक्षात्कार, साधना का तत्त्व दर्शन एवं स्वरूप, देवात्मा हिमालय आदि पुस्तकों की रचना हो चुकी थी। इस समय तक तपोभूमि में साधना सत्र भी प्रारम्भ हो चुके थे। (1-वसीयत और विरासत, पृ०-99) इस महत्वपूर्ण साहित्य रचना के पश्चात् मथुरा से हरिद्वार आकर ''प्रज्ञा पुराण नामक महत्वपूर्ण ग्रंथ की रचना हुई। इसके चार खण्ड प्रकाशित हो चुके हैं, इसके माध्यम से सभी प्रज्ञापुत्रों को ऋषियों की कार्य पद्धति से पूर्णतया अवगत कराके ज्ञान कर्म तथा भक्ति क्षेत्र में संलग्न होने की प्रेरणा दी गई। (2-वही, पृ०-99)

आत्मकथा:-

इसी समय 1965 में ''साधक की डायरी से'' नवीन रचना प्रकाशित हुई जिसमें इनके प्रकृति प्रेम तथा भावुक हृदय की अनुभूतियों के दर्शन होते हैं। इसका एक उदाहरण द्रष्टव्य है-''पर्वतराज, तुम इतनी वनश्री से लदे हो, तुम्हें किस बात की चिन्ता, तुम्हें रूलाई क्यों आती है?'' फिर उनकी कल्पना के अनुसार प्रश्न का उत्तर-हिमालय द्वारा-

''मैं ऊँचा हूँ, वनश्री से लदा हूँ, पर निष्क्रिय हूँ। मेरे दिल का दर्द तुम्हें क्या मालूम।'' एक स्थान पर वे लिखते हैं- ''जी चाहता है इस सौंदर्य राशि में अपने को खो दूँ। (2-वही, पृ०-99)

सामाजिक चेतना सम्बन्धी रचनाएँ:-

बाल्यावस्था से ही आचार्य जी में सामाजिक क्रान्ति के लक्षण दिखाई दे रहे थे। बाल्यकाल की घटनाएँ महामानवों की प्रौढ़ावस्था में नींव की पत्थर बन जाती हैं। अल्पायु में दलित बस्तियों में जाकर रोगियों की सेवा करना, कथा कहना, मथुरा के आर्य समाज के माध्यम से बिना देहज की शादियाँ, विधवा विवाह कराना, नशे बन्दी के विरूद्ध धरना देना, ये सब कार्य सवर्णो की दृष्टि में निन्दनीय समझे जाते थे, किन्तु एक क्रान्तिकारी, समाज सुधारक, भविष्य में जाति-वर्ण, विकलांग व्यक्तियों को एकत्रित करके विचार क्रान्ति के बीज बोने वाले आचार्य जी को उन सब कार्यों में आनन्दानुभूति होती थी-कालान्तर में उनकी ये विचार-धाराएँ ही उनके साहित्य में प्रस्फुटित हो उठीं।

सामाजिक समस्याओं में मुख्य रूप से अशिक्षा, निर्धनता, ऊँच-नीच, की भावना, अंधविश्वास, अनमेल विवाह, दहेज प्रथा, नशेबाजी, बेरोजगारी, मृतक भोज, मांसाहार, अश्लीलता का प्रचार, खाद्य समस्या, धर्म के नाम पर अधर्म, अनुशासनहीनता, नई पुरानी पीढ़ी का संघर्ष, इत्यादि हैं। उन्होंने इन समस्त समस्याओं के समाधान हेतु सामाजिक, बौद्धिक, नैतिक क्रान्ति कर देने वाली साहित्य की रचना ही नहीं की, अपितु शिविर लगाकर जनता को इन प्रवृत्तियों से दूर करने का प्रयास भी किया।

एक ओर अखण्ड ज्योति के माध्यम से उनके क्रान्तिकारी विचार जनता को सम्मोहित कर रहे थे तो दूसरी ओर युगान्तकारी साहित्य भी उन्हें प्रभावित कर रहा था। उनकी सद्ज्ञान ग्रंथमाला के अन्तर्गत लिखी गई पुस्तकों में ''सामूहिक चेतना की आवश्यकता'', समाज की अभिनव रचना'', ''हम बदलें तो दुनिया बदले'', ''समस्त समस्याओं का एक ही समाधान'', ''रुग्ण समाज और उनका कायाकल्प'', ''भव्य समाज की भव्य रचना'', ''हमारी युग निर्माण परियोजना'', ''आदर्श विवाह'', ''चौबीस सूत्रीय योजना'', ''विवाह के आदर्श और सिद्धान्त'', ''आदर्श विवाह की रूपरेखा'', ''उल्लेखनीय हैं। जिनके माध्यम से उन्होंने नशे बाजी, मिलावट, मांसाहार, अनुशासन, अनैतिकता, अश्लीलता, विवाह सम्बन्धी समस्याओं तथा दहेज की कुप्रथाओं पर कुठाराघात किया।

इसी के साथ-साथ सद्वाक्य लेखन, तथा नारों के उद्घोष द्वारा जनता की मानसिकता एवं दुष्प्रवृत्तियों के उन्मूलन का शुभारंभ किया। हम बदलेंगे युग बदलेगा, हम सुधरेंगे युग सुधरेगा, अगर रोकनी हैं तो बर्बादी बन्द करो खर्चीली शादी, दहेज प्रथा बन्द हो, अनाचार का अन्त हो इत्यादि सद्वाक्य एवं नारों द्वारा रुग्ण समाज के कायाकल्प का सफल प्रयास किया।

पारिवारिक समस्याएँ:-

आज के भौतिक प्रधान युग में पारिवारिक समस्याएँ भी प्रतिदिन बढ़ती जा रही हैं। इनके समाधान हेतु ''परिवार और उसका निर्माण'', ''सुख का आधार'', ''सुसंस्कृत परिवार'', ''विचार क्रान्ति की आवश्यकताएँ व उसका स्वरूप'', ''जीवन देवता की आराधना'', ''समस्याएँ आज की समाधान कल के, गृहस्थ सुख की साधना, समाज की अभिनव रचना, आत्मिक प्रगति के लिए अवलम्बन की आवश्यकता, पवित्र जीवन व्यवस्था, बुद्धि की गरिमा, युग की माँग, आदर्श परिवार, युग निर्माण की सुनिश्चित संभावना, जन जागृति का अभिनव अभियान, लोक सेवियों की आचार संहिता, उन्नीसवीं सदी का गंगावतरण, शिष्टाचार और सहयोग, समय सदुपयोग करें, गृहस्थ योग, सद्गुणों की सच्ची सम्पत्ति आदि अनेक पुस्तकें जनसामान्य तक पहुँचा कर मानव में देवत्व एवं पृथ्वी पर स्वर्ग के अवतरण की घोषणा की गई है।

नारी जागरण:-

समाज में नारी का महत्वपूर्ण स्थान है। वर्तमान काल में नारी शोषण तथा उसके साथ अमानवीय व्यवहारों को देखते हुए महर्षि दयानन्द, राजाराम मोहन राय, महात्मा गाँधी ने नारी जागरण का अभियान प्रारम्भ किया। आचार्य जी ने नारी शिक्षा का प्रारम्भ घर से ही किया। अपनी माता जी एवं पूर्व पत्नी को साक्षर बनाने का संकल्प लिया और एक प्रौढ़ पाठशाला खोली जिसमें हिन्दू-मुस्लिम महिलाएँ भी पढ़ने आतीं थीं। इस समय इन्होंने नारी जागरण हेतु प्रभावशाली एवं प्रेरणा प्रद साहित्य की रचना की।

नारी जागृति अभियान, स्त्रियों की समस्याएँ, नारी अभ्युदय का युग, नारी का तिरस्कार नहीं प्रोत्साहन दें, सुयोग्य नारी, सुखी गृहस्थ इत्यादि पुस्तकों के साथ-साथ सद्वाक्यों तथा नारों के घोष द्वारा नारी को समाज में महत्वपूर्ण स्थान प्रदान करने का सफल प्रयास किया। ''नारी को लजाओ मत'', ''गन्दे चित्र लगाओ मत'', ''पुरुष की शक्ति नारी है'', परिवार की शक्ति नारी है'', ''विश्व की शक्ति नारी है'', ''जागेगी जागेगी नारी शक्ति जागेगी'', ''माता ही यदि है अज्ञान, कैसे सन्तति हो विद्वान्'', गायत्री यज्ञ के साथ-साथ इन नारों की गूंज विश्व के कोने-कोने में सुनी जा सकती है। ''स्त्रियों तथा शूद्रों को गायत्री जप का अधिकार नहीं हैं, पंडितों के इस मत का खण्डन करते हुए इन्होंने स्त्रियों को गायत्री अधिकार पुस्तक की रचना कर नारी जागरण का संदेश दिया। उन्होंने उन्नीसवीं सदी को नारी सदी घोषित कर दिया।

संक्षेप में कहा जा सकता है कि आचार्य जी का युगान्तकारी तथा प्रेरणास्पद साहित्य जनता को युग युग तक सन्मार्ग पर चलने की प्रेरणा देगा, उन्होंने जो सोचा है जो कहा है उसे पहले अपने जीवन में उतारा है-मन वाणी तथा कर्म की एक रूपता के कारण वे युग निर्माण योजना के स्वप्न को साकार कर सकेंगे। इसकी पूर्ण आशा की जा सकती है। उनका उद्देश्य मानव में देवत्व का उदय एवं पृथ्वी पर स्वर्ग का अवतरण है। व्यक्ति निर्माण, परिवार निर्माण, सामाजिक निर्माण द्वारा युग निर्माण तथा विचार क्रान्ति, नैतिक क्रान्ति तथा सामाजिक क्रान्ति द्वारा जन मानस के भावनात्मक परिष्कार का कार्य प्रज्ञा पुत्रों द्वारा देश-विदेशों में किया जा रहा है जिससे इक्कीसवीं सदी उज्ज्वल भविष्य की पूर्ण आशा की जा सकती है।

रचनात्मक साधना क्षेत्रः-

युग परिवर्तन के लिए क्रान्तिकारी साहित्य सृजन के साथ अपनी दिव्य सत्ता के आदेशानुसार 24-24 महापुरश्चरण समाप्त कर आचार्य जी ने अपनी जीवन यात्रा के साधना काल की पूर्णाहुति के लिए एवं भावी गतिविधियों को क्रियात्मक रूप देने के लिए दुर्वासा की तपस्थली मथुरा को चुना। 1953 ई० में ज्येष्ठ दशहरा गायत्री जयन्ती के दिन उन्होंने 24 दिन तक केवल जल पर उपवास करने के पश्चात अरणि मंथन द्वारा अग्नि प्रज्वलित कर यज्ञ कार्य समाप्त किया तथा उसी दिन ज्ञानदीक्षा, प्राणदीक्षा, तथा संकल्प दीक्षा साधकों को देकर मार्ग दर्शक के संकेत पर विशाल संगठन की तैयारी में लग गये। यज्ञ स्थान पर ही मथुरा में 22 जून 1953 में गायत्री तपोभूमि की स्थापना हुई। (1-अखण्ड ज्योति-स्मृति विशेषांक, पृ०-147) इसका उद्देश्य अपनी योजनाओं को क्रियात्मक रूप में परिणत करना था।

अतः युग निर्माण योजना विद्यालय के माध्यम से नवयुग के सृजेताओं के प्रशिक्षण की व्यवस्था की गई। इस शिक्षा पद्धति के तीन मुख्य उद्देश्य थे, व्यक्तित्व निर्माण, आर्थिक स्वावलम्बन, युग-सृजन शिल्पी तैयार करना। व्यक्तित्व की दृष्टि से प्रखर, तेजस्वी, ओजस्वी, मनस्वी, चरित्र की दृष्टि से श्रेष्ठ, संयमी तथा प्रतिभाशाली प्रज्ञा पुत्रों को युग निर्माण की शिक्षा देने के लिए यहाँ एक वर्ष की प्रशिक्षण योजना अभी भी चल रही है। इस समय इसे अखण्ड ज्योति संस्थान तथा युग साहित्य प्रकाशन का केन्द्र बना दिया गया है। (1-आचार्य श्रीराम शर्मा, व्यक्तित्व एवं कृतित्व, डॉ. प्रज्ञानन्द, पृ०-102)

शान्तिकुञ्ज हरिद्वारः-

शान्तिकुञ्ज, हरिद्वार से लगभग छः किलो मीटर दूरी पर ऋषिकेश मार्ग पर स्थित है। इसकी आधारशिला 1969 में रखी गई। 1971 में आचार्य जी ने 1926 में अखण्ड दीप जलाया एवं यज्ञाग्नि प्रज्वलित की जो आज भी जल रही है। यहाँ के कार्यक्रम में प्रत्यावर्तन सत्र, जीवन साधना सत्र, वानप्रस्थ सत्र, शिक्षकों के लिए नैतिक सत्र, महिला जागरण सत्र एवं ऋचा सत्र प्रमुख हैं। ये सत्र एक मासीय एवं नौ दिवसीय होते हैं जिनमें साधक अपनी अन्तश्चेतना जागृत कर संकीर्ण भावनाओं से मुक्त हो कर जन जागरण का संदेश देते हैं। यह एक आध्यात्मिक प्रयोगशाला है। (2-अखण्ड ज्योति-स्मृति विशेषांक, पृ०-184)

शक्तिपीठों की स्थापनाः-

तीर्थ स्थानों के माध्यम से धर्म चेतना का अभिवर्धन करने वाली सफलता को ध्यान में रखते हुए देश भर में युग की आवश्यकताओं को पूरा करने के लिए 2400 गायत्री शक्तिपीठों की स्थापना की गई जो परिजन शान्तिकुञ्ज नहीं आ पाते उन्हें इन शक्तिपीठों पर शान्तिकुञ्ज की पद्धति के अनुसार साधना तथा संस्कार कराये जाते हैं। उस स्थान पर शान्तिकुञ्ज के प्रशिक्षित साधक यह कार्य कराते हैं। आचार्य जी मन्दिरों को शक्तिपीठों के रूप में देखना चाहते

थे, जहाँ केवल पत्थर के भगवान की पूजा न कर साकार नर-नारायण की पूजा हो। ये स्थान अवांछनीय तत्त्वों के केन्द्र न होकर मानव को ज्ञान, प्रेरणा व ऐसी शक्ति दें कि मानव दिव्य गुणों को धारण कर सके। (1-आचार्य श्रीराम शर्मा: व्यक्तित्व एवं कृतित्व, डॉ. प्रज्ञानन्द, पृ०-109)

ब्रह्मवर्चस् शोध संस्थान:-

इसे इस युग का अभूतपूर्व समुद्र मन्थन कहा जा सकता है। अध्यात्म एवं विज्ञान का समन्वय कर दोनों के शाश्वत् स्वरूप का सरल, सुबोध, प्रस्तुतीकरण एवं वैज्ञानिक गवेषणाओं का आधुनिकतम यंत्रों के माध्यम से प्रमाणीकरण एक ऐसा पुरुषार्थ है जिसके सम्पादन के कारण आचार्य जी को इस युग का सबसे बड़ा वैज्ञानिक, दार्शनिक एवं मनीषी कहा जा सकता है। (2-अखण्ड ज्योति-स्मृति विशेषांक, पृ०-203) यह 80 वर्ष की साधना की सबसे महत्त्वपूर्ण उपलब्धि है। 1940 में ''मैं क्या हूँ?'' प्रकाशित पुस्तक में गूढ़ विषय को मनोविज्ञान का आधार बनाकर बीज दृष्टिगोचर होता है। 1940 में ही दो विशेषांक वैज्ञानिक अध्यात्मवाद पर प्रकाशित हुए उसके पश्चात् यह मंथन 1967 तक चलता रहा, जिसमें शब्द शक्ति की महत्ता गायत्री के चौबीस अक्षरों का वैज्ञानिक विवेचन, यज्ञ विज्ञान के महत्वपूर्ण पक्ष तथा कुण्डलिनी महाशक्ति के विज्ञान सम्मत आधार विषय पर वे अखण्ड ज्योति में लेख देते रहे। इसी समय वैज्ञानिक अध्यात्मवाद से सम्बन्धित 24 पुस्तकों तथा 25 पुस्तकों के दो भाग-1984-85 में प्रकाशित हुए जो विश्व के प्रेरकतत्त्व सिद्ध हुए। (3-वही, पृ०-205)

1984 में कणाद ऋषि की तपस्थली पर इस अद्‌भुत प्रयोगशाला का निर्माण हुआ। यहाँ पर गैस लिक्विड, क्रामेटोग्राफी फ्रेक्शनल डिस्टीलेशन एवं साल्वेण्ट एक्सट्रेशन के माध्यम से वनौषधियों की गुणवत्ता प्रमाणित की जाती है। (1-अखण्ड ज्योति-स्मृति विशेषांक, पृ०-206) मंत्रों के उच्चारण का शरीर के अंग प्रत्यंगों पर क्या प्रभाव पड़ता है? रक्त के श्वेतकण व विभिन्न हारमोन्स, एन्जाइम्स, जीवनी शक्ति बढ़ाने वाले द्रव्यों तथा फेफड़ों की रक्त शोधन प्रक्रिया को प्राणायाम आसन, मुद्राऐं ध्यान तथा आहार संयम कैसे प्रमाणित करते हैं इसके लिए बहुमूल्य यंत्रों द्वारा परीक्षण होते हैं इन यंत्रों का विश्लेषण कम्प्यूटर्स द्वारा किया जाता है। (वही, पृ०-206)

इस प्रकार यह कहा जा सकता हे कि उनके महान् व्यक्तित्व का दर्शन केवल उनकी कृतियों में ही नहीं अपितु उनके रचनात्मक कार्य योजनाओं में किया जा सकता है। उन्होंने अकेले ही ऋषि परम्परा को पुनर्जीवित किया है।

भगीरथ के समान ज्ञान गंगा का विस्तार, चरक ऋषि की प्रणाली पर दुर्लभ वनौषधियों का आरोपण व उन पर प्रयोग परीक्षण, व्यास एवं वाल्मीकि की भाँति युग साहित्य, आर्ष साहित्य का पुनरुद्धार, प्रज्ञा पुराण का सृजन, नारद परम्परा में संगीत के माध्यम से जन-जन की भावनाओं को तरंगित करने का शिक्षण, समर्थ गुरु रामदास एवं आद्य शंकराचार्य की प्रणाली के अनुसार पाँच केन्द्रीय संस्थानों के अतिरिक्त चौबीस सौ प्रज्ञा संस्थानों की स्थापना, पंतजलि परम्परा में प्राण प्रत्यावर्तन एवं प्रज्ञा योग की साधना द्वारा योगदर्शन को व्यावहारिक रूप प्रदान करना, विश्वामित्र परम्परा में सिद्धपीठ की स्थापना कर संजीवनी विद्या का शिक्षण एवं नवयुग की पृष्ठभूमि का निर्माण,

पिप्पलाद परम्परा में संस्कारी आहार के माध्यम से कल्प साधना, सूत शौनक परम्परा में रामचरित मानस की प्रगतिशील प्रेरणा, गीताकथा एवं प्रज्ञा पुराण कथा द्वारा समागमों का आयोजन तथा लोक शिक्षण का सफल प्रयास किया है। वैशेषिक कणाद् परम्परा में अध्यात्म विज्ञान के समन्वय के अनुसंधान हेतु ब्रह्मवर्चस् की संस्थापना उनके अद्भुत अभूतपूर्व व्यक्तित्व का परिचायक है।

आचार्य जी ने याज्ञवल्क्य ऋषि की यज्ञ परम्परा का भी नवीनीकरण किया है। यज्ञ की प्रेरणा संगतिकरण अर्थात् परमार्थ प्रयोजनार्थ श्रेष्ठ व्यक्तियों को संघबद्ध कर गायत्री परिवार के रूप में ''वसुधैव कुटुम्बकम्'' अथवा युग निर्माण योजना को इसी महायज्ञ की विधि द्वारा सफल बनाया। उन्होंने पुसंवन संस्कार से लेकर, नामकरण, अन्नप्राशन, विद्यारम्भ आदि संस्कारों के साथ-साथ जन्मदिवसोत्सव, एवं विवाह दिवसोत्सव को भी यज्ञ प्रक्रिया से सम्पन्न कराने का मार्गदर्शन किया। इसी के साथ शत कुण्डी, सहस्र कुण्डी महायज्ञों के रूप में वाजपेय, अश्वमेध, राजसूय यज्ञ की परम्परा को पुनर्जीवित कर इसी के माध्यम से विशाल संगठन की स्थापना का संकल्प लिया। (1-अखण्ड ज्योति-स्मृति विशेषांक, पृ०-147)

आचार्य श्रीराम ने स्पष्ट घोषणा की कि सभी गायत्री उपासकों को रविवार के दिन साप्ताहिक कार्यक्रम में सामूहिक हवन करना चाहिए। (2-वही, पृ०-29-अगस्त 1953) इसी यज्ञ परम्परा में जब 1955 में वसंत पंचमी के दिन 108 कुण्डीयज्ञ में उन्होंने नरमेध यज्ञ की घोषणा की तो सभी को आश्चर्य हुआ क्योंकि नरमेध का पौराणिक अर्थ नरबलि से था। उन्होंने अखण्ड ज्योति में इसका स्पष्टीकरण किया कि नरमेध का तात्पर्य नरबलि से नहीं अपितु इसका अर्थ है विशिष्ट व्यक्तियों द्वारा किसी उद्देश्य विशेष के लिए उच्च स्तरीय त्याग। इस यज्ञ द्वारा उन्होंने ऋषिरक्त में छिपे त्याग तत्त्व का आह्वान कर परिजनों की आत्मा को जागृत किया। इसी वर्ष उन्होंने मथुरा में महामृत्युजंय यज्ञ, विष्णु यज्ञ, शतचण्डी यज्ञ, नवग्रह यज्ञ, तथा चारों वेदों के यज्ञों के आयोजन किये। तत्पश्चात जनशक्ति को एकत्रीकरण करने के लिए-संगठित करने के लिए भारत के 108 स्थानों पर 108 कुण्डी यज्ञ की घोषणा की, किन्तु ये यज्ञ 1008 से भी अधिक हो गये।

1958 में ही नवम्बर में 1008 कुण्डी महायज्ञ सम्पन्न हुआ-जिसने मिशन की प्रगति को महत्वपूर्ण मोड़ दिया। (1-अखण्ड ज्योति-स्मृति विशेषांक-पृ०-149) जून 1990 में गायत्री जयन्ती के दिन अपने ब्रह्म लीन होने से पूर्व छः स्थानों पर महायज्ञों की घोषणा कर दी थी जिसे देश की कुण्डलिनी जागरण की संज्ञा दी गई। अब तक अश्वमेध यज्ञ की परम्परा में पाँच अश्वमेध विदेशों में तथा 22 यज्ञ भारत के विभिन्न स्थानों पर हो चुके हैं। नवम्बर 1995 में उनकी जन्मभूमि आँवल खेड़ा में अर्द्ध पूर्णाहुति के रूप में सम्पन्न हुआ और यह आशा ही नहीं पूर्ण विश्वास है कि इन महायज्ञों द्वारा प्रदूषण समाप्त होगा, वातावरण पवित्र होगा और उनका पृथ्वी पर स्वर्ग के अवतरण का स्वप्न पूर्ण होगा।

निष्कर्ष रूप में कहा जा सकता है कि माता गायत्री के इस अमर साधक ब्रह्मकमल ने 80 वर्ष की जीवन यात्रा में इतने ब्रह्म बीजों को उत्पन्न कर चतुर्दिक् बिखेर दिया है जिससे असंख्य ब्रह्म कमल खिल कर समस्त विश्व संस्कृति को सुंगधित कर सकेंगे। उन्हें स्थूल शरीर के परित्याग का पूर्वानुमान था। उनका आध्यात्मिक दिन वसंत पर्व था तथा जीवन भर गायत्री का तत्वदर्शन जन-जन तक पहुँचाने वाले इस ब्रह्मर्षि ने सूक्ष्मीकृत होने हेतु गायत्री जयन्ती का दिन ही चुना। यह एक संयोग नहीं है एक सुनियोजित जीवन क्रम है। उन्होंने स्वेच्छा मृत्यु प्राप्त की तथा 2 जून 1990 को गायत्री जयन्ती के दिन अपनी शक्ति माता जी को हस्तान्तरित कर इस स्थूल चोले को कबीर की भाँति ज्यों की त्यों उतार कर अपने लौकिक जीवन का पटाक्षेप कर दिया। महापुरुषों के क्रियाकलाप स्थूल शरीर तक सीमित नहीं रहते।

अपने अन्तिम सन्देश में उन्होंने स्वयं यह आश्वासन दिया है ''ज्योति बुझ गई। यह नहीं समझना चाहिए। अब तक के जीवन में जितना कार्य स्थूल शरीर से किया है उसका सौ गुना सूक्ष्म अन्त:करण से सम्भव हुआ है। आगे का लक्ष्य विराट् है, विश्व के छ: अरब व्यक्तियों की चेतना को प्रभावित करने, उनमें आध्यात्मिक प्रकाश व ब्रह्म वर्चस् जगाने का कार्य पराशक्ति द्वारा ही सम्भव है। ''उन्होंने शान्तिकुञ्ज के परिसर से ही पाठकों तथा परिजनों के अन्त:करण में नव जीवन व उत्साह भरने का आश्वासन दिया है। उनके कथन की सत्यता को इन दिनों देखा जा सकता है कि उनके सूक्ष्मीकरण के पश्चात् इन पाँच वर्षों में उनकी ऊर्जा प्रचण्ड रूप धारण कर समस्त विश्व को प्रेरित कर रही है। दुष्प्रवृत्तियों का उन्मूलन सत्प्रवृत्तियों का संवर्धन सतयुग की वापसी का जो स्वप्न उस युग द्रष्टा ने देखा है उसके पूर्ण होने के लक्षण दृष्टिगोचर हो रहे हैं और यह विश्वास किया जा सकता है कि इक्कीसवीं सदी उज्ज्वल भविष्य को लेकर आ रही है जो सच्ची मानवता और मानव-कल्याण का मार्ग प्रशस्त करेगी।

द्वितीय अध्याय

प्रज्ञा पुराण की संरचना एवं उसका विषय

(क) प्रज्ञा पुराण रचनाक्रम

(ख) प्रज्ञा पुराण की विषय सामग्री (प्रतिपाद्य विषय)

(क) प्रज्ञा पुराण का रचना क्रम

प्राचीन भारतीय सभ्यता संस्कृति विद्या वैभव एवं उत्कर्ष का वास्तविक ज्ञान पुराणों द्वारा ही प्राप्त होता है। प्रत्येक पुराण एक निश्चित परिस्थिति में, निश्चित उद्देश्य की पूर्ति के लिये लिखा गया है। अत: उस पृष्ठभूमि और विषय का ज्ञान उपलब्ध करने के लिए उसकी मूलभूत प्रवृत्तियाँ भी वस्तु-बोध के लिए स्पष्ट करना अपेक्षित है। पुराणों में परम्परागत विषय-निरूपण के साथ वर्ण आश्रम, विद्या-ज्ञान, धर्म- दर्शन-सम्प्रदाय, युग-समस्याएँ आदि से सम्बन्धित विषय भी सर्वाधिक रूप से वर्णित हैं जो अत्यन्त लोकोपयोगी होने के साथ मानव का मार्गदर्शन करते हैं।

जिस प्रकार पुराणों के रचयिता व्यास जी ने अपनी इन रचनाओं के द्वारा मानव को स्वार्थपरता से हटाकर परोपकार करने की प्रेरणा प्रदान की है उसी प्रकार आधुनिक युग में आचार्य श्रीराम जी ने कलियुगी प्रवृत्तियों से आक्रान्त, जीवन आदर्शों से भटके जन मानस का अपने ज्ञान दर्शन तथा सत्साहित्य द्वारा पथ प्रदर्शन किया है। उनकी अनुपम कृत्ति ''प्रज्ञा-पुराण'' का पुराण परम्परा में महत्वपूर्ण स्थान है जो युगीन-समस्याओं का समाधान करने में सक्षम है।

नामकरण:-

प्रज्ञा पुराण का नामकरण प्रज्ञा को केन्द्र बिन्दु बनाकर किया गया है जैसा कि इसके नाम से अभिव्यंजित है। प्रज्ञा शब्द ''**प्र**'' उपसर्ग पूर्वक ''**ज्ञा**'' धातु से ''**अङ्**'' व ''**टाप्**'' प्रत्यय करने से निष्पन्न होता है, जिसका अर्थ मेधा, बुद्धि अथवा प्रकृष्ट ज्ञान है। (1-संस्कृत हिन्दी कोश: वामन शिवराम आप्टे, पृ०-645) विधाता की सम्पूर्ण सृष्टि में मानव की श्रेष्ठता का मूल आधार प्रज्ञा ही है।

प्रत्येक व्यक्ति में गुण-दोष होते हैं। मात्र विवेक ही निष्कलंक है-आदर्शवादी दूरदर्शी विवेकशीलता को ही प्रज्ञा कहते हैं। (1-प्रज्ञा पुराण-चतुर्थ खण्ड, पृ०-368) इसीलिए कहा गया है-''**आपदिस्फुरितप्रज्ञा यस्य धीर: स एव हि**'' (2-कथा सरित्सागर- 2/4/41) धीर वही जिसकी बुद्धि आपत्ति में स्फुरित होती है। ''**कृतप्रज्ञश्च विपदादेव**

जातु न बाध्यते (3-वही, 10/4/10) प्रज्ञावान् विपत्तियों से कभी भी बाधित नहीं होते और जिसकी बुद्धि आपत्ति काल में नष्ट नहीं होती वह क्या नहीं कर सकता-"न स शक्नोति किं यस्य प्रज्ञा नापदि हीयते (4-वही, 10/4/78) इसलिए "प्रज्ञा नाम बलं तस्मान्निष्प्रज्ञास्य बलेन किम् (5-वही, 10/4/91) तथैव "एवं प्रज्ञा एव परमं बलं न तु पराक्रम:" (6-वही, 10/4/107) अर्थात् प्रज्ञा ही परम शक्ति है पराक्रम नहीं, प्रज्ञाहीन को बल से क्या लाभ हो सकता है यह उक्ति सर्वथा सत्य है।

इस युग की अगणित समस्याएँ दुर्बुद्धि ग्रस्त होने के कारण ही उपस्थित हुई हैं-इनका निराकरण सद्विवेक सद्प्रज्ञा द्वारा ही किया जा सकता है, अत: युगद्रष्टा आचार्य श्रीराम शर्मा ने इन समस्याओं को समझा तथा सामाजिक, पौराणिक, ऐतिहासिक, धार्मिक कथानकों एवं महापुरुषों के प्रेरक प्रसंगों द्वारा प्रज्ञा को जागृत कराने वाली इस कृति का नाम **"प्रज्ञा पुराण"** रखा।

इस नामकरण में आचार्य जी ने पौराणिक परम्परा का अनुसरण भी किया है। पुराणों के नाम पर दृष्टिपात करने से स्पष्ट हो जाता है कि पुराणों का नामकरण भगवान विष्णु के विभिन्न अवतारों के नाम पर ही हुआ है। मानव जब परिस्थितियों पर नियंत्रण नहीं कर पाता तो सृष्टि प्रवाह की बागडोर स्रष्टा स्वयं ही संभाल कर ऐसी व्यवस्था बनाते हैं जिससे अन्धकार में प्रकाश उत्पन्न हो सके। यही अवतार की प्रक्रिया है। भगवान ने लोक वासियों को आश्वासन दिया है कि धर्म की ग्लानि एवं अधर्म का उत्थान होने पर मैं पृथ्वी पर अवतरित होता हूँ। इतिहास व पुराण इस तथ्य के साक्षी हैं कि अधर्म का, अनौचित्य का निराकरण करने के लिए विषम वेला में वे स्वयं प्रकट होते हैं, (1-गीता-4/7) और जो कार्य सामान्य जनों से नहीं हो पाता उसे अपने निर्धारणों द्वारा पूर्ण करते हैं।

पुरातन काल में ऐसी ही विकट परिस्थितियों में वे प्रभु कभी मत्स्यावतार, कभी कूर्मावतार, कभी वाराहावतार, कभी वामनावतार तो कभी नृसिंहावतार अथवा रामावतार, कृष्णावतार के रूप में प्रकट हुए और भक्तजनों ने उनकी आराधना उसी रूप में की। (2-प्रज्ञा पुराण-चतुर्थ खण्ड, पृ०-354) वेद व्यास ने भी विभिन्न पुराणों में श्रीहरि के विभिन्न रूपों का, विभिन्न लीलाओं का चित्रण एवं पूजन कर उन्हीं के नाम पर पुराणों का नामकरण किया। यथा मत्स्य पुराण, कूर्म पुराण, नृसिंह पुराण, वामन पुराण आदि।

आचार्य श्रीराम शर्मा ने इस समय अनास्था संकट एवं दुर्बुद्धि ग्रस्त मानव की समस्याओं के समाधान हेतु प्रज्ञावतार की संभावना प्रकट की है, इस विषय में वे स्वयं लिखते हैं-अवतारों की परम्परा में दसवाँ अवतार प्रज्ञावतार है जिसे निष्कलंक (कल्कि) भी कहा गया है। इसके अवतरण की भूमिका का ठीक समय यही है। युग सन्धि के इस प्रभाव पर्व पर महाप्रज्ञा गायत्री ही अब युग शक्ति बनने जा रही है। (3-प्रज्ञा पुराण, चतुर्थ खण्ड, पृ०-367) पौराणिक भाषा में उसका नाम निष्कलंक है क्योंकि वे हमारी प्राचीन तथा वर्तमान दुष्प्रवृत्तियों एवं कलंकों को धोने जा रही हैं। उनके द्वारा ऐसा भावनात्मक प्रवाह उत्पन्न किया जा रहा है जिससे मानव व्यक्तिगत समस्याओं में न उलझ कर लोक मंगल सम्बन्धी कार्यों में कटिबद्ध होंगे। (1-प्रज्ञा पुराण-चतुर्थ खण्ड, पृ०-367) प्रज्ञाभियान द्वारा युग परिवर्तन के

प्रयत्नों को युग अवतार के रूप में जाना जा सकता है। वास्तव में वह कोई व्यक्ति नहीं, प्रबल आन्दोलन होगा, उसे ही भावी पीढ़ियाँ निष्कलंक अवतार कहेंगी। निष्कलंक प्रज्ञावतरण उसी के उदय और उद्भव का नाम है, इन दिनों इसी का अवतरण काल है। (2-वही, चतुर्थ खण्ड, पृ०-368)

उनके मतानुसार पिछले अवतारों के समय समस्याएँ स्थानीय और व्यक्ति प्रधान थीं। इस बार वे व्यापक और जनमानस में संव्याप्त है। अत: प्रज्ञावतार का कार्य क्षेत्र अधिक विस्तृत तथा युगान्तरीय चेतना के रूप में सूक्ष्म होगा। उसकी कोई आकृति न होगी पर उसकी प्रेरणाओं को परिवहन करते हुए असंख्य प्रज्ञा पुत्र नव जागरण का संदेश देंगे और प्रज्ञा परिजनों का विशाल देव समुदाय महाकाल का वह उद्देश्य पूर्ण करेगा जिससे युग समस्याओं का समाधान हो सके। (3-वही, चतुर्थ खण्ड, पृ०-369) वे पूरी तरह आशान्वित हैं कि भविष्य में प्रज्ञावतार के प्रभाव से जन-जन के मन में छिपा हुआ वह उल्लास अनायास ही जागृत होगा जिससे अन्त: प्रेरणा ही वह कार्य सम्पन्न करा लेगी जो सामान्य परिस्थितियों में संभव नहीं होता। अवतार प्रक्रिया का यही चमत्कार है कि वह असम्भव को सम्भव बना देती है। (4-वही, पृ०-369)

उपर्युक्त विवेचन से यह स्पष्ट हो जाता है कि प्रज्ञावतार की युगान्तरीय लीला सन्दोह का चित्रण कराने वाली इस कृति का नाम ''**प्रज्ञा पुराण**'' सर्वथा सार्थक एवं उपयुक्त है। जन-मानस में असंकीर्ण धर्म और सदाचार के प्रचार-प्रसार के लिए प्रज्ञापुराण का सार्वभौम अध्ययन, मनन-प्रचार सर्वथा वांछनीय है।

उद्देश्य:-

उच्च कोटि का साहित्यकार मनोरंजन के साथ-साथ ही उचित मार्ग पर चलने की प्रेरणा भी देता है। काव्य प्रकाशकार ने काव्य रचना के छ: मुख्य प्रयोजन बताए हैं-

''काव्यं यशसोऽर्थकृते, व्यवहारविदे, शिवेतरक्षते।
सद्य: परनिर्वृतये, कान्तासम्मिततयोपदेशयुजे॥''
(1-काव्य प्रकाश-1/2)

अर्थात्-काव्य रचना-यश प्राप्ति के लिए, अर्थ प्राप्ति के लिए सामाजिक व्यवहार की शिक्षा, रोगादि विपत्तियों के विनाश, तुरन्त ही उच्च कोटि के आनन्द का अनुभव और कान्ता सम्मित उपदेश देने के लिए की जाती है-इनमें सर्वश्रेष्ठ प्रयोजन सद्य: परनिर्वृत्ति एवं सदुपदेश प्रदान करना है। प्रज्ञा पुराण का उद्देश्य मानव चेतना को जागृत करना है। इसमें विविध प्रकार की आख्यायिकाओं एवं दृष्टान्तों द्वारा मानव चिन्तन को परिवर्तित एवं परिवर्धित किया गया है। आज के भौतिक युग में विचार धाराएँ, मान्यताएँ, तथा आकांक्षाएँ विकृत रूप धारण कर चुकी हैं, उन्हीं को उन्मूलित तथा गायत्री महामंत्र के द्वारा सद्भाव सम्पन्न आस्थाओं का निर्धारण एवं अभिवर्धन करना ही प्रज्ञा पुराण की रचना का वास्तविक लक्ष्य है, जिससे मानव पशु प्रवृत्तियों का परित्याग कर देवोपम बन सके। इस विषय में आचार्य श्री के विचार द्रष्टव्य हैं-''समय परिवर्तनशील है, उसकी परिस्थितियाँ, मान्यताएँ प्रथाएँ एव आवश्यकताएँ भी परिवर्तित होती रहती हैं, तदनुरूप ही समस्याओं के समाधान भी खोजने पड़ते हैं।

इस शाश्वत् सृष्टिक्रम को ध्यान में रखते हुए ऐसे युग साहित्य की आवश्यकता पड़ती है, जिसमें प्रस्तुत प्रसंगों से उपयुक्त प्रकाश एवं मार्गदर्शन उपलब्ध हो सके। इस तथ्य को ध्यान में रखते हुए, अनेकानेक मन:स्थिति वालों के लिए उनकी परिस्थिति के अनुरूप समाधान खोजने में सुविधा दे सकने की दृष्टि से इस ग्रंथ के सृजन का प्रयास किया गया है। (1-प्रज्ञा पुराण-भूमिका, पृ०-3)

अत: यह कहा जा सकता है कि विचार क्रान्ति, नैतिक क्रान्ति, बौद्धिक क्रान्ति तथा सामाजिक क्रान्ति द्वारा नवयुग का अवतरण करना ही प्रज्ञा पुराण का मुख्य उद्‌देश्य है।

प्रज्ञा पुराण का रचना क्रम:-

इस समय तक प्रज्ञा पुराण के चार खण्ड प्रकाशित हुए हैं। प्रत्येक खण्ड का नामकरण विषयानुसार ही किया गया। प्रत्येक खण्ड में सात अध्याय हैं तथा अध्यायों के नाम भी प्रतिपाद्य विषय के अनुरूप रखे गये हैं।
प्राक्कथन के उपरान्त प्रथम खण्ड के सात अध्यायों को निम्न लिखित क्रम में रखा गया है-

प्रथम अध्याय:- लोक कल्याण, जिज्ञासा प्रकरण।
द्वितीय अध्याय:- अध्यात्म-दर्शन प्रकरण।
तृतीय अध्याय:- अजस्त्र अनुदान उपलब्धि प्रकरण।
चतुर्थ अध्याय:- संयमशीलता एवं कर्त्तव्यपरायणता प्रकरण।
पंचम अध्याय:- उदार-भक्ति भावना प्रकरण।
षष्ठ अध्याय:- सत्साहस संघर्ष प्रकरण।
सप्तम अध्याय:- युगान्तरीय चेतना लीला संदोह प्रकरण।

इन सात अध्यायों को मानव जीवन के सात सोपान कह सकते हैं। जब मानव हृदय में लोक कल्याण की जिज्ञासा उत्पन्न होती है, तो आत्मज्ञान एवं अध्यात्म दर्शन की आवश्यकता होती है। आत्मबोध की ज्योति जागृत होते ही भगवान की ओर से अजस्त्र अनुदान वरदानों की वर्षा होने लगती है, किन्तु ईश कृपा को प्राप्त कर यदि व्यक्ति उच्छृंखल अथवा अहंकारी हो जाता है तब वह लोक कल्याण से विमुख होकर स्वार्थी और अविवेकी बन कर अपना तथा दूसरों का अहित करता है। अत: इसके लिए संयम शीलता को अपनाना अपेक्षित है, जिसके द्वारा वह कर्त्तव्य निष्ठ होकर श्रेय मार्ग पर चल सके। संयमी बनने पर ही ईश्वर के प्रति समर्पण तथा उदार भावना का उदय होता है। भक्ति मार्ग में भी वाह्य एवं आन्तरिक शत्रुओं से संघर्ष करने के लिए साहस की आवश्यकता है, भक्ति कर्म तथा ज्ञान मार्ग को अपनाकर जब भक्त भगवान के प्रति पूर्ण निष्ठा और समर्पण भाव को धारण करता है, तब प्रभु की युगान्तरीय चेतना की लीलाएँ प्रारम्भ होती हैं और भटकते हुए मनुष्य को आत्म सन्तोष, लोक सम्मान एवं भगवत्कृपा के त्रिविध लाभ अनायास ही प्राप्त हो जाते हैं।

अत: लोक कल्याण जिज्ञासा के परिचयात्मक प्रकरण में विद्वान लेखक ने ब्रह्म विद्या, आत्म विद्या, युग दर्शन एवं युग साधनों का प्रकटीकरण 85 श्लोकों में किया है। अध्यात्म दर्शन प्रकरण में 77 श्लोक हैं जिनकी व्याख्या अनेक कथाओं उपकथाओं द्वारा की गई हैं। अजस्र अनुदान उपलब्धि प्रकरण में 81 श्लोकों के अन्तर्गत प्रभु द्वारा अजस्र अनुदान प्राप्ति की विधि वर्णित है।

संयम शीलता तथा कर्त्तव्य परायणता का महत्त्व शृंगी ऋषि तथा महर्षि पिप्पलाद के पारस्परिक संवाद द्वारा 92 श्लोकों में उपन्यस्त है। ब्रह्म विद्या के उदार भक्ति भावना प्रकरण में महर्षि उद्दालक द्वारा जिज्ञासा प्रस्तुत की गई है और विविध प्रसंगों एवं कथानकों द्वारा 91 श्लोकों में महाप्राज्ञ द्वारा भक्ति की महत्ता पर प्रकाश डाला गया है।

भक्ति भाव के उदात्तीकरण एवं समर्पण के साथ-साथ सत्साहस संघर्ष का उल्लेख 95 श्लोकों में किया गया है। तत्पश्चात् युगान्तरीय चेतना लीला संदोह की घटनाओं को 65 श्लोकों में प्रस्तुत कर मानव यात्रा को सन्मार्ग की ओर अग्रसर होने की प्रेरणा दी है।

प्रज्ञा पुराण का द्वितीय खण्ड महामानव खण्ड है। इस के सात अध्यायों का क्रम इस प्रकार है-

प्रथम अध्याय:- देव मानव समीक्षा प्रकरण।
द्वितीय अध्याय:- धर्म विवेचनप्रकरण।
तृतीय अध्याय:-सत्यविवेक प्रकरण।
चतुर्थ अध्याय:- संयमशीलता कर्त्तव्य परायणता प्रकरण।
पंचम अध्याय:- अनुशासन अनुबन्ध प्रकरण।
षष्ठ अध्याय:- सौजन्य पराक्रम प्रकरण।
सप्तम अध्याय:- सहकार-परमार्थ प्रकरण आदि।

नर पशु को देवत्व प्रदान करने वाला धर्म ही है, जिसका आधार सत्य एवं विवेक शीलता है। इन गुणों के साथ-साथ संयम, अनुशासन-व्रत दृढ़ संकल्प धारण करने पर ही मानव कर्त्तव्यनिष्ठ हो सकता है और जीवन पथ पर आने वाली बाधाओं को पराक्रम एवं सज्जनता द्वारा पार कर दूसरों को संगठित कर सकता है। यही लोकहित का वास्तविक पथ है।

जीवन के इस तथ्य को निरूपित करने के लिए देव मानव समीक्षा प्रकरण में 81 श्लोक हैं, धर्म विवेचन प्रकरण का प्रकटीकरण 84 श्लोकों में किया गया है। सत्य विवेक की महता 71 श्लोकों में प्रतिपादित है। संयमशीलता व कर्त्तव्य परायणता का विवेचन 84 श्लोकों में किया गया है। अनुशासन अनुबन्ध प्रकरण में 91 श्लोक हैं, सौजन्य पराक्रम का महत्त्व 84 श्लोकों में तथा अन्तिम अध्याय के 95 श्लोकों में सहकार परमार्थ के युगम पर प्रकाश डाला गया है।

प्रज्ञा पुराण के तृतीय खण्ड को परिवार खण्ड की संज्ञा दी है। जिसे सात अध्यायों में विभाजित किया गया है। इनमें प्रथम अध्याय ''परिवार व्यवस्था प्रकरण'' है। इसमें 94 श्लोक हैं। गृहस्थ जीवन प्रकरण में महर्षि धौम्य ने हरिद्वार क्षेत्र में सम्पन्न हो रहे कुंभ पर्व के आयोजन में धर्म प्रेमियों को उद्‌बोधन दिया है। इस अध्याय में 99 श्लोक हैं। नारी माहात्म्य प्रकरण में अनेक दृष्टान्तों तथा आदर्श कथाओं द्वारा नारी की महत्ता प्रतिपादित की गई है। इसकी श्लोक संख्या 84 हैं। ''शिशु निर्माण प्रकरण'' में महर्षि शिशु निर्माण का महत्त्व 83 श्लोकों में समझाते हैं। ''वृद्ध जन माहात्म्य प्रकरण'' में महा प्राज्ञ द्वारा वृद्ध जनों की उपयोगिता पर प्रकाश डाला गया है। इसकी श्लोक संख्या 97 है। ''सुसंस्कारिता संवर्धन प्रकरण'' में ऋषि श्रेष्ठ ने 87 श्लोकों में विषय का प्रतिपादन किया है। ''विश्व परिवार प्रकरण'' अन्तिम अध्याय है जिसमें 96 श्लोक हैं। इसमें परिवार व्यवस्था से प्रारम्भ कर ''वसुधैव कुटुम्बकम्'' की भावना को जागृत किया है और पारिवारिक आदर्श समाज की अनिवार्यता पर विशेष ध्यान दिया है।

चतुर्थ खण्ड देव संस्कृति खण्ड है। प्राक्कथन के उपरान्त यह भी सात भागों में विभक्त है। इनके नाम ''देव संस्कृति निर्माण की परम्परा पर आधारित हैं। यथा-(1) देव संस्कृति जिज्ञासा प्रकरण, (2) वर्णाश्रम धर्म, (3) संस्कार पर्व माहात्म्य वर्णन, (4) तीर्थ देवालय प्रकरण, (5) मरणोत्तर जीवन प्रकरण, (6) आस्था संकट प्रकरण तथा (प्रज्ञावतार प्रकरण।

देव संस्कृति जिज्ञासा प्रकरण में महर्षि कात्यायन के आश्रम में विभिन्न गुरुकुलों के छात्र एकत्रित होते हैं जहाँ उन्हें महामानव बनने की शिक्षा दी जाती है। इसमें 80 श्लोक हैं। वर्णाश्रम धर्म प्रकरण में महर्षि कात्यायन द्वारा धर्म परायण साधकों को 96 श्लोकों में वर्ण व्यवस्था का पूर्ण ज्ञान कराया गया है। संस्कार पर्व माहात्म्य प्रकरण में ऋषि प्रवर ने 97 श्लोकों में संस्कार एवं पर्व की महत्ता प्रतिपादित की है। ''तीर्थ देवालय प्रकरण में शांडिल्य प्रश्नकर्त्ता है तथा महर्षि कात्यायन उसका समाधान करते हैं। इस अध्याय में महाप्राज्ञ द्वारा देवसंस्थानों एवं तीर्थों का महत्त्व 98 श्लोकों मे वर्णित है। मरणोत्तर जीवन प्रकरण में विद्वान लेखक ने बताया कि भारतीय संस्कृति में किस प्रकार अमरत्व का पान कराया जाता है। इसकी श्लोक संख्या 93 है।

आस्था संकट प्रकरण में महर्षि कणाद प्रश्न करते हैं तथा ऋषि कात्यायन शंका समाधान करते हैं। यह अध्याय 93 श्लोकों में उल्लिखित है। सातवाँ अध्याय ''प्रज्ञावतार-प्रकरण'' है। इसमें जिज्ञासु ऋषि अगस्त्य हैं एवं महाप्राज्ञ उनका उत्तर देते हैं। इसमें 94 श्लोक हैं। इस प्रकार चतुर्थ खण्ड में 651 श्लोक हैं।

वस्तुतः प्रज्ञा-पुराण के चार खण्ड भारतीय संस्कृति के चार सुदृढ़ स्तम्भ हैं जो धर्म, अर्थ, काम व मोक्ष प्राप्ति के चार सोपान हैं जिनमें मानव जीवन दर्शन एवं विविध ज्ञान विज्ञान पर विशेष रूप से प्रकाश डाला गया है।

(ख) प्रज्ञा पुराण की विषय सामग्री (प्रतिपाद्य)

प्रज्ञा पुराण पौराणिक शैली में लिखी हुई आधुनिक युग की अनुपम कृति है। किसी भी ग्रंथ का निर्माण करने से पूर्व उसकी विषय वस्तु को निर्धारित किया जाता है जो उसका मूलाधार होती है। "सत्यं शिवं सुन्दरम्" काव्य के महत्त्वपूर्ण तत्त्व हैं। अत: श्रेष्ठ कृति में मनोरंजन के साथ सत्यं शिवं का समावेश आवश्यक है इसलिए देश के सजग प्रहरी की भाँति युग द्रष्टा साहित्यकार धर्म, अर्थ, काम, मोक्ष की प्राप्ति का लक्ष्य निर्धारित करने वाले विषयों का चयन करता है। प्रज्ञा पुराण में भी अन्य पुराणों की भाँति "परोपकार: पुण्याय" का श्रेष्ठ सिद्धान्त प्रतिपादित किया गया है। इसमें आचार्य श्रीराम ने इस प्रकार के विषय सूत्र रखे हैं जिनमें लोक कल्याणकारी धार्मिक तथा दार्शनिक आदर्शों के द्वारा मानव को प्रेय मार्ग से हटाकर श्रेय मार्ग पर चलने की प्रेरणा दी गई है, जिससे वह विध्वंसात्मक स्वार्थ परक मनोवृत्ति का परित्याग कर सृजनात्मक लोक कल्याणकारी कार्यों में प्रवृत्त हो सके।

प्रथम खण्ड:-

प्रज्ञा पुराण के प्रथम खण्ड में युग समस्याओं के कारण उद्भूत आस्था संकट का विवरण है। अत: "लोककल्याण जिज्ञासा प्रकरण में लोक हित के लिए जन-जन तक धर्म धारणा का प्रचार-प्रसार करने का संकल्प लेकर विचरण करने वाले देवर्षि नारद ईश्वर के राजकुमार मानव की दीनहीन स्थिति से व्याकुल होकर श्री भगवान के निकट बैकुण्ठ धाम में पहुँचकर उसके कष्ट निवारण का उपाय पूछते हैं। (1-प्रज्ञा पुराण-1/1/8-10)

श्री भगवान उनकी शंका का समाधान करते हुए कहते हैं- वर्तमान युग में मानव अपनी गरिमा को भूल गया है, वह अचिन्त्य, चिन्तन, अनुपयुक्त-आचरण में संलग्न होने के कारण प्रज्ञा निष्ठा तथा श्रद्धा को भुला कर अपने लिए संकट उत्पन्न कर रहा है। (1-प्रज्ञा पुराण-1/1/18-20) अत: आप पूर्व संचित संस्कारवान् व्यक्तियों को तत्त्व ज्ञान करायें और उनमें ऐसी प्रेरणा जागृत करें जिससे वे आत्म निर्माण की भूमिका का निर्वाह कर सकें। (2-वही, 1/1/27-34) इसके लिए सद्ज्ञान की अधिष्ठात्री देवी महाप्रज्ञा की उपासना तथा आराधना करने की प्रेरणा देकर दिग्भ्रान्तों को यथार्थता का आलोक दिखाने की आवश्यकता है। (3-वही, 1/1/40-45) एक बार उत्तराखण्ड में महर्षि पिप्पलाद के तत्त्वावधान में पंच दिवसीय प्रज्ञा-सत्र हुआ था, दिव्य दृष्टि से उसे देखने के उपरान्त देवर्षि को हृदयंगम कर प्रज्ञा पुराण के रूप में जन-जन तक पहुँचाने का संदेश मिला (4-वही, 1/1/52-59) कि तुम ज्ञान के लिए प्रज्ञा पुराण तथा कर्म के लिए प्रज्ञाभियान की प्रेरणा देकर समयदान तथा अंशदान की उमंग भर दो। धर्म चेतना को पुनर्जागृत करने के लिए महाप्रज्ञा गायत्री को लोक मानस में प्रतिष्ठित कर देवालय तथा प्रज्ञा पीठों में सुधारात्मक तथा सृजनात्मक प्रवृत्तियों का सूत्र संचालन करो जिससे उज्ज्वल भविष्य का निर्माण हो सके। (5-वही, 1/1/69-75) यह सुनकर देवर्षि नारद इस संदेश को जन-जन तक पहुँचाने का संकल्प लेकर पृथ्वी लोक की ओर चल दिये और युगान्तकारी चेतना के रूप में विश्वव्यापी बन गये। (6-वही, 1/1/83-85)

द्वितीय अध्याय "**अध्यात्म दर्शन-प्रकरण**" में प्रज्ञा पुराण की कथा को संवादात्मक शैली में प्रस्तुत करते हुए आचार्य प्रवर ने महर्षि पिप्पलाद के मुख से अध्यात्म ज्ञान पर प्रकाश डाला है। उपनिषदों में "**अयमात्मा ब्रह्म**"(1-वृहदारण्यको०-2/5/19) तथा "**एष आत्माऽन्तर्हृदयं एतद् ब्रह्म**" (2-छान्दोग्योपनिषद्-3/14/4) इत्यादि सूत्रों द्वारा आत्मा को ही ब्रह्म स्वीकार किया है। इसके अतिरिक्त "**आनन्दोब्रह्मेति व्यजानात्**" (3-तैत्त्रीयो-3/6) "**चिन्मात्रो हि सदा शिवः**" (4-कैवल्यो०-18/5) का उल्लेख करते हुए महर्षि याज्ञवल्क्य द्वारा आत्म तत्त्व का उपदेश दिया गया है-"**आत्मा वा अरे द्रष्टव्यः, श्रोतव्यो, मन्तव्यो निदिध्यासितव्यो**" (5-वृहदा०-4/5/6) मुमुक्षु जीवन में "**तत्त्वमसि**" (6-छान्दो०-6/7/8) "**अहं ब्रह्मास्मि**" (7-वृहदा०-1/4/10) तथा "**प्रज्ञानं ब्रह्म**" (8-ऐतरेयो०-5/3)। इन महावाक्यों को चरितार्थ किया जाता है। इसी अध्यात्म विद्या के नितान्त गूढ़ विषय को सरल भाषा में प्रस्तुत करते हुए आचार्य जी महर्षि पिप्पलाद के माध्यम से कहते हैं-

"**जीवन प्रत्यक्ष देवता है**"-आत्म साधना ही सबसे महान् साधना है। इससे वंचित व्यक्ति आत्म हत्यारों की भाँति अपना जीवन नष्ट कर लेता है अन्तर्मुखी बन कर मानव गौरवान्वित होता है। इसके विपरीत भौतिक सम्पदाओ में लिप्त हो वह पतन पराभव की यंत्रणाओं को सहता है। अपने हृदय में स्थित ब्रह्म सत्ता से साक्षात्कार करना ही ब्रह्म विद्या है। (9-प्रज्ञा पुराण-1/2/44-46) अन्तर्जगत् का पर्यवेक्षण ही आत्म-विज्ञान है। बहिर्मुखी बाह्य जगत् के भ्रम जंजालों मे फँसते हैं तथा अन्तर्मुखी आत्मिक सम्पदा को पाकर धन्य हो जाते हैं।

आत्मज्ञान प्राप्त कर मानव महामानव, ऋषि देवदूत तथा अवतारी बन जाते हैं। (10-प्रज्ञा पुराण-1/2/49-51) तत्त्व ज्ञानी इसे प्रौढ़ परिष्कृत करने के लिए योग-साधना तथा तपश्चर्या में संलग्न रहते हैं। यह कर्म स्वर्णपरिष्कृत करने के समान कठिन है। आत्म परीक्षण द्वारा आत्म निर्माण सबसे बड़ा पुरुषार्थ है अतः मनुष्य को इस अध्यात्मामृत का पान स्वयं करके दूसरों को भी कराना चाहिए जिससे मानव पतन पीड़ा से मुक्ति पा सके। (1-प्रज्ञा पुराण-1/2/59-66) महाभारत में भी कहा गया है:-

"यस्मिन् सर्वं यतो यः सर्वं सर्वतश्च यः।
यश्च सर्वमयो देवस्तस्मै सर्वात्मने नमः।।"

(2-महाभारत शांति पर्व-46/86)

इस प्रकार ब्रह्म विद्या का निरूपण कर आचार्य जी ने मानव को ईश्वर प्रदत्त "**अजस्र अनुदान उपलब्धि**" का बोध कराया है। ऋषि श्वेतकेतु द्वारा जिज्ञासा प्रस्तुत करने पर महर्षि पिप्पलाद जी के माध्यम से वे कहते हैं-

"जीवोऽशं ईश्वरस्याति तेनैवास्ति च संयुक्तः।
श्रेष्ठमार्गं प्रयातुं चेद् याचते शक्तिमेष तु।।"

(3-प्रज्ञा पुराण-1/3/18,पृ०-86)

अर्थात् ईश्वर का अंश जीवात्मा जब श्रेष्ठ मार्ग पर चलने के लिए परमात्मा से शक्ति माँगता है तो वह उस पर मुक्त हस्त होकर अनुदान की वर्षा करता है। ''**आत्मा वा इदमेकम् एवाग्र आसीत्**'' (4-ऐतरेय-1/1/1) ''**सर्वं खल्विदं ब्रह्म**'' (5-छान्दोग्यो०-3/14/1) तथा ''**अमृतमयः पुरुषोऽयमेव स योऽयमात्मेतदमृतमिदं ब्रह्मभेदः सर्वम्**'' (6-वृहदा०-2/5/1) के अनुसार जीव को परमात्मा का अंश स्वीकार किया गया है। सत्कर्म करने ब्रह्मभेदः पर वह परमात्म रूप ही हो जाता है। प्रज्ञा पुराण में यही सिद्धान्त प्रतिपादित है।

उपासना, साधना, आराधना के द्वारा पात्रता का विकास कर समर्पण विसर्जन द्वारा जीवात्मा परमात्मा से तादात्म्य सम्बन्ध स्थापित करता है तो देवोपम चिन्तन द्वारा वह बाह्य क्षेत्र में सद्भावना तथा अन्त:क्षेत्र में प्रखरता प्राप्त करता है। उसे किसी वस्तु का अभाव नहीं रहता। (7-प्रज्ञा पुराण-1/3/22-24) आत्मबल का पूरक परमात्म बल है। भक्त जैसी श्रद्धा, ब्राह्मण जैसी प्रज्ञा, साधु जैसी निष्ठा अर्जित कर मानव ब्रह्म तुल्य हो जाता है (1-प्रज्ञा पुराण-1/3/37-39) ''**वा अयमात्मा सर्वेषां भूतानामधिपतिः**''। (2-वहृदारण्यको०-2/5/15)

भौतिक जगत् में बुद्धि बल, शरीर बल, शस्त्र बल तथा धन शक्ति जैसी अनेक सामर्थ्य हैं किन्तु आत्मिक जगत् में केवल एक आत्मबल ही है, जो इसे महान् उद्देश्य में लगाता है वह स्वयं धन्य हो जाता है और इससे विश्व मंगलमय हो जाता है। (3-प्रज्ञा पुराण-1/3/57-59) जीवन साधना से ईश्वर साधना बनती है तथा ''**ब्रह्मसत्यं जगन्मिथ्या जीवो ब्रह्मैव नापरः**'' (4-विवेक चूड़ामणि) का सिद्धान्त प्रतिध्वनित होता है।
''**ब्रह्मविद्या**'' एवं ईश्वर प्रदत्त ''**अनुदान उपलब्धि**'' का उपाय बताकर ऋषि श्रेष्ठ संयम शीलता एवं कर्त्तव्य परायणता का उल्लेख करते हैं-मानव जीवन को महान् बनाने के लिए सदाचरण की आवश्यकता होती है। अत: इसके लिए यम-नियम के पालन का विधान है। अग्नि पुराण में भगवान को प्रसन्न करने वाले आठ भाव-पुष्पों का वर्णन हैं-

''अहिंसा प्रथमं पुष्पं पुष्पमिन्द्रिय निग्रहः।
सर्वं पुष्पं दया भूते पुष्पं शान्तिर्विशिष्यते।।
शमः पुष्पं तपः पुष्पं ध्यानं पुष्पं च सप्तम्।
सत्यं चैवाष्टमं पुष्पमेतैस्तुष्यति केशवः।।''
(5-अग्नि पुराण-202/17-18)

विष्णुधर्मोत्तर पुराण में यहाँ तक कहा गया है कि ''**आचारहीनं न पुनन्ति वेदाः**'' (6-विष्णुधर्मोत्तर पुराण-3/25/5) अर्थात् आचारहीन व्यक्ति को वेद भी पवित्र नहीं कर सकते। इसी में एक स्थान पर यह घोषणा की है कि ''**आचारहीनः पुरुषो नरकं प्रतिपद्यते**'' (1-विष्णुधर्मोत्तर पुराण-3/250/4) तात्पर्य यह है कि सभी शुभ लक्षणों से युक्त होने पर भी आचरण हीन मनुष्य नरक का भागी बनता है। देवी भागवत् में भी कहा है-

''आचारवान् सदा पूतः सदैवाचारवान् सुखी।

आचारवान् सदा धन्यः सत्यं सत्यं च नारद।।"

(2-देवी भागवत-11/24/98)

विष्णु पुराण में और्व ऋषि ने सदाचार के विषय में कहा है-

"सदाचारशतः प्राज्ञो विद्याविनयशिक्षितः।
"पापेऽप्यपापः पुरुषो ह्यदमिधत्ते प्रियाणि यः।
मैत्रीद्रवान्तः करणस्तस्य मुक्तिः करे स्थिताः।।"

(3-विष्णु पुराण-3/12/41)

बुद्धिमान् गृहस्थ पुरुष सदाचार के पालन करने से ही भव बन्धन से मुक्त होता है। विद्या विनय से युक्त, सभी के साथ हितकारी, प्रिय और मुधुरभाषी, मैत्री भाव से द्रवित अन्तःकरण वाले सदाचारी पुरुष के लिए मुक्ति हस्तगत रहती है।

सदाचरण, कर्त्तव्य परायणता तथा संयम शीलता के द्वारा ही ज्ञातव्य है। अतः आचार्य श्री ने इसका विस्तृत विवेचन किया है। पिप्पलाद जी के माध्यम से ऋषियों को सम्बोधित करते हुए उन्होंने बताया है कि फूल चन्दन रोली से देवता प्रसन्न नहीं होते। कला और ज्ञान के सदुपयोग से माँ सरस्वती, समर्पित जीवन से हनुमान जी, शौर्य संगठन से दुर्गा माता और कल्याणकारी कृत्यों से भगवान शिव प्रसन्न होते हैं, अतः जीवन देवता की उपासना संयम साधना द्वारा करनी चाहिए। (4-प्रज्ञा पुराण-1/4/12-15)

जीवन कामधेनु गौ है किन्तु जिस प्रकार छलनी में दूध दुहने वाले व्यक्ति का श्रम व्यर्थ जाता है उसी प्रकार असंयम के छिद्रों से जीवन रस को व्यर्थ नष्ट करने वालों को भी पश्चाताप करना पड़ता है। (1-प्रज्ञा पुराण1/4/17-19) इन छिद्रों को रोकने के लिए चार प्रकार की साधना आवश्यक है:-
(1) इन्द्रिय संयम (2) समय संयम (3) विचार संयम तथा (4) साधन संयम। इनमें से तीन ईश्वर प्रदत्त हैं तथा अर्थादि साधनों को इन तीनों के संयुक्त प्रयास से अर्जित किया जाता है। (2-वही, 1/4/28-29)

दस इद्रियों में दो इद्रियाँ प्रधान है-जिह्वा एवं जननेन्द्रिय। जिह्वा के दो कार्य हैं-रसास्वादन एवं वाक्शक्ति। इसमें भोजन में संयम न रखने के कारण शरीर अस्वस्थ हो जाता है तथा वाणी के कटु भाषण से कलह तथा पारस्परिक मनोमालिन्य द्वेष भाव उत्पन्न हो जाता है। रतिकर्म की आतुरता से विकृत चिन्तन का दौर बढ़ता है। इन दोनों के असंयम से शारीरिक एवं मानसिक विकार उठते हैं। (3-वही, 1/4/30-34) अतः इन दोनों के नियंत्रण पर बहुत बल दिया गया है।

समय ईश्वर प्रदत्त सम्पदा है। इसका अपव्यय करने से मनुष्य आलसी एवं प्रमादी बनता है तथा अल्प जीवी कहलाता है। इसका सदुपयोग करने वाले अल्पायु होकर भी अमर हो जाते हैं और दुरुपयोग करने वाले जीवन व्यर्थ गँवा देते हैं। (4-वही, 1/4/39-41)

विचार सूक्ष्म स्तर का कर्म है। समय की भाँति विचार प्रवाह को सत्कर्म में नियोजित करना चाहिए। मनोनिग्रह के अभ्यासी जितेन्द्रिय बनकर प्रत्येक क्षेत्र में सफलता पाते हैं। (5-वही, 1/4/42-45) परिश्रम मनोयोग का प्रत्यक्ष फल है धन सम्पदा। नीतिपूर्वक अर्जित धनराशि को असमर्थों की सहायता में लगाना चाहिए। इस का अपव्यय करने वाले दुष्प्रवृत्तियों तथा दुष्कर्मों द्वारा अपना तथा समाज का अहित करते हैं। (1-प्रज्ञा पुराण-1/4/49-53)

इन चार प्रकार के असंयमों का दुष्परिणाम बताकर महर्षि इनके सदुपयोग तथा सुनियोजन का महत्त्व प्रतिपादित करते हैं-समय रूपी सम्पदा को सृजनात्मक सत्प्रयोजनों के लिए प्रयुक्त करना चाहिए। (2-वही 1/4/60-63) तब ही मानव शारीरिक स्वास्थ्य, परिवार की सुसंस्कारिता, समाज ऋषि संस्कृति एवं शालीनता की सुरक्षा जैसे कर्त्तव्यों की पूर्ति कर सकता है। कर्त्तव्यपालन ही सबसे बड़ा धर्म है। (3-वही, 1/4/70-73)

मनुष्य का गौरव सृजनात्मक कार्यों में है, ध्वंसरत प्रतिभा की तुलना में मन्द बुद्धि मूर्खता ही श्रेयस्कर है। पूर्व जन्म के कुसंस्कारों को निरस्त करने के लिए कठिन साधना करनी पड़ती है। हर कर्मयोगी को इस कर्म क्षेत्र कुरुक्षेत्र में अर्जुन की भूमिका का निर्वाह करना आवश्यक है। (4-वही, 1/4/83-88)

कर्त्तव्यपालन एवं संयम के साथ उदार भक्ति भावना भी आत्मिक प्रगति के लिए आवश्यक है। ज्ञान कर्म एवं भक्तियोग को भारतीय धर्म-साधना में परमानन्द प्राप्ति का साधन स्वीकार किया गया है। भक्ति के बीज वैदिक साहित्य एवं पुराणों में बिखरे पड़े हैं ''**भक्तिर्मनसः उल्लासविशेष**'' (5-भक्ति मीमांसा सं० विश्वनाथ शुक्ल, पृ०-1) भक्ति मन का एक विशेष उल्लास है। ''**रसोवै सः**'' (6 पृ०03) के अनुसार भक्तों का आलम्बन आनन्द स्वरूप है। भक्तिरस से परिपूर्ण होने के कारण भागवत पुराण भक्तों के लिए ''**रसामृतम्**'' बना हुआ है, उसमें भक्ति का महत्त्व इस रूप में प्रतिपादित है-

''स वै पुंसां परोधर्मो यतो भक्तिरधोक्षने।
अहैतुक प्रतिहतां ययाऽऽत्मा संप्रसीदति।।''

(1-भागवत पुराण-1/2/6)

अर्थात् भक्ति को प्राप्त कर भक्त अपने अन्तःकरण में परम प्रभु के दर्शन कर धन्य हो जाता है। प्रज्ञा पुराण में ''भक्ति बिना सब सूना'' (2-प्रज्ञा पुराण-1/5) कहकर भक्ति का महत्त्व प्रतिपादित किया गया है। भक्ति के साथ ज्ञान एवं कर्म का घनिष्ठ सम्बन्ध है। ईश्वर जीव प्रकृति की भाँति चेतना क्षेत्र में प्रगति क्रम की तीन निर्धारणाएँ हैं जिन्हें ज्ञान कर्म और भक्ति कहते हैं। (3-वही, 1/5/19-21) अध्यात्म क्षेत्र में सर्वप्रथम आत्म ज्ञान की भूमिका है,

जिसके आधार पर मानव सुषुप्ति को त्याग कर जागृति में प्रवेश कर आत्म बोध को प्राप्त करता है यह गुरु कृपा से ही सुलभ है। (4-वही, 1/5/22-27)

मानव प्रगति का दूसरा सोपान कर्म है। कर्मयोगी अपने पुरुषार्थ को दिशाबद्ध करते हुए अनेकानेक सफलताएँ पाते और यशस्वी बनते हैं। कर्म भावना में उमंग उत्पन्न होने पर भक्ति भाव उमड़ता है। प्रेम जब परिवार तक सीमित रहता है तो उसे मोह कहते हैं किन्तु व्यापक आत्मीयता के रूप में प्रकट होने पर भक्ति भाावना के रूप में विकसित होता है तथा उसकी परिणति सेवा साधना के रूप में होती है। परिणाम स्वरूप समस्त विश्व अपना कुटुम्ब तथा ईश्वर का प्रतिरूप दृष्टिगोचर होता है। (5-वही, 1/5/54-56) इस उदार भावना के द्वारा विश्व सेवा में समर्पित व्यक्ति आत्म कल्याण, विश्व कल्याण तथा ईश मिलन के त्रिविध लाभ प्राप्त कर धन्य हो जाता है। (6-वही, 1/5/64-68) इसके विपरीत संकीर्ण मनोवृत्ति वाले इस दिव्य अनुभूति से वंचित रहते हैं।

अनैतिक कार्य करना तथा कायरता वश अन्याय का प्रतिरोध न करना दोनों ही पाप हैं। आतंकवादियों का विरोध करना अत्यावश्यक है। (1-प्रज्ञा पुराण-1/6/32-35) अनीति के आतंक के अतिरिक्त अज्ञान एवं अभाव भी उतने ही अवांछनीय है क्योंकि इनके कारण समाज तथा व्यक्ति को अनेक यातनाएँ सहन करनी पड़ती हैं। इनके निराकरण का उत्तरदायित्व लोक सेवकों, समाज सुधारकों तथा शूरवीरों के कन्धों पर है। सामाजिक प्रचलन में कुरीतियों तथा रूढ़िगत परम्पराओं में समयानुसार परिवर्तन साहस पूर्वक करना चाहिए। (2-वही, 1/6/62-64)संघर्ष मल्लयुद्ध को ही नहीं कहते अपितु अस्त्र शस्त्रों के बिना ही अनीति तथा कुप्रथाओं का विरोध करना भी शूरवीरता का परिचायक है। इस प्रकार आध्यात्मिक पंचशील आध्यात्मिकता, आस्तिकता, धार्मिकता, उदार भक्ति भावना तथा अनौचित्य के विरोध में संघर्षशीलता का संकल्प प्रज्ञा पुराण में लक्षित किया गया है। (3-वही, 1/6/90-95)

अन्त में ''**युगान्तरीय चेतना लीला सन्दोह**'' का प्रतिपादन करते हुए आचार्य श्री ने देवर्षि नारद तथा भगवान विष्णु के मध्य हुई मंत्रणा का वर्णन किया है। जरा मृत्यु से निवृत्त शुक काया में प्रवेश करने वाले वैशम्यायन तथा देवात्मा मार्कण्डेय के पारस्परिक संवाद द्वारा उन्होंने नवयुग के आगमन तथा उज्ज्वल भविष्य का संकेत किया है। (4-वही, 1/7/4-6) प्रज्ञा पुराण की कथा श्रवण कर नारद जी भक्ति प्रसार की पद्धति का परित्याग कर धर्म के अनुरूप ज्ञान एवं कर्म की उत्कृष्टता के प्रसार में संलग्न हो गये। (5-वही, 10-12) सृजन की कर्म चेतना के रूप में प्रज्ञाभियान ने दावानल की भाँति प्रचण्ड रूप धारण किया। जागृतात्माएँ युग निमंत्रण को सुनकर युग धर्म के निर्वाह में लग गयी। दीप से दीप जले, चिंगारी ज्योति ज्वाला बनी और कर्मयोगी गहन निद्रा का परित्याग कर कर्म क्षेत्र में कूद पड़े। (1-प्रज्ञा पुराण-1/7/18-21) युग-चेतना के अग्रदूत प्रज्ञा पुत्रों ने अनीति के विरूद्ध संघर्ष करने के लिए पंचमुखी अग्नि वेदिका के सम्मुख देव दक्षिणा समर्पित कर स्वाध्याय संयम सेवा के व्रत लिए। इस प्रकार देवमानवों का निर्माण हुआ।

निष्कर्ष रूप में यह कहा जा सकता है कि प्रज्ञा पुराण के प्रथम खण्ड में युग समस्याओं के कारण आस्था संकट का विवरण तथा उससे मुक्ति पाने का भव्य संदेश दिया गया है। भ्रष्ट चिन्तन से संघर्ष करने के लिए अध्यात्म विद्या तथा महाप्रज्ञा के अवलम्बन से सतयुगी झाँकी का दिग्दर्शन कराया है। उन्होंने पुराणों के विषय ब्रह्म विद्या, आस्तिकता, धार्मिकता, उदार भक्ति भावना तथा अनौचित्य के विरोध में संघर्ष करने की प्रेरणा देकर पंचशील का निरूपण किया है जिससे देव संस्कृति का आलोक घर-घर प्रकाशित हो सके।

द्वितीय खण्ड:-

प्रज्ञा पुराण के द्वितीय भाग को आचार्य श्री ने महामानव खण्ड की संज्ञा दी है। मानव शरीर बड़े भाग्य से मिलता है। इसकी प्रशंसा वेद, उपनिषद्, पुराणों में मुक्त कंठ से की गई है। यजुर्वेद में इसे ऋषि भूमि (2-यजुर्वेद-34/55-सप्त ऋषयः प्रतिहिताः शरीरे सप्त रक्षन्ति सदमप्रमादम्।) कहा गया है तो अथर्ववेद में इसे देवपुरी (3-अथर्ववेद-10/2/31-अष्टाचक्रा नव द्वारा देवानां पूरयोध्या।) अयोध्या एवं दैवी-नाव कहा गया है जिस पर चढ़ कर यह आत्मा संसार यात्रा करता है। व्यास जी ने महाभारत में भीष्म पितामह से कहलवाया है-''सुनो, एक भेद की बात बताता हूँ- मनुष्य से श्रेष्ठ इस संसार में कुछ भी नहीं है। (4-महाभारत-शान्ति पर्व-180/12) फिर भी वह दीन-हीन बनकर क्यों रहता है। यह प्रश्न प्रारम्भिक काल से अब तक ऋषियों-मुनियों को व्यथित कर रहा है। मनुष्य का सर्वाधिक लक्ष्य शारीरिक सुविधाओं और इन्द्रिय जन्य सुखों की प्राप्ति नहीं है। (धर्म और दर्शन, विष्णु देव उपाध्याय, पृ०-50) भौतिक साधनों-उपसाधनों की प्रचुरता हो जाने से ही जीवन सरस और आनन्द-पूर्ण नहीं हो सकता अपितु इनके आधिक्य से वह अपने जीवन को जटिल समस्याओं में फँसाकर अपने मन को अशान्त कर लेता है।

वर्तमान युग के व्यास आचार्य श्रीराम ने प्रज्ञा पुराण में महामानव की महत्त्वपूर्ण प्रवृत्तियों और आदर्शों को अनेक दृष्टान्तों एवं कथाओं द्वारा मानव के विकास की विविध संभावनाओं तथा अपेक्षित गुणों को व्यक्त किया है जिनके द्वारा मनुष्य अपने चरम लक्ष्य को प्राप्त करके महामानव बन सके तथा अविनाशी परब्रह्म परमात्मा का तत्त्वतः ज्ञानप्राप्त करके ''**परा-विद्या**'' (2-मुण्डकोपनिषद्-1/1/5) के महत्त्व को समझ सके। आत्म-ज्ञान हुए बिना मानवीय दुःख कष्टों की परिसमाप्ति एकदम असम्भव है इसीलिए प्रज्ञा पुराण आज के मानव को सच्चा मार्ग दर्शाने वाली विशिष्टता लिए हुए हैं।

प्रज्ञा पुराण के द्वितीय खण्ड के प्रथम अध्याय में देवमानव समीक्षा प्रकरण में मुनि मनीषियों के सप्त दिवसीय प्रज्ञा-सत्र का उल्लेख है जिसमें नैमिषारण्य में महर्षि आश्वालायन के तत्त्वावधान में विभिन्न स्थानों से सभी मूर्धन्य प्रज्ञा पुरुष एकत्रित हुए। इस सत्र में चिन्तन तथा चरित्र के आधार पर मानव को तीन श्रेणियों में विभाजित किया गया-(1) नरपशु (2) नरपिशाच (3) महामानव। जो केवल भरणपोषण तथा परिवार प्रक्रिया तक सीमित रहते हैं वे नर पशु कहलाते हैं (3-प्रज्ञा पुराण-2/1/23) स्वार्थ के वशीभूत होकर अकारण ही दूसरों का अहित करने वाले

नरपिशाच (1-प्रज्ञा पुराण-2/1/37) तथा मानवीय गुणों से युक्त परहित में संलग्न महामानव कहलाते हैं। (2-वही, 2/1/42)

नरपशु एवं नर पिशाच समाज के लिए कलंक बनकर सबसे तिरस्कृत होते हैं किन्तु महामानव अपने वंश, राष्ट्र तथा विश्व में सम्मानित होकर दीपक की भाँति प्रकाश एवं अगरबत्ती की भाँति सुगन्धि से संसार में अपना आदर्श प्रस्तुत करते हैं। वे ईश्वर प्रदत्त मानव-देह जैसी अमूल्य निधि को पाकर लोक साधना में प्रवृत्त होकर दूसरों को भी इसी मार्ग पर चलने की प्रेरणा देते हैं। यही महामानव के प्रमुख लक्षण और कर्त्तव्य हैं।
मनुष्यत्व की प्राप्ति के लिए धर्म पालन अनिवार्य हैं। नर पशु से महामानव बनाने वाला धर्म ही है। इसीलिए कहा गया है-

''आहारनिद्राभयमैथुनश्च सामान्यमेतत् पशुभिर्नराणाम्।
धर्मो हि तेषामधिको विशेषो धर्मेण हीनाः पशुभिः समानाः।।''

(3-(हितोपदेश) चाणक्य नीति-17/17)

धर्मसृष्टि की एक स्फूर्ति और प्रेरणादायक तत्त्व है जो उसे तेजोमय बनाता है। जो रक्षित करता है, जो धारण करता है उसी को हमारा शास्त्र, हमारा वाङ्मय धर्म कहता है। यथा-

''धारणाद्धर्ममित्याहुर्धर्मोधारयते प्रजा।
यत्स्याद्धारणसंयुक्तं स धर्म इति निश्चयः।।''

(4-महाभारत, कर्णपर्व-69/58)

यद्यपि धर्म पालन में अनेक कठिनाईयाँ आती हैं किन्तु अन्त में धर्म की ही जीत होती है। अतः हमारे वेद शास्त्र, उपनिषद् पुराणों ने धर्म की महिमा गायी है। परलोक में केवल धर्म ही साथ जाता है। जो धर्म की रक्षा करता है धर्म उसकी रक्षा करता है। यथा-

''धर्म एव हतोहन्ति, धर्मो रक्षति रक्षितः।
तस्माद्धर्मो न हन्तव्यो मा नो धर्मो हतोऽवधीत्।।''

(1-मनुस्मृति-8/15)

गीता में भी ''स्वधर्मे निधनं श्रेयः पर धर्मो भयावहः'' (2-गीता-3/35) कहा गया है। अतः प्रज्ञा पुराण के द्वितीय खण्ड के द्वितीय अध्याय में आचार्य श्री ने इसी को अपना विषय बनाया है। उन्होंने आश्वालायन जी के माध्यम से धर्म के वास्तविक स्वरूप का विवेचन किया है। धर्म के वास्तविक स्वरूप को न समझ पाने के कारण आज अनेक भ्रान्तियाँ और समस्याएँ उत्पन्न हो गई हैं। वास्तव में कर्त्तव्य और उत्तरदायित्व का निर्वाह ही धर्म है और यह मनुष्य मात्र के लिए समान है। उत्कृष्ट चिन्तन, आदर्श चरित तथा शालीन व्यवहार के समन्वय को धर्म कहते हैं। (3-प्रज्ञा पुराण-2/2/17-18) इस त्रिवेणी संगम में स्नान करके मानव का कायाकल्प हो जाता है और वह नरपशु से

महामानव बन जाता है। सच्चा धर्म ईश्वर का निर्णय है जिसे अन्तरात्मा की पुकार समझ महापुरुष विश्व कल्याण के लिए अग्रसर होते हैं। समय, स्थान तथा वर्ग के आधार पर जो परम्पराएँ पनपती हैं उन्हें सम्प्रदाय कहा जा सकता है। (4-वही, 2/2/26) धर्म और सम्प्रदाय को एक ही समुद्र से उत्पन्न होने वाली तरंगे एक ही सूर्य की किरणें तथा मेघ वर्षा से उमगने वाली नदी निर्झरों की भाँति समझा जा सकता है, जो कालान्तर में एक ही समुद्र में विलीन हो जाते हैं। जो इन्हें पृथक-पृथक समझते हैं वे परस्पर टकराकर अपनी शक्ति नष्ट कर अपयश के भागी बनते हैं। (5-वही, 2/2/34-36) धर्म के दस लक्षण हैं जिन्हें पाँच युग्म कहा जा सकता है- सत्य और विवेक, संयम और कर्त्तव्य, अनुशासन और अनुबन्ध, सौजन्य-पराक्रम एवं सहकार और पराक्रमी। (1-प्रज्ञा पुराण-2/2/43-45) इन्हें ही शास्त्रों में यम नियम कहा जाता है। इनके द्वारा इन्द्रियों पर संयम कर महापुरुष पंचाग्नि विद्या सम्पन्न करते हैं और लोक परलोक में श्रेय प्राप्त कर जीवन सफल बनाते हैं। (2-वही, 2/2/50-52) धर्म के रहस्य को न समझने वाले धर्म की ओट में आडम्बर और अनाचार भी करते हैं किन्तु अन्त में धर्म की ही जय होती है। यह सोचकर महामानव धर्मपथ से विचलित नहीं होते। (3-वही, 2/2/70-72) वे कर्मकाण्डों को महत्त्व न देते हुए आलस्य प्रमाद को छोड़कर कर्त्तव्य पालन में संलग्न रहते हैं। (4-वही, 2/2/83-86) महामानव स्वाध्याय, सत्संग, साधना, संयम सेवा की सत्प्रवृत्तियों को अपनाकर दूसरों के सामने अपना आदर्श प्रस्तुत करते हैं। वे करनी और कथनी में अन्तर नहीं करते। स्वयं धर्माचरण करते हुए दूसरों को भी सन्मार्ग पर चलने की शिक्षा देने वाले महामानव कहलाते हैं।

धर्म के दस लक्षणों, पंच युग्मों में सर्वप्रथम सत्य, विवेक शीलता का महत्त्वपूर्ण स्थान हैं। सत्य से बढ़कर धर्म नहीं। उपनिषदों में सत्यं को ही ब्रह्म कहा गया है।

''सत्यं ब्रह्मेति, सत्यं हयेव ब्रह्म।'' (5-बृहदाण्यकोपनिषद्-5/4/1)

सत्य का अर्थ श्रेय है। सत्य का स्वरूप, भ्रम, स्वार्थ और आग्रह तीन आवरणों में छिपा रहता है। अत: इसको जानने के लिए विवेक की आवश्यकता होती है। (6-प्रज्ञा पुराण-2/3/7-9) ये दोनों एक दूसरे के पूरक हैं। विवेक का तात्पर्य है दूरदर्शिता। जिन कार्यों के करने से भविष्य में हानि की संभावना हो उनसे दूर ही रहना चाहिए। (7) मानव की प्रगति के इतिहास के आदर्शों पर चलते हुए युग की आवश्यकताओं को समझने का प्रयास अपेक्षित है। तत्त्व ज्ञान का सिद्धान्त यही है। विज्ञान का विकास भी इसी आधार पर हुआ है। (1-प्रज्ञा पुराण-2/3/61-62) जिज्ञासा-नया जानने की इच्छा ही प्रत्येक प्रगति का आधार रही है। विवेक का अवलम्बन सत्य प्राप्ति के लिए अनिवार्य है। महापुरुष सत्यं शिवं सुन्दरम् का समन्वय कर लोक कल्याण करते हैं।

धर्म धारणा का दूसरा युग्म संयम शीलता एवं कर्त्तव्य परायणता है। आचार्य श्री ने इसे मानव का महत्त्वपूर्ण गुण माना है अत: प्रथम खण्ड की भाँति इसमें भी इन दोनों का महत्त्व प्रतिपादित किया है। मानव शरीर में विधाता ने विभूतियों के रूप में अगणित विशेषताएँ कूट-कूट कर भरी हैं। वे बीज रूप में प्रसुप्त रहती हैं। (2-वही, 2/4/7-8) इन्हें जगाने के लिए इन्द्रिय, समय, विचार तथा साधन संयम आवश्यक है। (3-वही, 2/4/15-17) इन्हीं के द्वारा मानव कर्त्तव्य निष्ठा के कंटकाकीर्ण पथ पर चलकर अमर हो जाते हैं। मानव को नर-पशु बनाने वाली प्रवृत्तियाँ,

वासना, तृष्णा और अहंकार हैं। ये तीनों दानवों के समान हैं जो सारे संसार का वैभव प्राप्त करके भी शान्त नहीं होती। (4-वही, 2/4/46-48) अहंकारी तथा वासनाग्रस्त व्यक्ति आवेश ग्रस्त रहता है वह कर्तव्य पालन में समर्थ नहीं हो सकता (5-वही, 2/4/62-63) क्योंकि महत्त्वाकांक्षाओं तथा दुष्प्रवृत्तियों पर नियंत्रण करके ही मनुष्य परमार्थी हो सकता है जो महामानव का मुख्य गुण है। (6-वही, 2/4/78-79)

धर्म का तीसरा युग्म अनुशासन और अनुबन्ध है। अनुशासन एक सामाजिक गुण है जिसे सभ्यता कह सकते हैं। इसका दूसरा रूप सांस्कृतिक है। सभ्यता बाह्य अनुशासन है किन्तु संस्कृति आत्मानुशासन है। (7-वही, 2/5/9-10) ये दोनों एक दूसरे के पूरक हैं और शालीनता से उत्पन्न होते हैं। बाह्य शिष्टाचार प्रतिकूल परिस्थितियों में अस्त-व्यस्त हो सकता है किन्तु संस्कार सदैव एकरूप रहते हैं। अत: संस्कार परम्परा का निर्वाह अनिवार्य है। (1-प्रज्ञा पुराण-2/5/17-18) अनुशासन सामाजिक मर्यादाओं का पालन है जो सभी के लिए आवश्यक है। अनुशासनहीन उच्छृंखल होकर कार्य करते हैं तो समाज की हानि होती है। (2-प्रज्ञा पुराण-2/5/26-27) सारी सृष्टि अनुशासन से संचालित है। (3-वही, 2/5/28-29) अनुशासन की भाँति अनुबन्ध भी महामानव बनने के लिए महत्त्वपूर्ण है। महापुरुष स्तुति निन्दा की चिन्ता न कर आत्म प्रेरणा से कार्य करते हैं। (4-वही, 2/5/47-48) अनुबन्ध व्रत धारण को कहते हैं। सत्संकल्प से आत्म बल बढ़ता है, व्यक्तित्व निखरता है, सन्तोष एवं उल्लास मिलता है। ऐसे दृढ़ निश्चयी दूसरों के लिए भी आदर्श प्रेरणा बन आत्मजयी बनकर विश्व विजयी हो जाते हैं (5-वही, 2/5/65-70)। धर्म धारणा का यह युग्म नागरिकता एवं सामाजिकता के उत्कर्ष के लिए आवश्यक है। (6-वही, 2/5/80-82) महामानव इन्हें अपनाकर विश्व वंद्य बन जाते हैं।

धर्म का सीधा सम्बन्ध सौजन्य और पराक्रम से भी है धर्म का वास्तविक रूप सत्कर्म है। आत्मिक पूर्णता तथा विश्वकल्याण इसी से सम्भव है। इस दृढ़ता को प्राप्त करने के लिए दो वस्तुएँ महत्त्वपूर्ण है-स्नेह सौजन्य एवं तत्परता। (7-वही, 2/6/12-13) इसे सज्नता तथा कर्मठता भी कह सकते हैं। इसी से प्रखर पराक्रम का जन्म होता है जो जीवन व्यापार के लिए अपेक्षित है। (8-वही, 2/6/43-44) स्नेह सद्भाव विनम्रता के साथ-साथ सामाजिक कुरीतियों से लड़ने के लिए संघर्ष की भी आवश्यकता होती है।

महापुरुष सत्संकल्प लेकर कष्ट सहकर भी उन्हें पूरा करते हैं। ऐसे पराक्रमी लोगों के अथक् श्रम, अदम्य साहस और अटूट मनोबल के सहारे ही संसार के महान् कार्य हुए हैं। समय, श्रम, मनोयोग, तत्परता एवं तन्मयता के सथ जो कार्यक्षेत्र में अग्रसर होते हैं, भाग्य लक्ष्मी उनका स्वागत करती है, (1-प्रज्ञा पुराण-2/6/47-51) अत: जो उन्नतिशील बनना चाहते हैं उन्हें उन गुणों को अपनाना चाहिए। (2-प्रज्ञा पुराण-2/6/60-62) बुद्धिमान का समय काव्य शास्त्र के अध्ययन तथा सत्कर्मों में व्यतीत होता है, जबकि मूर्खों का समय आलस्य प्रमाद तथा दुर्व्यसनों में ही नष्ट हो जाता है। इसलिए स्वाध्याय एवं सत्संगति को महत्व देकर मन को दुर्वासनाओं से बचाना चाहिए। (3-वही, 2/6/72-73) नीति पर चलते हुए अवांछनीय तत्त्वों से दूर रहकर जन कल्याण में निरन्तर संलग्न रहना ही मानव जीवन का उद्देश्य है।

धर्म धारणा का पंचम युग्म सहकार और परमार्थ है जिसे आचार्य श्री ने मानव जीवन के उत्थान के लिए आवश्यक माना है। सप्तम अध्याय में इसी विषय पर उन्होंने विचार प्रकट किये हैं। ये गुण महामानव की कसौटी हैं। मनुष्य सामाजिक प्राणी है। उसकी उन्नति और स्थिरता सहकारिता पर ही निर्भर है जिसे परमार्थ के द्वारा ही प्राप्त किया जा सकता है। (4-वही-2/7/19-20) तिनकों को एकत्रित कर उससे रस्सी बनाकर हाथी को बाँध सकते हैं। अनादिकाल से अब तक मानव प्रगति इसी के कारण हुई है जो परोपकार के लिए जितना बड़ा त्याग करता है संसार उसे उतना ही महान् मानकर उसकी पूजा करता है। (5-वही- 2/7/49-50) इतिहास इसका साक्षी है। यद्यपि स्वार्थ सिद्धि के लिए भी दुष्ट लोग समूह बनाते हैं और दुस्साहस पूर्ण कार्य करते हैं परन्तु चोर डाकुओं की कोई प्रशंसा नहीं करता क्योंकि वे समाज का अहित करते हैं। (6-वही-2/7/53-55) परमार्थी कर्मक्षेत्र में श्रम व धन का बीज बोते हैं और उसका कई गुना लाभ प्राप्त करते हैं। (1-प्रज्ञा पुराण-2/7/53-56) सारी प्रकृति परोपकार का सन्देश दे रही है। बादल दूसरों के लिए बरसते हैं, नदियाँ अपनी जल सम्पदा से भूखण्डों तथा प्राणियों की प्यास बुझाती है। वृक्ष अपने फल स्वयं नहीं खाते हैं। सन्तों का जीवन परोपकार के लिए होता है। (2-सुभाषित रत्नावलि-पृ०-49) संकीर्णता, कृपणता और कायरता को अपनाने वाले अन्त में पछताते हैं। (3-प्रज्ञा पुराण-2/7/73-74) आत्मा का विकास उदार आत्मीयता, परमार्थ परायणता और व्यापक दृष्टिकोण अपनाने में है। ऐसे उदारमना महामानवों को पाकर पृथ्वीमाता धन्य हो जाती है। स्वर्ग और मुक्ति का फल इस परमार्थ परायणता के वृक्ष पर लगता है। अत: नर पशु से महामानव बनने के लिए मानव को इन दिव्य गुणों को अपनाना चाहिए।

इस प्रकार प्रज्ञा पुराण के द्वितीय खण्ड में आचार्य श्री ने मानव के उन गुणों का विस्तार से वर्णन किया है जिन्हें धर्म के शाश्वत सिद्धान्त के रूप में जाना जाता है। इस प्रकरण में पाँच गुण युग्म, सत्य-विवेक, संयमशीलता, कर्त्तव्यपरायणता अनुशासन अनुबन्ध सौजन्य पराक्रम, सहकार परमार्थ के महत्त्व को प्रतिपादित कर यह प्रयास किया गया है कि इन्हें अपनाकर मानव में देवत्व का उदय हो और वह महामानव बन सके जिससे समस्त सृष्टि के मानव आदर्श-जीवन निर्वाह करते हुए विश्व का कल्याण करते रहें। इससे सुख, शान्ति, वैभव, आध्यात्मिकता तथा आत्म-ज्ञान की प्राप्ति होगी।

तृतीय खण्ड:-

प्रज्ञा पुराण के तृतीय खण्ड में एक ऐसे विषय को लिया गया है जो मानव के दैनिक जीवन का अंग है जिसकी उपेक्षा के कारण वर्तमान युग में चारों ओर कलह और विग्रह दृष्टिगोचर हो रहे हैं। गृहस्थ जीवन और परिवार व्यवस्था का चित्रण करने वाले इस खण्ड का नाम ही परिवार खण्ड है। प्राचीन काल से ही ऋषि सत्ता मानव मात्र का मार्ग दर्शन करती रही है अत: प्रज्ञा पुराण में भी आचार्य श्रीराम ने युगानुरूप समस्याओं के समाधान प्रस्तुत किये हैं।

वैदिक युग में ऋषिगण नगर से बाहर अरण्यों में आश्रम बनाकर रहते थे साधारण गृहस्थी जन ही नहीं अपितु राजा महाराजा भी अपनी समस्याओं के निवारण के लिए उनके समीप पहुँचते थे। इस युग में न वे ऋषि हैं न वह आश्रम-प्रणाली। केवत तीर्थ स्थानों पर मुख्य पर्वोत्सवों पर स्नानादि के लिए देश-देशान्तरों के सद्गृहस्थ पुण्य लाभ के लिए एकत्रित होते हैं। अतः परिवार खण्ड का शुभारम्भ हरिद्वार क्षेत्र में आयोजित कुंभ पर्व के धर्म समारोह से किया है। भागीरथी के तट पर तीर्थ स्थान और देवालयों में अपार जन समूह एकत्रित था। अतः महर्षि धौम्य ने सद्गृहस्थों के मार्ग दर्शन हेतु एक विशेष धार्मिक सत्र का आयोजन कर शंख ध्वनि के साथ सबको पुण्य लाभ प्राप्त करने की सूचना दे दी। (1-प्रज्ञा पुराण-3/1/7-8) इस प्रकार प्रज्ञा पुराण की कथा प्रारम्भ कर आचार्य श्री ने प्रस्तुत खण्ड में इस समय की परिस्थितियों को ध्यान में रखते हुए गृहस्थ धर्म की गरिमा पर प्रकाश डाला है।

आर्य संस्कृति में संयुक्त परिवार प्रणाली प्रचलित थी, केवल साधारण नागरिक ही नहीं अपितु ऋषि मुनि भी आश्रम में सपरिवार रहते थे। उनके शिष्य गण तथा पशु पक्षी भी उनके परिवार के सदस्य थे इस समय मनुष्य के हृदय में स्वार्थपरता एवं भौंतिक उपलब्धियों की आकांक्षा जाग उठी है। उसमें त्याग एवं सेवा-भावना का सर्वथा अभाव हो गया है। अतः धौम्य ऋषि के माध्यम से आचार्य जी ने उद्बोधन का शुभारम्भ गृहस्थाश्रम के माहात्म्य से ही किया है। परिवार के प्रत्येक व्यक्ति को कर्त्तव्यपालन का संदेश देते हुए वे लिखते हैं:- ''परिवार की सुव्यवस्था पारस्परिक सद्भाव एवं सहयोग से ही संभव है। सभी सदस्य अधिकार प्राप्ति की अपेक्षा कर्त्तव्य पूर्ति पर ध्यान दें, अपनी अपेक्षा दूसरों की सुविधाओं को महत्त्व दें, तभी स्नेह व आत्मीयता का विकास होगा, तब ही उस अलौकिक आनन्द की अनुभूति होगी, जिसके बिना जीवन शून्य एवं नीरस प्रतीत होता है। (1-प्रज्ञा पुराण-3/1/25-26)

गृह को स्वर्ग तुल्य बनाने के इच्छुक साधकों को वे दो सूत्र बताते हैं-स्नेह सहकारिता से सद्भावनाएँ जागृत होती हैं तथा उपेक्षा उदासीनता से घनिष्ठता समाप्त हो जाती है। घर के प्रत्येक सदस्य को दुर्व्यसनों तथा कुप्रथाओं से दूर रहना चाहिए, जो इन आडम्बरों का परित्याग कर धन का सदुपयोग करते हैं वे परिवार सुखी एवं समृद्ध रहते हैं। (2-वही-3/1/75-76) केवल परिवार तक सीमित रहना भी संकीर्णता का परिचायक है अतः जिस समाज, के अनुदानों के आधार पर सुसम्पन्न, सुशिक्षित, सुविकसित होने का सुअवसर प्राप्त हुआ है, उस ऋण को चुकाना, समाज को, जाति को, देश को हर दृष्टि से समृद्ध सुविकसित करना प्रत्येक विचारशील का कर्त्तव्य है। अपनी प्रतिभा, शक्ति, विद्या, बुद्धि तथा वैभव का उपयोग लोकहित के लिए कर समाज ऋण से उऋण होना आवश्यक है, (3-वही, 3/2/27-28) क्योंकि जिस देश जाति में जन्म लिया है, जहाँ से अन्न जल, वस्त्रादि प्राप्त कर ज्ञान संवर्द्धन किया है, जिसने प्रकारान्तर के संरक्षण तथा साधन देकर उपकृत किया है। उसके प्रति कृतज्ञता ज्ञापन के लिए विश्व वसुधा को सम्पन्न बनाने के लिए प्रत्येक नागरिक को कृत संकल्प होना चाहिए। आधुनिक युग में पाश्चात्य सभ्यता के प्रभाव के कारण भौतिकवादी विचारधारा को प्रश्रय मिला है। अतः आत्म प्रदर्शन तथा फैशनपरस्ती से दूर रहकर सादा जीवन उच्च विचार रखने का संदेश भी प्रज्ञा पुराण में निहित है। (1-प्रज्ञा पुराण-3/2/39-40)

वर्तमान परिस्थितियों में यदि पतन के कारणों पर विचार किया जाए तो मुख्य कारण नारी जाति की उपेक्षा है अत: प्रस्तुत ग्रंथ में आचार्य श्रीराम ने नारी जाति के उद्धार तथा उसकी शैक्षिक उन्नति पर बहुत बल दिया है। तृतीय खण्ड का मुख्य विषय नारी से ही सम्बन्धित है- उनके मतानुसार सतयुग का वातावरण वापस लाने के लिए नारी को उपयुक्त भूमिका निभा सकने योग्य स्तर का बनाना आवश्यक है। मध्य युग में अनीतिपूर्ण प्रतिबन्धों के कारण उसकी बहुत दुर्दशा हुई है। पुरुष समुदाय ने नारी का दोहन कर उसे पददलित भी किया है अत: यदि समाज देश जाति का उत्थान करना है तो नारी के प्रसुप्त मनोबल को जागृत कर उसे परिपूर्ण सहयोग देना ही पुरुषों का प्रायश्चित है। (2-वही-3/3//66-67) नारी की दयनीय स्थिति को देखकर उनके हृदय की पीड़ा इन पंक्तियों में द्रष्टव्य है-"संसार के सभी क्षेत्रों में नारी पीड़ित और पददलित रही है। उसका प्रमुख कारण यह है कि एक ओर तो उसे कामिनी, रमणी वेश्या बनाकर आकर्षण का केन्द्र बना दिया दूसरी ओर उसे पर्दे तथा घूंघट की कठोर जंजीरों में जकड़कर अपंग बना दिया गया। उस पर पशुओं से भी अधिक प्रतिबन्ध लगाये गये। घर की छोटी सी चारदीवारी में कैद नववधू अपने से छोटी आयु वालों के सामने भी हंस कर वार्तालाप नहीं कर सकती। इस अमानवीय प्रतिबन्ध की प्रतिक्रिया यह हुई कि वह शारीरिक एवं मानसिक दृष्टि से हीन होकर आत्महीनता की ग्रंथियों से पूर्णतया आबद्ध हो गई है। उसे शिक्षित होने, अनुभव बढ़ाने, लोकमंगल के प्रयोजनों में भाग लेनें का पूर्ण अवसर प्राप्त होना चाहिए तभी मानव जाति की आधी शक्ति, मूर्च्छित आत्मा को जगाने का पथ प्रशस्त होगा। (प्रज्ञा पुराण-3/3/71-72)

प्राचीन काल में गुरुकुल प्रणाली तथा माता-पिता के सुशिक्षित एवं सुसंस्कृत होने के कारण शिशु निर्माण वैज्ञानिक विधि, यज्ञादि कर्म एवं संस्कारों द्वारा होता था जिससे उनका सर्वांगीण विकास हो सके। इसीलिए वे सदाचारी विवेकशील एवं सुयोग्य नागरिक सिद्ध होते थे। संयुक्त परिवार प्रथा होने के कारण उन्हें बाल्यावस्था से ही बड़ों के प्रति सम्मान शिष्टाचार एवं त्यागपूर्ण जीवन व्यतीत करने की शिक्षा दी जाती थी किन्तु इस समय परिस्थितियाँ परिवर्तित हो गई है। अभिभावक गण यदि शारीरिक रूप से अस्वस्थ हैं उनका चिन्तन अपरिष्कृत है तो सुयोग्य तथा स्वस्थ सन्तति का निर्माण असंभव है। अत: प्रज्ञा पुराण में इस विषय को महत्त्वपूर्ण समझकर सद्गृहस्थों को शिशु निर्माण की शिक्षा महर्षि धौम्य के माध्यम से दी गई है।

पारिवारिक वातावरण को सुखमय बनाने के लिए पति-पत्नी में पारस्परिक स्नेह सद्भाव एवं सघन सहयोग आवश्यक है। जिस प्रकार कुम्भकार चाक के द्वारा गीली मिट्टी को इच्छानुसार स्वरूप प्रदान कर भाँति-भाँति के खेल खिलौने अथवा कुम्भादि का सृजन करता है। उसी प्रकार माता एवं पिता अभ्यागत सन्तान को गुण, कर्म एवं स्वभाव रूपी सम्पदा के माध्यम से संस्कार देने में सक्षम हैं। यह उनपर निर्भर है कि वे कितने सजग एवं समर्थ हैं क्योंकि इतिहास साक्षी है कि बचपन में मन्द बुद्धि होने पर भी हजारों महापुरुषों ने अपने अभिभावकों से प्रेरणा प्रोत्साहन पाकर जाज्वल्यमान नक्षत्रों की भाँति संसार को प्रकाशित किया है। डार्विन, न्यूटन, नेपोलियन, महात्मा गाँधी ये सभी बाल्यावस्था में मन्द बुद्धि थे किन्तु अभिभावकों के उचित संरक्षण एवं दिग्दर्शन के द्वारा वे विश्व के मूर्धन्यों में गिने गये। (प्रज्ञा पुराण-3/4/26)

इस विषय में आचार्य श्री लिखते हैं कि परिवार का वातावरण ऐसा होना चाहिए कि बालक के कोमल मन पर कुसंस्कारों का प्रभाव न पड़े, अभिभावकों के अतिरिक्त घर के सभी सदस्यों को शिशु के सम्मुख आदर्श प्रस्तुत करने चाहिए। व्यक्तित्व परिष्कार के लिए प्रारम्भ के दस वर्ष बहुत महत्त्वपूर्ण हैं। पौराणिक तथा ऐतिहासिक कथा कहानियों के द्वारा भी चरित्र निर्माण किया जा सकता है। पंचतंत्र एवं हितोपदेश की कथाएँ इसका प्रमाण हैं कि विष्णु शर्मा नामक तपस्वी ने बुद्धिहीन एवं अयोग्य राजकुमारों को पशु पक्षियों की रोचक किन्तु सारगर्भित कथाएँ सुना सुना कर ही नीति, धर्म, सदाचार, व्यवहार-कुशलता में पारंगत बना दिया। (2-वही-3/4/पृ-198) शिशु के शारीरिक, बौद्धिक, आत्मिक सर्वांगीण विकास के लिए उचित शिक्षा के साथ ही सेवा कार्य एवं सत्प्रयोजनों में भाग लेने के लिए प्रोत्साहन देना आवश्यक है। (3-वही-3/4/74-75)

आधुनिक युग में वृद्धावस्था मानव के लिए अभिशाप बन गई है। वैदिक काल में आश्रम व्यवस्था के कारण गृहस्थी के उत्तरदायित्व से निवृत्त होकर वानप्रस्थ तथा सन्यासी बन कर वृद्धजन अपने अनुभवों तथा अपनी प्रतिभा का सदुपयोग करने के लिए जन जागरण का संदेश देते थे किन्तु इस समय जराजीर्ण स्थिति होने पर वे अपने को एकाकी, दूसरों पर अवलम्बित तथा उपेक्षित अनुभव करते हैं। अतः आचार्य श्रीराम ने निराश वृद्धजनों को आत्म विकास तथा विश्वकल्याण की यात्रा में निरन्तर गतिशील रहने के लिए प्रोत्साहित किया है तथा उनकी प्रसुप्त क्षमताओं का बोध कराया है। (1-प्रज्ञा पुराण-3/5/12-13) वृद्धावस्था में जीवन से निराश, निरूत्साहित तथा मृतक तुल्य जीवन व्यतीत करने वाले प्रौढ़ जनों में नवजीवन तथा सत्प्रेरणा का संचार करते हुए वे कहते हैं-''प्रथाएँ परिवर्तनशील हैं अतः समय के साथ-साथ वृद्धजनों को अपनी रूढ़िवादी विचारधाराओं व मान्यताओं को परिवर्तित कर लेना चाहिए। नवयुवकों के कार्यों में आकरण ही हस्तक्षेप उचित नहीं है। अतिशय मोह पुत्रैषणा, वित्तैषणा का रूप लेकर नारकीय गर्त में ले जाता है, सबको अपना मान कर अपने अनुभवों के आधार पर सभी को सत्परामर्श देकर अपनी गरिमा को बनाए रखना ही उचित है। (2-वही-3/5/82-83) सबके प्रति उत्तरदायित्व से निवृत्त होने पर भी इस युग में घर छोड़कर कहीं जाना संभव नहीं है किन्तु जन कल्याण का कार्य घर में रहकर किया जा सकता है। समस्त जीवन स्वार्थ हेतु व्यतीत कर दिया अब शेष बचे हुए समय तथा धन को पुण्य परमार्थ में नियोजित करना चाहिए जिससे आस पास का परिकर भी लाभान्वित हो सके।'' (3-वही-3/5/61-62) यही विचारशील धर्मपरायण आर्यों की पुण्य परम्परा है जिससे भारत भूमि देवभूमि के रूप में सम्मानित रही है। (4-वही-3/5/75-76)

जीवन की भावी दिशाधारा क्या हो? गृहस्थ में रहकर भी किस प्रकार आत्मिक उन्नति की जाये-इस जिज्ञासा का निवारण सुसंस्कारिता संवर्धन में किया गया है। आचार्य श्री ने मानव जाति की प्रगति, आत्मोन्नति एवं सत्प्रवृत्ति संवर्धन के लिए पाँच प्रमुख अनुशासन निर्धारित किये जिन्हें पंचशील की संज्ञा दी गई है। सुव्यवस्था, नियमितता, सहकारिता, प्रगतिशीलता एवं शालीनता-ये पाँच सत्प्रवृत्तियाँ व्यक्ति, परिवार एवं समाज को उन विकृतियों से बचाती हैं जिनके कारण अनेक समस्याएँ एवं विपत्तियाँ उत्पन्न होती हैं। (1-प्रज्ञा पुराण-3/6/) परिवार संस्था में विभिन्न आयु एवं भिन्न-भिन्न विचारों के सदस्य होते हैं, उनके चिन्तन की शैली अलग-अलग हो सकती है। अतः

अनावश्यक वाद-विवाद एवं विग्रह से बचने के लिए पारिवारिक गोष्ठियों की व्यवस्था सुविधानुसार सप्ताह में एक बार आयोजित की जा सकती हैं, जिसमें सभी अपने अपने विचार अभिव्यक्त करें इससे एक दूसरे के प्रति दुर्भावना को विकसित होने का अवसर नहीं मिलेगा। ये गोष्ठी साप्ताहिक सत्संग के रूप में की जा सकती हैं। (2-वही-3/6/26) जिससे विश्व कल्याण संभव है।

आस्तिकता शुभ संस्कारों की जननी है। ईश्वर का भय मानव को सन्मार्ग पर चलने की प्रेरणा देता है। अतः प्रातः अथवा सायं सामूहिक प्रार्थना का कार्यक्रम भी आवश्यक है। इसके लिए प्रत्येक गृह में उपासना स्थल बनाकर आद्यशक्ति गायत्री की प्रतिमा स्थापित की जा सकती है, अथवा प्रत्येक धर्मावलम्बी अपनी-अपनी श्रद्धानुसार पूजा पद्धति अपना सकते हैं किन्तु प्रातः सायं भोजन से पूर्व सभी सदस्य जप, नमन, वन्दन का थोड़ा सा क्रम अपना लें तो वह स्वल्प साधना भी भावनात्मक पवित्रता बनाए रखने में सहायक सिद्ध होगी। (3-वही-3/7/35-36) जिससे विश्व कल्याण संभव है।

इस प्रकार परिवार प्रकरण से प्रारम्भ कर इस ग्रंथ में विश्व परिवार का निर्माण करने की प्रेरणा दी गई है। मानव जीवन का महत्त्व प्रतिपादित कर आचार्य श्री ने यह संदेश दिया है कि परिवार के सदस्यों का कार्य क्षेत्र बहुत विशाल है। मानव जीवन विश्व विराट् की धरोहर है। भारतीय संस्कृति का निर्देश है कि अपने हृदय में विश्व प्रेम की ज्योति जगाकर विश्व के कण-कण को आलोकित कर दें। इस भावना से निजी परिवार की परिधि में सारा विश्व समा जाता है। प्रगतिशील समाज की संरचना विशाल परिवार के रूप में होती है । इसी आधार पर नियम अनुशासन बनते हैं। नवयुग के नियम विश्व परिवार की भावना पर ही आधारित होंगे। (प्रज्ञा पुराण - ३/७/३५-३६)

अन्त में यह कहा जा सकता है कि प्रस्तुत खण्ड में ऐसे विषय पर प्रकाश डाला गया है जिसकी धुरी पर विश्व परिवार का सारा ढांचा विनिर्मित है। दाम्पत्य जीवन, गृहस्थ दायित्व, नारी महत्त्व, शिशु निर्माण, वृद्ध जन माहात्म्य सुसंस्कारिता एवं विश्व परिवार की सम्भावनाओं को प्रतिपादित करने की यथा संभव विश्व को प्रेम मयी सरिता से सिंचित कर सुखी समृद्ध तथा आनन्द मय बनाकर पृथ्वी पर स्वर्ग का निर्माण किया जा सकता है।

चतुर्थ खण्ड :-

इस चतुर्थ खण्ड में देव संस्कृति विषयक जिज्ञासा प्रस्तुत कर उसकी समस्त उन विशेषताओं का महत्त्व प्रतिपादित किया गया है। जिनके विलुप्त हो जाने के कारण आज मानव का इतना पतन हो गया है। वर्तमान परिस्थितियों पर विचार करने से पता चलता है कि इस समय विद्या का स्थान शिक्षा ने ले लिया है। शिक्षा भी मानव जीवन में आवश्यक है किन्तु इन दोनों में बहुत अन्तर है। विद्या अन्तः क्षेत्र का प्रचण्ड पुरुषार्थ है जबकि शिक्षा भौतिक क्षेत्र की सुविधा सफलता से सम्बन्धित है। विद्या सांसारिक बन्धनों से मुक्ति प्राप्त कराती है क्योंकि विद्या द्वारा ही वे संस्कार उत्पन्न किये जाते हैं जिनके द्वारा जीव पूर्ण विकसित होकर ब्रह्म रूप बन जाता है। इसीजिए उपनिषदों में **''अविद्यया मृत्युं तीर्त्वा विद्ययाऽमृतमश्नुते''** (इशोपनिषद् - १/११) तथा **''विद्वया विन्दतेऽमृतम्''** (केनोपनिषद्

– २/४) कह कर विद्या को अमृत स्वरूप महत्ता दी गई है। इसके समक्ष स्वर्ग का वैभव तुच्छ है। विद्या के अभाव में शिक्षा अपूर्ण एवं एकांगी ही रहती है। (प्रज्ञा पुराण – ४/११/२५–२७)

मानव जीवन में सुसंस्कारिता का सम्पादन अत्यावश्यक है और विद्या सुसंस्कारों को उपलब्ध कराने की पद्धति है। आचार्य जी ने ज्ञान और विज्ञान के समन्वय की आवश्यकता पर प्रकाश डाला है, ज्ञान, गुण, कर्म व स्वभाव का परिष्कार करता है। विज्ञान बहिर्मुखी व्यावहारिक शिक्षा प्रदान करता है। ज्ञान संस्कृति का जन्मदाता है और विज्ञान सभ्यता का। अत: व्यक्ति के सर्वांगीण विकास के लिए दोनों की आवश्यकता हैं।

प्राचीन काल में गुरुकुल में रहकर छात्र विद्यार्जित कर विनम्र एवं अनुशासित बनते थे, किन्तु आज की शिक्षा उद्दण्ड एवं अनुशासनहीन बना रही है। यही कारण है कि उच्च शिक्षा प्राप्त कर लेने पर भी जीने की कला से वंचित व्यक्ति अशान्त एवं दु:खित ही रहता है। इसीलिए विद्वानों ने कहा है– ''**विद्याहीना न शेभते** निर्गन्धाईव किंशुका:'' (वृद्ध चाण्क्य – ३/८)

वर्तमान शिक्षा प्रणाली पर खेद प्रकट करते हुए आचार्य श्री लिखते हैं कि आज के विद्यालय शिक्षालय बन गये हैं उनमें विद्या कहीं भी दिखाई नहीं देती इसीजिए पदवीं प्राप्त छात्रों की संख्या में निरन्तर वृद्धि हो रही है। श्रेष्ठ विद्यार्थी बहुत कम दिखाई देते हैं। छात्र निर्माण का उत्तरदायित्व अभिभावक एवं शिक्षक दोनों पर है। अत: उनका व्यक्तिगत जीवन सच्चरित्रता एवं आदर्शों से परिपूर्ण होना चाहिए।

देव संस्कृति की विशेषताओं के विषय में आचार्य जी के विचार उल्लेखनीय है–– ''देव संस्कृति ने चिर पुरातन काल से मानवता को अनेकानेक अनुदान दिये हैं। यह किसी देश, जाति, धर्म, सम्प्रदाय, वर्ग समाज विशेष तक सीमित न रहकर सम्पूर्ण मानव जाति के कल्याण का पथ प्रशस्त करती रही है। आर्य मनीषियों की आध्यात्मिक वैचारिक सम्पदा अब भी परोक्ष रूप में वातावरण में गूंज रही है।'' (प्रज्ञा पुराण – ४/१/५०–५१)

भौतिक एवं आत्मिकी का परस्पर अन्योन्याश्रय इस की सर्वोत्कृष्ट विशेषता है। भौतिकी के द्वारा सुविधाएँ प्राप्त होती हैं तो आत्मिकी का वरदान प्रतिभा है। भारतीय संस्कृति के द्वारा इन दोनों को जन सुलभ बनाकर इनका प्रचार–प्रसार किया गया है। इसका सत्परिणाम यह हुआ कि इसके अनुयायी भौतिक साधनों के सुखोपभोग तक सीमित न रहकर आत्मोन्नति में संलग्न रहे हैं। (वही – ४/१/६५–६६)

भारतीय संस्कृति के प्रति विदेशियों के हृदय में भी अगाध श्रद्धा है। मैक्समूलर एवं जर्मन के प्रसिद्ध दार्शनिक शोभन हावर ने मुक्त कण्ठ से इसकी प्रशंसा की है। सम्प्रदाय, मज़हब, जाति, वर्ग, देश काल की सीमाओं का अतिक्रमण कर मानवी सिद्धान्तों एवं विश्व बन्धुत्व का संदेश देने वाली यहाँ की इस ज्ञान सम्पदा ने सभी जाति व सम्प्रदायों को प्रभावित किया है। औरंगजेब के भाई दारा शिकोह ने तो उपनिषदों का फारसी में अनुवाद ही कर

डाला। फ्रांस के विद्वान दार्शनिक **''एन्क्रिटिल ड्यूपैरो''** ने लैटिन में इन्हें अनूदित किया। भारत को जगद्‌गुरु होने का श्रेय इसी कारण मिला है कि यहाँ के ऋषियों ने विश्व को स्नेह के एक सूत्र में बांधने का प्रयास किया। इनके प्रतिपादन सार्वभौम रहे हैं। (प्रज्ञा पुराण - ४/१/७२-७३) इसी लिए यह संस्कृति समस्त विश्व द्वारा वरण की गई। प्रस्तुत ग्रंथ में जगद्‌गुरु भारत के अनेक सपूतों एवं अग्रदूतों का उल्लेख है जिन्होंने इस संस्कृति की चेतना को विश्वव्यापी बनाने में अनुपम सहयोग दिया है।

देव संस्कृति संबंधी जिज्ञासाओं का सामाधान कर आचार्य प्रवर ने उसके प्रमुख सिद्धान्तों वर्णाश्रम धर्म, संस्कार एवं पर्वोत्सवों के विषय में विचार प्रकट किये हैं। भारतीय संस्कृति को विश्व में गौरवान्वित होने का सुअवसर अनायास ही नहीं मिला। ब्रह्मवर्चस सम्पन्न दूर द्रष्टा ऋषियों ने जाति का विभाजन कर्म के आधार पर चार वर्णों - ब्राह्मण, क्षत्रिय, वैश्य तथा शूद्र; तथा व्यक्ति के जीवन को चार आश्रम - ब्रह्मचर्य, गृहस्थ, वानप्रस्थ तथा सन्यास - के रूप में विभाजित किया था। उनकी यह व्यवस्था सांस्कृतिक एकता एवं सुदृढ़ता की परिचायक है। किन्तु यह परम्परा कालान्तर में विकृत हुई। कर्म के स्थान पर जन्म के आधार पर वर्ण व्यवस्था निर्धारित हो गई जिसका दुष्परिणाम यह हुआ कि समाज अनेक जातियों उपजातियों में विभक्त हो गया तथा सम्प्रदायों के नाम पर पारस्परिक कलह द्वेष प्रारम्भ हो गये। आचार्य जी ने इस पर खेद प्रकट करते हुए भारतीय संस्कृति के प्राचीन सिद्धान्तों को प्रतिपादित किया है। आश्रम व्यवस्था को सुचारू रूप से पुर्नस्थापित करने के लिए उन्होंने युगानुरूप सुझाव प्रस्तुत किये हैं।

वैदिक ऋषियों ने संस्कार प्रणाली को बहुत महत्त्व दिया था। प्रत्येक व्यक्ति के सोलह संस्कार अवश्य कराये जाते थे- इस समय इनका प्रचलन समाप्त होने के कारण मनुष्य कुसंस्कारी बन कर पाशविक प्रवृत्तियों को अपना रहा है। अत: ग्रंथ कार ने संस्कारों को पुन: प्रचलित करने का संदेश दिया है। पर्वोत्सवों में जो कुरीतियाँ प्रतिष्ठित हो गई हैं, उन्हें दूर कर सामूहिक रूप से हर्षोल्लास के साथ समारोह आयोजित करने की प्रेरणा प्रदान की है इन सब विषयों का विस्तृत विवेचन प्रज्ञापुराण के सांस्कृतिक चित्रण में विस्तार पूर्वक किया है।

वैदिक ऋषियों ने देवालयों की स्थापना एवं तीर्थ यात्रा को बहुत महत्त्व प्रदान किया है। इस विषय पर भी आचार्य श्रीराम जी ने अपने विचार अभिव्यक्त किये हैं:- ''तीर्थ स्थान एवं देवस्थानों का महत्त्व केवल देव संस्कृति में नहीं अपितु अन्य धर्मावलम्बियों में भी है। वे भी मस्जिदों, गिरजाघरों, स्तूपों, विहारों के रूप में देवस्थलों को निर्माण करते हैं। मुसलमानों में मक्का, ईसाईयों में यरूसलम, बौद्धों में बुद्धगया आदि तीर्थ हैं। हिन्दू धर्म अनेक संस्कृतियों का संगम है अत: उनके अनेक तीर्थ स्थान है- जिनमें प्रमुख चारों धाम, सप्त पुरियाँ, द्वादश ज्योतिर्लिंग आदि हैं।'' (प्रज्ञा पुराण - ४/४ पृ २०५)

तीर्थ तथा देवालयों में यह अन्तर है कि क्षेत्रीय स्थान को देवालय तथा सुविस्तृत व्यापक स्थलों को तीर्थ कहते हैं। देवस्थलों के निर्माण का उद्देश्य है कि इस क्षेत्र में समुदाय का लोक मानस श्रद्धा प्रज्ञा एवं निष्ठा की दृष्टि से उच्चस्तर

का बना रहे जिससे उनका चिन्तन तथा चरित्र उत्कृष्ट हो सके। (प्रज्ञा पुराण – ४/४/१६/१७) मूर्ति पूजा तथा पूजन पद्धति को आचार्य जी ने प्रतीक रूप में स्वीकार कया है। देवताओं की विभिन्न आकृतियाँ वाहन, आयुध आदि निर्धारित करने का यही उद्देश्य है कि परम्पराओं के साथ जुड़े हुए नियम तथ्य तथा रहस्यों को जाना जा सके। (प्रज्ञा पुराण – ४/४/२०–२१) पूजा के उपकरण – पुष्प, रोली, अक्षत, चन्दन, दीपक आदि मन की भावना के प्रतीक हैं। पूजा का वास्तविक स्वरूप विराट् विश्व में फैले मानव समुदाय की सेवा सहायता है। (वही – ४/४/४३) तीर्थ यात्रा का वास्तविक स्वरूप पद यात्रा है जिससे अधिकाधिक जन सम्पर्क हो सके। (वही – ४/४/६२) तीर्थ सेवन मानसिक उपचार भी है। वहां रहकर आत्म शोधन तथा आत्म परिष्कार किया जा सकता है। (वही – ४/४/७७) तीर्थ स्थानों पर संस्कार कराने, पितरों का श्राद्ध कराने की परम्परा का प्रचलन इसीलिए है कि वहाँ के प्रेरणाप्रद वातावरण का लाभ प्राप्त हो सके।

देवालय तथा तीर्थ स्थानों की स्थापना का उद्देश्य निरूपित कर मरणोत्तर जीवन पर प्रकाश डाला गया है। मृत्यु केवल विश्राम दायिनी प्रक्रिया है। यही आस्तिकतावादी दर्शन का केन्द्र बिन्दु है। (वही – ४/५/६–७) गीता में देह को वस्त्र स्वीकार किया है। (गीता – २/२२) **''जीवन मृत्यु का जलपान है, एक अनन्त प्रवाह है, मृत्यु एक सहज प्रक्रिया है अतः उससे भयभीत होना व्यर्थ है।''** इत्यादि सिद्धान्तों द्वारा मानव को अन्याय का प्रतिरोध करने की प्रेरणा दी गई है। (प्रज्ञा पुराण – ४/५)

भारतीय दर्शन में कर्म फल पर विश्वास किया जाता है । इसके द्वारा मनुष्य का चरित्र नियंत्रण में रहता है। मरणोत्तर जीवन में स्वर्ग नरक, एवं पुनर्जन्म में सद्गति दुर्गति की मान्यताऐं सन्मार्ग पर चलने को बाध्य कर देती है। (प्रज्ञा पुराण – ४/५/२५–२६) अतः इसका विराट् विवेचन ग्रंथकार ने किया है। देवसंस्कृति पर विश्वास रखने वाले मानव आत्मिक अमरता को निश्चित मानकर मृत्यु से भयभीत नहीं होते। (वही – ४/५/३९)

भारतीय संस्कृति की विशेषताओं का वर्णन कर आचार्य प्रवर ने वर्तमान काल की लज्जास्पद परिस्थिति के कारणों पर प्रकाश डाला है-- समय परिवर्तन शील है। अतः परिस्थितियों के अनुरूप व्यवस्था तथा परम्मराओं का परिमार्जन नितान्त आवश्यक है, (वही – ४/६/२२) अन्यथा पाखण्डी लोग धर्म की ओट में दुराचारी बनकर स्वार्थ सिद्धि के लिए अनैतिक कार्य कर सकते हैं। जब नैतिक, बौद्धिक, सामाजिक क्षेत्रों में विकृत्तियाँ प्रविष्ट हो जाती है तो दुर्व्यसन उत्पन्न हो जाते हैं। अपने देश में इस समय भिक्षा व्यवसाय, जातिगत ऊँचनीच का भेदभाव, पर्दाप्रथा, विवाहों में अपव्यय, मृतक भोज जैसे अनाचार प्रचलित हो गये हैं इनका निराकरण करने के लिए कृतसंकल्प होना चाहिए।

भौतिक विज्ञान की प्रगति के कारण– नास्तिकता तथा अनास्था का वातावरण हो रहा है। इस समय आस्था के नये सशक्त आधार खोजने होंगे। इस उद्देश्य की पूर्ति अध्यात्म विज्ञान के परिमार्जित प्रयोग द्वारा ही सम्पन्न होगी। देवसंस्कृति की पुनः स्थापना ही इसका एक मात्र उपचार है। पृथ्वी पर जब–जब पीड़ा पतन की परिस्थितियाँ उत्पन्न

होती है, वह स्रष्टा स्वयं ही अवतरित होकर पृथ्वी का उद्धार करता है। इस समय प्रज्ञावतार के रूप में वह जन मानस में सद्बुद्धि का संचार कर अज्ञान, अनीति तथा दुष्प्रवृत्तियों का विनाश करने के लिए कृतसंकल्प है। अत: इस समय आद्याशक्ति माता गायत्री की आराधना करनी आवश्यक है।

निष्कर्ष रूप में यह कहा जा सकता है कि आधुनिक युग में पाश्चात्य सभ्यता के प्रभाव से मानव भौतिक वादी बन गया है, धनोपार्जन, सुख सुविधाऐं एवं भोग विलास की सामग्री उपलब्ध करना ही उसके जीवन का लक्ष्य बन गया है। इसका दुष्परिणाम है नैतिकता का पतन एवं सांस्कृतिक मूल्यों का ह्रास परिणामत: आज समस्त भौतिक सुख-सुविधाओं से सम्पन्न व्यक्ति पूर्ण रूप से सन्तुष्ट नहीं। अशान्ति के वातावरण से सभी विकल हैं। अमंगल कारी वीभत्स उद्देश्यों की पूर्ति ने मानवता को नरक के मार्ग पर पहुँचा दिया है। इस समय संकीर्ण स्वार्थ परता एवं स्वच्छन्द उपभोगवाद ने मनश्चेतना पर पूर्ण आधिपत्य स्थापित कर लिया है यह देव संस्कृति की उपेक्षा के कारण ही हुआ है। केवल देवशक्तियों का पोषण करने वाली संस्कृति ही इस महाविनाश से रक्षा कर सकती है।

श्रेष्ठ मान्यताओं पर आधारित इसके समस्त सिद्धान्त आज भी मानव को नवीन दिशा देने में सक्षम हैं। इसी लिए प्रज्ञा पुराण में भारतीय संस्कृति के पुनर्जागरण की घोषणा की गई है। इसे आधुनिक युग की गीता तथा रामायण कह सकते हैं। प्राचीन भारतीय सभ्यता एक ऐसी संस्कृति की अभिव्यक्ति रही है जो मानवजाति की किसी भी ऐतिहासिक सभ्यता से कहीं अधिक महान् है। उसी प्राचीन संस्कृति के आदर्शों को ग्रहण करके ही विश्व को एक कुटुम्ब बनाकर आत्मज्ञान की उपलब्धि व चतुर्मुखी विकास हो सकेगा जिसके लिए प्रज्ञा पुराण एक प्रकाश-स्तम्भ की भाँति हमारा मार्ग-दर्शन कर सकेगा।

तृतीय अध्याय
प्रज्ञा पुराण में सांस्कृतिक चित्रण

।क।। प्रज्ञा पुराण में वर्णाश्रम धर्म
।ख।। प्रज्ञा पुराण में संस्कार तथा पर्व
।ग।। प्रज्ञा पुराण में यज्ञ आदि कर्मकाण्ड

प्रज्ञा पुराण में वर्णाश्रम-धर्म

भारतीय सांस्कृतिक प्रवृत्ति नदी की धारा की भाँति अविच्छिन्न और अविभाजित रही है, जिसमें अन्य संस्कृतियों को समन्वित करने की क्षमता है। वस्तुतः भारतीय संस्कृति देव संस्कृति है। इसमें मानव की पशुवत् उच्छृंखल प्रवृत्तियों पर नियंत्रण कर सत्प्रवृत्तियों का संवर्धन करने वाले सभी तत्त्वों का समावेश है। इसी लिए इसे विश्व की प्रथम संस्कृति होने का गौरव प्राप्त है। "**सा प्रथमा संस्कृतिर्विश्ववारा**" (यजुर्वेद – ७/१४) अर्थात् जो समस्त विश्वद्वारा वरण की जा सके। यह मानव मात्र को देवत्व की ओर अग्रसर करने वाली सार्वभौम एवं विश्वव्यापी है यह निर्विवाद सत्य है। भारतीय संस्कृति से तात्पर्य उस श्रद्धा से है जो ज्ञान, कर्म और भक्ति की त्रिवेणी में अवगाहन कराते हुए भौतिक समृद्धियों एवं आत्मिक विभूतियों से जनमानस को अह्लादित करती रही है। यह सरसधारा वैदिक साहित्य से लेकर आज तक अविरल गति से प्रवाहित होकर सम्पूर्ण वाङ्मय को आप्लावित कर रही है।

वर्तमान युग में आचार्य श्रीराम शर्मा द्वारा विरचित प्रज्ञा पुराण एक ऐसी ही अनुपम कृति है जो परम्परागत भारतीय आदर्शों को नवीन संस्कार देकर भारतीय संस्कृति के पुनर्जागरण का उद्‌घोष कर रही है। संस्कृति राष्ट्र की आत्मा होती है, जिसमें वहाँ के निवासियों के महत्त्वपूर्ण सात्विक और नैतिक आचरणों का सौंदर्य निहित रहता है। संस्कृति मन को, हृदय को तथा उसकी वृत्तियों को संस्कार के द्वारा सुधारती और उदात्त बनाती है। संस्कृति ही धर्म दर्शन एवं आत्मा का सजीव चित्र प्रस्तुत करती है। वेद, ब्राह्मण, आरण्यक, उपनिषद् , पुराण इसी संस्कृति का शंखनाद कर मानव की सुसुप्त चेतना को जगा रहे हैं। प्रज्ञा पुराण में इस युग के व्यास आचार्य प्रवर ने भारतीय संस्कृति के विभिन्न रूपों को चित्रित किया है।

प्रज्ञा पुराण में भारतीय संस्कृति की प्रमुख विशेषताएँ– त्याग, तपस्या, सत्य, विवेकशीलता जैसी दिव्य भावनाओं का उदात्तीकरण कर अनेकता में एकता की स्थापना तथा "**वसुधैव कुटुम्बकम्**" का संदेश है। भारतीय मनीषियों ने कठोर तपस्या तथा साधना द्वारा धर्म का साक्षात्कार कर जिन शाश्वत् सिद्धान्तों का प्रतिपादन किया था वे जन्म से

मृत्यु पर्यन्त ही नहीं अपितु जन्म-जन्मान्तरों तक व्यक्ति के आचार-विचारों को अनुशासित करते हैं। वर्णाश्रम परम्परा भी उन वर्चस्वी, दूरदर्शी, मनस्वियों की अन्वेषक बुद्धि का सुपरिणाम है।

वर्ण-व्यवस्था :-

प्रज्ञा पुराण में गुरुदेव की उपाधि से सम्मानित आचार्य श्रेष्ठ ने भारतीय संस्कृति के विभिन्न स्वरूपों के साथ-साथ वर्णाश्रम परम्परा पर भी प्रकाश डाला है। यह शब्द ''**वर्ण+आश्रम**'' (संस्कृत - हिन्दी शब्द कोष, शिवराम वामन आप्टे, पृ0-९०१) दो शब्दों के योग से सम्पन्न है। धर्म-वेत्ताओं ने ''वर्ण'' के रूप में सामाजिक तथा ''आश्रम'' के रूप में वैयक्तिक जीवन का जो विभाजन किया था वह सार्वभौम, सर्वकालीन एवं प्रत्येक परिस्थिति के अनुरूप है, किन्तु कालान्तर में वर्ण को जाति तथा वर्ग के रूप में मान्यता दे दी गई, जिसका दुष्परिणाम आज स्पष्ट दृष्टिगोचर हो रहा है। वर्ग, वर्ण और जाति में सूक्ष्म भेद है, जिनकी व्युत्पत्ति इस प्रकार की जा सकती है:-

।।१।। वर्ग, वृज्यते इति। वृजीवर्ज्जने+घञ् । स्व जाति समूह। ।।वृज्+घञ्।। श्रेणी, प्रभाग, समूह, समाज, जाति, एक समान वस्तुओं का संग्रह। (संस्कृत-हिन्दी शब्द कोष- शिवराम वामन आप्टे, पृ0 - ९०१)

।।2।। वर्ण :- ।। वर्ण्यते भिद्यते इति, वर्ण+घञ्।। भेद, ।।वर्ण्यते दीप्यन्तेऽनेनेति-वर्ण्+घञ्।। रूप-वर्ण+अच् = अक्षरम्।।

।।3।। रंग, रूप सौंदर्य, जाति ।। जाति ।।जायतेऽस्यामिति।। जन+अधिकरणे क्तिन्। गोत्रम्। ।।जन्+भवेक्तिन्।। जन्म, सामान्यम्।। (वही, पृ0 -)

उपर्युक्त विवेचन से स्पष्ट है कि वर्ग, वर्ण का अर्थ जाति भी होता हैकिन्तु धर्म शास्त्रों की चातुर्वर्ण्य व्यवस्था में वर्ण शब्द का ही प्रयोग किया गया है, जाति का नहीं और यह व्यवस्था स्वभाव गुण भेदानुसार निर्मित की गई, जाति के आधार पर नहीं। दुर्भाग्यवश वर्ण व्यवस्था जाति भेद के रूप में परिवर्तित हो गई। ''वर्ण'' का मूल अर्थ बदल कर ''रंग'' कर दिया गया - ''**ब्राह्मणानां सितो वर्णः क्षत्रियाणां तु लोहितः।**''

''**वैश्यानां पीतको वर्णः शूद्राणामसितस्तथा।**'' (महाभारत - शान्ति पर्व - १८८/५)

इस प्रकार पतन युग प्रारम्भ हो गया और मानवता का शोषण हुआ। ऋषियों के समस्त शुभ प्रयत्नों को यज्ञ कुण्ड में समिधा बनाकर स्वाहा कर दिया गया। हीन नेतृत्व के कारण श्रेष्ठता की परिभाषा ही बदल गई।

श्रेष्ठता का अर्थ सत्ताधारी हो गया :-

''**यो वै भवति यः श्रेष्ठतामश्नुते तस्य वाचं प्रोदितामनु वदन्ति।।**'' (ऐतरेय ब्राह्मण - २/१५)

अर्थात् जो सत्ता और श्रेष्ठता को पा लेता है उसकी बात का सब अनुसरण करते हैं। उच्च साधना युक्त प्रवृत्तियों के स्थान पर इस सिद्धान्त को महत्त्व दिया गया कि ब्राह्मण का जन्म भगवान के श्रीमुख से हुआ है। देवता केवल ब्राह्मण, वैश्य एवं क्षत्रियों से ही बात करते है:-

''**ब्राह्मणो वैव राजन्यो वा वैश्यो वा तेहि यज्ञियाः न वै देवा सर्वेणेव संवदन्ते।**'' (शतपथ ब्राह्मण - ३/१/१/९-१०)

इस दृष्टिकोण ने ऋषियों के संगठनात्मक एवं निर्माणात्मक प्रयत्नों पर पानी फेर दिया। जातिवाद को इतना महत्त्व दिया गया कि देवताओं की भी जाति निश्चित कर दी (शतपथ ब्रह्मण - १४/४/२/२३-२५) :- आदित्य क्षत्रिय, मरूद्गण वैश्य तथा अश्विनी कुमार शूद्र माने गये। ''**गायत्री वै ब्राह्मणः त्रैष्टु भोः वैराजन्यः जागतो वै वैश्यः।**'' (ऐतरेय ब्राह्मण - १/२८) उल्लिखित छन्दों द्वारा छन्दों की भी जातियाँ निर्धारित कर दी गई। इस का दुष्परिणाम यह हुआ कि सामाजिक संगठन दुर्बल हो गया। जाति-पाँति तथ ऊँच-नीच की भावनाओं से संत्रस्त मानव पारस्परिक स्नेह, सहृदयता, उदारता को भूलकर ईर्ष्या, द्वेष, अहं भाव से ग्रसित हो, जीवन के वास्तविक उद्देश्य से भटक गया। ऐसे समय में पतनोन्मुख समाज को सुव्यवस्थित करने के लिए प्रज्ञा पुराण जैसे सुदृढ़ अवलम्बन की आवश्यकता थी, फलस्वरूप श्रेय-प्रेय का अन्तर स्पष्ट कर आज के भेद-भावनाओं जैसे अवांछनीय तत्त्वों का निराकरण करने के लिए इस ग्रंथ की रचना की गई। आलोच्य पुराण में ''वर्ण'' शब्द की व्युत्पत्ति ''**वर्णोवृणुते**'' (निरुक्त-प्रथम काण्ड - ०५२/१/४, प्रज्ञा पुराण - ४/२, पृ0- ६५) के रूप में स्वीकृत है, अर्थात् ''वर्ण'' वरण किया जाता है। उन्होंने वर्ण व्यवस्था को वेद तथा गीता के अनुरूप स्वीकार किया है--

''**आश्रमा इव वर्णस्ते चत्वारः सन्ति शोभनाः।**
क्षत्रियश्च विशः शूद्रः समाजे कुर्वते क्रमात्।।''
(वही - २/५६-५७)

वेदों में चारों वर्णों का पूर्ण स्वरूप निहित है:-

''**ब्राह्मणोऽस्य मुखमासीद बाहू राजन्यः कृतः।**
ऊरू तदस्य यद्वैश्यः पद्भयां शूद्रोऽजायत।।''
(ऋग्वेद ।।पुरुष सूक्त।। -१०/९०/१२ तथा यजुर्वेद - ३१/११)

इस मंत्र के अनुसार ब्राह्मण प्रजापति पुरुष का मुख क्षत्रिय बाहु वैश्य ऊरू तथा शूद्र पाद रूप में स्वीकृत हैं। आचार्य जी ने भी ब्राह्मण की तुलना मुख से करते हुए उसे अधिक सतर्क रहने का आदेश दिया है क्योंकि वह शिक्षक तथा समाज-निर्माता है। यथा--

''**तुलना ब्राह्मणस्यातो मुखेनोक्तो धियाऽपि च।**
चिन्तनं स ददात्यैवं शिक्षया वहते धुरम्।।''
(प्रज्ञा पुराण - ४/२/६५)

वैदिक ऋषियों ने यह विभाजन कर्म के अनुसार किया था, धर्म के आधार पर नहीं। प्राचीन युग में वर्ण व्यवस्था विकृत नहीं थी, एक ही परिवार में विभिन्न कार्य करने वाले व्यक्ति एक साथ प्रेम पूर्वक निवास करते थे:- ''**कारूरहं ततो भिषगुपलप्रक्षिणी नना**'' (ऋग्वेद - ९/११२/३) मैं कवि हूँ, मेरा पिता वैद्य है तथा माता पिसनहारी। आर्य ऋषियों ने आत्म उन्नति का मार्ग सदैव खुला रखा है। पवित्र आचरण द्वारा कोई भी वर्ण ऊपर उठ सकता है, इसके विपरीत नीच कर्म करने पर उच्च कहे जाने वाले किसी भी वर्ण का पतन हो सकता है। आर्ष ग्रन्थों में आचार-विचार को प्रथम स्थान दे कर प्रत्येक व्यक्ति को आत्म विकास एवं आत्मोत्थान की पूर्ण स्वतंत्रता प्रदान की गई है:-

''**आरोहणमाक्रमणं जीवतो जीवतोऽयनम्।।**'' (अथर्ववेद - ५/३०/७)

ब्राह्मण अनैतिक कर्म करने पर भी ब्राह्मण ही कहलाये तथा शूद्र सदाचारी होकर भी शूद्र ही बना रहे - ऐसा क्रूर बन्धन, पूर्व वैदिक युग में नहीं था। विवेक-निष्ठ सहृदय ऋषियों के अन्त:करण में शूद्रों के प्रति यह निर्ममता कहीं भी दृष्टिगोचर नहीं होती। वे मानव के नैसर्गिक पवित्र अधिकारों द्वारा मानव में सद्‌गुणों का विकास करने के लिए कटिबद्ध थे। उन्होंने मानवता को महत्त्व देकर मानव को विधाता की सर्वश्रेष्ठ कृति स्वीकार कर मनुष्य को ईश्वर का प्रतिरूप घोषित किया है। (अथर्ववेद - ६/५८/३१, १२/१/५४, शतपथ ब्राह्मण - २/५/१/१) यजुर्वेद में कार्यानुसार वर्ण विभाग का उल्लेख मिलता है:-

''**ब्रह्मणे ब्राह्मणं क्षत्रायराजन्यं, मरूदभ्यो वैश्यं तपसे शूद्रम्।**'' (यजुर्वेद - ३०/५)

यजुर्वेद में ही कारि, तक्षाण, इषुकार, पेसितृ, कुम्भकार, निषाद, श्वनिन्, मछुआ, पौंजिष्ठ आदि अनेक कर्म करने वालों को ''**वै नमः**'' (यजुर्वेद - ३०/६ - ३०/१७, ३०/२६-२७) कह कर वन्दना की गई है। स्मृति ग्रंथों में भी मनुष्य को कर्म से ही द्विज माना गया है:-

''**चातुर्वण्यं त्रयो लोकाश्चत्वारश्चाश्रमाः पृथक्।**
भूतं भव्यं भविष्यं च सर्वं वेधत्प्रसिध्यति।।''

गौतम मुनि के मतानुसार १२ वर्ष तक केवल राज्याश्रित होकर सेवा करने वाला वेद पारंगतविप्र भी शूद्रत्व में परिणत हो जाता है:-

''**यस्तु राजाश्रयेणैव जीवेद् द्वादशवार्षिकम्।**
स शूद्रत्वं व्रजेद्विप्रो वेदानां पारगोयदि।।''
(वृद्ध गौतम स्मृति, अ०-१९)

सूत्र काल में ब्रह्मचारी ब्राह्मण क्षत्रिय वैश्यादि के घर का अन्न खाते थे। (आपस्तम्ब - ६/२८) गीता में भी चातुर्वर्ण्यपरम्परा गुण कर्म पर ही आधारित हैं--

''**चातुर्वर्ण्यं मया सृष्टं गुणकर्मविभागशः।।**'' (गीता 5 ४/१३)

प्रज्ञा पुराण ग्रंथ में प्रत्येक वर्ण के कर्त्तव्य को भारतीय संस्कृति एवं आर्ष ग्रंथां के अनुसार ही मान्यता दी गई है:-

''जन्मना जायते शूद्रो मान्यता देव संस्कृतिः।
इयमेवास्ति संस्कारे द्विजाः पश्चाद् भवन्ति ते।।''

(प्रज्ञा पुराण -४/२/६०)

गीता में ब्राह्मण के लक्षण--

''शमोदमस्तपः शौचं क्षान्तिरार्जवमेव च।
ज्ञानविज्ञानमास्तिक्यं ब्रह्मकर्म स्वभावजम्''

(गीता - १८/४२)

बताये गये हैं-- आचार्य श्रीराम जी ने भी ब्राह्मणों के इन्हीं गुणों को महत्ता दी है--

''जीवनं ब्राह्मणस्य स्यादपरिग्रहसात्विकम्।
सेवापरायणं चाऽपि सदाचारयुतं सदा।।''

(प्रज्ञा पुराण- ४/२६६-६७)

ब्राह्मण की गरिमा प्रतिपादित करते हुए वे लिखते हैं:- यद्यपि चारों वर्ण सुदृढ़ स्तम्भ हैं जिन पर समाज रूपी भवन का अस्तित्व निर्भर है किन्तु ब्राह्मण अध्यात्म विद्या से सम्बन्धित होने के कारण समाज की आत्मिक प्रगति के लिए उत्तरदायी हैं। कोई भी व्यक्ति सुसंस्कारों द्वारा द्वितीय जन्म प्राप्त कर द्विज बन सकता है। विश्वामित्र जन्म से क्षत्रिय थे किन्तु तपश्चर्या के बल पर ब्रह्मर्षि के रूप में ब्रह्मा द्वारा प्रतिष्ठित हुए--

''ब्रह्मर्षे स्वागत तेऽस्तु तपसा स्म सुतोषिताः।
ब्राह्मण्यं तपसोऽग्रेण प्राप्तवानसि कौशिक।।''

(प्रज्ञा पुराण - ४/१२/ पृ0 -१०६)

श्रेष्ठ आचरण सिद्ध कर्मरत व्यक्ति को ब्राह्मण की संज्ञा से विभूषित किया जा सकता है। वानप्रस्थ तथा सन्यासी भी इस गौरव के अधिकारी हैं।

''तदर्थं च सदाचार सिद्धतोक्ताभवन्यपि।
वानप्रस्थादिगा विप्रा ब्रह्मकर्मयुता यदि।।''

(वही - ४/२/६९)

प्रज्ञा पुराण में आर्ष ग्रंथों के अनेक उदाहरणों द्वारा यह स्पष्ट किया गया है कि मनुष्य के कर्म को ही वर्ण का आधार मानना चाहिए। भारत की चातुर्वर्ण अवस्था का मूल उद्देश्य भी श्रम-विभाजन था, जो सहज रूचियों के अनुसार विशेष भागों में बंट जाता है।

ऋग्वेद, (ऋग्वेद - ५/६०/५, १०/५३/५) यजुर्वेद, (यजुर्वेद - १८/६२/१, १६, २७) ब्राह्मण ग्रंथ, (शतपथ ब्राह्मण-अध्याय-२ ब्राह्मण) मनुस्मृति, (मनुस्मृति - ९/३३५) भागवत पुराण, (भागवत पुराण - ९/४) कूर्म पुराण (कूर्म पुराण - १०/२, ७/१६) दृष्टांतों के द्वारा यह प्रमाणित किया है कि वैदिक युग में सभी वर्णों का पूर्ण सम्मान था। उनमें परस्पर सहभोज तथा विवाहादि सम्पन्न होते थे।

सारांश यह है कि जैसे वीणा के अनेक तार अपनी झंकृति को सुर के अन्दर रख कर राग को पूर्णता प्रदान करते हैं, उसी प्रकार समाज की एकता में अनेकता तालबद्ध होकर समाज को समृद्धिशील एवं सुव्यवस्थित बनाने में समर्थ थी-

"**यदावैद्वो संरभेते अथ तद्वीर्यभवति।**" (शतपथ ब्राह्मण - १/१)

ऋषि कालीन समुदाय का उल्लेख करते हुए प्रज्ञा पुराणकार कहते हैं वह युग सर्वश्रेष्ठ एवं स्वर्ण युग था। एक के बाद एक महातेजस्वी पुरुष इस क्रम में आते रहे, जैसे स्वर्ग से प्रकाश की धारा प्रवाहित होकर समस्त जन मानव को आलोकित कर रही हो। उस समय सबको समान अधिकार प्राप्त थे, (प्रज्ञा पुराण - ४/२/१२) प्रत्येक ऋषि मानव मात्र के कल्याण की कामना से कर्म करते थे। नीच कर्म करने वाले व्यक्ति भी सद्‌गुणों को अपना कर आत्मपरिष्कार की साधना से ऋषिपद के अधिकारी माने जाते थे । रत्नाकर दुष्कर्म में लीन थे किन्तु तपश्चर्या के कारण वाल्मीकि बन ऋषि पद पर सुशोभित हुए, (वही - ४-२, पृ० - ६३) और रावण, कुम्भकरण ब्राह्मण परिवार में उत्पन्न तथा वेदपाठी होने पर भी राक्षस कहलाकर तिरस्कृत हुए।

आर्ष ग्रंथों के अतिरिक्त महाभारत तथा अनेक पौराणिक कथाओं के माध्यम से भी आचार्य श्री ने इस जाति-पाँति के भेद भाव की कुप्रथा से मुक्त होने की प्रेरणा प्रदान की है।

महाभारत में अनेक स्थलों पर घोषणा की है-- कोई मनुष्य कुल जाति से ब्राह्मण नहीं होता - यदि चाण्डाल भी सदाचारी है तो वह ब्राह्मण है इसके विपरीत यदि ब्राह्मण भी नीच कर्मकरता है तो उसे शूद्र समझना चाहिए। (महाभारत वन पर्व - २१६/१४, २१६/१६, युधिष्ठिर नहुष संवाद, वही वन पर्व - २११ - द्विज व्याध संवाद, वही - शांतिपर्व - १८८/१० - भृगु भारद्वाज संवाद, वही - अश्वमेघ पर्व- ३९/११)

"**न विशेषोऽस्ति वर्णानां सर्वं ब्राह्ममिदं जगत्।**
ब्रह्मणा पूर्वं सृष्टं हि कर्मभिर्वर्णतां गतम्।।"
(महाभारत- १८८/१०)

विदुर दासी पुत्र होने पर भी महान् श्रद्धास्पद हुए। भगवान ने दुर्योधन की मेवा तथा षड्‌रस व्यंजनों का परित्याग कर विदुर के यहाँ आतिथ्य स्वीकार किया था--

"**निवेशाय ययौ वेश्म विदुरस्य महात्मनः।**" (महाभारत - उद्योग पर्व - ९१/३४)

धर्म व्याध ने चांडाल होकर भी धर्म का उपदेश दिया था। (महाभारत - उद्योग पर्व - ९१/३४) महर्षि व्यास की माता सत्यवती धींवर कन्या थीं। (महाभारत - आदि पर्व - ६३/९३-९४) व्यास जी ने केवर्तकन्या से विवाह करके शुकी से शुक देव, उलूकी से कणाद, मृगी से श्रृंगी और गणिका से वशिष्ठ को जन्म दिया था। (भविष्य पुराण - बु0प0- ४२/२२-२४) नारद ऋषि ने स्वयं अपना परिचय देते हुए अपने को दासी पुत्र बताया है--

''**एकात्मजा मे जननी योषिन्मूढा च किंकरी।।**'' (भागवत पुराण- ६/६/६)

इतरा दासी के पुत्र होने पर भी ऐतरेय कर्म से महान् बने तथा माता का गौरव एवं कुल परम्परा को प्रकट करने के लिए उन्होंने अपने ग्रंथका नाम ऐतरेय ब्राह्मण रखा। घटोत्कच की माता हिडिम्बा राक्षसी थी, सन्त नामदेव जन्म से दर्जी थे, किन्तु कर्मनिष्ठा एवं भक्ति भावना के कारण ब्रह्म ज्ञानियों की पंक्ति में विराजमान हुए। तुकाराम जन्म से शूद्र होने पर भी सेवा साधना में निरत रहने के कारण सर्वोच्च पद पर आसीन हुए। (प्रज्ञा पुराण - ४/२/१०) कर्म योगी रैदास एवं सन्त कबीर दोनों ही हिन्दू-मुसलमान आदि सम्प्रदायों के लिए श्रद्धास्पद हुए। नामाजी डोम जाति के थे, (प्रज्ञा पुराण - ४/२ पृ0 -७२) तथा महर्षि कर्वे ने रूढ़िवादिता का विरोध कर जाति से तिरस्कृत होकर भी बाल विधवा से विवाह किया और संत तथा महर्षि की उपाधि प्राप्त की। (वही - ४/२, पृ० -७४) इसके अतिरिक्त ईसाई डॉ0 गोमेज संस्कृतज्ञ बनें, ऐलिज डेविड ने दलित होते हुए भी लूथर किंग के साथ मिलकर रचनात्मक एवं संघर्षात्मक आन्दोलनों में भाग लिया। (वही - ४/२, पृ0 ७३)

इस प्रकार आर्ष ग्रंथ, वैदिक साहित्य, उपनिषद ब्राह्मण ग्रंथ, महाभारत, पौराणिक आख्यान तथा महापुरुषों के जीवन चरित्रों का आदर्श प्रस्तुत क र प्रज्ञा पुराण के प्रणेता ने वर्तमान युग के अन्ध-विश्वास, वर्ण-व्यवस्था से आक्रान्त, ऊँच-नीच के भेद-भाव से संत्रस्त मानव का पथ प्रदर्शन करने का सफल प्रयास किया है। उन्होंने अस्पृश्यता को हिन्दू जाति के लिए कलंक का टीका कह कर इस प्रचलन को निराधार बताया है। (वही, ४/२, पृ0 -६४) यह भावना घृणा एवं अहंकार पर आधारित सामन्तवादी परम्परा है, जिसमें स्त्री और शूद्र तथा श्रमजीवियों को उनके अधिकार से वंचित कर दिया गया। इस अनीति के समर्थन में पशुबलि, दास दासी की विक्रय परम्पराएँ प्रारम्भ हुई, (वही - ४/२, पृ0 -६६) जिससे सारी वर्ण व्यवस्था पर कुठाराघात हुआ। हिन्दुओं में पारस्परिक घृणा, विद्वेष का प्रचार इसी दुर्भावना का दुष्परिणाम है। भारतीय संस्कृति की उन्नति के लिए इस बन्धन को तोड़ना अत्यन्त आवश्यक है। (प्रज्ञा पुराण - ४/२, पृ0 -६४)

इस संकीर्ण विचारधारा पर खेद प्रकट करते हुए आचार्य श्री लिखते हैं कि आज इस कट्टरता का कारण हमारा अविवेक और दुर्भाग्य है। विधर्मियों, सामन्तों एवं विदेशी शासकों ने इस परम्परा को विकसित कर हमारे समाज एवं देश को दुर्बल बना दिया है। अब यह दुर्भावना महामारी की तरह इतनी प्रचण्ड हो गई है कि चार वर्ण सात हजार जातियों-उपजातियों में विभक्त हो गये हैं। जनगणना की रिपोर्ट में पाँच हजार से अधिक जातियाँ है। उपजातियों की गणना करने पर संख्या और भी बढ़ जायेगी। उन्होंने इस स्थिति पर चिन्ता व्यक्त की है कि यदि यही स्थिति रही तो

वह दिन दूर नहीं जब अपने ही देश में हिन्दू अल्पमत रह जायेगा। (वही - ४/२, पृ० - ६८) उनके मतानुसार इस समय युग की आवश्यकता को देखते हुए प्रत्येक व्यक्ति को ब्राह्मणोचित् सद्‌गुणों को अपनाकर राष्ट्र की उन्नति में सहयोगी बनना चाहिए। ब्राह्मण शब्द को व्यापक अर्थ में प्रयुक्त करते हुए वे विभिन्न कर्म क्षेत्र में संलग्न सभी का आह्वान करते हैं कि इस समय ब्राह्मण वृत्ति को अपनाकर तपस्वी जीवन व्यतीत करो। विशेष रूप से शिक्षक वर्ग का कर्तव्य है कि वे स्वयं आदर्श चरित्र प्रस्तुत कर समाज का नैतिक पुनरूत्थान एवं बौद्धिक क्रान्ति का संकल्प लें। आधुनिक युग के उन शिक्षकों को वे वेतन-भोगी श्रमिकों की श्रेणी में रखते हैं, जो उदरपूर्ति निमित्त शिक्षा देते हैं। धर्म धारणा के लिए मात्र शिक्षण उद्‌बोधन ही प्रर्याप्त नहीं है, अभ्यास के लिए रचनात्मक, सुधारात्मक, आन्दोलनों द्वारा ज्ञान को कर्म में परिणत कर सुसंस्कार प्रदान करना शिक्षक का परम कर्तव्य है। यथा--

''जन सामान्य नेतृत्वं, कुर्वते भावनात्मकम्।
धर्मधृत्ये तथैतस्ये मात्रमुद्‌बोधनं नहि।।
पर्याप्तं परमभ्यासं कारणाद्रचनात्मकम्।
आन्दोलनं च संस्कारकारकं बह्मैव चक्ष्यते।।''

(प्रज्ञा पुराण - ४/२/७५-७६)

वानप्रस्थ तथा सन्यासी भी ब्राह्मण की श्रेणी में आते हैं--

''तदर्थं च सदाचार सिद्धतोक्ता भवन्त्यपि।
वानप्रस्थादिगा विप्रा ब्रह्मकर्मयुता यदि।।''

(वही - ४/२/६९)

इन सभी को सार्वजनिक सेवा तथा जनकल्याण के लिए अनेक रचनात्मक कार्य करने के सुझाव भी दिये गये हैं। पाठशाला, पुस्तकालय, व्यायामशाला, शिशुकल्याण, महिला मंडल जैसे अनेक संगठन स्थापित कर सामाजिक कुरीतियों को दूर करना प्रत्येक नागरिक का कर्तव्य है। (वही - ४/२/७८) सच्चे ब्राह्मण के एक हाथ में शास्त्र तथा दूसरे में शस्त्र रहता है--

''उत्थितां कर्तुमर्हास्ते शास्त्रमेककरे तथा।
शस्त्रं तिष्ठति विप्राणं करे येषां द्वितीयके।।''

(वही - ४/२/८८)

अन्त में युग द्रष्टा आचार्य जी ने भावी संभावनाओं पर अपने विचार प्रकट किये हैं कि प्राचीन काल से ही भारतीय संस्कृति के संरक्षक इस कुप्रथा का विरोध करते रहें हैं। ऐसे अनेक दृष्टान्त है कि कर्म परिवर्तन के आधार पर वर्ण परिवर्तित हुए हैं। बौद्ध, जैन, सिख, सभी हिन्दू धर्म की शाखाएं हैं। भक्ति मार्गी सन्तों ने भी जाति प्रथा का विरोध किया है। सामान्य विवेकशील व्यक्ति इस कुरीति के औचित्य को स्वीकार नहीं करता। वे भविष्य के प्रति पूर्ण

आश्वस्त हैं कि यह जन्म जाति क्रम अब निश्चित ही समाप्त होगा। जब समस्त विश्व प्राचीन ऋषियों की भाँति मानवता के सिद्धान्तों को अपनाकर ऊँच-नीच, जाति-पाँति के भेद-भाव को त्याग कर "**वसुधैव कुटुम्बकम्**" की भावना से ओत-प्रोत होगा तब ही उनकी युग निर्माण योजना सफल होगी।

आश्रम व्यवस्था :-

वर्ण व्यवस्था की भाँति आश्रम व्यवस्था भी भारतीय संस्कृति एवं हिन्दू धर्म का एक प्रमुख अंग है। इस ऋषि परम्परा को प्रज्ञा पुराणकार ने बहुत महत्त्व दिया है। जीवन के सौ वर्ष की अवधि को चार भागों में विभाजित किया गया है। इसे अपनाने से व्यक्ति सुखी तथा समाज समुन्नत रहता है:-

"आश्रमोऽस्ति विभागः स जीवनक्रमगो ध्रुवम्।
अस्य स्वीकरणाद् व्यक्तिः सुखं याति समुन्नतिम्।।"
(प्रज्ञा पुराण - ४/२/१३)

आश्रम ।पुं० क्ली।। आङ्+श्रम+घत्र् (संस्कृत हिन्दी कोष वामन शिवराम आप्टे, पृ० -१६५) - मुनीनां वासस्थानं वनं मठः शास्त्रोक्त धर्म विशेषः- से निष्पन्न होता है जिसका अर्थ पर्ण शाला, कुटी अथवा व्यक्ति के धार्मिक जीवन की चार अवस्थाएँ हैं।

"आश्रम्यन्ति स्वं स्वं तपश्चरन्त्यत्र स तु चतुर्विधः।
ब्रह्मचर्यं, गार्हस्थं, वानप्रस्थं, सन्यासः।।"
(हलायुध कोश - सम्पादक जयशंकर जोशी पृ. 157)

आर्य परम्परा के अनुसार ब्रह्मचर्य, गृहस्थ, वानप्रस्थ तथा सन्यास चार आश्रम हैं। देव संस्कृति के ये निर्धारण जीवन के सर्वांगीण विकास के लिए अत्यन्त महत्त्वपूर्ण हैं। व्यक्ति के सम्पूर्ण विकास पर ही समाजोत्कर्ष तथा राष्ट्र की प्रगति संभव है इस उद्देश्य की परिपूर्णता के लिए युगदृष्टा ऋषियों ने आयुष्य के पूर्वार्द्ध में समर्थता अर्जित करने के लिये ब्रह्मचर्य आर्थिक एवं धार्मिक जीवन व्यतीत करने के लिए गृहस्थ, उत्तरार्द्ध में भावना क्षेत्र को उत्कृष्ट बनाने तथा समय और श्रम को लोक मंगल में नियोजित करने के लिए वानप्रस्थ, अन्त में आत्मकल्याण एवं विश्व कल्याण द्वारा मोक्ष प्राप्ति के लिए संन्यास आश्रम की संरचना की। निश्चित रूप से भारतीय संस्कृति की यह विशेषता अन्यत्र दुर्लभ है। (प्रज्ञा पुराण - ४/२, पृ० - ७५)

ब्रह्मचर्य :-

पूर्वार्द्ध के पच्चीस वर्ष ब्रह्मचर्य के अन्तर्गत हैं। यह आश्रम सम्पूर्ण जीवन की नींव है। इसकी महिमा समस्त आर्ष ग्रंथों में वर्णित हैं। "**आचार्यो ब्रह्मचारी-ब्रह्मचारी प्रजापतिः।**" (अथर्ववेद - ११/५/१६) आचार्य तथा प्रजापालक राजा भी ब्रह्मचारी हैं। क्योंकि ब्रह्मचर्य रूपी तप के बल पर ही राजा राष्ट्र की रक्षा करता है--

"**ब्रह्मचर्येण तपसा राजा राष्ट्रं विरक्षति।।**" (अथर्ववेद - ११/५/१७)

"**ब्रह्मचर्येण तपसा देवा मृत्युमुपाघ्नत्।।**" (वही -११/५/१९)

ब्रह्मचर्य के तप से देवता तथा विद्वान मृत्यु पर विजय पाते हैं। ज्ञान और परमात्मा की प्राप्ति के लिए ब्रह्मचर्य आवश्यक है। इस प्रकार के उद्धरण "**यजुर्वेद**" (यजुर्वेद - ३५/७) तथा "**जरावग्गो**" (जरावग्गो - ११/११) में भी द्रष्टव्य हैं। वैदिक वाङ्मय के इन आदर्शों को प्रस्तुत करते हुए प्रज्ञा पुराण में ब्रह्मचर्य की विशेषता प्रतिपादित की गई है--

"**ब्रह्मचर्य इति ख्यातः संयमो यत्र पूर्णतः।**
मात्रं कामपरित्यागं ब्रह्मचर्यं वदन्ति न।।"
(प्रज्ञा पुराण - ४/२/१७)

स्मृतिकार ने ब्रह्मचारी के लक्षण तथा कर्त्तव्य का वर्णन इस प्रकार किया है--

"**नैष्ठिको ब्रह्मचारी तु वसेदाचार्य सन्निधौ,**
तदभावेऽस्य तन्ये पत्न्यां वैश्वानरेऽपि वा।
अनेन विधिना देहं सांदयन्विजितेन्द्रियः।
ब्रह्मलोकमवाप्नोति न चेहा जायते पुनः।।"
(याज्ञवल्क्यस्मृति - १/४९-५०)

नैष्ठिक "ब्रह्मचारी आचार्य के समीप, उनकी अनुपस्थिति में उनके पुत्र के समीप, गुरुपत्नी के समीप अथवा अग्नि के निकट निवास करे, इस विधि द्वारा शरीर की साधना करते हुए विशेष प्रयत्न पूर्वक इन्द्रियों पर विजय प्राप्त कर ब्रह्मलोक प्राप्त करता है तथा इस संसार में पुनः जन्म प्राप्त नहीं करता।"

यह परम्परा अत्यन्त प्राचीन काल से प्रचलित है। राम और कृष्ण जैसे राजकुमारों ने ऋषि आश्रम में रहकर कठोर परिश्रम द्वारा प्रखरता, तेजस्विता एवं शारीरिक शक्ति अर्जित की थी। इस समय विद्या का स्वरूप शिक्षा में परिवर्तित होने के कारण इस आश्रम की महत्ता समाप्त प्रायः हो गई है। अतः ब्रह्मचर्य की परिभाषा स्पष्ट शब्दों में व्यक्त करते हुए आचार्य श्रीराम शर्मा ने इस युग में ब्रह्मचर्य का महत्त्व प्रतिपादित किया है- "बल, विद्या और संस्कार की पूँजी को एकत्र करने के लिए असंयम रूपी छिद्रों को बन्द कर विचार शक्ति का सुनियोजन, एकीकरण एवं शारीरिक शक्ति का संवर्धन करना आवश्यक है।" (प्रज्ञा पुराण - ४/२, पृ0 - ७७) आलोच्य ग्रंथ में आर्ष ग्रंथों एवं महापुरुषों के जीवन तथा अनेक पौराणिक आख्यानों के आधार पर ब्रह्मचर्य व्रत धारण कर वासना रूपी विष से बचने की प्रेरणा दी गई है। राम भक्त हनुमान, महर्षि दयानन्द, नेपोलियन, लूथर, न्यूटन, चेस्टरटन, विक्टर ह्यूगो, सिकन्दर, देवी जॉन, विवेकानन्द, शंकराचार्य जैसे महान् पुरुषों एवं नारियों ने किशोरावस्था में ही आत्मबल

संचित कर दिव्य उपलब्धियाँ प्राप्त की थीं। उत्कट इच्छा, अदम्य भावना जागृत होने पर मानव अल्पायु पाने पर भी अपने जीवन को धन्य बनाकर दूसरों का उद्धार भी कर सकता है। (वही - ४/२, पृ० -७९)

गृहस्थाश्रम :-

ऋषियों द्वारा निर्धारित ब्रह्मचर्याश्रम के नियमों का पालन कर व्यक्ति गृहस्थाश्रम में प्रवेश करता है। वैदिक ऋषियों ने इस आश्रम को सर्वश्रेष्ठ माना है। गृहस्थाश्रम में रहते हुए भी लोक मर्यादा का सम्यक् रीति से पालन करना ही सबसे कठिन तपस्या है। कर्म बन्धन से ज्ञान लाभ तथा मोक्ष प्राप्ति के अनेक मार्ग हैं, जिनमें सर्वश्रेष्ठ कर्म में से अकर्म को प्राप्त करना है, अत: जिस गृहस्थाश्रम का वर्णन हमारे वाङ्मय में मिलता है वह तपस्या का परमोज्ज्वल स्वरूप है। आर्य मनीषी हमारे गृहस्थाश्रम में लिप्त होने, संलग्न रहने, भवरोग तथा विभव रोगों से व्यग्र रहने के प्रबल विरोधी हैं। अत: उन्होंने इस आश्रम में रहकर जो लोक व्यवहार व सिद्धान्त प्रतिपादित किये उनका पालन करने में मानव को अग्नि परीक्षा देनी पड़ती है। महानता व श्रेष्ठता का परिचय इसी के द्वारा मिलता है क्योंकि इस तपस्याग्नि में जो अंश क्षर है, वह जल कर क्षार हो जाता है तथा जो अंश शाश्वत् है वह कोटि सूर्यों की प्रभा धारण कर प्रकट हो जाता है (आर्य जीवन दर्शन, श्री मोहन लाल महतो ''वियोगी'', पृ0-९७) गृहस्थाश्रम इस परीक्षा का हवन कुण्ड है जहाँ प्रलोभनों की सीमा नहीं है। भीतर के विकारों को इसी से आहार एवं पोषण मिलता है। ज़रा सी भी असावधानी भवचक्र में फंसा देती है यदि सावधान रहें तो सत्य अमृत सुलभ हो जाता है। युवावस्था में शक्ति सम्पन्नता तथा कार्य क्षमता चरम विकास पर होती है। वेदों में भी इस आयु को पुरुषार्थ का प्रतीक स्वीकार किया गया है--

''कृतं मे दक्षिणे हस्ते जयो मे सव्यआहितः।
गोजिद् भूयासमश्वजिद् धनंजयो हिरण्यजित्।।''

(अथर्ववेद - ७/५०/८)

प्रज्ञा पुराणकार के मतानुसार इस अवस्था में भौतिक उत्पादन के साथ-साथ आत्मप्रगति की योजना का परिपालन आवश्यक है क्योंकि पुरुषार्थ द्वारा सार्वजनिक समृद्धि के लिए यही समय उपयुक्त है--

''यौवने योजनास्याच्च भौतिकोत्पादनस्य सा।
प्रगतेश्चाऽपि स्वस्थाऽस्ति स्वावलम्बनसंस्थितोः।।''

(प्रज्ञा पुराण - ४/२/२६-२७)

मनुस्मृति में भी इन्द्रियों के नियंत्रण को अनिवार्य माना गया है क्योंकि दुर्बल इन्द्रियों से गृहस्थाश्रम धारण नहीं हो सकता--

''स संधार्यप्रयत्नेन स्वर्गमक्षयमिच्छता।
सुखं चेहेच्छता नित्यं योऽधार्यो दुर्बलेन्द्रियः।।''

(मनुस्मृति - ३/७९)

आलोच्य ग्रंथ में विवाह को शरीर का नहीं दो आत्माओं का मिलन तथा सुसंस्कारिता उपार्जन की प्रयोगशाला माना गया है, जिसमें परिवार के साथ रहते हुए सहकारिता अध्यवसाय एवं आत्मावलम्बन का प्रशिक्षण मिलता है। इसी के साथ परिवार को विधाता के बृहत्परिवार की एक इकाई के रूप में स्वीकार कर प्रत्येक मानव को अपने परिवार तक सीमित न रहकर विराट् विश्व को अपना कार्यक्षेत्र समझ कर इस उद्यान को सुरम्य एवं समुन्नत करने का संदेश दिया है--

''गृहस्थश्चापरो पादो मात्रमुद्वाह एव न।
गृहस्थः प्रोच्यतेऽप्यत्र संस्था तु परिवारगा।।''
(प्रज्ञा पुराण - ४/२/१८)

गृहस्थ ही वह पाठशाला है जहाँ व्यक्ति को त्याग, संयम, स्वार्थ परक प्रवृत्तियों पर नियंत्रण कर ''**आत्मवत् सर्वभुतेषु**'' की शिक्षा मिलती है। यहीं से आत्म-विकास तथा आत्म-परिष्कार की भावना का उदय होता है। संसार के समस्त महापुरुषों की प्राथमिक शिक्षा माता की गोद तथा परिवार के प्रांगण में ही हुई थी। इसीलिए ''**धन्यो गृहस्थाश्रमः**'' कह कर ऋषियों ने इसे सम्मानित किया है। यहीं से समस्त वसुधा को कुटुम्ब मानने की प्रवृत्ति उत्पन्न होती है--

''वसुधैव कुटुम्बस्य भावनायां निरन्तरम्।
समाजरचनायाश्च साऽऽधारत्वेन सम्मता।।
विश्वव्यापिकुटुम्बस्य स्व च मन्येत स स्वतः।
सम्पूर्णस्य समाजस्यविच्छिन्नं चांगमुत्तमम्।।''
(वही - ४/२/२३-२५)

शास्त्रकारों ने भी इसी आश्रम को सबसे अधिक महत्ता प्रदान ही है। मनुस्मृति में तो इसे सब आश्रमों का मूलाधार माना है--

''यथा वायुं समाश्रित्य वर्तन्ते सर्वजन्तवः।
तथा गृहस्थमाश्रित्य वर्तन्ते सर्व आश्रमाः।।''
(मनुस्मृति - ३/७७)

जिस प्रकार वायु का आश्रय पाकर समस्त प्राणी विचरते है उसी प्रकार सब आश्रम गृहस्थाश्रम पर निर्भर हैं। इस का कारण यह है कि तीनों आश्रमी गृहस्थों द्वारा वेदार्थ ज्ञान की चर्चा करते हुए उपकृत होते हैं--

''यस्मात्त्रयोऽप्याश्रमिणो ज्ञानेनान्नेन चान्वहम्।
गृहस्थैनैवधार्यन्ते तस्माज्ज्येष्ठाश्रमो गृही।।''
(वही - ३/७८)

इतना ही नहीं ऋषि, पितर, देवता, जीव, जन्तु, अतिथि ये सभी गृहस्थियों से कुछ पाने की आशा करते हैं। अतः शास्त्रज्ञ इन्हें संतुष्ट करें--

''ऋषयः पितरो देवा भूतान्यतिथपस्तथा।
आशसते कुटुम्बिभ्यस्तेभ्यः कार्यविजानता।।''
(वही - ३/८०)

भारतीय संस्कृति के उपासक आचार्य श्रीराम ने इन्हीं शास्त्रों का प्रमाण देते हुए गृहस्थ धर्म का बोध कराया है। उन्होंने गृहस्थ को एक तपोवन स्वीकार किया है जिसमें सेवा, संयम, सहिष्णुता द्वारा साधना करनी पड़ती है। वेद शास्त्रों के इन उद्धरणों द्वारा आधुनिक युग के नवयुवकों को संदेश दिया है। वे सच्चे तपस्वी बन कर आदर्श दाम्पत्य जीवन को अपनाएँ तथा धूम्रपान, मदिरा-पान जैसे व्यसनों से दूर रहकर सामाजिक कुप्रथाओं का बहिष्कार करने का संकल्प लें। दहेज प्रथा आज समाज के लिए अभिशाप बन गई है-- इसके कारण न जाने कितनी निरीह बालिकाएँ समाज की बलिवेदी पर जीवन की आहुति दे देती हैं, गृहस्थाश्रम की नींव नारी सम्मान पर ही आधारित है-- नारी तिरस्कार के कारण आज गृहस्थ जीवन कलह, क्लेश तथा नारकीय यातनाओं से परिपूर्ण दृष्टिगोचर होते हैं-- अतः उन्होंने **''गृहिणी गृहमुच्यते''** (ऋग्वेद - ३/५३/४) तथा **''पतिर्भार्यासंप्रतिश्च गर्भो भूत्वेह जायते''** (मनुस्मृति - ९/८) जैसे प्राचीन आदर्श उद्घृत कर नारी माहात्म्य की ओर ध्यान आकर्षित किया है। पत्नी गृहस्थ की प्रथम देवी है जो अपने त्याग, बलिदान और प्रेम के बल से इस धरती पर स्वर्ग का निर्माण कर मानव को सदा उन्नति की ओर अग्रसर होने के लिए अन्तहीन अवलम्बन प्रदान करती है। सहधर्मिणी के बिना यज्ञानुष्ठान संभव नहीं। (बाल्मीकिरामायण - ७/९/२५)

''पुनः पर्त्युनो यज्ञ संयोगे'' (पाणिनि - ४/१/१३३) आदि प्राचीन सिद्धान्तों की पुर्नस्थापना कर नारी को फिर से सम्मान दिला कर उसे गौरवान्वित करने का सफल प्रयास किया है। पत्नी पति की दासी नहीं सम्राज्ञी बन कर घर में आती थी-- **''सम्राज्ञी श्वसुरे भव, सम्राज्ञी श्वश्रूव्यं भव, ननान्दरि सम्राज्ञी भव, सम्राज्ञी अधिदेवसु''** (अथर्ववेद - १४-१/२२) तथा **''सखा जाया''** (ऐतरेय ब्राह्मण - ७/९/१३) इत्यादि वैदिक युग के उदाहरण प्रस्तुत कर नारी को पुनः शक्ति के रूप में प्रतिष्ठित किया है। उन्होंने पुरुष की शक्तिनारी है, परिवार की शक्ति नारी है- समाज की तथा विश्व की शक्ति नारी है, इन उद्घोषणाओं के द्वारा गृहस्थ जीवन में नारी का महत्त्व प्रतिपादित कर सुखमय आदर्श दाम्पत्य जीवन व्यतीत करने की प्रेरणा दी है। (प्रज्ञा पुराण - ४/२, पृ० -८०)

आचार्य जी के मतानुसार नारी गृहस्थाश्रम साधना में बाधक नही अपितु सहायक है, प्राचीन काल में बहुसंख्यक ऋषि सपत्नीक गुरुकुल में शिक्षण, शोध-प्रक्रिया चलाते थे। (प्रज्ञा पुराण - ४/२, पृ० -८१) महर्षि वशिष्ठ, अत्रि, जमदग्नि, अगस्त्य आदि सभी गृहस्थ थे। याज्ञवल्क्य ऋषि की तो दो पत्नियाँ थीं, राजा जनक गृहस्थ होकर भी विदेह कहलाते थे। ब्रह्मा, विष्णु, महेश त्रिदेव अपनी शक्तियों द्वारा ही सृजन क्षमता प्राप्त करते हैं अतः उनकी स्तुति में कहा

गया है-- ''**लोक त्रय महागेहे गृहस्थस्त्वमुदाहृतः**'' (अध्यात्म रामायण - १/१२) हे भगवन्! इस त्रिलोकी रूप महागृह के तुम गृहस्थ हो।

वेद शास्त्रों के अतिरिक्त पौराणिक तथा ऐतिहासिक आख्यायिकाओं एवं कथाओं द्वारा अनेक महापुरुषों एवं नारियों के आदर्श प्रस्तुत किये हैं जिन्होंने गृहस्थ धर्म का पालन करते हुए अपनी देश-भक्ति का परिचय दिया है। महर्षि अरविन्द, महात्मा गाँधी, महामना मालवीय, स्वामी श्रद्धानन्द अपनी पत्नियों को प्रेरणा स्त्रोत मानते थे, जापानी लड़की होन, सुभद्रा कुमारी चौहान, आदि अनेक नारी प्रतिभाओं ने भी इस आश्रम का निर्वाह करते हुए समाज तथा राष्ट्र के प्रति कर्त्तव्य पूर्ण किया है। (प्रज्ञा पुराण - ४/२, पृ0 -८५)

वानप्रस्थ तथा सन्यास :-

परमार्थ प्रयोजन की सिद्धि के निमित्त, जीवन को पूर्णता प्राप्त कराने के लिए वैदिक आर्यों ने वानप्रस्थ एवं सन्यास आश्रम की व्यवस्था को निर्धारित किया, जो आयु के उत्तरार्द्ध में ही सम्पन्न होती है। पूर्वार्द्ध में अर्जित विद्या, संचित अनुभव तथा धनश्री से विभूषित व्यक्ति समाज को लाभान्वित करे यही तथ्य इस व्यवस्था के मूल में निहित है। जब तक शारीरिक शक्ति रहे तब तक परिव्राजक बनकर जन-जागृति का संदेश दिया जाये। शक्ति क्षीण होने पर सन्यास ग्रहण कर किसी तीर्थ स्थान अथवा देवालय में रहकर आत्मपरिष्कार कर जन मानस के जागरण हेतु लोक शिक्षण का पुण्य कार्य अपनाया जाये। ऋषि परम्परा में यही व्यवस्था आदि काल से प्रचलित है। (प्रज्ञा पुराण - ४/२ पृ0 -८८) वेदों में इसका उल्लेख है--

''**अभ्यादधामि समिधमग्ने व्रतपते त्वभि,**
व्रतञ्च श्रद्धां चौपैमीन्धे त्वा दीक्षितो अहम्।।''
(यजुर्वेद - २०/२४/१)

मैं दीक्षित होकर व्रत, सत्याचरण और श्रद्धा को प्राप्त होऊँ, ऐसी इन्छा करके वानप्रस्थ हो, नाना प्रकार की तपश्चर्या, सत्संग, योगाभ्यास सुविचार से ज्ञान और पवित्रता प्राप्त करें। ''**ब्रह्मचर्याश्रमं समापय गृही भवेत् गृही भूत्वा वनी भवेत् वनी भूत्वा प्रव्रजेत्।**'' (शत्० का0 - १४) मनुष्यों को उचित है कि ब्रह्मचर्याश्रम को समाप्त कर गृहस्थ होकर वानप्रस्थ और वानप्रस्थ होकर सन्यासी बने। यह अनुक्रम से आश्रम का विधान है। स्मृतिकार ने वानप्रस्थ लेने के समय पर भी विचार किया है--

''**गृहस्थस्तु यदा पश्येद्वलीपलितमात्मनः।**
अपत्यस्यैव चापत्यं तदारण्यं समाश्रयेत्।।''
(मनुस्मृति - ६/२)

जब गृहस्थ के शिर के केश श्वेत तथा त्वचा ढीली हो जाये और पुत्र पौत्रादि की प्राप्ति हो जाये तो वानप्रस्थ लेकर वन में रहना चाहिए। इस नियम का दृढ़ता से पालन होना चाहिए-- वह पत्नी को पुत्रों के साथ छोड़कर अथवा उसे साथ लेकर उत्तमोत्तम पदार्थों का परित्याग कर अरण्य वास करें:-

''संत्यज्य ग्राम्यमाहारं सर्वं चैव परिच्छदम्।
पुत्रेषु भार्यां निःक्षिप्य वनं गच्छेत्सहैव वा।।''

(मनुस्मृति - ६/३)

वानप्रस्थ का यही सिद्धान्त याज्ञवल्क्य स्मृति में भी प्रतिपादित है:-

''सुत विन्यस्तपत्नीकस्तया वाऽनुगतो वनम्।
वानप्रस्थो ब्रह्मचारी साग्निः सोपासनो व्रजेत्।।''

(याज्ञवल्क्य स्मृति - ३/४५)

अपनी पत्नी को पुत्रों के संरक्षण में छोड़कर अथवा उसे साथ लेकर अग्नि और उपासना सहित वन में जाकर ब्रह्मचर्य धारण करते हुए वानप्रस्थ धारण करें। प्रज्ञा पुराण में इन शास्त्रोक्त सिद्धान्तों को प्रतिपादित किया गया है:-

''देव संस्कृतिरेतस्मै वानप्रस्थाश्रमस्य च।
सन्यासस्य व्यधात् पूर्णा व्यवस्थां सुदृढामिह।।''

(प्रज्ञा पुराण - ४/२/३२)

वृद्धावस्था इस युग में अभिशाप बन गई है। इसका कारण यह है कि जीवन के पूर्वार्द्ध में असंयम को अपना कर जीवन रस बहा देने के कारण मानव की शक्ति क्षीण हो जाती है। शरीर जर्जरित होने से जीवन मृत्यु से भी अधिक कष्टदायी हो जाता है, किन्तु इस विषय में प्रज्ञा पुराण प्रणेता आचार्य श्रीराम शर्मा नवीन दिशा प्रदान करते हुए कहते हैं-- आध्यात्मिक एवं पारमार्थिक गतिविधियाँ अपनाकर जीवन को इतना सरस और मृदुल बनाया जा सकता है मानो नवीन जन्म धारण किया हो। इस समय मृत्यु को निकट आते देखकर परमार्थ की सम्पदा को एकत्रित कर परलोक में शुभगति प्राप्त करने की उत्कण्ठा जागृत हो जाती है और पारिवारिक समस्याओं से मुक्त होने के कारण उन दिव्य गतिविधियों को अपनाया जा सकता है, जो जीवन के पूर्वार्द्ध में अरूचिकर लगती थीं। (प्रज्ञा पुराण - ४/२, पृ0 -८८) स्मृतिकार ने वानप्रस्थ के कर्त्तव्य निर्धारित किये हैं--

''दान्तस्त्रिषवणस्नायी निवृत्तश्च प्रतिग्रहात्।
स्वाध्यायवान्दानशीलः सर्वसत्वहिते रतः।।''

(याज्ञवल्क्य स्मृति - ३/४८)

दर्परहित हो, तीनों समय ।।प्रातः, मध्याह्न, अपराह्न।। में स्नान करें, स्वाध्याय में लगा रहे दानकरे और सभी प्राणियों के हित में रत रहे। प्रस्तुत ग्रंथ में आर्ष ग्रंथों के आदर्श प्रस्तुत करते हुए इस आश्रम को सबसे अधिक महत्त्वपूर्ण बताया है क्योंकि इस आश्रम में रहकर धर्म तंत्र के माध्यम से व्यक्ति लोक शिक्षण कर सकता है--

''आश्रमेषु चतुर्ष्वेव वानप्रस्थो महत्त्वगः।
लोकमंगलसिद्धिश्च जायते तत्र संभवाः।।''

(प्रज्ञा पुराण - ४/२/४४)

आचार्य जी ने अनेक शास्त्रीय दृष्टांतों एवं प्रेरक कथाओं द्वारा यह बताने का प्रयास किया है कि जीवन उतना ही सार्थक है, जितना लोकहित के लिए समर्पित हो। साधारणतया मानव अपने द्वारा निर्मित बन्धनों में बंधता जाता है किन्तु कर्म निष्ठा में विश्वास रखने वाले इस बन्धन से मुक्त होकर कर्त्तव्य पालन एवं परोपकार में संलग्न रहते हुए जीवन को सार्थक बनाते हैं। उन्होंने नोबुल पुरस्कार विजेता विलियम फाकनर, अमेरिका के प्रसिद्ध न्यायाधीश होम्स, प्रेसीडेन्ट लिंकन, विनोबा जी के भाई बालकोवा आदि अनेक महापुरुषों के आदर्श प्रस्तुत कर यह सिद्ध कर दिया है कि दृढ़ इच्छा शक्ति तथा प्रचण्ड आत्म विश्वास से सम्पन्न लोक सेवी व्यक्ति मृत्यु पर विजय प्राप्त कर अमर हो जाते हैं। (प्रज्ञा पुराण - ४/२, पृ०- ९२)

इस युग में अनेक कुप्रथाएँ, अन्ध विश्वास, दुष्प्रवृत्तियों का संकट उपस्थित है, अतः युग ऋषि आचार्य श्रीराम शर्मा समाज के लिए समर्पित, गृहस्थ के उत्तरदायित्व से मुक्त वानप्रस्थियों का आह्वान करते है, जो समाज रूपी प्रांगण का परिशोधन कर सकें। इस समय ऐसे लोकसेवकों की आवश्यकता है, जो स्वेच्छा से समर्पित होकर समाज निर्माण केलिए नैतिक, बौद्धिक क्रान्ति को अपना कर्त्तव्य मानकर इस पथ पर अग्रसर हों तथा समय दान अंश दान देकर लोक कल्याण के मार्ग को अपनाएँ। (वही - ४/२ पृ० -९४)
शास्त्रों का उदाहरण प्रस्तुत करते हुए वे कहते हैं--

''महर्षि पितृ देवानां गत्वाऽऽनृण्यं यथा विधिः।
पुत्रे सर्वं समासज्य वसेन्माध्यस्थ्यमाश्रितः।।''

(मनुस्मृति - ४/२५७)

युवावस्था समाप्त होने पर पुत्रों को उत्तरदायित्व सौंप कर वानप्रस्थ ग्रहण कर पितृ ऋण, देवऋण तथा ऋषि ऋण से मुक्त हो। गृहस्थाश्रम में पिता की वंश परम्परा में वृद्धि कर मानव पितृ ऋण से मुक्त हो जाता है, किन्तु देव ऋण तथा ऋषि ऋण से मुक्त होने के लिए समाज तथा जनकल्याण आवश्यक है। महर्षि दयानन्द, विवेकानन्द इस गुरु दक्षिणा को देकर इतने महान बन सकें। हारीत स्मृति में भी इसी तथ्य का प्रतिपादन किया गया है। (हारीत स्मृति - ६/२)

देव संस्कृति के अनेक नर रत्नों आद्यशंकराचार्य, शंकर देव, अछूतोद्धारक नारायण गुरु, महात्माज्योति ब्राफुले, सहिष्णुता के प्रतिपादक महात्मा बुद्ध, मदर टेरेसा के उद्धरणों द्वारा आचार्य श्री ने उत्तरदायित्व से मुक्त वानप्रस्थ को

समाज का प्रकाश स्तम्भ बनने की प्रेरणा प्रदान की है। दीपक की भाँति अन्त: करण की ज्योति जगाने का संदेश देते हुए वे कहते हैं-- चाहे बाहर से कितने ही प्रयास किये जायें वे उपचार तभी सार्थक हैं जब अन्त: की, विवेक शक्ति जागृत हो। यह शक्ति प्रत्येक के पास है, लोकसेवी अपने सार्थक कर्म तथा आचरण से इसे जगाकर अपना तथा दूसरों का जीवन धन्य करते हैं। (प्रज्ञा पुराण- ४/२, पृ0 - ९८) उन्होंने उपासना को अन्त:करण की चिकित्सा कहा है--

''उपासना च सर्वत्राऽनिवार्या साश्रमेषु तु।
आश्रमेषु चतुर्ष्वेवस्थानं तस्याः कृते ध्रुवम्।।''
(वही - ४/२/५२)

उपासना प्रत्येक क्षेत्र में आवश्यक है। नित्य मन पर आच्छादित कुसंस्कार कषाय कल्मषों की महाव्याधि से मुक्ति प्राप्त करने की यह अमोघऔषधि है। जो व्यक्ति देव संस्कृति को अपना कर वानप्रस्थ बन सत्प्रवृत्ति विस्तार का भागीरथ पुरुषार्थ करने को समुद्यत है, उसके लिए वर्त्तमान युग में साधना, स्वाध्याय, संयम एवं सेवा की चतुर्विध पद्धति को अपनाना अनिवार्य है इसी से आत्मकल्याण तथा विश्व कल्याण का उभयपक्षीय जीवन लक्ष्य पूर्ण हो सकेगा। यथा --

''महत्त्वपूर्णं स्यादेव युगेऽस्मिन् सुलभा तथा।
उपयुक्ताऽस्ति च प्रज्ञा योगस्यैषा तु साधना।।
कार्यपद्धतिरुक्तायास्तदा विश्वस्य चात्मनः।
कल्याणरूपं यल्लक्ष्यं द्विष्ठं तत्पूर्णतां व्रजेत्।।''
(प्रज्ञा पुराण - ४/२/५३-५५)

सन्यास :-

आयु का तृतीय भाग समाप्त होने पर सन्यास धारण करना चाहिए। वह धर्म शास्त्रों का नियम है--

''वनेषु च वृह्त्येव तृतीयं भागमायुषः।
चतुर्थमायुषो भागं त्यक्त्वा संघान् परिव्रजेत्।।''
(मनुस्मृति - ६/३३)

तथा--

''सर्वभूतहितः शान्तस्त्रिदण्डी सकमण्डलुः।
एकारामः परिव्रज्य भिक्षार्थी ग्राममाश्रयेत्।।''
(याज्ञवल्क्य स्मृति - १३/५८)

प्रिय और अप्रिय समस्त जीवों के प्रति उदासीन होकर शान्त वाह्य तथा अन्त:करण के क्षोभ से रहित होकर तीन दण्ड और कमण्डलु धारण कर सबसे अलग रहकर अहंकार आदि का त्याग करके केवल भिक्षा के लिए गांव में निवास करे। इन्हीं सिद्धान्तों के आधार पर आचार्य श्रीराम जी ने सन्यासी के धर्म का निरूपण किया है। यद्यपि आधुनिक परिस्थितियों में प्राचीन प्रणाली का अनुसरण संभव नहीं है क्योंकि इस समय न देवालय हैं न तपोवन, अशक्त शरीर होने के कारण किसी तीर्थ स्थान पर रहने की संभावना भी नहीं की जा सकती। किन्तु इसमें कुछ परिवर्तन करके इस परम्परा का निर्वाह किया जा सकता है। प्राचीन काल में पुरोहित लोक चेतना को समुन्नत स्तर पर बनाये रखने के उत्तरदायित्व का निर्वाह करते थे। साधु प्रवज्या पर अवलम्बित रहकर परिभ्रमण करते हुए जन समुदाय का उद्‌बोधन करते थे। अत: उन्हें परिव्राजक कहते थे किन्तु इन दिनों मार्ग दर्शक लोक सेवी शासन के संचालक संस्थाओं के माध्यम से जो कुछ कहते हैं उनके प्रति जन-साधरण की श्रद्धा समाप्त हो चुकी है क्योंकि संकीर्ण स्वार्थपरता केवातवरण में चरित्रनिष्ठा, आदर्शवादी और संयमी साधुओं का आज सर्वथा अभाव हो गया है, इस युग में साधु सन्यासी वानप्रस्थ पुरोहित आदि शब्दों के साथ पाखण्ड की इतनी अधिकता हो गई है कि इस तत्त्वदर्शन को नवीन नाम देने की आवश्कता है। देवोपम स्तर का शब्द ''गुरु'' अब व्यंग्य उपहास के साथ प्रयुक्त होता है। अत: इस पुराने शब्द के स्थान पर मार्गदर्शक अथवा व्रतधारी शब्द का भी प्रयोग किया जा सकता है। अत: वानप्रस्थ एवं सन्यास परम्परा जो भारतीय संस्कृति की रीढ़ है- इसे पुनर्जीवित करने के लिए इसमें परिवर्तन की आवश्यकता पर बल दिया है। इस उद्देश्य पूर्ति के लिए घर पर रहते हुए भी बहुत से लोक कल्याण से सम्बन्धित कार्य किये जा सकते हैं:-

''बहूनि सन्ति कर्माणि यान्याश्रित्य च युज्यते।
शिक्षितुं लोकसेवैषा जगन्मंगलकारिणी।।
सत्प्रवृत्तिर्विधातुं ता शुभा अथाग्रगामिनी।
यथा व्याययमशालास्ता: पाठशाला: कला अपि।।''

(प्रज्ञा पुराण - ४/२/७८-७९)

पाठशाला, पुस्तकालय, व्यायामशाला, कला-कौशल, उद्योगगृह सामूहिक श्रमदान द्वारा हरीतिमा-संवर्धन, स्वच्छता-प्रयास, गौपालन, सामूहिक संगठन, कुरीति-निवारण, शिशुकल्याण महिला-मंडल जैसे अनेक छोटे-बड़े रचनात्मक कार्यक्रम अपनाकर सार्वजनिक सेवा एवं लोक कल्याण की दिशा अपनायी जा सकती है। पारिवारिक उत्तरदायित्वों से विमुक्त जन अपनी प्रतिभा एवं अनुभवों द्वारा अपनी योग्यतानुसार लोक मानस का परिष्कार कर सकते हैं--

''लोक सेवारता येन वातावरणमुज्ज्वलम्।
सोत्साहं निर्मित च स्याल्लोको मंगलमाव्रजेत्।।''

(प्रज्ञा पुराण- ४/२/८४)

इस प्रयास का शुभारम्भ घर परिवार से ही हो सकता है। प्रथम अपने छोटे परिवार को सत्परामर्श देकर तथा प्रेरणास्प्रद कथा कहानियाँ सुनाकर आबालवृद्ध नर–नारी के व्यक्तित्व का विकास किया जा सकता है। इसके उपरान्त प्रतिवेशी वर्ग मित्र सम्बन्धी एवं परिचितों को युग साहित्य पढ़ाते सुनाते जन मानस परिष्कार एवं जन सम्पर्क का क्रम सरलता पूर्वक चलाया जा सकता है। उनके मतानुसार समयदान के साथ–साथ सत्प्रवृत्ति संवर्धन में नियोजित अंशदान भी उच्चस्तरीय उपासना से कम नहीं है। अपनी आवश्यकताओं को कम करके दूसरों को भी प्रेरणा देकर साप्ताहिक सत्संग, सामूहिक यज्ञ एवं दीपयज्ञों के माध्यम से दुष्प्रवृत्तियों का त्याग एवं सत्प्रवृत्तियाँ अपनाने की प्रेरणा दी जा सकती हैं––

''सत्प्रवृत्यभिवृद्धिश्च सम्भवेदत्र येन च।
प्रत्येकस्मिंस्तथा क्षेत्रे वर्धमानाश्च याः समाः।।''
(वही – ४/२/८६)

इस आश्रम में रहकर दलितोद्धार की सेवा भावना को भी प्रारम्भ किया जा सकता है, किन्तु इसे सुविधा संवर्धन तक सीमित न रहकर उनकी शिक्षा दीक्षा का प्रबन्ध कर उनके सर्वांगीण विकास पर ध्यान देना आवश्यक है।
परिव्रज्या ग्रहण करने के लिए वृद्धावस्था की प्रतीक्षा करना उचित नहीं–– जिस दिन मन में वैराग्य उत्पन्न हो उसी दिन घर से सन्यास ग्रहण कर लेना उचित है––

''**पदहरेव विरजेतदूहरेव प्रव्रजेद्वनाद्वागृहाद्वा ब्रह्मचर्यादेव प्रव्रजेत्।**'' ये ब्राह्मण ग्रंथ के वचन हैं–– भारतीय संस्कृति के अग्रदूत भगवान बुद्ध ने युवावस्था में ही आत्मबोध जगाया और मनुष्य से भगवान बनकर व्यापक परिमार्जन का धर्म चक्र प्रवर्तन चलाकर प्रव्रज्याधर्म अपनाने के लिए परिपूर्ण प्रेरणा दी। उनका यह पुरुषार्थ देश की डूबती नौका को उबारने में सफल रहा।

आद्य शंकराचार्य ने धर्म प्रचार के लिए चिद्विलास, विष्णु गुप्त, हस्तामलक, समित्पाणि, ज्ञान वृन्द, बुद्धिविरंचि, पद्मनाम, शुद्धकीर्ति मंडन मिश्र जैसे उदभट् विद्वानों का संगठन कर जनमानस की भ्रान्ति को दूर कर सारे देश में वैदिक धर्म का शंखनाद किया। (प्रज्ञा पुराण – ४/२, पृ0 – १२१)

स्वामी विवेकानन्द ने अविवाहित रहकर भी केवल देश में ही नहीं अपितु विदेशों में भी भारतीय संस्कृति का मंगलकारी उद्घोष किया। अविवाहित रहकर राष्ट्र अथवा विश्व कल्याण में संलग्न व्यक्ति आचार्यजी की दृष्टि में ''महापुरुष'' है क्योंकि वे ऐसे देवमानव ''वसुधैव कुटुम्बकम्'' की भावना से ओत प्रोत रहकर विश्व को ही अपना परिवार मानते हैं किन्तु अविवाहित रहकर अनुचित आचरण करने वालों के वे घोर विरोधी हैं। (वही – ४/२, पृ0 – ८१)

गंभीरता पूर्वक विचार करने से यह स्पष्ट हो जाता है कि इस आश्रम का गठन प्रातिभचक्षु मनीषियों द्वारा इस प्रकार किया गया था कि श्रेय और प्रेय दोनों तत्त्वों की उपलब्धि एक ही स्थान पर हो सके। आर्य मनीषी जीवन में पूर्णता को प्राप्त करने के लिए प्रयत्नशील रहते थे। ब्रह्मचर्याश्रम में ज्ञानार्जन करके गृहस्थाश्रम में परिवार का पालन और प्रतिक्षण पूर्णता की ओर अग्रसर होना उनके जीवन का लक्ष्य था। किन्तु इतनी दीर्घ अवधि में इन परम्पराओं में अन्ध-विश्वास एवं कुरीतियों का समावेश होने के कारण जो विकार आ गये हैं उनका निराकरण कर वर्णाश्रम धर्म की पुन:स्थापना का संदेश प्रज्ञा पुराण में निहित है। गतिशीलता ही जीवन है गतिहीनता मृत्यु। किन्तु यह प्रगति आत्म-विकास, शुभ, श्रेय और सत्य की ओर होनी चाहिए तभी मानव उस गन्तव्य लोक में पहुँच सकेगा जहाँ प्रकाश ही प्रकाश है जिसकी प्राप्ति मानव जीवन का चरम लक्ष्य है।

।ख।। प्रज्ञा पुराण में संस्कार तथा पर्व

भारतीय संस्कृति में संस्कारों का अत्यधिक महत्त्व है। मानव जीवन के प्रारम्भ से अवसान तक धर्मनिष्ठ आचार्यो ने विविध संस्कारों की प्रतिष्ठा कर लोक मंगल की भावना व्यक्त की है। जिस प्रकार खान से निकलने के पश्चात् लोहा, तांबा, अभ्रक, स्वर्ण जैसी धातुओं को अग्नि में तपाना, गलाना, खरल करना, आदि संस्कारों द्वारा शोधित करके बहुमूल्य रस-रसायन बना लिया जाता है, उसी प्रकार साधारण मानवों को भी देवमानव स्तर तक पहुँचाया जा सकता है। इस आध्यात्मिक तथा वैज्ञानिक उपचार प्रक्रिया को संस्कार कहते हैं।

''संस्कार'' शब्द ''सम्'' उपसर्ग पूर्वक ''कृ'' धातु ''घत्र्'' प्रत्यय से सम्पन्न हुआ हे ।सम्+कृ+घत्र्।। (हलायुध कोश - पृ0 -६८०, संस्कृत हिन्दी कोष - वी0आर0आप्टे, पृ0 -१०५१) जिसका अर्थ है पूर्ण करना, सुसंस्कृत करना, प्रसाधन, पवित्रीकरण, विचार शुद्धि, धार्मिक कृत्य, अनुष्ठान करना है। शतपथ ब्राह्मण में भी **''संस्कुरु, साधु, संस्कृतं संस्कुरु''** (शतपथ ब्राह्मण - १/३) कहा है-- उत्तम संस्कार करो, उत्तम संस्कारों से सिद्ध करो।

प्रज्ञा पुराण में संस्कारों की विशद् व्याख्या की गई है । महर्षि पाणिनि के अनुसार इस शब्द के तीन अर्थ हैं :- ।।1।। उत्कर्ष साधनं संस्कार: ।उत्कर्ष करने वाला।।, ।।2।। समावायं अथवा संघात, ।।3।। आभूषण। (प्रज्ञा पुराण - ४/३, पृ0 १६४) इन की संख्या के विषय में विद्वानों में मत भेद है। गौतम स्मृति में ४८ संस्कार तथा महर्षि अंगिरा ने २५ संस्कार निर्दिष्ट किये हैं। (कल्याण - पुराण कथांक, पृ0 -६३) मनुस्मृति (मनुस्मृति- २/२७) में १२ संस्कारों का उल्लेख है किन्तु महर्षि व्यास द्वारा प्रतिपादित षोडश संस्कार इस प्रकार है:-

''गर्भाधानं पुंसवनं सीमन्तो जातकर्म च।
नामक्रिया निष्क्रमणेऽन्नानं वपनक्रिया।।
कर्णवेधो व्रतोदेशो वेदारंभक्रिया विधिः।
केशान्तः स्नानमुद्वाहो विवाहाग्नि परिग्रहः।।

त्रेताग्नि संग्रहश्चेति संस्काराः षोडश स्मृताः ।।''

(व्यास स्मृति - १/१५-१६)

अर्थात् ।।1।। गर्भाधान, ।।2।। पुंसवन, ।।3।। सीमान्तोन्नयन, ।।4।। जात कर्म, ।।5।।नामकरण, ।।6।।निष्क्रमण, ।।7।। अन्नप्राशन, ।।8।। वपन क्रिया ।।चूड़ाकरण।।, ।।9।। कर्ण वेध, ।।10।। व्रतादेश ।।उपनयन।।, ।।11।। वेदारम्भ, ।।12।। केशान्त, ।।13।। वेदस्नाम ।।समापवर्तन।।, ।।14।। विवाह, ।।15।। विवाहाग्नि परिग्रह, ।।16।। त्रेताग्नि संग्रह।।

महर्षि दयानन्द कृत संस्कार विधि में भी इन्हीं सोलह संस्कारों का उल्लेख है-- किन्तु प्रज्ञा पुराण में वर्तमान युग की परिस्थितियों के अनुरूप दश संस्कार महत्त्वपूर्ण माने गये हैं:-

''तत्र पुंसवनं नामकरणमन्न प्राशनम्।
मुण्डनं चाऽपि दीक्षा च विद्याऽभ्यासस्तथैव च।
यज्ञोपवीत संस्कारः पाणिग्रहणमेव च।
वानप्रस्थो विवाहस्य जन्मनश्च दिनोत्सवौ।।''

(प्रज्ञा पुराण - ४/३/३६-३७)

इसमें गर्भाधान, पुंसवन एवं सीमत्तोन्नयन तीन संस्कारों की प्रमुख प्रक्रिया पुंसवन संस्कार में, जातकर्म नामकरण में तथा वेदारम्भ उपनयन एवं समापवर्तन को यज्ञोपवीत में समाहित कर दिया गया है। इनकी कोई महत्त्वपूर्ण प्रकिया छूटने न पाये इसका पूर्ण ध्यान रखा है। आवश्यक संस्कारों का स्वरूप प्रज्ञा पुराण में इस प्रकार वर्णित है।

।।1।। पुंसवन संस्कार :-

यह संस्कार गर्भ धारण के दो या तीन मास पश्चात् किया जाता है-- **''अथ पुंसवनं पुरा स्पन्दत इति मासे द्वितीये तृतीये वा''** (पारस्कर गृह्यसूत्र - १/१४/१-२) इसका उद्देश्य गर्भस्थ शिशु का समुचित विकास तथा उसे सुसंस्कारी बनाना है इसके द्वारा गर्भवती तथा उसके परिवार को नवागन्तुक शिशु के सर्वांगीण विकास के लिए आवश्यक कर्त्तव्यों का बोध कराया जाता है। यह तथ्य सर्वविदित है कि माता के आचार-विचार, रहन-सहन, खान-पान का गर्भस्थ शिशु पर बहुत प्रभाव पड़ता है। अभिमन्यु ने गर्भ में ही चक्रव्यूह भेदन की प्रक्रिया का ज्ञान प्राप्त किया था किन्तु बाद में सुभद्रा के निद्राग्रस्त होने के कारण वह उससे बाहर निकलने की विधि को न जान सका, जिसके कारण उसे अकाल मृत्यु का ग्रास बनना पड़ा। आज माता ही जब अज्ञान निद्रा में सोई है तो सन्तान संस्कारवान् कैसे हो सकती है? आचार्य जी ने प्रज्ञा पुराण में इस संस्कार को बहुत महत्त्व दिया है। उनके द्वारा दीक्षित परिजन आज भी घर-घर जाकर यह संस्कार सम्पन्न कराते हैं।

।।2।। नामकरण :-

यह संस्कार शिशु के जन्म के ११वें दिन कराया जाता है। इसका उद्देश्य है कि व्यक्ति की गरिमा का बोध कराने के लिए सार्थक नाम का चयन किया जाये, जिससे भविष्य में वह "**यथा नाम तथा गुणः**" की कहावत चरितार्थ कर सके। अथ प्रमाणम्-- "**नाम चास्मै दद्युः अभिवादनीयं च समीक्षते तन्माता पितरौ विदध्यातामोपनयनात्**" (आश्वलायन गृह्यसूत्र - १/१५/४ - १०) तथा "**दशभ्यामुत्थाप्य ब्राह्मणान् भोजयित्वा पिता नाम करोति**" (पारस्कर गृह्यसूत्र - १/१७/१/४) इस संस्कार के विषय में आचार्य जी लिखते हैं कि यह शिशु जन्म के पश्चात् प्रथम संस्कार है। आर्य पद्धति में जन्म के दिन ही जातकर्म संस्कार का विधान है किन्तु वर्तमान परिस्थिति में वह व्यवहार्य नहीं है। अतः उसके तत्त्व इसी में समाहित कर दिये गये हैं। नामकरण का उद्देश्य शिशु के अन्दर मौलिक, कल्याणकारी प्रवृत्तियों एवं जागरण के सूत्रों पर विचार करना है। शिशु कन्या हो या पुत्र इसका भेद-भाव करना अनुचित है क्योंकि "**दशपुत्रसमा कन्या यस्या शीलवतीसुता**" शीलवती कन्या दस पुत्रों के समान है। इसके विपरीत कुपुत्र कुल धर्म को कलंकित करने वाला हो सकता है अतः शिशु के अभिभावकों और उपस्थित व्यक्तियों को प्रेरणा देना आवश्यक है कि वे शिशु को सर्वगुण सम्पन्न और सुसंस्कारी बनाने का प्रयास करें।

।।३।। अन्न प्राशन :-

यह संस्कार छः माह के पश्चात् सम्पन्न होता है जब शिशु को पेय पदार्थ के अतिरिक्त अन्न-मिश्रित पदार्थ खिलाया जाता है। इसका शुभारम्भ यज्ञीय वातावरण युक्त धर्मानुष्ठान के रूप में होता है- इसे अन्न प्राशन कहते हैं। षोडश संस्कारों तथा गृह सूत्रों में इसका उल्लेख है--

"**षष्ठे मास्यन्नप्राशनम्। घृतौदनं तेजस्कामः।**
दधिमधु धृतमिश्रमन्नं प्राशयेत्।।"
(आश्वलायन गृह्यसूत्र - १/१६/१-५)

छठे महीने अन्नप्राशन कराये -- शिशु को तेजस्वी बनाने के लिए घृतयुक्त भात अथवा दही, शहद और घृत तीनों भात के साथ मिलाकर विधिवत् संस्कार कराना चाहिए। इसमें विशेष रूप में खीर ही शिशु को दी जाती है। यह कार्य किसी सुसंस्कारवान् विद्वान् आचार्य अथवा आचरणशील व्यक्ति द्वारा सम्पादित होना चाहिए। घर के प्रमुखजनों को शिशु को सुपात्र, सुयोग्य सुसंस्कारित बनाने का संकल्प लेना आवयश्क है। भोजन का शारीरिक स्वास्थ्य तथा मानसिक विचारों पर बहुत प्रभाव पड़ता है अतः इस संस्कार के द्वारा शिशु को सात्विक एवं पौष्टिक आहार देने का शिक्षण दिया जाता है।

।।4।। मुण्डन संस्कारः-

प्राचीन आर्य पद्धति के अनुसार यह आठवाँ संस्कार है किन्तु प्रज्ञा पुराण में इसे चतुर्थ संस्कार (प्रज्ञा पुराण - ४/३, पृ0 -१६८) कहा गया है। यह एक वर्ष के अन्दर अथवा तृतीय वर्ष में किया जाता है। "**सांवत्सरिकस्य चूड़ाकरणम्**" (पारस्कर गृह्य सूत्र - २/१/१) तथा "**. . . वर्षे** तृतीयवर्षे **चौलम्**" (आश्वलायन गृह्य सूत्र - १/१७×१, २) गृह्यसूत्रों में इसका सिद्धान्त प्रतिपादित है। इसे चूड़ा कर्म अथवा केशच्छेदन संस्कार भी कहते हैं।

यह समारोह शिशु के मस्तिष्कीय विकास एवं सुरक्षा की दृष्टि से महत्त्वपूर्ण है। चौरासी लाख योनियों में भ्रमण करते रहने के कारण मनुष्य में अनेक पाशविक संस्कार जड़ जमाये रहते हैं, जो मानवीय जीवन में अनुपयुक्त एवं अवांछनीय होते हैं। उन्हें हटाने और उनके स्थान पर मानवतावादी आदर्शों को प्रतिष्ठापित करना आवश्यक है। संस्कारों की प्रतिष्ठापना बचपन में ही होती है इसीलिए बाल्यावस्था में ही इतने अधिक संस्कारों की घोषणा वैदिक ऋषियों द्वारा दी गई है। इस संस्कार के माध्यम से जन्म के बालों को समाप्त कर शिशु के सम्बन्धी, परिजन, शुभचिन्तक, अशुभ के उच्छेदन तथा शुभ की स्थापना का कार्य स्नेह-प्रेम के साथ आयोजित करें। यह प्रतीक कृत्य किसी देव स्थल तीर्थ आदि पर इसलिए सम्पन्न कराते हैं कि इस सदुद्देश्य में वहाँ के दिव्य वातावरण का लाभ मिल सके। यज्ञादि धार्मिक कर्मकाण्डों द्वारा इस निमित्त किये जाने वाले मानवी पुरुषार्थ के साथ-साथ सूक्ष्म सत्ता का सहयोग प्राप्त किया जाता है।

नासिका कर्ण छेदन का आचार्य जी ने विरोध किया है। उनके मतानुसार यह स्वास्थ्य की दृष्टि से हानिकारक है तथा केवल आभूषण धारण करने के लिए यदि यह संस्कार किया जाता है तो इस दूषित वातावरण में -- जब राह चलते गले तथा कानों के आभूषण अपहृत कर लिये जाते हैं-- यह नितान्त अनुपयोगी भी है-- वे कानों की शोभा वेद मंत्रों के सुनने से है कुण्डल से नहीं-- तथा हाथ की शोभा दान से है कंगन से नहीं-- इस सिद्धान्त का प्रतिपादन करते हैं।

।।५।। विद्यारम्भ :-

आर्य पद्धति के अनुसार वेदारंभ के लिए बालक को गुरुकुल में भेजा जाता था-- गायत्री मंत्र से साङ्गोपांग चारों वेदों के अध्ययन के लिए वह गुरु के समीप जाता था, किन्तु आधुनिक युग में गुरुकुल प्रणाली समाप्त हो चुकी है अतः प्रज्ञा पुराणकार ने इस संस्कार को विद्यारम्भ संस्कार की संज्ञा दी है। बालक की उचित शिक्षा-दीक्षा का प्रबन्ध करना अभिभावक का पुनीत कर्तव्य है। जिस प्रकार बालक को उचित आधार से वंचित करना नैतिक अपराध है उसी प्रकार उसकी उचित शिक्षा का प्रबन्ध न करना भी महाअपराध है। नीतिशास्त्र कहते हैं--

''माता शत्रुः पिता वैरी येन बालो न पाठ्यते।
न शोभते सभामध्ये हंसमध्ये बको यथा।।''

(चाणक्य नीति -२/११)

इस संस्कार द्वारा बालक-बालिकाओं में उन मूल संस्कार की स्थापना का प्रयास किया जाता है। जिसके आधार पर उसकी शिक्षा मात्र अक्षर ज्ञान न रह कर जीवन निर्माण करने वाली हितकारी विद्या के रूप में विकसित हो सके। इस समारोह में बालक-बालिकाओं के मन में ज्ञान प्राप्ति की इच्छा एवं उत्साह उत्पन्न किया जाता है। उत्साह पूर्ण वातावरण में देवाराधना तथा यज्ञ के संयोग से वांछित ज्ञानपरक संस्कारों का बीजारोपण भी संभव हो जाता है। गणेश विवेक सद्‌बुद्धि के प्रतीक हैं तथा सरस्वती विद्या की अधिष्ठात्री देवी है जिससे विद्या एवं शिक्षा का, समृद्धि एवं

विभूतियों का धर्म, कर्त्तव्य एवं औचित्य का सन्तुलन बना रहे। महान् लक्ष्य को प्राप्त करने के लिए ही भारतीय मनीषियों ने भारत में विद्या-प्रारंभ के संस्कार का शुभारम्भ किया था। उसी प्रकार के संस्कार उत्पन्न करने के लिए प्रज्ञा पुराण में इस संस्कार को अत्यन्त महत्त्व दिया है।

।।6।। उपनयन :-

इसे यज्ञोपवीत संस्कार भी कहते हैं। शिखा और सूत्र भारतीय संस्कृति के दो सर्वमान्य प्रतीक हैं। शिखा संस्कृति के प्रति आस्था की परिचायक है मुण्डन के समय इस की स्थापना की जाती है। यज्ञोपवीत सांस्कृतिक मूल्यों के आधार पर जीवन में आमूल-चूल परिवर्तन के संकल्प का प्रतीक है। इसके साथ ही गायत्री मंत्र की गुरु दीक्षा भी दी जाती है। ये दोनों मिलकर द्विजत्व का संस्कार पूरा करते हैं। शास्त्रों का वचन है-- ''**जन्मना जायते शूद्रः संस्काराद् द्विज उच्यते**''- ''**द्विजत्व**'' से तात्पर्य ''**दूसरे जन्म**'' से है। आदर्शवादी जीवन लक्ष्य को अपनाने की प्रतिज्ञा करके ही मानव वास्तविक मनुष्य जीवन में प्रवेश करता है- इसी द्विजत्व को अपनाने के लिए यज्ञादि प्रक्रियाओं द्वारा समारोह पूर्वक यह संस्कार किया जाता है। प्रज्ञा पुराणकार यज्ञोपवीत को माता गायत्री तथा यज्ञ पिता की संयुक्त प्रतिमा मानते हैं। इस सूत्र के द्वारा यज्ञ पिता को कन्धे पर तथा गायत्री माता को हृदय में धारण किया जाता है। बालक जब नियमों का पालन करने योग्य हो जाये तब ही यज्ञोपवीत संस्कार कराना चाहिए। (प्रज्ञा पुराण - ४/३, पृ0 -१६९) ''**अष्टमे वर्षे ब्राह्मणमुपन्येत्। एकादशे क्षत्रियम्। द्वादशे वैश्यम्।**'' (आश्वलायन गृहसूत्र - १/१९/१-६)

वैदिक परम्परा के अनुसार यज्ञो पवीत के पश्चात् समावर्तन संस्कार का क्रम है जिसका तात्पर्य है ब्रह्मचर्य व्रत का सांगोपांग वेद विद्या, उत्तम शिक्षा और पदार्थ विज्ञान को पूर्ण रीति से प्राप्त करके गृहस्थाश्रम में प्रवेश करने के लिए विद्यालय छोड़कर घर वापिस आना, किन्तु इस युग में गुरुकुल प्रणाली ही समाप्त हो गई है। अत: इस संस्कार को अनुपयोगी समझ कर आचार्य श्रीराम ने इसका वर्णन नहीं किया।

।।७।। विवाह संस्कार :-

यह संस्कार मानव समाज की महत्त्वपूर्ण व्यवस्था है। विवाह दो आत्माओं का मिलन एवं नये परिवार, एवं नये समाज का सृजन हैं। वैदिक मंत्रों में विवाह के आदर्श, नीति एवं समस्त सिद्धान्तों का विवेचन है। पति-पत्नि का विवाह समझौते का पालन अत्यन्त निष्ठा एवं तत्परता से करना चाहिए। इस मंगलमय अनुष्ठान को विधिवत् कर्म काण्ड के साथ कराया जा सके और देवताओं, भद्र पुरुषों, अग्नि की सन्निधि में की प्रतिज्ञाओं को उचित रूप से समझाया जा सके तो विवाह एक अमृत की निर्झरिणी प्रवाहित कर सकता है। इस समय विवाह में दहेज, प्रदर्शन, अपव्यय आदि कुरीतियों की प्रज्ञा पुराण में घोर निन्दा की गई है, तथा इन कुरीतियों के राक्षस से बचने के लिए शान्तिकुञ्ज में बिना दहेज के विवाह समारोहों का प्रचलन प्रारम्भ किया है। उपयुक्त आयु में गुणों के अनुरूप साथी

का चयन कर सहिष्णुता, आत्मीयता एवं विश्वास की छाया में सुखद दाम्पत्य जीवन द्वारा घर को स्वर्ग बनाया जा सकता है।

"**पुण्ये नक्षत्रे दारान् कुर्वीत, लक्षणप्रशस्तान् कुशलेन।।**" (गोभिलीय सूत्र - २/१/१-२)

समाज के सम्भ्रान्त व्यक्तियों की गुरुजनों की, देवताओं की उपस्थिति इस धर्मानुष्ठान के अवसर पर आवश्यक मानी जाती है कि दोनों में से कोई भी कर्त्तव्य बन्धन की उपेक्षा करे तो उसे प्रताड़ित करें। इस अवसर पर दोनों को यह भावनाएँ गंभीरता पूर्वक हृदय में स्थिर करनी चाहिए कि वे पृथक व्यक्तित्व की सत्ता समाप्त कर एकीकरण की आत्मीयता में विकसित होंगे। सम्भ्रान्त व्यक्तियों की उपस्थिति में प्रतिज्ञा बन्धन की घोषणा ही विवाह संस्कार है।

।।८।। वानप्रस्थ :-

यह संस्कार मानव जीवन का सर्वाधिक महत्त्वपूर्ण संस्कार है। और लोक मंगल का माध्यम है। उच्च आदर्शों के अनुरूप जीवन व्यतीत करने की प्रेरणा इस संस्कार से ही मिलती है। आज मानव के सामने जो भी समस्याएँ हैं उनका निराकरण प्रबुद्ध लोकसेवियों द्वारा ही संभव है। यह संस्कार प्रत्येक सुयोग्य व्यक्ति के लिए आवश्यक है। इन्हीं के प्रयास से समाज का कायाकल्प संभव है। गृहस्थ के उत्तरदायित्व से मुक्त होकर साधना सेवा द्वारा आत्म कल्याण समाज कल्याण के मार्ग पर अग्रसर होना ही वानप्रस्थ है।

।।९।। अन्त्येष्टि :-

मानव शरीर नश्वर है-- पंच तत्त्वों से इसका निर्माण होता है अन्त में उन्हीं में विलीन हो जाता है। यह शाश्वत् सत्य है। इस संस्कार के द्वारा आत्मा की शान्ति के लिए प्रार्थना की जाती है।

।।१०।। श्राद्ध :-

तेरहवें दिन मृतक की छोड़ी सम्पदा का उपयुक्त भाग परमार्थ प्रयोजन के लिए समर्पित करना ही इस का उद्देश्य है। वर्तमान में प्रचलित अन्ध विश्वास पर आधारित कुप्रथाओं का आचार्य जी ने विरोध किया है।

पुरानी मान्यताओं के अनुसार नासिका कर्ण छेदन परम्परा आभूभणधारण करने या शोभा शृंगार का माध्यम रहा है, किन्तु इस विवेकशील युग में उसकी कोई उपयोगिता नहीं है। इतना ही नहीं स्वच्छता एवं स्वास्थ्य की दृष्टि से वह हानिकारक ही सिद्ध हो सकती है। उनका मत है कि संस्कारों की संगति पदार्थ विज्ञान से नहीं जोड़नी चाहिए, क्योंकि पाप, पुण्य, सदाचार, दुराचार, पत्नी एवं भगिनी का अन्तर पदार्थ विज्ञान से नहीं धर्म विज्ञान से ही संभव है। संस्कार बीज रूप होते हैं जो सुपात्र में उचित वातावरण पाकर फलित होते हैं। (प्रज्ञा पुराण - ४/३, पृ0 -१६४) अत: उन्होंने संस्कार पद्धति का प्रतिपादन प्रयोगशाला के वैज्ञानिकों द्वारा नहीं अपितु आध्यात्मिक लाभों, सामाजिक सत्परिणामों एवं मनोवैज्ञानिक तथ्यों के द्वारा ही प्रतिपादित किया है।

नवीन संस्कार :-

प्रज्ञा पुराण में दो नवीन किन्तु उपयोगी संस्कार सम्मिलित किये गये हैं, जो वर्तमान युग में बहुत प्रचलित हैं :- जन्म दिवसोत्सव एवं विवाह दिवसोत्सव। इस समय ये संस्कार पाश्चात्य प्रणाली पर आधारित हैं-- इनमें कुछ परिवर्तन कर इनका महत्त्व समझाते हुए हर्षोल्लास के वातावरण में सम्पन्न किया जा सकता है।

।।११।। जन्म दिवसोत्सव :-

इस संस्कार का महत्त्वपूर्ण उद्देश्य व्यक्तित्व निर्माण है। जन्मदिवस मनाने की परम्परा अति प्राचीन है। भगवान के मानव रूप में अवतरित होने के शुभदिवस रामनवमी तथा कृष्ण जन्माष्टमी के रूप में सर्व साधारण भी हर्षोल्लास के साथ सम्पन्न करते हैं। इस शुभावसर पर इष्ट-मित्र, स्वजन, सम्बन्धी एकत्रित होकर अपनी शुभकामनाएँ व्यक्त करते हैं। इस दिन केक काटने तथा मोमबत्ती बुझाने का विरोध करते हुए आचार्य जी ने इसे गायत्री यज्ञ द्वारा सम्पन्न करने का सुझाव दिया है। मोमबत्ती के स्थान पर दीपक जलाकर दीपक की भाँति जीवन को प्रकाशमय बनाने के संकल्प लेना चाहिए। महापुरुषों के जन्म दिवस का उद्देश्य भी यही है कि उनके दिखाए मार्ग का अनुसरण कर जीवन को धन्य बनाएँ।

।।१२।। विवाह दिवसोत्सव :-

यह दिवस प्रत्येक नर-नारी के जीवन के लिए महत्त्वपूर्ण है। इस दिन ब्रह्मचर्याश्रम को पूर्ण कर माता-पिता तथा गुरुजनों द्वारा दी गई विद्या, शिक्षा एवं संस्कारों के अनुसार दो व्यक्ति ।नर और नारी।। व्यक्तित्त्व की पूर्णता प्राप्त करने के लिए नव-निर्माण के पथ पर अग्रसर होते हैं। गृहस्थ जीवन में अनेक उत्तरदायित्वों का पालन करना पड़ता है। इस शुभ दिन को, अतीत की स्मृतियों को जीवन्त संस्करण के रूप में मना कर विवाह की प्रतिज्ञाओं को प्रतिवर्ष दोहराना चाहिए। ऐसा करने से नवीन-प्रेरणा, स्फूर्ति एवं शक्ति प्राप्त होती है।

ये दोनों संस्कार नवीन संदेश एवं नवीन-प्रेरणा लेकर आते हैं। संगठन, सौहार्द की दृष्टि से ये आयोजन बहुत महत्त्वपूर्ण हैं। संस्कारों द्वारा मानव पूर्णता को प्राप्त होता है--

''संस्कारादूषिता दैव वैशिष्ट्यस्याकुंराश्चते।
उत्पद्यरेन् मनुष्योऽयं देवत्वं यातु येन च।।''

(प्रज्ञा पुराण - ४/३/३४)

इसी लिए संस्कार धर्मानुष्ठानों के आध्यात्मिक उपचार की प्रक्रिया अपनाना अनिवार्य है।

इस प्रथा के मृत प्रायः होने के कारणों पर प्रकाश डाला गया है। प्राचीन काल में राजकुमार तथा धनिक वर्ग के शिशु भी गुरुकुल में रहकर शिक्षा ही नहीं अपितु सद्विद्या प्राप्त करते थे। राम-लक्ष्मण जैसे राजकुमारों को भी आश्रम में कठोर परिश्रम करना पड़ता था। कृष्ण-सुदामा की मित्रता सर्व विदित है। इन दोनों ने गुरु संदीपनी के

आश्रम में रहकर एक साथ ही विद्या ग्रहण की थी। आश्रम में गुरु द्वारा समस्त संस्कारों से व्यक्तित्व को प्रखर एवं परिपक्व बनाकर, अनीति के विरूद्ध संघर्ष करके धर्म की स्थापना तथा अधर्म के उन्मूलन की शिक्षा दी जाती थी, किन्तु आधुनिक युग में विदेशियों के आक्रमण, पाश्चात्य सभ्यता का प्रभाव तथा सुयोग्य पुरोहितों का अभाव होने के कारण इन संस्कारों की उपेक्षा प्रारम्भ हो गई, जिसका दुष्परिणाम आज स्पष्ट दृष्टिगोचर हो रहा है। अनैतिकता, उद्दण्डता, अनुशासनहीनता इस समय चरम सीमा पर हैं। इन्हें समाप्त करने के लिए संस्कारों की प्रथा को पुनर्जागृत करना आवश्यक है।

प्रज्ञा पुराणकार ने इन संस्कारों को आयोजित करने की परिष्कृत एवं सरल प्रक्रिया भी प्रस्तुत की है। ये संस्कार गायत्री-यज्ञ एवं दीपयज्ञ द्वारा सम्पादित किये जा सकते हैं। देवताओं की साक्षी, अग्निदेव का सान्निध्य, धर्म भावनाओं से ओत-प्रोत समस्त परिजनों की उपस्थिति, सुयोग्य पुरोहित द्वारा सम्पन्न धर्मकृत्य से सब मिलजुलकर सम्बन्धित व्यक्तियों की मनोभूमि को परिष्कृत कर दिव्यता प्रदान करने में समर्थ होते हैं, वे मन पर अमिट छाप छोड़ती हैं एवं उनका प्रभाव चिरस्थायी होता है। जैसे हास-परिहास में सौगन्ध खाई जाती है, व्यभिचारी अपनी प्रेमिकाओं को अनेक आश्वासन देते हैं, किन्तु गंगा जी में खड़े होकर अथवा गंगाजली हाथ में लेकर जो शपथ ली जाती है उनका प्रभाव चिरस्थायी होता है विवाह संस्कार के शुभावसर पर अग्नि की सात परिक्रमा करते हुए जो वचन लिए जाते हैं उनके कारण पति-पत्नी आजीवन अपने को पवित्र बन्धन में बन्धा हुआ अनुभव करते हैं। यही मनोविज्ञान अन्य संस्कारों में भी प्रेरणास्पद होता है।

''व्यवस्था कर्मकाण्डस्य विधेर्मन्त्रविधेस्तथा।
एवं स्याच्च यथा तत्र स्याद्वि वातावृत्तौ शुभः।।''
(प्रज्ञा पुराण - ४/३/४०)

अतः प्रज्ञा पुराण में संस्कार-संवर्धन प्रक्रियाओं को महत्त्व प्रदान कर, उन्हें रचनात्क रूप में परिणत करने के लिए प्रोत्साहित किया गया है। पारिवारिक जनों के उपदेश अथवा साधारण रूप में दी गई शिक्षा इतनी प्रभावशाली नहीं होती किन्तु किसी सुयोग्य आचरण निष्ठ व्यक्ति द्वारा दिये गये निर्देश कभी-कभी जीवन की दिशा ही परिवर्तित कर देते हैं। अतः इन संस्कारों को धर्मनिष्ठ पुरोहित द्वारा सम्पन्न कराया जाना चाहिए।

''संचारः प्रेरणायास्तु सर्वमेतच्च मन्यते।
तां चोपचरितुं युक्तं भावनायाः प्रगल्भताम्।।''
(वही - ४/३/४१)

निष्कर्ष रूप में कहा जा सकता है कि मानव को सुविकसित, सुसंस्कृत, सौजन्य युक्त, देशभक्त एवं कर्त्तव्य परायण बनाने वाली यह संस्कार परम्परा प्राचीन काल में जितनी प्रभावशाली थी उतनी ही प्रेरणामयी आज भी सिद्ध हो सकती है। अतः इसके प्रचार-प्रसार के लिए व्यापक अभियान की आवश्यकता है।

पर्व :-

विश्व की समस्त जातियों सम्प्रदायों तथा राष्ट्रों में कुछ ऐसे महत्त्वपूर्ण दिवस निर्धारित हैं जिनमें मानव सामूहिक रूप से अपने आन्तरिक उल्लास को प्रकट करने के लिए विशेष कृत्य करते हैं जिन्हें- पर्व, उत्सव, त्यौहार, जश्न, होलीडे, आदि विविध नामों से पुकारा जाता है। आर्य जाति ने इसे ''**पर्व**'' की संज्ञा दी है। ''**पर्वति पूरयति जनानानन्देनेति पर्व**'' जो मनुष्य को आनन्द से पूरित करे उसे पर्व कहते हैं। (अमर कोश - भानु दीक्षित टीका) यद्यपि पर्व-विशेष के दिनों के अवसर, ऋतु, नाम तथा संख्या में पर्याप्त अन्तर है, किन्तु किसी न किसी रूप में विद्यमान मानव प्रकृति की मौलिक प्रवृत्ति की एकरूपता इनमें स्पष्ट रूप से दृष्टिगोचर होती है। मनुष्य मात्र की यह स्वाभाविक इच्छा होती है कि वह सर्वदा एक रस ही न रहे, प्रत्युत् कभी-कभी विश्राम का अनुभव कर हृदयोल्लास का प्रदर्शन करे और अपनी सुख-दु:खानुभूति में दूसरों को भी सहयोगी बनाये। संभवत: इसी भावना से प्रेरित होकर उसने सामूहिक सम्मेलनों को आयोजित किया होगा।

प्राचीन काल से ही भारतीय समाज विभिन्न पर्वों और त्यौहारों से इतना संकुल है कि यहाँ प्रत्येक दिन कोई न कोई पर्व रहता है। पर्वों और उत्सवों द्वारा प्रकृति और मनुष्य का, मनुष्य और लोक का एवं लोक तथा आध्यात्म का समन्वय स्थापित किया जाता रहा है। वस्तुत: पर्वोत्सव जहाँ मानव को मानसिक रूप से उत्कृष्ट और उल्लसित बनाते हैं। वहाँ उसके शरीर को भी नवीन स्फूर्ति और कान्ति प्रदान करते हैं। आर्य ऋषियों का प्रत्येक भाव एवं कार्य धर्मानुप्राणित रहा है। अत: पर्वोत्सवों में भी धार्मिक भावना के दर्शन होते हैं।

प्रज्ञा पुराण एक समन्वयात्मक धार्मिक ग्रन्थ है, इसमें संस्कार संवर्धन की प्रक्रिया में पर्व आयोजनों को भी महत्त्वपूर्ण स्थान प्रदान किया गया है। इन पर्वों में पारस्परिक सम्मिलन, पूजन, प्रशिक्षण, की विधि व्यवस्थाओं का समावेश है, जिनके आधार पर सुसंस्कारों को लोक मानस में प्रतिष्ठित किया जा सकता है। देश तथा समाज को उन्नतिशील बनाने के लिए ईमानदारी, सत्यनिष्ठा, कर्त्तव्यशीलता, परमार्थ-परायणता, देशभक्ति जैसी सत्प्रवृत्तियों का होना आवश्यक है। देवसंस्कृति में इन पर्वोत्सवों का आयोजन इसीलिए किया गया है। अत: प्रस्तुत ग्रंथ में इन्हें सामाजिक संस्कार प्रक्रिया के अन्तर्गत ही मान्यता दी गई है।
यथा -

''भावनां तु समाजस्थां समूहाश्रयिणीमपि।
शालीनताऽनुकूलां च कर्तुं पर्वादि मान्यताम्।।
प्रशिक्षणस्य चैतेषु मिलनार्चनयोरपि।
ईशस्य विधेरस्ति समावेशो यमाश्रयन्।।''
(प्रज्ञा पुराण - ४/३/४३/४४)

आचार्य श्रीराम जी के मतानुसार ऋषिगणों ने इन त्यौहारों की स्थापना मुख्यत: पाँच उद्देश्यों को लेकर की थी--

।।१।। जनता में जागृति, सद्भावना, एकता, संगठन की भावना उत्पन्न कर शिष्ट सुयोग्य नागरिक एवं सामाजिक बनाने के लिए।

।।२।। विशेष अवसरों पर यज्ञादि द्वारा सामूहिक धार्मिक अनुष्ठान के लिए।

।।३।। ऋतु परिवर्तन या फसल परिपक्व होने पर सामाजिक समारोह के रूप में।

।।४।। सर्वसाधारण के लिए मनोरंजन और हृदयोल्लास प्रकाश के लिए।

।।५।। किसी युग प्रवर्तक महापुरुष, कर्मवीर, शूरवीर, दानवीर अथवा राष्ट्रीय घटना की स्मृति के निमित्त।

ये पर्व हजारों वर्षों से लोक मानस को प्रखरता प्रदान कर रहे हैं। इन्हीं पर्वोत्सवों के कारण भारतीय संस्कृति आज भी अपनी प्राचीन परम्पराओं को जीवित रखे हुए है क्योंकि इतिहास इसका साक्षी है कि संसार में उन्हीं राष्ट्रों अथवा जातियों ने उन्नति की है जिनके हृदय पटल पर उनके वंश प्रवर्तक पूर्वजों के द्वारा सम्पादित सुकृत्यों की स्मृति अंकित है। यद्यपि भूमण्डल की समस्त जातियाँ असभ्यावस्था से शनैः-शनैः उन्नति करके सभ्य हो जातीं है, किन्तु कभी-कभी ज्ञानियों के सम्पर्क के अभाव से सभ्य और उन्नत जातियाँ भी पतितावस्था को प्राप्त कर लेती हैं-- जैसे कि मनुस्मृति में लिखा है--

''शनकैस्तु क्रियालोपादिमाः क्षत्रिय जातयः।
वृषलत्वं गता लोके, ब्राह्मणादर्शनेन च।।
पौण्ड्रकाश्चौड़द्रविड़ा, काम्बोजाः यवनाः शकाः।
पारदाः पहल्वाश्चीनाः किराताः दरदाः खशाः।।''

(मनुस्मृति- १०/४३-४४)

तात्पर्य यह है कि शनैः शनैः सुकर्मो के लोप और ज्ञानियों के संसर्ग में न रहने के कारण ये क्षत्रिय जातियाँ संसार में शूद्रत्व को प्राप्त होकर हीन होती गई जिनके नाम पौंड्रक, औंड्र, द्रविड़, काम्बोज, यवन, शक, पारद आदि हैं। (प्रज्ञा पुराण - ४/१, पृ0 -५९) अतः सभ्य जातियाँ अपने पूर्वजों, महात्माओं तथा उनके प्रतापपूर्ण और शिक्षा प्रद महान कार्यों की स्मृति को सुरक्षित रखने के लिए दो उपाय अपनाती हैं- एक तो इतिहास का पठन-पाठन तथा दूसरा महापुरुषों के जन्मदिन, निर्वाण तिथि अथवा उनके जीवन की महत्त्वपूर्ण घटना का स्मरण दिलाने वाले दिवस को पर्व के रूप में आयोजित करना। यूरोप का फ्रांस देश इस विषय में अग्रगण्य है, पेरिस में पूर्वजों के अनेक स्मारक हैं। आचार्य जी ने दस संस्कारों की भांति मुख्य पर्व भी दश ही निर्धारित किये हैं--

''लोक मानस संस्थास्ताः शक्या कर्तुं परम्पराः।
बहूनि सन्ति पर्वाणि दशमुख्यानि तेषु ते।।''

(प्रज्ञा पुराण - ४/३/४५)

ये दश पर्व बसन्त पंचमी, शिवरात्रि, होली, रामनवमी, गायत्री जयन्ती, गुरुपूर्णिमा, श्रावणी, जन्माष्टमी, विजयादशमी, दीपावली, हैं। इन पर्वों को सोत्साह मनाने से सुसंस्कार एवं सत्प्रवृत्तियों की वृद्धि होती है--

''वसन्तपंचमी दिव्या शिवरात्री च होलिका।
सा रामनवमी पुण्या गायत्री जयघोषिणी।।
गुरुपूर्वापौर्णमासी श्रावणी च तर्थवसा।
कृष्णजन्माष्टमी मान्या विजयादशमी तथा।।
दीपावलीति सर्वेषु दशानामेव मुख्यतः।
महत्त्वं वर्तते तेन सोत्साहं पर्व मन्यताम्।।''

(वही - ४/३/४६-४८)

।।१।। वसंत पंचमी :-

''मधुश्चमाधवश्च वासन्तिका वृत्'' (यजुर्वेद - १३/२५) वेद की इस श्रुति में आए हुए **''मधु''** तथा **''माधव''** शब्दों के अनुसार बसन्त ऋतु के मासों के नाम मधु और माधव रखे गये। काल क्रमानुसार ज्योतिष विद्या के विस्तार के समय काल की चन्द्र गणना प्रचलित होने पर इनके नाम परिवर्तित हो गये। इस प्रकार पाणिनि सूत्र **''सास्मिन् पूर्णमासीति''** यथा **''चित्रानक्षत्रेण युक्ता पौर्णमासी चैत्री, पौर्णमासी यस्मिन् स चैत्रों मासः''** के अनुसार मधुमास का नाम चैत्र मास प्रचलित हुआ।

इसी आधार पर यह निर्धारित हुआ कि चैत्र प्रतिपदा।। शुक्लपक्ष।। को ही सृष्टि का प्रारम्भ हुआ क्योंकि ज्योतिष के हिमादिग्रंथ में यह श्लोक प्राप्य है--

**''चैत्रे मासे जगद्ब्रहमा सोऽसृजत् प्रथमेऽहनि।
शुक्ल पक्षे समग्रन्तु तदासूर्योदये सति।।''**

अतः आर्य परम्परा में इसी दिन नवसंवत्सारारम्भ स्वीकार कर यह दिवस उत्साहपूर्वक मनाया जाता है। सिद्धान्त शिरोमणि का उद्धरण देकर यह वर्णन भी आया है कि वसन्त ऋतु शुक्ल पक्ष मास वर्ष आदि का प्रारम्भ एक साथ ही हुआ, ब्रह्म दिवस सृष्टि संवत् वैवस्वतादिमन्वन्तरारम्भ, सत्युगादि, युगारंभ कलि संवत्। वैक्रम संवत् चैत्र प्रतिपदा से ही प्रारम्भ माने जाते हैं। अतः वसन्त पर्व का उत्साह नव वर्ष के शुभागमन के साथ ही होने के कारण यह पर्व बहुत महत्त्वपूर्ण हैं। इस समय सम्पूर्ण प्रकृति भी पुष्पों से अपना शृंगार करती है तथा पत्रहीन वृक्ष भी अंकुरित पल्लवित तथा पुष्पित होकर अपने अनुराग को अभिव्यक्त करते हैं। इस दिन अपने व्यक्तित्व को सुमनों की भांति निर्दोष, निर्मल, आकर्षक और सुगन्धित बनाने की प्रेरणा प्रकृति से प्राप्त की जा सकती है। वास्तविकता यह है कि ''मधु माधवौ वसन्तः स्यात्'' के अनुसार वसन्त ऋतु तो चैत्र बैसाख में होती है किन्तु प्रकृति देवी का यह उत्सव ४० दिन पूर्व से ही प्रारम्भ हो जाता है- इस समय जड़ चेतन में सृजनात्मक उमंग के दर्शन होते हैं। अतः इस त्यौहार पर शिक्षा, साक्षरता, विद्या विनय विविध गुणों की साधना के लिए माता सरस्वती को पुष्पांजलि समर्पित की जाती है। वैदिक ऋचाओं में भी इस से सम्बन्धित बहुत सी स्तुतियाँ प्राप्त हैं--

''मधु वाताऽऋतायते मधु क्षरन्ति सिन्धवः।'' (यजुर्वेद - १३/२७)
''मधु नक्तमुतोषतो मधुमत्पार्थिवꣳरजः।'' (वही - १३/२८) तथा
''वसन्तेन ऋतुना देवा वासवस्त्रिवृतास्तुताः।
रथन्तरेण तेजसा हविरिन्द्रे वयोद्धुः।।''
(वही - २१/२३)

रथन्तर और त्रिवृत् स्तोत्रों द्वारा जिनकी स्तुति की गई है, वे वसु ।सबके संरक्षक।। देवता और सभी देव वसन्त ऋतु के माध्यम से, तेज युक्त छवि एवं आयुष्य को इन्द्रदेव ।इन्द्रियों, जीवात्मा।। में स्थापित करते हैं। आचार्य श्रीराम जी ने इस पर्व को अत्यधिक महत्त्व देते हुए इसे आध्यात्मिक चेतना का महोत्सव स्वीकार किया है।

।।2।। शिवरात्रि :-

परहित साधना का पुण्य पर्व महाशिवरात्रि है। समुद्र मंथन के समय चौदह रत्नों के साथ जब विष निकला तो सब देवता व्याकुल हो उठे। उस समय भगवान शंकर ने विषपान कर संतप्त एवं भयभीत देवताओं का संकट दूर किया। महापुरुष इसी प्रकार दूसरों की पीड़ा को विष की भांति पी जाते हैं तथा स्वयं कष्ट सहन कर परहित में संलग्न रहते हैं। इस प्रकार शिव का चरित्र महाशिवरात्रि पर्व लोभ, मोह, लालसा के स्थान पर त्याग, अपरिग्रह तथा परहित साधना की प्रेरणा देता है। इसी दिन महर्षिदयानन्द को ज्ञान प्राप्त हुआ था। इसलिए इसे **''दयानन्द बोधरात्रि''** भी कहते हैं। पुराणों में इस व्रत से सम्बन्धित अनेक कथाएँ वर्णितहैं।

।।३।। होलिकोत्सव :-

यह उत्सव ऋतुराज वसन्त के चालीस दिन पश्चात् फाल्गुन पूर्णिमा को आयोजित किया जाता है। इस समय आषाढ़ी शस्य की फसल परिपक्क हो जाती है - सारी पृथ्वी सरसों एवं पलाश के पुष्पों से रंग कर वासन्ती शाटिका धारण करती है और कृषक नवसस्य के प्रवेश पर पर्व एवं उत्सव मनाते हैं। यह प्रथा भारत में ही नहीं अपितु अन्य देशों में भी प्रचलित हैं। रूस के हिमाच्छादित प्रदेशों में फसल काटने पर कृषक इष्ट मित्रों को पकवान से भोज देते हैं। जापान, यौरोप तथा इंग्लैंड में भी यह उत्सव मनाया जाता है, किन्तु भारत देश में ये पर्व केवल आमोद-प्रमोद का ही साधन नहीं अपितु धार्मिक परम्परा का एक अंग है। संस्कृत में अग्नि में भूने हुए अर्धपक्क अन्न को ''होलक'' कहते हैं-- **''तृणाग्नि-भृष्टार्द्धपक्कशमी धान्यं होलकः होला इति हिन्दी भाषा''** (शब्द - कल्पद्रुम) तथा **''अर्द्धपक्कशमी धान्यैस्तृणभृष्टैश्च होलकः''** (भाव प्रकाश) के अनुसार तिनकों की अग्नि में भुने हुए अधपके धान्य को ''होलक'' कहते हैं। अतः आषाढी नवान्नेष्टि में नवीन धान्य को अग्नि में होम करने के कारण ''होलिकोत्सव'' कहते हैं। इसे प्रत्येक गृह में व्यक्तिगत रूप से तथा प्रत्येक ग्राम में सामूहिक रूप से आयोजित किया जाता था। इसमें जाति-पांति के भेदभाव को भूलकर जनमानस एकाकार हो जाता था। यह प्रथा कृषि प्रधान देश की यज्ञीय संस्कृति के सर्वथा अनुरूप थी।

इस पर्व से सम्बन्धित कथा का उल्लेख पुराणों में विस्तार पूर्वक किया गया है, जिसका सम्बन्ध भक्त प्रह्लाद-हिरण्यकशिपु एवं नृसिंह अवतार से है, जिससे यह प्रेरणा मिलती है कि सत्य एवं नैतिकता की विजय होती है तथा अभिमानी व्यक्ति का गर्व प्रभुसत्ता कदापि सहन नहीं कर सकती।

यह राष्ट्रीय चेतना के जागरण का पर्व है। इसमें भ्रातृत्व सहकारिता को अपनाकर एक दूसरे पर प्रेम रूपी रंग की वर्षा करते हैं, किन्तु आजकल इस पर्व में भांग, मद्यपान करने की कुप्रथाएँ प्रवेश कर गई हैं, जिनका निराकरण आवश्यक है।

।।4।। रामनवमी :-

भारतीय इतिहास तथा समस्त पुराणों में भगवान राम को अवतार माना गया है। उन्हीं आदर्श महापुरुष भगवान राम के जन्मदिन की शुभ तिथि रामनवमी है। इनका उज्ज्वल चरित्र भारत वासियों को प्रेरणा प्रदान करता रहा है। हिन्दू संस्कृति की रक्षा का श्रेय उनकी पुण्य गाथा को ही है। रामनवमी के शुभावसर पर उनके गुणों का चिन्तन कर उन्हें अपने जीवन में अपनाना चाहिए। इस समय ये पर्व केवल व्रतोपवास अथवा खाने-पीने तक ही सीमित रह गये हैं। समाज-सुधारकों तथा वैदिक धर्मावलम्बी महानुभावों का कर्त्तव्य है कि वे रामचरित मानस के पठन-पाठन की प्रवृत्ति को विकसित करते हुए लुप्त प्रायः भारतीय संस्कृति का पुनरुद्धार करें। आदर्श महापुरुषों की जन्म तिथियों को शिक्षाप्रद विधियों से सम्पन्न करने पर ही इन आयोजनों से लाभ मिल सकेगा।

।।५।। गायत्री जयन्ती :-

सृष्टि के प्रारम्भ में ब्रह्मा जी ने जिनकी आराधना कर ज्ञान, विज्ञान की प्राप्ति की थी उस महाशक्ति का नाम गायत्री है। ये वेद माता, देवमाता, ज्ञान-गंगोत्री एवं आत्मबल की अधिष्ठात्री देवी हैं। इनकी उपासना आराधना से सार्वभौम एवं सार्वजनीन दिव्य शक्ति प्राप्त की जा सकती है। गायत्री जयन्ती इन्हीं महाप्रज्ञा, ज्ञान विज्ञान की देवी का अवतरण दिवस है। इसी दिन भगवती गंगा भी स्वर्गलोक से भूमिलोक पर अवतरित हुई थी। जिस प्रकार गंगा प्राणियों की तृष्णा मिटाती संतप्त भूमि को शीतल जलधारा से सिंचित कर शस्य श्यामला बनाती है, उसी प्रकार अध्यात्म क्षेत्र में सद्बुद्धि की अधिष्ठात्री माता गायत्री जनमानस के कषाय कल्मष दूर कर आयु, प्राण, कीर्ति, धन व सम्पदा प्रदान कर ब्रह्मलोक तक पहुँचा देती हैं। ऋतम्भरा प्रज्ञा का अवतरण गंगावतरण के सदृश पावन एवं गौरवपूर्ण हैं। सृजन एवं अभिवर्धन की प्रक्रिया के लिए इसी सम्बल की आवश्यकता है। इसकी उपासना तथा तपश्चर्या के द्वारा दिव्य शक्ति को प्राप्त किया जा सकता है।

।।६।। गुरुपूर्णिमा :-

इसे व्यास पूर्णिमा भी कहते हैं। यह आषाढ़ शुक्ल पूर्णिमा के दिन मनाई जाती है। यह पर्व गुरु शिष्य परम्परा पर आधारित हैं। गुरु तत्त्व के माध्यम से श्रद्धा भावना के मार्गदर्शक प्रतीक की स्थापना इस दिन की जाती है। इसे

अनुशासन पर्व कह सकते हैं, वर्षा काल प्रारम्भ होने के कारण ऋषि तथा गुरु चार मास के लिए आवागमन स्थगित कर एक ही आश्रम में रहकर चातुर्मास्य व्यतीत करते थे तथा शिष्य को इस दिन गुरु दीक्षा दी जाती थी। प्रज्ञा-पुराण प्रणेता गुरुदेव के नाम से सम्मानित हैं। उन्होंने इस पर्व को बहुत महत्त्व प्रदान किया है। इस दिन यज्ञादि द्वारा सत्संग की व्यवस्था करनी चाहिए।

।।7।। श्रावणी पूर्णिमा :-

श्रवण नक्षत्र से युक्त श्रावण सुदी पूर्णिमा को मनाया जाने वाला यह पर्व वैदिक परम्परा का महत्त्वपूर्ण उत्सव है। इसका सम्बन्ध स्वाध्याय एवं देव कर्म से है। "**अथातोऽध्यायोपाकर्म, औषधीनां प्रादुर्भावे श्रवणेन श्रावण्यां पौर्णमास्याञ्श्रावणस्य हस्तेन वा**" (पारस्कर गृहयसूत्र - २/१०१-२) पारस्कर गृह्यसूत्र के अनुसार जिस दिन से विशेष वेद पारायण का उपक्रम किया जाता था उसे उपाकर्म कहते थे। मनुस्मृति में उपाकर्म तथा उत्सर्जन अर्थात् समापन का आदेश निम्नलिखित श्लोकों में दिया गया है:-

"श्रावण्यां प्रौष्ठपद्यां वाप्युपाकृत्य यथा विधिः।
युक्तश्छन्दांस्यधीयीत, मासान् विप्रोऽर्धपञ्चमान्।।
पुण्येतुछन्दसां कुर्यात् बहिरुत्सर्जनं द्विजः।
माघ शुक्लस्य वा प्राप्ते पूर्वाह्णि प्रथमऽहनि।।"
(मनुस्मृति - ४/९५-९६)

ऋषियों का तृप्ति कारक होने के कारण इसका नाम ऋषि तर्पण अथवा ऋषि पंचमी भी पड़ गया। इस दिन शिखा एवं यज्ञोपवीत का नवीनीकरण कर अपने प्राचीन आदर्शों पर चलने का संकल्प लेना आवश्यक है। (प्रज्ञा पुराण - ४/३, पृ० -१७८)

श्रावणी ।रक्षा बन्धन।। ज्ञान और कर्म के समन्वय का प्रतीक है। वर्तमान परिस्थितियों में नारी शक्ति के प्रति सम्मान की अभिव्यक्ति तथा उसकी सुरक्षा का संकल्प लेने के उद्देश्य से मनाया जाता है। नारी के प्रति बहिन के समान पवित्र दृष्टिकोण लेकर सच्चरित्रता का संकल्प लेना चाहिए।

।।8।। श्री कृष्ण जन्माष्टमी :-

भगवान राम की भाँति कृष्ण भी हिन्दू जाति के आराध्य हैं। उनके द्वारा प्रदत्त ज्ञान- "**गीतामृतम्**" केवल भारत ही नहीं अपितु समस्त विश्व का मार्ग दर्शन करने में समर्थ है। यह पर्व भाद्रपद की अष्टमी के दिन कृष्ण जन्मोत्सव के रूप में मनाया जाता है। कृष्ण का जीवन बाल्यावस्था से ही अन्याय का प्रतिकार एवं न्याय तथा धर्म की स्थापना में व्यतीत हुआ। इस दिन व्रत रखते हुए अन्याय के विरोध करने का संकल्प लेना चाहिए। अनैतिक कार्य करने वाला अपना बन्धु भी हो तो भी दण्डनीय है। भगवान कृष्ण के चरित्र का अनुकरण कर जन सेवा में प्रवृत्त होना ही इस पर्व को मनाने का वास्तविक लक्ष्य होना चाहिए।

।।9।। विजया दशमी :-

जनता में राष्ट्रीय भावना के प्रसार का पर्व है। वर्तमान काल में इसका महत्त्व प्राचीन काल से भी अधिक हैं क्योंकि इस समय केवल क्षत्रिय वर्ग को ही नहीं अपितु देश रक्षा का संकल्प प्रत्येक व्यक्ति को लेना है। राष्ट्रविरोधी कार्यों से दूर रहकर राष्ट्र की एकता, अखण्डता और स्वतन्त्रता की प्राणपण से रक्षा का व्रत धारण कर इस पर्व को मनाना चाहिए। इस दिन भगवान राम ने रावण पर विजय प्राप्त की थी। आज आसुरी प्रवृत्तियाँ रावण की भाँति और अधिक मात्रा में जन-मानस में संव्याप्त हैं। शक्ति साधना द्वारा उन पर विजय प्राप्त करने की प्रेरणा इस त्यौहार से मिलती है। इसको पूर्ण तत्परता एवं सोत्साह मनाना आवश्यक है।

।।१०।। दीपावली :-

यह प्रकाश तथा आर्थिक सन्तुलन का प्रेरणा पर्व है। माता लक्ष्मी के उपार्जन एवं उपयोग की मर्यादा का बोध, गौ सम्वर्धन की प्रमुखता, दीपक की भाँति प्रकाश फैलाने का संकल्प लेकर इस पर्व को मनाना चाहिए। यह दिन महर्षि दयानन्द, महावीर स्वामी, स्वामी रामतीर्थ के जीवन से प्रेरणा लेने का संदेश देता है।(प्रज्ञा पुराण - ४/२/१८०)

इनके अतिरिक्त नवरात्रि संवत्सर पर्व को आचार्य जी ने बहुत महत्त्व दिया है जो चैत्र नवरात्रि के दिन से प्रारम्भ होता है। ब्रह्म प्रेरणा के अनुसार इसी दिन ब्रह्मा ने सृष्टि की रचना आरम्भ की थी और इसी दिन मत्स्यावतार का आविर्भाव हुआ था। सतयुग तथा भारत के सार्वभौम सम्राट विक्रमादित्य के सम्वत् का प्रथम दिन भी यही है। ईसाई 1 जनवरी को ''**नया वर्ष**'' मनाते हैं, तो फारस देश में ''**जश्न नौरोजा**'' धूमधाम से होता है। प्रज्ञा पुराणकार ने इस पर खेद प्रकट किया है कि भारत वासी राष्ट्रीय एकता की भावना को भूल गये हैं। उन्होंने २६ जनवरी एवं १५ अगस्त की भाँति नववर्षारम्भ का उत्सव सार्वजनिक रूप में आयोजित करने का सुझाव दिया है। इससे विविध सम्प्रदायों और मत-मतान्तरों के समन्वय में उल्लेखनीय सहायता मिल सकती है।

दैवी सत्ता शक्ति उपासना की दृष्टि से आचार्य श्रीराम ने नवरात्रि उपासना को बहुत महत्त्व दिया है। इनके अतिरिक्त अनेक क्षेत्रीय पर्व हैं-- गीता जयन्ती, हनुमान जयन्ती, गणेश चतुर्थी, बुद्ध जयन्ती, गुरु नानक जयन्ती जैसे पर्व महापुरुषों के जीवन से प्रेरणा लेने का संदेश देते हैं। इन पर्वों तथा अनुष्ठानों को आयोजित करने का उद्देश्य शरीर तथा आत्मा को पवित्रता प्रदान करना है। इस समय व्रत उपवास, ब्रह्मचर्य पालन, एकान्त सेवन, आत्मनिरीक्षण द्वारा संयम को अपनाकर आत्म विकास किया जा सकता है तथा शरीर को रोगों से मुक्ति मिल सकती है।

ये पर्वधर्म प्रेरणाओं की अक्षय निधि है। (प्रज्ञा पुराण - ४/३, पृ0- १८१) ज्ञान की गरिमा, धर्म के लिए बलिदान और अपने आदर्शों का पुण्य स्मरण करने के लिए गुरु गोविन्द सिंह जयन्ती, बकरीद ।ईदुल जुहा।। तथा क्रिसमिस जैसे पर्वों के माध्यम से विश्व की तीन चौथाई जनता प्रेरणा तथा प्रकाश पाती है।

वास्तव में धर्म एक ही है, वह है मानवता। प्रज्ञा पुराणकार ने साम्प्रदायिकता की भावना को दूर करने के लिए सभी पर्वों को सामूहिक रूप से मानने का संदेश दिया है। मूलतः धर्मों में अन्तर्विरोध नहीं है। सभी मानवता, सांस्कृतिक गौरव की भावना उत्पन्न करते हैं--

''भावनापूर्वकं यत्र मानितानि समान्यपि।
इमानि तत्र संस्कार भावनोदेति चान्ततः ।।''

(प्रज्ञा पुराण - ४/३/४९)

जहाँ इन्हें सद्भावना पूर्वक आयोजित किया जाता है वहाँ सुसंस्कारों की उमंग उठती है और सत्प्रवृत्तियाँ संवर्धित होती हैं जो प्रत्येक व्यक्ति व समाज के लिए अनिवार्य है:-

''सत्प्रवृत्युदयाश्चापि जायते मानवेषु सः।
प्रति व्यक्तिसमाजं च यस्यापेक्षा मताः बुधैः ।।''

(वही - ४/३/५०)

पर्व किस प्रकार मनाये जायें, इसका मार्ग दर्शन भी प्रज्ञा पुराण में किया गया है- इन्हें सार्वजनिक धर्म सम्मेलन के रूप में मनाया जाना चाहिए। कर्मकाण्ड की पूर्ति गायत्री यज्ञ अथवा वातावरण परिशोधन हेतु अपने-अपने मतानुसार धर्मानुष्ठानों से हो सकती है। प्रवचनों के द्वारा पर्व के निर्धारित उद्दश्यों पर प्रकाश डाल कर उन्हें कार्यान्वित करने की प्रेरणा दी जाये तो ये समारोह समाज को सुव्यवस्थित करने में उपयोगी हो सकते हैं।

''उच्चस्तरा लोकशिक्षा समारोह सुयोजनैः।
जायते च प्रभावेण ह्येतेषां बहवस्त्विह।।

फुल्लन्ति कुसुममीव येऽविकासस्थिता नराः।
कथानां च पुराणानां महत्त्वं घटते ततः।।''

(प्रज्ञा पुराण -४/३/५१-५२)

समारोह आयोजनों के माध्यम से उच्चस्तरीय लोक शिक्षण होता है तो अविकसित कलियों को पुष्पवत् खिलने का अवसर मिलता है।

भजन संकीर्तन वातावरण को आकर्षक एवं प्रभावशाली बना देते हैं, इनके द्वारा लोक रंजन के साथ ही लोक मंगल का समन्वित लाभ मिल सकता है। भक्त कवियों, सन्तों एवं धर्म प्रचारकों ने संगीत, कीर्तन को इसी लिए अपनाया कि जन-साधरण को मनोरंजन के साथ-साथ शिक्षा का भी समावेश हो सके।

''कीर्तनायोजनान्यत्र संगीत प्रमुखानि हि।
भवन्ति तस्य लोकस्य रञ्जनेन सहैव तु।।

लाभः समन्वितो लोक मंगलस्यैष प्राप्यते।
धर्मप्रचारकेष्वत्र देवेषु च महर्षिषु।।''
(प्रज्ञा पुराण - ४/३/५३-५४)

इस प्रकार व्यक्ति की धार्मिक भावनाओं को जागृत करके व्रतोत्सवों में कथा कहने सुनने का भी प्रचलन है ये कथाऐं रीति, धर्म, सदाचरण की प्रेरणा देती हैं। यह माध्यम लोक शिक्षण के लिए प्रभावी है। अध्यात्म का मर्म समझाने तथा सन्मार्ग पर चलने के लिए ऋषियों द्वारा प्रदर्शित मार्ग का अवलम्बन करना चाहिए।

''नीतिधर्मसदाचाराद्युगयोगित्वमत्र तत्।
कथाऽऽख्यानादिभिर्नूनं जायते तु गृहे गृहे।।''
(प्रज्ञा पुराण - ४/३/५६)

अन्त में अनेक पर्वोत्सवों का उल्लेख करते हुए आचार्य जी खेद प्रकट करते हुए कहते हैं कि इस समय ऋषियों द्वारा निर्धारित जीवन प्रदायिनी प्रथाओं को भूलकर त्यौहार और पर्वो का स्वरूप विकृत कर दिया गया है। अधिकांश पर्वो में लाभदायक कृत्यों के स्थान पर कुकर्मों को स्थान मिल गया है। कुछ लोग दीपावली पर जुआ खेलते हैं, होली पर मदिरापान करते हैं तथा कीचड़ से होली खेलते हैं। वसंत पर पतंग उड़ाते हैं, होली-दीपावली पर अतिश बाजी में हजारों रूपये फूंक देते हैं। इन सब कुरीतियों का निराकरण होना आवश्यक है।

निष्कर्ष यह है कि त्यौहार और धार्मिक उत्सव जाति को नव-जीवन प्रदान करने वाले होते हैं, किन्तु इन्हें अपने पूर्वजों के सत्कार्यों का अनुकरण करते हुए इस प्रकार आयोजित करना चाहिए कि ये मानव मात्र के लिए कल्याणकारी हों। जिससे हमें कोई सत् शिक्षा अथवा सत्प्रेरणा मिल सके और मानवकल्याण-मार्ग पर चल सके।

।ग।। प्रज्ञा पुराण में यज्ञ आदि कर्मकाण्ड

भारतीय संस्कृति में जन्म से मृत्यु पर्यन्त समस्त संस्कारों तथा शुभ कार्यों में यज्ञ विधान अनिवार्य है। परमात्मा के निःश्वांस-भूत वेदों की मुख्य प्रवृत्ति यज्ञों के अनुष्ठान-विधान में ही हैं। आर्ष साहित्य के सर्वाधिक प्राचीन ग्रंथ ऋग्वेद का शुभारम्भ यज्ञ के समस्त उपकरणों -- पुरोहित, ऋत्विज, एवं होता के स्मरण से होता है। **''ऊँ अग्निमीडे पुरोहितं यज्ञस्य देवमृत्त्विंजं होतारं रत्नधातनम्''** (ऋग्वेद - १/१/१) अर्थात् यज्ञ के देव पुरोहित, ऋत्विज्, होता एवं रत्नधारक अग्नि की मैं स्तुति करता हूँ। पुरोहित, ऋत्विज् एवं होता ये तीन याजकों के नाम हैं। **''यजुर्वेद''** शब्द ही यज्ञ प्रतिपादक ग्रंथ का वाचक है। **''देवायज्ञमतन्वत''** (यजुर्वेद - १९/२)। **''यज्ञेन यज्ञमयजन्त देवास्तानि धर्माणि।''** (यजुर्वेद - ३१/१६) **''अग्नौ प्रास्ताहुतिः सम्यक् ।''** (मनुस्मृति - ३/७६) तथा **''इज्याध्ययन**

दानानि'' (याज्ञवल्क्य स्मृति - १/५/११८) आदि वचनों के यज्ञ धर्म का सर्वश्रेष्ठ प्रथम अंग प्रमाणित हो जाता है। ब्राह्मणों में यज्ञ को श्रेष्ठतम कर्म कहा है। -- ''**यज्ञो वै श्रेष्ठतमं कर्म**'' (शतपथ ब्राह्मण - १/७/३/५) श्रीमद्भागवत् गीता में संसार को यज्ञ पर ही आधृत बताया गया है--

''सहयज्ञाः प्रजाः सृष्ट्वा पुरोवाच प्रजापतिः।
अनेन प्रसविष्यध्वमेष वोऽस्त्विष्टकामधुक्।।''
(गीता - ३/१०)

जो यज्ञावशिष्ट भोजन ग्रहण करता है, वह पापों से मुक्त हो जाता है-- ''. . . **शिष्टाशिनः सन्तो मुच्यन्ते सर्वकिल्विषैः**'' (गीता - ३/१३) तथा ''**तस्मात् सर्वगतं . . . नित्यं यज्ञे प्रतिष्ठितम्**'' (वही - ३/१५) आदि वचनों द्वारा यज्ञ की महत्ता प्रकट की गई है।
प्रज्ञा पुराण में महाप्रज्ञा गायत्री को विश्वमाता तथा यज्ञ की देव संस्कृति के पिता की संज्ञा दी गई है। इन दोनों के विकसित होने से ही भारतीय संस्कृति का विकास एवं परिपोषण संभव है--

''गायत्री लोकचित्तेतां कुरु पूर्णप्रतिष्ठिताम्।
पराक्रमं च प्रखरं कर्तुं सर्वत्र नारद।।
पवित्रोदारतां तु यज्ञजां च प्रचण्डताम्।
प्रखरां कर्तुमेवाद्यानिवार्यं मन्यतां त्वया।।''
(प्रज्ञा पराण - १/१/७०-७१)

''**यज्ञ**'' ।।यज्+।।भावे।न नङ्।। यज्ञ सम्बन्धी कृत्य। पूजा का कार्य, कोई भी पवित्र या भक्ति संबंधी क्रिया (संस्कृत हिन्दी शब्द कोष - वामन आप्टे - पृ0- ८२३) -- ''यज्ञ'' - शब्द रत्नावली के अनुसार इष्टिः। इष्टं। वितानम्, मन्युः आदि अर्थ में आता है। वेद निघंटु में यज्ञ का जो अर्थ है, उसमें धर्म भी है। यज्ञ के १५ नाम हैं -- वेन, अध्वर, मेघ, विदथ, नार्य्यं, सवनम्, होत्रा, इष्टि, देवता मख, विष्णु, इन्द्र, प्रजापति और धर्म। (वेद निघंटु - ३/१७)

धातु पाठ में ''यज्'' धातु के तीन अर्थ दिये गये हैं -- ।।१।। देवपूजा, ।।२।। संगतिकरण - परस्पर मिलना ।।३।। दान- करना-- ''यज्ञ देव पूजा-संगतिकरण-दानेषु'' यह निर्विवाद सत्य है कि ''यज्'' धातु से बना शब्द पूजा अर्चना के अतिरिक्त किसी अन्य अर्थ में प्रयुक्त नही हुआ है। साधारण रूप में अग्नि में समर्पित आहुति ही यज्ञ कहलाती है। जब साधक श्रद्धा प्रेम से स्वयं को अथवा अपने किसी प्रिय पदार्थ को देवता के लिए उपहार स्वरूप प्रदान करता है तब उसी क्षण वह यज्ञ सम्पन्न कर लेता है। तात्पर्य यह है कि देवताओं की उपासना देवत्वधारण करने के लिए, संगठन, सामाजिक उन्नति के लिए तथा नरनारायण की सेवा के लिए दान करना ही यज्ञ का स्वरूप है। देवता को उद्देश्य मानकर ''द्रव्यत्यागो यागः'' ।।यज्ञ।। या होम कहलाता है। ''देवतोद्देशेन द्रव्य त्यागो यागः। तत्र तांगु देवतादिदृश्य तस्य द्रव्यस्ययः त्यागः इदमिन्द्राय न मम'' इत्यादि रूपों मानसिक व्यापारः स एव याग पदार्थः।

(फारवर्ड, शतपथ ब्राह्मण-वाल्यूम-२, श्री विद्याधर शर्मा, पृ0 १६-१७) यज्ञ के द्वारा अपने प्रिय खाद्य पदार्थों एवं सुगन्धित मूल्यवान् द्रव्यों को अग्नि एवं वायु के माध्यम से समस्त संसार के कल्याण के लिए वितरित किया जाता है।

वायु शोधन से आरोग्य प्राप्ति तथा यज्ञ काल में उच्चरित वेद मंत्रो की पुनीत शब्द ध्वनि आकाश में संव्याप्त होकर जनमानस को सात्विक भावों से परिपूर्ण करती है। यज्ञ का महत्त्व प्रतिपादित करते हुए आचार्य जी कहते हैं-- ''यज्ञ विधिवत् आयोजन, शक्तिशाली मंत्रों का सस्वर उच्चारण, शास्त्रोक्त विधि से बनाए गये कुण्ड, समिधा तथा सामग्री से जब यज्ञ आयोजित होता है, तो एकता, सहयोग, सद्भाव, उदारता, संयम, सदाचार जैसे सद्गुणों को जागृत करता है। इसका प्रभाव सन्तान पर भी पड़ता है। प्राचीन काल में जब शिशु जन्म से पूर्व से ही यज्ञ द्वारा जो संस्कार कराये जाते थे तब महापुरुषों से यह भारतभूमि गौरवान्वित थी, आज इस यज्ञ प्रक्रिया के लोप हो जाने के कारण दुष्प्रवृत्तियों का बाहुल्य है। इस युग में उसी परम्परा के पुनर्जागरण की आवश्यकता है।'' (प्रज्ञा पुराण - ४/३, पृ० -१९०)

वेद शास्त्रों के अध्ययन से स्पष्ट होता है कि यज्ञ का वास्तविक उद्देश्य मानव जीवन को सुखी समृद्ध एवं कल्याणमय बनाना था-- यद्यपि मानव जीवन भौतिक सुख सुविधाओं पर आधारित है, परन्तु प्राचीन ऋषि उस सम्पदा को, ऐन्द्रिक सुखों में अपव्यय न कर, समाज में वितरित करते थे। वे ''सर्वेभवन्तु सुखिन:'' में विश्वास करते थे। इसीलिए जीवन के दृश्य एवं परोक्ष सभी क्षेत्रों में समतुल्यता प्रदान करने के लिए यज्ञ कर्म को महत्त्व दिया गया। वे प्रकृति को प्रसन्न करने के लिए विभिन्न प्रकार से उसकी स्तुति करते थे क्योंकि उन्हें विश्वास था कि समस्त भौतिक सुख प्रकृति की कृपा द्वारा ही प्राप्त हो सकते हैं। यह एक वैज्ञानिक सत्य है कि सूक्ष्म सत्ताधारी देव स्थूल भौतिक पदार्थों की गन्धमात्रा ही ग्रहण करते हैं और यह गन्ध उन्हें तन्मात्रा रूप में परिवर्तित अग्नि के संस्पर्श द्वारा ही संभव है। यही कारण है कि वैदिक ऋषियों ने अग्नि को सर्वाधिक महत्त्व प्रदान कर उसे देवताओं के मुख की संज्ञा दी। तात्पर्य यह है कि देवताओं को प्रसन्न करने के लिए अग्नि को आहुतियाँ समर्पित की जाती थीं, जिन्हें पाकर देवता यजमान पर अनुदान की वर्षा करते थे। देवताओं को प्रसन्न करने का यह प्रयोग इतना सफल हुआ कि विश्वसनीय सम्बल और अभयपूर्ण आश्रय पाकर ऋषियों ने अग्नि, द्यौ, जल, वायु, वनस्पति, काल के नियामक सूर्य - चन्द्र एवं अन्य वर्चस्व नक्षत्रों की पूजा प्रारम्भ कर दी। (ब्राह्मण ग्रंथ एक अनुशीलन - डॉ0 रंजना, पृ0-६५) ऋग्वेद में स्पष्ट लिखा है यज्ञीय देवता कामनाओं की वर्षा करते हैं। (ऋग्वेद - १०/६६/६, परसामणभाष्य।) वास्तव में यज्ञ वह प्रक्रिया है जिसके द्वारा पावन अपावन में सम्पर्क स्थापित किया जाता है।

इस प्रकार यज्ञ सम्पादन से मानव पुत्र-पौत्र आदि भौतिक सम्पत्ति के साथ-साथ आध्यात्मिक क्षेत्र तत्त्व ज्ञान को भी प्राप्त करता था-- ''**योऽग्निहोत्रे जुहोति**-स **सुवर्गलोकं जानाति, पश्यति पुत्रम्।**''

(तैत्तिरीय ब्रह्मण - २/१/८/३१)

प्रज्ञा पुराण में यज्ञों के प्रचलन के कारणों तथा उनके महत्त्व पर भी प्रकाश डाला गया है :-

''विधिं मानवकल्याणकारिणं फलतो भवेत्।
प्रगतेः सार्वभौमाया द्वारं भव्यमना वृतम्।।
यज्ञानां करणस्येयभृषिभिस्तु परम्परा।
दूरदर्शिभिरेतस्माद्हेतोः संचालिता शुभा।।''
(प्रज्ञा पुराण - ४/३/६३-६५)

वेदों, ब्राह्मण ग्रंथों, आश्वालयन, आपस्तम्ब और पारस्कर आदि सूत्रों में यज्ञ के अनेक भेद उपभेद निरूपित हैं। स्मृतिकार ने पंच यज्ञ विधान का उल्लेख किया है--

''अध्यापनं ब्रह्मयज्ञः, पितृयज्ञस्तु तर्पणम्।
होमो दैवो बलिभीतो नृयज्ञोऽतिथिपूजनम्।।''
(मनुस्मृति - ४/२१)

पुराणों में अनेक प्रकार के यज्ञों का वर्णन है किन्तु प्रज्ञा पुराण में इन दैनिक यज्ञों के अतिरिक्त प्रत्येक संस्कार पर निष्पन्न होने वाले यज्ञों तथा राजसूय एवं अवश्वमेध यज्ञों का वर्णन विशेष रूप से किया है--

''भौतिकानां तथा राजनैतिकां पुरायुगे।
आर्थिकानामपि क्षेत्रे समस्तास्तास्तु या मता।।
समाधानाय तासां च ज्ञापितुं ताः समानपि।
राजसूयादि यज्ञानां व्यवस्था महतामभूत।।''
(प्रज्ञा पुराण - ४/३/५८-५९)

पुरातन काल में भौतिक, राजनीतिक, आर्थिक क्षेत्र की समस्याओं के समाधान हेतु विशालकाय राजसूय यज्ञों के आयोजन होते थे। सामाजिक तथा धार्मिक विपन्नताओं से मुक्ति पाने के लिए वाजपेय यज्ञों का प्रचलन था। इन यज्ञों में अग्नि-होत्र के साथ ज्ञान यज्ञ की प्रधानता रहती थी। एक ही विचार-धारा के व्यक्ति जब एक लक्ष्य प्राप्ति के लिए एकत्रित होते हैं तो उनका चिन्तन और पर्यवेक्षण कल्याणकारी उपाय खोजता है। फलस्वरूप संकट निवारण होने के साथ-साथ प्रगति का मार्ग प्रशस्त होता है। कुम्भादि पर्वों पर भी इसी प्रकार ज्ञान यज्ञ की परम्परा दूरदर्शी ऋषियों द्वारा प्रचलित की गई थी।

''विपन्नतास्तु धार्मिक्यः सामाजिक्योऽपि ताः समाः।
अभूत्कर्तुं निरस्ताश्च वाजपेयेष्टि योजना।।''
(वही - ४/३/६०)

राजसूय यज्ञ का उल्लेख ब्राह्मण ग्रंथों में किया गया है। (शतपथ ब्राह्मण – ५/२, पंच ब्राह्मण – १८/८/११, तै0ब्रा0 – १/६/७) इसे सम्पादित करने का अधिकार केवल क्षत्रिय को ही था। राज्याभिषेक के समय इस यज्ञ का आयोजन किया जाता था।

महाभारत के युद्ध में धर्म की जीत हुई किन्तु अदृश्य जगत् में भरी हुई विषाक्तता का निराकरण करने के लिए राजसूय यज्ञ के रूप में वातावरण को परिशोधन करने का यह अध्यात्म उपचार नियोजित किया गया। (प्रज्ञा पुराण – ४/३ पृ० –१८७) याज्ञिक प्रक्रिया में आचार्य श्री ने अश्वमेघ यज्ञ को अत्यधिक महत्त्व प्रदान किया है। यह यज्ञ भारत का सुप्रसिद्ध विशाल राजवंशीय यज्ञ रहा है। आर्ष ग्रंथों में इसकी महत्ता वर्णित है। यज्ञ राष्ट्र की समृद्धि एवं व्यापक जनकल्याण का द्योतक है। ब्राह्मण ग्रंथों मे इसकी भावभीनी उदात्त स्तुति की गई है-- **''योऽश्वमेधेन यजते-- देवताभिरेवात्मानं पवयन्ते''** (तैत्तिरीय ब्राह्मण –३/९/७/१–३) इसे यज्ञों का राजा कहा गया है। (शतपथ ब्राह्मण – १/३/२/२/१–२) इस यज्ञ के द्वारा सभी पातकों तथा ब्रह्महत्या के पाप से भी मुक्ति प्राप्त होती है। **''सर्वान्हवै पापकृत्याम् सर्वाम् ब्रह्महत्यामपह्नन्ति योऽश्वमेधेन यजते''** (शतपथ ब्राह्मण – १३/५/४/१) अवश्मेघ यज्ञ करने वाला सभी दिशाओं में विजयी होता है-- **''अश्वमेघयाजी सर्व दिशो अभिजयति''** (शतपथ ब्राह्मण – १३/१/२/३) इससे सभी कामनाऐं पूर्ण होती हैं, पाप नष्ट होते हैं, सब अनिष्ट का प्रायश्चित होता है तथा मनुष्य रोगमुक्त हो जाता है। (वही – १३/३/१/१) इस ग्रंथ में ओजस्वी रूप में अश्वमेध से सिद्ध होने वाले समस्त प्रयोजनों का विशद् वर्णन तथा परीक्षित, भीमसेन, उग्रसेन, मत्स्यराज, दैवेतवन आदि के विश्व विश्रुत अश्वमेघों का विवरण अंकित है। (भागवत् पुराण – ४/२९/१)

प्रज्ञा पुराण में आर्ष ग्रंथों के ऐतिहासिक तथा पौराणिक उद्धरण प्रस्तुत कर वर्तमान परिस्थितियों में इस यज्ञ की आवश्यकता पर बल दिया गया है। उनके मतानुसार अपने विभिन्न स्वरूपों तथा अनेक प्रकारों में कला की अभिव्यक्ति करते हुए जहाँ यज्ञ अपनी पूर्णता प्राप्त करता है– वह अश्वमेघ है। इसे पहिली बार विकसित करने और पूर्णता देने वाले महाराजा पृथु को चौबीस अवतारों में गिना गया।

''अथादीक्षित राजा तु हयमेधेन शतेन वा।'' (भागवत पुराण – ४/२९/१)

तत्पश्चात् अश्वमेघ तथा पृथु जैसे परस्पर एकाकार हो गये।

अश्वमेध यज्ञ में प्राचीन शास्त्रोक्त विधि विधान के अनुसार अश्व की बलि दी जाती थी किन्तु आचार्य श्री ने अश्वमेध की नवीन परिभाषा प्रस्तुत कर इसका आधुनिकीकरण कर दिया है-- इस विषय में उनके विचार द्रष्टव्य हैं-– अश्वमेध के अर्थ गांभीर्य पर विचार किया जाये तो रहस्य समझ में आ जाता है। ''मेध'' शब्द का प्रयोग जब बलि के अर्थ में लिया जाता है तो उसका तात्पर्य है-- दुष्प्रवृत्तियों का विनाश, क्रूरता, पशुता, नृशंसता उन्मूलन, विच्छेदन, हनन। ''मेध'' शब्द का प्रयोग मेधा के अर्थों में प्रधानत: किया जाता है। इसके द्वारा मनुष्य के ब्रह्मवर्चस्, सुप्त संवेदना, विचार-शक्ति, सत्प्रवृत्तियों का जागरण शोषण, अभिवर्धन, संकल्प मूर्त होता है-- **''अशु क्रन् अश्नुते इच्छानम् अश्नुते व्यापनोति''** (अनुगीता ।।कुरुक्षेत्र।। पृ० – ६) अर्थात् तीव्रगति वाला, मार्ग पर व्याप्त हो जाने

वाला। इन अर्थों में अश्वमेध दुष्प्रवृत्ति उन्मूलन, सत्प्रवृत्ति संवर्धन का तीव्रतम सर्वव्यापी होने वाला प्रयास है। अत: इन यज्ञों की शाश्वत् परम्परा के अनेक उदाहरण उन्होंने प्रस्तुत किये हैं। विश्व की सृष्टि के आदिकाल में ब्रह्मा।स्रष्टा।। ने हजारों वर्ष पर्यन्त यज्ञ किया था, स्कन्द पुराण के अनुसार ब्रह्मा ने राजर्षि दिवोदास की सहायता से काशी में दश अश्वमेधों से भगवान का यज्ञ किया जिसके कारण वाराणसी में दशाश्वमेध नामक तीर्थ प्रकट हुआ।

लंका-विजय एवं राम-राज्य की स्थापना के पश्चात् राम ने अश्वमेध यज्ञ किये, प्राचीनकाल में राजा भरत ने पूर्ण विधि विधान के साथ सौ सौ अश्वमेध यज्ञ कर इस देश की भूमि को पवित्रकर इसे विश्व ब्रह्माण्ड का सर्वश्रेष्ठ भाग बनाने का गौरव प्राप्त किया। महाराजा बाहु ने सात द्वीपों में सात अश्वमेध यज्ञ किये। च्यवन ऋषि ने अश्विनी कुमारों का यज्ञ किया- इसका वर्णन भविष्य पुराण में मिलता है। यज्ञों की यह शृंखला बताती है कि वातावरण में छायी विषाक्तता का निवारण तथा अदृश्य जगत में देवत्व को अभिवर्धन करने में ये यज्ञ सहायक होते हैं। (प्रज्ञा पुराण- ४/३, पृ0- १८८-१८९) उन्होंने इस समय अश्वमेध यज्ञों की शृंखला की घोषणा की है जिनमें से २७ अश्वमेध यज्ञ विभिन्न स्थानों पर सम्पन्न हो चुके हैं। इन यज्ञों के महत्त्व का मूल्यांकन इससे किया जा सकता है कि चार अश्वमेध विदेशों में आयोजित किये गये हैं, जिनसे प्रभावित होकर विश्व की दृष्टि फिर भारतीय संस्कृति पर केन्द्रित हो गई है। वह दिन दूर नहीं जब भारत फिर विश्व गुरु के पद पर आसीन होगा।

वैदिक ऋषियों की राष्ट्र सम्बन्धी परिकल्पना बड़ी विराट् रही है। ''**वै राष्ट्रं वा** अश्वमेध:।'' कहकर **वे** समस्त विश्व को एक ही धर्म, एक ही संस्कृति, एकही शाश्वत् मान्यता की सीमा में लाते हुए उसे एकता, अखण्डता के पक्ष में रखने के पक्षधर रहे हैं। प्रस्तुत अश्वमेध शृंखला समस्त भारत को ही नहीं अपितु विश्व को एकात्मता के सूत्र में आबद्ध करने के लिए महाकाल की प्रेरणा से बनी है। इसमें यजन प्रक्रिया से अधिक उस मूल भूत भावना का महत्त्व है जिसमें राष्ट्र की प्रसुप्त प्रतिभा व पराक्रम को जगाया जाता है। आज के सम्प्रदायवादी विषमता एवं जातिवादी भेदभाव से भरे युग में अश्वमेध यज्ञों का महत्त्व और भी बढ़ जाता है।

आधुनिक परिस्थितियों में समय, साधन तथा सुविधाओं के अभाव में उन्होंने दीप यज्ञ श्रृंखला को प्रोत्साहन दिया। यह विधि सम्प्रदायों के सामूहिक संगठन में विशेष रूप से सहायक हो रही है क्योंकि दीपक मन्दिर, मस्जिद, गिरिजाघर तथा गुरुद्वारा सभी में जलाये जाते हैं। अत: सभी सम्प्रदाय के भक्त जन इससे दीपक की भाँति जल कर प्रकाशमय जीवन व्यतीत करने की प्रेरणा प्राप्त कर रहे हैं। ये यज्ञ कम समय तथा छोटे स्थानों पर भी सम्पन्न किये जा सकते हैं । इस विषय में आचार्य जी के विचार उल्लेखनीय है-- ''घनिष्ठ आत्मीय जनों की उपस्थिति, धूप बत्तियों का तथा दीपक जलाने का प्रतीक यज्ञ, चौबीस बार गायत्री मंत्र का पाठ-- इससे भी विधान की संक्षिप्त पूर्ति हो सकती है। किन्तु आयोजनों के उद्देश्यों को स्मरण करना तथा उन्हें भावी जीवन में अपनाना नितान्त आवश्यक है। भविष्य में जब भी अवसर मिले, उन्हें समारोह पूर्वक मनाने तथा उल्लासपूर्ण धार्मिक वातावरण बनाने का प्रयत्न करना चाहिए।''(प्रज्ञा पुराण - ४/३, पृ0-१९६)

''धर्मोत्सवस्य शृंखलायां नात्रशैयिल्यमापतेत्।

उद्दिश्यैतद् व्यधुर्ज्ञानसत्रं ते सूतशौनकाः।।

(वही - ४/३/७८)

धर्मोत्सवों की शृंखला में शिथिलता न आने पाये इस उद्देश्य को ध्यान में रखते हुए सूत शौनक आदि मिलजुल कर विशालकाय ज्ञान सत्र चलाते रहे हैं।आलोच्य ग्रंथ में यज्ञ को व्यापक अर्थ में लिया गया है। यज्ञ कुण्ड में मंत्रोच्चारण द्वारा आहुति डालना ही यज्ञ नहीं है। किन्तु यथावसर दीन दुखियों की सहायता, देश की सुरक्षा और परोपकार के लिए अपना तन, मन, धन, सर्वस्व न्यौछावर करना ही यज्ञ का सर्वोत्तम वास्तविक स्वरूप है। अहंकार रहित होकर ''इदं न मम''की उदात्त भावना का संचरण ही यज्ञ का सार है। यही महायज्ञ भारतीय संस्कृति का प्राण है। आधुनिक युग में भूदान-यज्ञ, नेत्रदान-यज्ञ, ज्ञान-यज्ञ, सेवा-यज्ञ, इसी परम्परा में आते हैं। देशभक्त देश की सुरक्षा के लिए प्राणों की आहुति स्वदेश की बलि वेदी पर दे देते हैं, इसका तात्पर्य इसी महायज्ञ से हैं। यही यज्ञ का मर्म है। (प्रज्ञा पुराण - ४/३ पृ० - १८६)

आचार्य श्रीराम जी ने **''देव संस्कृति के निर्माता, यज्ञ पिता गायत्री माता''** की उद्घोषणा कर महाप्रज्ञा गायत्री को भारतीय संस्कृति का उद्‌गम ज्ञान गंगोत्री तथा भारतीय धर्म का पिता यज्ञ को स्वीकार किया है। गायत्री सद्‌बुद्धि की अधिष्ठात्री देवी एवं यज्ञ सत्कर्म का प्रतीक है। वर्त्तमान काल में विश्व शान्ति एवं मानव कल्याण के लिए इन दोनों के पुनर्जागरण की नितान्त आवश्यकता है। जिस प्रकार भागीरथी गंगोत्री से निकल कर ।।सागर में विलीन होने तक।। सर्वत्र अपनी शीतलता, पवित्रता, सरसता से जन-जन के त्रिविध तापों का शमन करती है उसी प्रकार गायत्री माता विवेक संस्थापना कर संकीर्ण भेद-भाव को समाप्त कर जन-मानस के कषाय कल्मषों से त्राण दिला मुक्ति मार्ग तक ले जाती हैं। गायत्री मंत्र को चौबीस अक्षरों में लिखा सारगर्भित धर्मशास्त्र कह सकते हैं। इस अनास्था संकट से संत्रस्त मानव को सन्मार्ग दिखाने के लिए, धर्मचेतना को पुनर्जीवित करने के लिए इस युग की अधिष्ठात्री महाप्रज्ञा ऋतम्भरा गायत्री एवं पराक्रम प्रखरता के लिए यज्ञीय प्रखरता, पवित्रता, उदारता एवं प्रचण्डता को प्राप्त करने के लिए गायत्री यज्ञानुष्ठान की अन्यन्त आवश्कता है--

''धर्मस्य चेतनां भूयो जीवितां कर्तुमद्य तु।
अधिष्ठात्रीं युगस्यास्य महाप्रज्ञामृतम्भराम्।।
गायत्रीं लोकचित्ते तां कुरु पूर्णप्रतिष्ठिताम्।
पराक्रमं च प्रखरं कर्तुं सर्वत्र नारद।।
पवित्रोदारतां तु यज्ञजां च प्रचण्डताम्।
प्रखरां कर्तुवाद्यानिवार्यमन्यतां त्वया।।''

(प्रज्ञा पुराण - १/१/६९-७१)

यज्ञ मानव को संसार के अपरिहार्य दैनिक कर्त्तव्य व कर्मों की व्यावहारिक शिक्षा देकर उनकी सूक्ष्म एवं स्पष्ट प्रक्रिया का बोध कराता है। इसके द्वारा अन्तरंग एवं बाह्य ।।भौतिक।। पक्ष के उपयोग का ज्ञान प्राप्त होता है, अत:

यज्ञ केवल कर्मकाण्ड मात्र नहीं है अपितु ब्रह्माण्ड में कार्यरत प्रकृति की अनन्त शक्तियों में परस्पर सामंजस्य स्थापित करने के लिए ऊर्जा प्रदान करता है किन्तु यज्ञ में यज्ञीय भावना, यज्ञीय उपचार, यज्ञीय चेतना के अभिवर्धन को महत्त्व देना आवश्यक है। इसके अभाव में केवल उपचार मात्र यज्ञ नहीं हो सकते, इस रहस्य का ज्ञाता ही यज्ञ रूप प्रभु से लाभान्वित होता है। (वही - ४/३, पृ0- १८७) प्रज्ञा पुराण के प्रणेता आचार्य श्रीराम शर्मा जीवन को ही यज्ञ मानते हैं। उनके मतानुसार यज्ञ मय जीवन उसे कहते हैं, जिसमें मनुष्य अपनी सुख सुविधाओं को गौण मानकर परिवार एवं समाज को सुखी समुन्नत बनाने का प्रयास करता है। संयम एवं त्याग द्वारा परहित की भावना को अपनाना ही यज्ञ है। उनकी दृष्टि में वे समस्त शुभ कर्म यज्ञ की श्रेणी में आते हैं जिसमें किसी भी व्यक्ति ने लोकहित की भावना से प्रेरित होकर सर्वस्व समर्पित कर दिया हो। (वही - ४/३, पृ० - १९९) ''जीवन स्वयमेव एक यज्ञ है।'' ब्रह्मा के पर्यवेक्षण में ऋत द्वारा नियन्त्रित तथा सक्रिय प्राण तत्त्व द्वारा अग्रेनीत जीवन यज्ञ सदैव चलता रहता है। (तै० ब्राह्मण - २/१/५/१-२) महर्षि अरविन्द के अनुसार **''हमारी श्वास निःश्वास उच्छ्वास एवं हमारे हृदय''** की धड़कनों को सार्वभौम-यज्ञ की स्पन्दनशील लयों में जगाया जा सकता है। आचार्य जी ने इन्हीं आदर्शों को यज्ञ का स्वरूप स्वीकार किया है। पाशविक प्रवृत्तियों पर अंकुश लगा पतनोन्मुख प्रवाह को उत्कृष्टता की ओर ले जाने वाले अनुबन्ध निर्धारण यज्ञ कहलाने के अधिकारी हैं। वर्तमान काल में उज्ज्वल भविष्य की संभावनाऐं इसी पर आधारित हैं।

इस युग में यज्ञ प्रक्रियाओं की उपेक्षा के कारण देशव्यापी-विश्वव्यापी समस्याऐं उपस्थित हो गई हैं उनका निराकरण करने के लिए गायत्री यज्ञ परम्परा की पुनःस्थापना नितान्त आवश्यक है जिससे आत्म-कल्याण के साथ लोक-कल्यण संभव होगा।

चतुर्थ अध्याय
प्रज्ञा पुराण में दार्शनिक तत्त्व

।।क।। प्रज्ञा पुराण में सृष्टि उत्पत्ति
।।ख।। प्रज्ञा पुराण में प्रकृति
।।ग।। प्रज्ञा पुराण में जीव
।।घ।। प्रज्ञा पुराण में ईश्वर
।।ङ।। प्रज्ञा पुराण में स्वर्ग, नरक एवं मोक्ष
।।च।। प्रज्ञा पुराण में पुनर्जन्म।

दार्शनिक तत्त्व चिन्तन के लिए भारत सदैव विश्व विश्रुत रहा है। विभिन्न दृष्टिकोणों से दर्शन के तत्त्वों पर विचार करने के लिए भारत-भूमि पर अनेक दार्शनिक विधाओं का आविर्भाव हुआ है। वास्तव में भारतीय-दर्शन वैदिक ऋषियों के तत्त्व-चिन्तन का मूर्त रूप है जिनके मूलाधार वेद हैं। वेद दिव्य ज्ञान एवं ब्रह्मविद्या के स्रोत हैं। इनसे प्राचीन ग्रंथ भारत में ही नहीं समस्त विश्व में अनुपलब्ध हैं। वैदिक ऋषियों ने अनवरत साधना, त्याग, तपस्या द्वारा इस ज्ञानामृत की उपलब्धि कर अखिल विश्व को अमरता का संदेश प्रदान किया था जिसके कारण वह जगद्गुरु की उपाधि से सम्मानित हुआ। डॉ0 दास गुप्ता ने इन्हें भारोपीय परिवार का सर्वप्रथम प्रमाण ग्रंथ स्वीकार किया है '' '' (ए हिस्ट्री ऑफ इण्डियन फिलासफी-वाल्यूम-1, डॉ0 एस.एन.दास गुप्ता, पृ०.-१०) तथा मनुस्मृति में पितरों, देवों एवं मनुष्यों का सनातन चक्षु ''**पितृदेवमनुष्याणां वेदश्चक्षुः**'' (मनुस्मृति - १२/९४) के रूप में इनकी महत्ता प्रतिपादित की है। यहाँ चक्षु का अभिप्राय ज्ञान ।।दर्शन।। से है क्योंकि ज्ञान ही जीवन का मार्ग-दर्शक है।

''**दर्शन**'' शब्द की सिद्धि ''**दृश्**'' धातु से करण में ल्युट् प्रत्यय (संस्कृत हिन्दी कोष - वामन शिवराम आप्टे, पृ0-४५०) का योग करने पर होती है। इसका तात्पर्य दिव्य दृष्टि से देखना ही है। इसका शाब्दिक अर्थ जिसके द्वारा देखा जाये, ''**दृश्यते अनेनेति दर्शनम्**'' ही उपयुक्त प्रतीत होता है। यहाँ यह जिज्ञासा उत्पन्न होती है कि संसार के समस्त स्थूल पदार्थ नेत्रों द्वारा देखे जा सकते हैं अतः इन्हें देखने के लिए दर्शन शास्त्र की क्या आवश्यकता थी? इसका उत्तर यह है कि सृष्टि में दृष्टि गोचर पदार्थों का वास्तविक तात्विक स्वरूप गुण, धर्म, उत्पत्ति का कारण चर्म चक्षुओं से नहीं अपितु ज्ञान चक्षुओं से ही देखा जा सकता है। अतः हलायुध कोष के अनुसार ''**दृश्यते यथार्थतत्त्वमनेनेति दर्शनम्**'' (हलायुध कोष) जिसके द्वारा यथार्थ तत्त्व का दर्शन किया जा सके उसे दर्शन कहते हैं। इस परिभाषा के अनुसार सृष्टि उत्पत्ति, प्रकृति, जीव, ईश्वर, स्वर्ग, नरक, मोक्ष एवं पुनर्जन्म आदि दर्शन के अन्तर्गत आ जाते हैं। प्रज्ञा पुराण में इन सभी दार्शनिक तत्त्वों का सूक्ष्म निरूपण किया गया है।

।।क।। प्रज्ञा पुराण में सृष्टि उत्पत्ति

सृष्टि विधाता की सर्वश्रेष्ठ कृति है। इसकी उत्पत्ति के विषय में जिज्ञासा स्वाभाविक है। ''**अथातो ब्रह्म जिज्ञासा**'' की भाँति सृष्टि विषयक जिज्ञासा का मूल ऋग्वेद में प्राप्य है। ''**को ददर्श जायमानम्**'' (ऋग्वेद - १/१०४/४) ''**को अद्धा वेद क इह प्र वोचत् कुत आजाता कुत इयं विसृष्टिः**''(ऋग्वेद - १०/१२९/६) ''**किं स्विद् वनं क उ वृक्ष आस यतो द्यावा पृथिवी निष्टवक्षुः**'' (ऋग्वेद - १०/८१/४) प्रथम होते हुए को किसने देखा है, कौन बतायेगा, कौन निश्चय से जानता है कहाँ से आ गई, किससे यह सृष्टि बनी? कौन सा वन था? कौन सा वृक्ष था जिसे काटकर द्युलोक एवं पृथिवी की रचना हुई, इस जिज्ञासा का समाधान वैदिक महर्षियों ने चिन्तन मनन के पश्चात् किया है। वह वन और वृक्ष ब्रह्म ही है जिससे विश्वकर्मा ने आकाश और पृथिवी का निर्माण किया। ''**ब्रह्म वनं ब्रह्म वृक्षः स आसीत् यतो द्यावा पृथिवी निष्टाक्षुः।**'' (तैत्तिरीय ब्राह्मण - २/९/६)

''**कुत आजाता इयं विसृष्टिः**'' का उत्तर भी ऋक् संहिता एवं ब्राह्मण ग्रंथों में दिया गया कि विराट् आकाश में व्याप्त ब्रह्म ही सृष्टि के कारण एवं स्वरूप का ज्ञाता है। (ऋग्वेद - १०/१२९/५) इन तथ्यों से स्पष्ट होता है कि वेद और ब्राह्मण साहित्य में ऋषियों की यह धारणा दृढ़ हो गई थी कि एक ही सत्ता विभिन्न रूपों में दृष्टिगोचर होती है। पं0 विश्वेश्वरनाथ के मतानुसार बहुदेव वाद के समय सविता आदि एक देववाद के अनुसार हिरण्य गर्भः और एकत्ववाद के रूप में यह विश्व एक मात्र सर्वोच्च सत्ता के रूप में स्वीकार किया गया। (पं0 विश्वेश्वर नाथ रेउ - ऋग्वेद पर एक ऐतिहासिक दृष्टि, पृ0-९३) पुरुष सूक्त के अनुसार जगत् की सृष्टि एक प्राकृतिक उत्पत्ति मानी गई है और देवों को केवल सहायक उपकरण माना गया है। (भारतीय दर्शन, पारसनाथ द्विवेदी, पृ0-१५)

प्रज्ञा पुराण में इसी ब्रह्म का निरूपण परब्रह्म, अचिन्त्य, अगोचर सत्ता के रूप में वर्णित है। वह परम ब्रह्म अगम्य है उसे जानना संभव नहीं। ऋषियों ने उसके विराट् स्वरूप के कारण उसे नेति नेति कहा है :-

''अनन्तं तत्परं ब्रह्मतदचिन्त्यमगोचरम्।
समग्रं तत्तु विज्ञातुं न हि शक्यं कथञ्चन।।''

(प्रज्ञा पुराण - १/३/१५)

सृष्टि का व्यापक विस्तार और उसमें संव्याप्त जड़ चेतन का सम्मिश्रण ही ब्रह्म है। इस ब्रह्म के विषय में आचार्य जी का मत द्रष्टव्य है :- सृष्टि का निर्माण कर्ता बहुत दूरदर्शी एवं व्यवहार कुशल है। उसने इतनी बड़ी सृष्टि का सृजन कर जड़ में चेतनता एवं चेतन में चिन्तन की क्षमता का समावेश इस प्रकार किया है जिसे देखकर आश्चर्य होता है। इस निर्माण कर्ता की सुव्यवस्था एवं परिवर्तन की रीति-नीति के तारतम्य को देखते हुए मनीषियों ने कला की कल्पना की और वैज्ञानिकों ने विज्ञान की प्रगति की है। (वही - ४/५, पृ० -२६९) तात्पर्य यह है कि आज का

समस्त विज्ञान एवं सम्पूर्ण कलाएँ उसी कलाकार का अनुकरण मात्र हैं। उसकी सृष्टि में दिन और रात्रि की, गृह नक्षत्रों के अस्त की, पदार्थ प्रकृति एवं प्राणियों की परम्परा एवं सुव्यवस्था में किंचिद्मात्र भी अन्तर नहीं पड़ सकता। समस्त विश्व उसी के अनुशासन से परिचालित है। (प्रज्ञा पुराण - ४/५ पृ० - २६९)

उसी असीम सत्ता का दर्शन जड़ चेतन की गतिविधियों एवं सृष्टि विज्ञान के विभिन्न स्वरूपों में देखा जा सकता है किन्तु जिस ब्रह्म की उपासना की जाती है वह सृष्टि का संचालक मानव मात्र में बीज रूप में विद्यमान है उसे ब्रह्म विद्या से ही जाना जा सकता है। (प्रज्ञा पुराण - १/२/४२,४४)

''वयं यद् ब्रह्म तत्वस्य मुने कुर्मोऽवगाहनम्।
न विवेच्यो विराट् तत्र परमेतदवेहि यत्।।
कथं पश्याम एवं च कथं कुर्मस्तथात्मसात्।
प्रयोजनमिदं सर्वं ब्रह्म विद्या प्रचक्षते।।''

(वही - १/२/४२,४४)

अतः उसी ब्रह्म की उपासना करनी चाहिए। ऋग्वेद के नासदीय सूक्त में सर्ग रचना के पूर्व की अवस्था को अंधकार मय, चिन्ह विहीन तथा जलयुक्त बताया गया है-- **''तम आसीत्तमसा गूळ्हमग्रे प्रकेतं सलिलं सर्वमा इदम्।''** (ऋग्वेद - १०/१२९/४) उस समय न मृत्यु थी न अमरता, सूर्य - चन्द्र के अभाव से दिन रात्रि का भी ज्ञान नहीं था। एक मात्र ब्रह्म ही विद्यमान था-

''नमृत्युरासीदमृतं न तर्हि न राव्या अह्न आसीत्प्रकेतः।'' (वही - १०/१२९/२)

तब उस ब्रह्म के मन में विराट् सृष्टि को उत्पन्न करने की इच्छा जागृत हुई-

''कामस्तदग्रे समवर्तताधि मनसो रेतः प्रथमं यदासीत्।'' (वही - १०/१२९/४)

ब्राह्मण ग्रंथों के अनुसार उस अस्तित्व विहीन सत्ता ने अस्तित्व में प्रकट होने की कामना की - **''सोऽकामयत्। बहुस्यां प्रजायेयेति। स तपो तप्यत्''** (तैत्तिरीय ब्राह्मण - २/६/१) अतः इस ब्रह्म ने **''एकोऽहम् बहुस्याम्''** की प्रबल भावना से अभिप्रेरित होकर सृष्टि रचना की, क्योंकि उस समय पृथ्वी पर केवल जल ही जल था अतः उसने जल में डुबकी लगाकर तपस्या की और तप के प्रभाव से ऋत और सत्य, उसके पश्चात् रात्रि, समुद्र, संवत्सर, अहोरात्र, सूर्य, चन्द्र, पृथिवी, द्युः एवं अन्तरिक्ष की उत्पत्ति हुई।

''ऋतं च सत्यंञ्चाभीद्धात्तपसोऽधय जायत।
ततो रात्र्यजायत ततः समुद्रोऽर्णवः।।''

(ऋग्वेद - १०/१२९, १-३ तक)

सृष्टि की पूर्वावस्था में जलप्लावन का वर्णन आलोच्य ग्रंथ में भी किया गया है। प्रलय की इस संघटना का उल्लेख केवल भारतीय साहित्य में ही नहीं अपितु विश्व की अधिकांश प्राचीन सभ्यता के साहित्य में वर्णित है। इसे धार्मिक पुट दिया गया है। प्रलयोपरान्त नवीन सृष्टि क्रम का विवेचन भी अनेक ग्रंथों में उपलब्ध है।

ग्रंथकार ने इस सम्बन्ध में कुछ पाश्चात्य साहित्यिक ग्रंथों के उदाहरण प्रस्तुत किये हैं। यूनानी साहित्य में भी प्रलय के पश्चात् सृष्टि रचना स्वीकृत है। एक कथा के अनुसार **"अटिका"** जलमग्न हो गई थी, दूसरी प्रचलित कथा में जीयस ने अपने पिता की इच्छा पूर्ति के लिए ड्यूकालिन का विनाश करना चाहा जब वह अपनी पत्नि के साथ जलयात्रा पर था, तब उसने भीषण जलवृष्टि द्वारा पृथ्वी को डुबो दिया। नौ दिन तक वे दोनों पानी पर तैरते रहे। जलप्लावन कम होने पर मैरासस पहुँचे और अपने अंगरक्षक की बलि दे दी, इससे प्रसन्न होकर जीयस ने सन्तान का वरदान दिया और पुन: सृष्टि का विकास हुआ। (प्रज्ञा पुराण - ४/७, पृ० - ३५१) डॉ० राधाकृष्णन् के अनुसार यह वर्णित जल वही है जिसे यूनानी विद्वानों ने सृष्टि की विच्छृंखलता कहा। (इंडियन फिलासफी वाल्यूम-1, डा० राधाकृष्णन्, पृ०-५०२)

ववोलियन की एक दन्त कथा में पैरासस नामक पुरोहित ने लिखा है कि आरडेट्स की मृत्यु के बाद उसके पुत्र के शासन काल में भीषण बाढ़ आई जिसका आभास उसे स्वप्न में हो गया। उसने अपने लिए सुदृढ़ नौका बनवाई। जल का वेग कम होने पर उसने तीन पक्षी उड़ाए जिससे देवता प्रसन्न हुए और पुन: सृष्टि का सृजन हुआ। (प्रज्ञा पुराण - ४/७, पृ० -३५१)

चीनी पौराणिक साहित्य तथा सुमेरियन ग्रंथों में भी इस प्रकार भीषण जल प्लावन की कथाएँ विद्यमान हैं। इस विषय में डॉ० सूर्यकान्त का कथन उल्लेखनीय है-- **"जलों से विश्व की उत्पत्ति के सम्बन्ध में हम दार्शनिक थेल्स की चर्चा किये बिना नहीं रह सकते जिसने जलों से सर्ग की उत्पत्ति के सिद्धान्त को ग्रीस में प्रचलित किया।"** (डॉ० सूर्यकान्त - वैदिक धर्म एवं दर्शन - द्वितीय भाग की भूमिका, पृ० -३६)

बाईबिल के अनुसार जल देवता **"नूह"** को जब जल प्रलय की सूचना मिली तो वे अपने कुछ साथियों के साथ नौका में बैठकर आराकान पहुँचे। समस्त चराचर सृष्टि जल मग्न हो गई किन्तु वे दस मास तक नौका से ही सब कुछ देखते रह। धीरे-धीरे जल वृष्टि कुछ कम हुई और हजरत नूह ने मानवता का विकास किया। (प्रज्ञा पुराण - ४/७, पृ० -३५१)

डॉ० राधाकृष्णन् ने भी इस प्रसंग का उल्लेख किया है। उनके विचार में यह वही जल प्लावन है जिसे बाईबिल के प्रथम अध्याय **"जेनेसिस"** में आकार विहीन एवं शून्य कहा गया है जिसके ऊपर असीम की इच्छा का आधिपत्य था। (इण्डियन फिलासफी वाल्यूम -1 राधाकृष्णन्, पृ०- १०२)

भारतीय साहित्य में ऋग्वेद (ऋग्वेद - १०/१२९/६) से लेकर शतपथ ब्राह्मण, (शतपथ ब्राह्मण- ११/१/६/१-२) तैत्तिरीय ब्राह्मण, (तैत्तिरीय ब्राह्मण - ५/७/२) वृहदारण्यक, (वृहदारण्य को0 - ५/५/१) महाभारत एवं विविध पुराणों में इस संघटना एवं मनु द्वारा सृष्टि के पुनर्निर्माण की अनेक कथाएँ प्रचलित हैं। इसी के आधार पर मत्स्य पुराण की संरचना की गई। इस कथा के अनुसार विवस्वान मनु ने मछली की प्रार्थना पर उसकी जीवन रक्षा की थी उसी मछली ने मत्स्य का रूप धारण कर उन्हें भविष्य में होने वाले जलप्लावन की सूचना दी तथा भयंकर प्रलय में उनकी नौका को धक्का देकर हिमालय की चट्टानों के बीच सुरक्षित रखा। इन्हीं मनु ने सृष्टि का पुनर्निर्माण किया। जलों में बीजाधान का उल्लेख मनुस्मृति में भी है-- ''सृष्टि की इच्छा करने वाले उस ब्रह्म ने अपने शरीर से ध्यान कर पहिले जलों की सृष्टि की और उसमें बीज डाला।''

''सोऽमिध्यायः शरीरात्स्वात् सिसृक्षुर्विविधाः प्रजाः।
अत एव ससर्जादौ तासु बीजमवासृजत्।।''

(मनुस्मृति - १/८)

इस प्रकार सृष्टि से पूर्व प्रलय की अनेक कथाओं से विश्व साहित्य परिपूर्ण हैं। सम्पूर्ण विश्व की ये आख्यायिकाएँ निश्चित ही इस प्रकार की घटित घटनाओं का संकेत करती हैं। अभिव्यक्ति की शैली तथा कथाओं में विभिन्नता होने पर भी उनमें आन्तरिक अविच्छिन्नता के दर्शन होते हैं। इस विषय में आचार्य नूतन मौलिक दृष्टिकोण प्रस्तुत करते हुए कहते हैं-- प्रलय का रूप भयंकर होता है किन्तु भूकम्प, अतिवृष्टि, अनावृष्टि, विस्फोट, बाढ़ महामारी आदि उत्पात भी कम विनाशकारी नहीं होते। मानव जिसे सृष्टि का मुकुट मणि, सृष्टि रत्न परमपिता परमात्मा का प्रिय राजकुमार कहा जा सकता है, (प्रज्ञा पुराण - १/२/५) ने अपनी दुष्प्रवृत्तियों, दुर्ष्कमों से इस समय समस्त प्रकृति को संत्रस्त कर दिया है। इस समय विज्ञान के वरदान भी अभिशाप बन गये हैं। विज्ञान ने अणु बम, रासायनिक युद्ध ध्वनियुद्ध, लेसर बम, नक्षत्र युद्ध।स्टार वार।। आदि के अनेक साधन प्रदान कर दिये हैं कि बस एक चिन्गारी अथवा बिजली का स्विच दबाने मात्र से महाप्रलय महाविनाश के गर्त में सारी वसुधा समा सकती है। हिरोशिमा नागासाकी की घटनाएँ इसका प्रत्यक्ष प्रमाण है। (प्रज्ञा पुराण - ४/७, पृ० -३५०)

विज्ञान ने मानव को जो भौतिक सुविधाएँ प्रदान की हैं उसका दुष्परिणाम यह है कि मानव इतना विलासी, भौतिक वादी तथा अकर्मण्य बन गया है कि यदि उस पर नियंत्रण न किया गया तो मानव सभ्यता के साथ-साथ सृष्टि का भी विनाश सुनिश्चित है। यह सब जानते हुए भी मानव अपनी हठवादिता त्यागने में असमर्थ है जिसका दुष्परिणाम भयंकर हो सकता है--

''विज्ञान वरदानं स्वदुष्प्रवृत्तेस्तु कारणात्।
अभिशापं व्यधादे व सृष्टि नाशकरं परम्।।''

(भारतीय दर्शन, डॉ0 उमेश मिश्र - ४/७, पृ0 - १०-११)

प्रलय दो प्रकार का होता है-- एक महाप्रलय तथा अवान्तर प्रलय।

महाप्रलय :-

तीनों गुणों से लेकर ब्रह्माण्ड पर्यन्त के अभिमानी ब्रह्मा आदि का नाश महाप्रलय में होता है। इस समय ब्रह्माण्ड जल कर भस्म हो जाता है केवल प्रकृति मात्र शेष रहती है और असीम जलराशि में लक्ष्मी स्वरूप एवं वटवृक्ष पर शून्य नामक नारायण शयन करते हैं। (भारतीय दर्शन, डॉ0 उमेश मिश्र, पृ0 – ४४६) पुराणों में भगवान के इस रूप की पूजा की गई है।

अवान्तर प्रलय :-

यह दो प्रकार का होता है दैनन्दिन प्रलय एवं मनु प्रलय। दैनन्दिन प्रलय- ब्रह्मा की रात्रि होने पर होता है इस समय भू: भुव: स्व: तीनों लोक समाप्त होते हैं और मनु प्रलय- मनु काल के भोग की समाप्ति पर विनाश होता है इसमें भूर्लोक के प्राणिमात्र नष्ट होते हैं। इस का वर्णन ब्राह्मण ग्रंथों तथा पुराणों में किया गया है। (भारतीय दर्शन, डॉ0 उमेश मिश्र, पृ0 –४४७) आचार्य जी के मतानुसार इस समय अपराध, दुष्टता, दुर्बुद्धि, असहयोग, दुष्कर्म, छल, विश्वासघात, अनास्था का आधिक्य होने के कारण चारों ओर अकाल, अतिवृष्टि, अनावृष्टि, भूकम्प, बाढ़ तथा ईति भीति का प्रकोप प्रत्येक स्थान पर स्पष्ट दृष्टिगोचर हो रहा है उसे अवान्तर प्रलय तथा मनुप्रलय कहा जा सकता है।

मानव के दुष्चिन्तन का प्रभाव समस्त वातावरण को दूषित कर देता है जिससे आधिव्याधि की उत्पत्ति तथा वृद्धि होती है और महामारी तथा रोग शोक भारी विनाश उत्पन्न कर देते हैं- इस समय भौतिक विज्ञान की प्रगति विलासमय जीवन का जो विकसित स्वरूप दृष्टिगोचर हो रहा है उसके द्वारा मानव स्वयं महाप्रलय को आमंत्रित कर रहा है। प्राचीन काल से अब तक का इतिहास साक्षी है कि सृष्टि निर्माण से लेकर इस समय तक जब-जब प्रलय की परिस्थितियाँ उत्पन्न हुई है उनका प्रमुख कारण मानव की दुर्बुद्धि ही रही है। (प्रज्ञा पुराण – ४/७, पृ0 – ३५०)

संक्षेप में इतना ही कहा जा सकता है कि इस परिस्थिति में इन सब तथ्यों पर सूक्ष्म गवेषणा एवं गंभीरता पूर्वक विचार करने की आवश्यकता है, जिससे सूक्ष्म एवं विराट् क्षेत्रों के बीच सम्बन्ध स्थापित करने वाले यौगिक विनियोग को सम्यक् रूप से समझा जा सके और इस महाविनाश से मुक्ति मिल सके। प्रज्ञा पुराण में सृष्टि व्यवस्था को सुचारू रूप से गतिशील होने के लिए मनुष्य मात्र को प्रज्ञा जागरण का संदेश दिया गया है, क्योंकि सृष्टि व्यवस्था में सर्वत्र अनुशासन की आवश्यकता है। ग्रह पिंड पदार्थ वनस्पतियों सजीव निर्जीव सभी को सृष्टि व्यवस्था के अनुशासन में रहकर उज्ज्वल भविष्य एवं नवीन सृष्टि का निर्माण करना होगा तभी नवयुग निर्माण योजना को सफल कर वह मनु पुत्र मानव कहलाने का अधिकारी बन सकेगा।

।।ख।। प्रज्ञा पुराण में प्रकृति

प्रकृति भौतिक सृष्टि का मूल स्रोत है। वहीं ब्रह्म की महाशक्ति है जिसके द्वारा विश्व का सृजन होता है। ईश्वर तथा आत्मा के अतिरिक्त संसार की समस्त वस्तुएँ प्रकृति के पंच तत्त्वों से विनिर्मित होती है अत: वे सभी परिवर्तनशील तथा नश्वर हैं। जिस प्रकार अग्नि में प्रकाशिका एवं दाहिका शक्ति छिपी रहती है, उसी प्रकार यह अव्यक्त रूप में सदैव परब्रह्म के साथ रहती है तथा जब ब्रह्म की इच्छा सृष्टि उत्पन्न करने की होती है, तब यह जागृत हो जाती है। गीता में भगवान ने स्वयं कहा है -- ''**प्रकृतिं स्वामधिष्ठाय सम्भवाम्यात्ममायया।**'' (गीता - ४/६) इसकी सत्ता का पता इसके कार्यों से चलता है अन्यथा यह अव्याकृत है, इसे माया कहते हैं।

''**प्रकृति**'' शब्द की व्युत्पत्ति हलायुध कोष के अनुसार ''प्रकृति स्त्री0 ।। प्रक्रियते कार्यादिकमनयेति, प्र+कृ+क्तिन्।। शिल्पीसत्वरजस्तमसां साम्यावस्था, प्रधान मायाशक्ति, चैतन्यं, सत्वं रजस्तमश्चैव गुणत्रयमुदाहृतम्'' (हलायुद्धध कोष - पृ0- ४४८) तथा अन्य स्थानपर ।।प्र+कृ+क्तिन्।। किसी वस्तु की नैसर्गिक स्थिति माया जड़ जगत् के रूप में ही कही गयी है। सांख्यदर्शन में इसे सत्व, रज तथा तम तीन गुणों से युक्त माया या मृग मरीचिका की संज्ञा दी है। (संस्कृत हिन्दी शब्दकोष - शिवराम आप्टे, पृ0- ६४०) अत: प्रकृति माया है तथा महेश्वर मायावी, इसी के अवयवभूत कार्य कारण संघात से यह सम्पूर्ण जगत व्याप्त है--

''मायां तु प्रकृतिं विद्यान्मायिनं तु महेश्वरम्।
तस्यावयवभूतैस्तु व्याप्तं सर्वमिदं जगत्।।''
(श्वेताश्वतरोपनिषद् - ४/१०)

मायावाद का तात्पर्य है- जीवात्मा अज्ञान के वशीभूत होकर जगत को भिन्न-भिन्न प्रकार से देखता है जबकि मूल तत्त्व में शक्ति द्वारा कोई विकार नहीं होता। विष्णु पुराण में इसी तथ्य का निरूपण किया गया है--

''ज्ञान स्वरूपमत्यन्तं निर्मलं परमार्थत:।
तमेवार्थ स्वरूपेण भ्रान्तिदर्शनत: स्थितम्।।''
(विष्णु पुराण - १/२/६)

उपर्युक्त सिद्धान्तों से स्पष्ट हो जाता है कि समस्त ब्रह्माण्ड ब्रह्म एवं प्रकृति के संयोग से ही उत्पन्न हुआ है। प्रज्ञा पुराण में प्रकृति का वर्णन करते हुए ग्रंथकार लिखते हैं :- दोवस्तुओं के मिलने से तीसरी बनती है। दिन और रात की मिलन बेला को संध्या कहते हैं । संध्या न दिन है न रात, पर उसमें दोनों का अस्तित्व है। इसी प्रकार परब्रह्म परमात्मा तथा पंच भौतिक प्रकृति के सम्मिश्रण से जो तीसरी सत्ता उत्पन्न होती है उसका नाम ''**जीव**'' है। चेतन ब्रह्म के गुण आत्मिक चेतना, अन्त:करण एवं भावना के रूप में हमारे अन्दर विद्यमान हैं तथा प्रकृति के जड़ होने के कारण शरीर का सारा ढांचा ही जड़ है--

''त्रिधात्मिकायां विश्वस्य व्यवस्थायामृषीश्वरा:।

प्रकृतीश्वरजीवानामिव क्षेत्रे चित्तेरपि।।"

(प्रज्ञा पुराण - १/५/१९)

इस समय मानव ने अपने दुष्ट आचरणों से प्रकृति को कुपित कर दिया है। प्रकृति के समस्त तत्त्वों पर मानव ने अपना अधिकार कर लिया है। बढ़ती हुई आबादी के कारण पृथ्वी का दोहन क्रम चल रहा है। प्रकृति के असंतुलन के कारणों पर आचार्य जी ने खेद प्रकट किया है। मानव की भौतिक लिप्सा ही उसे प्रकृति से खिलवाड़ करने के लिए प्रेरित कर रही है। रसायनिक खादों का प्रयोग कर पृथ्वी की संजीवनी शक्ति नष्ट कर दी गई है और उसे बंजर बनाया जा रहा है। स्वार्थ के वशीभूत होकर मनुष्य वन सम्पदा को नष्ट कर रहा है उसका दुष्परिणाम अनावृष्टि, अतिवृष्टि, झंझावात् तथा वायु प्रदूषण के रूप में दृष्टिगोचर हो रहा है जिससे अनेक रोगों की उत्पत्ति हो रही है। (प्रज्ञा पुराण - ४/७, पृ० - ३५०)

भूमि के अन्दर से समस्त खनिज पदार्थ निकाल लिए गये हैं। अत: भूगर्भ में संतुलन बिगड़ जाने के कारण भूकम्प, भूखण्ड तथा ज्वालामुखी विस्फोट जैसी भयंकर परिस्थितियाँ भूगर्भ वैज्ञानिक प्रत्यक्ष देख रहे हैं। वैज्ञानिक आविष्कारों तथा यंत्रों के आधिक्य से वायु प्रदूषण बढ़ रहा है, जिसके कारण सूर्य की ओजोन पर्त प्रभावित हो रही है। विश्व के सभी वैज्ञानिक इस पर चिन्तित हैं।

इस समय विज्ञान की प्रगति ने भस्मासुर का रूप धारण कर लिया है-- अणु बम, लेसर बम जैसे आविष्कार पृथ्वी को जलाकर भस्म करने के लिए तत्पर हैं। अत: मानवीय दुर्बुद्धि ग्रस्त प्रकृति कुपित होकर कब प्रलय प्रस्तुत कर दे यह नहीं कहा जा सकता। (प्रज्ञा पुराण - ४/७, पृ० - ३५०) आचार्य जी की यह आशंका निराधार नहीं है। चरक ऋषि ने भी इस विषय पर अपना मत प्रकट किया है-- **"महामारियाँ, अतिवृष्टि, अनावृष्टि आदि ईतियों का मूल कारण प्रज्ञापराध ही है"** अग्निवेश को सम्बोधित करते हुए अत्रेय कहते हैं-- वायु आदि की विकृति अधर्म एवं शास्त्र विरूद्ध कर्म करने से ही होती है। जब राजा तथा प्रजा धर्म मार्ग का परित्याग करते हैं तो देवता उन अधर्मियों से सम्बन्ध विच्छेद कर लेते हैं। देवताओं द्वारा परित्यक्त भूमि में ऋतुएँ विकृत हो जाती है, फलस्वरूप कहीं अतिवृष्टि, कहीं अनावृष्टि, तथा कहीं बाढ़ का दृश्य प्रस्तुत हो जाता है। पृथ्वी विकृत तथा औषधियाँ गुण रहित हो जाती हैं। फलत: अनेक महामारियाँ नगर जनपदों का विध्वंस कर डालती हैं। इसीलिए कहा गया है :-

"देवादीनामपचितिरहितानां चोप सेवनम्।
ते च तेभ्यो विरोधश्च सर्वमापत्तमात्यनि।।"

(१ चरक नि० - ७/२३)

प्रकृति का मानव प्रकृति एवं वृत्ति से घनिष्ठ सम्बन्ध है। उसके कार्य कलाप अनन्त आकाश तथा समस्त पृथ्वी तल को पूर्णतया प्रभावित करते हैं। उदाहरण स्वरूप जिन स्थानों पर पूजा, दान इत्यादि शुभकृत्य होते हैं, वहाँ का वातावरण मन में शान्ति तथा आनन्दानुभूति उत्पन्न करता है, किन्तु जहाँ हिंसक प्रवृत्ति के मानव दुष्कर्म करते हैं, वहाँ पहुँच कर मन में भय तथा आशंकाएँ उत्पन्न होने लगती हैं। इस तथ्य को आलोच्य ग्रंथ में गंभीरता पूर्वक प्रतिपादित

करते हुए आचार्य श्रीराम जी लिखते हैं- ''मनुष्य की चेतन प्रकृति का सृष्टि की जड़ प्रकृति के साथ अद्भुत सामंजस्य एवं घनिष्ठ सम्बन्ध है। सतयुग में सज्जनोचित् प्रवृत्तियों के फलस्वरूप आकाश से विपुल वर्षा होती थी, प्रचुर धन-धान्य, परिपुष्ट जलवायु अनुकूल तथ सुखद परिस्थितियों से सन्तुष्ट मानव आनन्दमय जीवन व्यतीत करता था। प्रकृति मानवीय सुख साधनों के अनुकूल चलती थी किन्तु आज परिस्थितियाँ भिन्न हैं। इस समय मनुष्य के दुष्कर्मों की प्रतिक्रिया स्पष्ट दृष्टिगोचर हो रही है। जब तक व्यक्ति के आचार-विचार सद्भावनापूर्ण नहीं होंगे तब तक उसे प्रकृति का कोप भाजन बनकर विविध त्रास सहन करने होंगे।''

''अनाचारैश्च मर्त्यानां रूष्टायाः प्रकतेरिह।
कोपो वर्षति भिन्नेषु रूपेष्वैव निरन्तरम्।।
प्रतिकूलस्य चाऽस्यायं क्षुद्रस्तु पुरूषः कथम्।
प्रतिकर्तुं समर्थः स्यादल्पज्ञश्चाल्प शक्तिकः।।''
(१ प्रज्ञा पुराण - ४/७/८-९)

प्रकृति का अनुशासन भंग करने वाले को प्रकृति कभी क्षमा नहीं करती। विश्व ब्रह्माण्ड के समस्त ग्रह नक्षत्र किसी अदृश्य शक्ति के संचालन से संचालित हैं। आकाश गंगा के साथ अनेक ग्रह नक्षत्र इसमें सम्मिलित हैं तथा आकाश गंगा हिरण्यगर्भ की कठपुतली ही है। सौर मण्डल भी एक दूसरे के साथ संगठित रह कर ही कार्य कर रहा है। सौर परिवार यदि अपना पथ बदल दे तो सूर्य का सन्तुलन ही समाप्त हो जायेगा।

इस सूर्य से बड़े हजारों गुणा क्षमता सम्पन्न सूर्य करोड़ों की संख्या में ब्रह्माण्ड में विचरते रहते हैं, किन्तु ये समस्त ग्रह नक्षत्र सुव्यवस्थित एवं मर्यादापूर्ण अनुशासन में चल रहे हैं। जिस दिन इनमें से किसी में भी असंतुलन होगा तो सारा ब्रह्माण्ड एक क्षण में विनष्ट हो जायेगा ।**(२ - वही - ४/५, पृ० - १९७)**

इस विषय में आचार्य बलदेव उपाध्याय जी के विचार उल्लेखनीय है - ''यह जगत् व्यवस्था - नर्तकी की मनोरम रंगशाला हैं। इसकी छोटी से छोटी वस्तु भी यदृच्छा से प्रवृत्त नहीं होती, प्रत्युत एक व्यापक नियम के वशीभूत हो अपने जीवन का विस्तार करती है। दिन के अनन्तर रात्रि का आगमन, नित्य प्रातः सुवर्णमय रश्मियों को छिटकाते हुए भगवान सविता का पूर्व क्षितिज पर मंगलमय उदय, रात्रि के समय रजत रश्मियों को बिखरने वाले सुधाकर का आविर्भाव तथा इन्हीं दृश्यों की पुनरावृत्ति इस तथ्य को प्रतिपादित करती है कि इस विश्व में मूलतः एक व्यवस्था है।'' **(१ - धर्म और दर्शन - आचार्य बलदेव उपाध्याय, पृ०- १४)**

यहाँ प्रकृति के माध्यम से आचार्य जी यह संदेश देना चाहते हैं कि प्रकृति के कण-कण, अणु परमाणु से लेकर ब्रह्माण्ड में व्याप्त समस्त ग्रह नक्षत्र, यहाँ तक कि क्षुद्र जीव जन्तु भी उस असीम सत्ता के अनुशासन से बंधे हैं। जो अनुशासनहीन होकर आचरण करता है उसे प्रकृति स्वयं ही दण्डित कर देती है। जब लघु श**लभ** तथा दीपक आदि भी अनुशासन का महत्व समझते हैं तो मानव तो विवेकशील प्राणी है उसे उच्छृंखल व्यवहार नहीं करना चाहिए।

''सृष्टि स्थितौ हि सर्वत्र व्यवहारोऽभिजायते।
अनुशासनज : सर्वे निर्जीवा जीविनोऽथवा।।''
(२- प्रज्ञा पुराण - २/५/२८)
तथा -
''प्रकृतेरनिवार्येयं दण्डदानव्यवस्थितिः।
श्रमं कर्तुं विशीर्णां तां नाह्वेयेन्नाशमात्मनः।।''
(३ - वही - २/५/३७)

प्रकृति की दण्ड व्यवस्था अपरिहार्य है। अत: उच्छृंखल व्यवहार कर अपना सर्वनाश करने की मूर्खता किसी को भी नहीं करनी चाहिए। आचार्य श्रीराम ने प्राकृतिक वातावरण को परिशुद्ध करने के लिए अनुशासन, सदाचरण, जप, तप तथा यज्ञ की महत्ता पर बल दिया है। जहाँ मनुष्य के दुष्कर्म वातावरण को दूषित करते हैं, वहाँ उसके सत्कर्म मनुष्य ही नहीं अपितु प्राणिमात्र को आनन्दित कर केवल बाह्य ही नहीं अपितु मन की स्थिति को भी परिवर्तित कर देते हैं। प्राचीन ऋषि-आश्रमों में जहाँ उपासना, साधना तथा आराधना के द्वारा मानव ऋषि-जीवन व्यतीत करते थे, नित्य-जप, तप तथा यज्ञादि अनुष्ठान होते थे, वहाँ पशु-पक्षी भी पारस्परिक वैमनस्य को भूलकर एक घाट पर पानी पीते थे। यज्ञ प्रक्रिया वातावरण को परिशोधित करने की अचूक औषधि है। यज्ञ केवल कर्मकाण्ड ही नहीं प्रत्युत ब्रह्माण्ड में समस्त प्राकृतिक शक्तियों को समन्वित करने के लिए ऊर्जा प्रदान करता है। यज्ञ से अग्नि, वायु, आकाश, पृथ्वी, जल सभी तत्व परिशोधित होते हैं। अग्नि देव को समर्पित आहुतियाँ वायुभूत होकर उनकी गन्ध को देवताओं तक पहुँचाती है। इससे प्रसन्न होकर इन्द्र देवता समय पर वृष्टि करते हैं, जिससे पृथ्वी धन-धान्य से परिपूर्ण हो जाती है और मानव सुख समृद्धि सम्पन्न हो जाता है। वातावरण शान्त एवं अनुकूल बनता है। और प्रकृति प्रसन्न होकर अपना सारा वैभव लुटा देती है।

संक्षिप्त रूप में कहा जा सकता है कि यह प्रकृति ही परब्रह्म की सर्जक शक्ति है जो सत्त्व, रज तथा तमोगुण मयी होकर समस्त विश्व को लुभाती और नचाती है तथा इन गुणों से अलग भगवान की शुद्ध प्रकृति सच्चिदानन्द धन स्वरूपा संधिनी शक्ति सत्स्वरूपा, संवित् शक्ति, चित् स्वरूपा और आह्लादिनी शक्ति आनन्द स्वरूपा है जो चिन्मय तथा कृपा शक्ति भी है तथा ब्रह्मा के साथ ब्रह्माणी, शिव के साथ शिवानी, विष्णु के साथ वैष्णवी, श्रीराम के साथ सीता, श्रीकृष्ण के साथ श्रीराधा तथा सविता देवता के साथ सावित्री तथा गायत्री के रूप में भक्त जनों द्वारा स्तुत्य है उस प्रकृति देवी के अनुकूल कार्य करके ही मानव सुखमय जीवन व्यतीत कर सकता है। जब वह कुपित होती है तो प्रलयंकारी दृश्य प्रस्तुत होते हैं। जब प्रसन्न होती है तो अतुल सम्पदा की वर्षा कर देती है। वर्तमान में उस महाशक्ति की उपासना महाप्रज्ञा के रूप में करने की आवश्यकता है, तभी मानव उसके अनुदान, वरदान पाकर आत्मसंतोष, लोक सम्मान तथा दैवी अनुग्रह की उपलब्धि कर सकता है।

।ग।। प्रज्ञा पुराण में जीव

भारतीय संस्कृति अमरत्व का पान कराती है – यही कारण है कि यह प्राचीन होकर भी नवीन है। उसमें नव जीवन संचार करने की अभूतपूर्व क्षमता है इसका कारण है भारतीय दर्शन में अद्वैतवाद की उपलब्धि, जिसे प्रातिभ चक्षु मनीषियों ने प्रज्ञा दृष्टि द्वारा, तपस्या एवं निरन्तर चिन्तनमग्न होने पर उपलब्ध किया है। वह परब्रह्म नित्य अगोचर, अनादि और अनन्त है फिर उसके अंश जीवात्मा को भी अविनाशी, चेतन, निर्मल, सच्चिदानन्द स्वरूप होना ही चाहिए। अत: –

''अजो नित्यः शाश्वतोऽयं पुराणो, न हन्यते हन्यमाने शरीरे।''

(१ - **कठोपनिषद् १/२/२८,** गीता २/२०)

अर्थात् शरीर के नष्ट होने पर भी यह नहीं मरता, यह जन्मरहित, नित्य और शाश्वत है यह कह कर जीवात्मा की अमरता का उद्घोष कर दिया है।

ऋग्वेद के सूक्तों में ''जीव'' शब्द का प्रयोग किया गया है जिसका अर्थ जीवात्मा जीवन चैतन्य तथा जीवधारी प्राणी के रूप में स्वीकृत है। **(२ - ऋग्वेद - १/९२/९, ८/८/२३, सायण भाष्य।)** जीव शब्द की व्युत्पत्ति इस प्रकार की गई है – **(३- शब्द कल्पद्रुम - ३/३/१२१, राजा राधाकान्त देव, पृ० - ५३८)** ''जीवः पु० ।जीवनमिति। जीव्+हलश्च'' इति घञ्।। अमुधारणम्। इत्यमरः। वास्तव में यह एक ऐसा तत्त्व है जिससे शरीर का संचालन एवं नियंत्रण होता है। यह अविनाशी तत्त्व अमरण धर्मा ।जीवात्मा/मरणशील ।शरीर।। में रहकर विचरण करता है। उपनिषदों में आत्मा को एक ।यात्री।। रथी तथा शरीर को रथ कहा गया है--

''आत्मानं रथिनं विद्धि शरीरं रथमेव तु'' (कठोपनिषद् - १/३/३)

ऋग्वेद की एक ही ऋचा में जगत्, जीवात्मा एवं परमात्मा के सम्बन्ध का चित्रण आलंकारिक रूप में किया गया है :-

''द्वा सुपर्णा सयुजा सखाया समानं वृक्षं परिषस्वजाते।
तयोरन्यः पिप्पलं स्वादृवत्त्यनश्नन्नन्यो अभि चाकशीति।।''
(ऋग्वेद -१/१६४/२०)

''दो सुन्दर पंख वाले पक्षी जो कि परस्पर संयुक्त है एवं सखा है, सामान्य रूप से एक ही वृक्ष का आश्रय लिए हुए हैं-- उन दोनों में एक स्वादुफल ।पिप्पल।। को खाता है दूसरा बिना खाये ही केवल साक्षी रूप में देखता है। यहाँ वृक्ष प्रकृति है। फल खाने वाला पक्षी जीवात्मा है तथा द्रष्टा मात्र परमात्मा है।''

इस प्रकार वेदों में जीव सम्बन्धी विचार का यह बीज उपनिषदों में पूर्ण रूप से विकसित हुआ है। इस औपनिषद् तत्त्व ज्ञान का पर्यवसान "**तत्त्वर्गस्**" (**छान्दोग्योपनिषद्** - ६/८/७) में दृष्टिगोचर होता है। इसके द्वारा ऋषियों ने घोषणा कर दी कि ब्रह्म एवं जीव में नितान्त एकता है-- जो समष्टि में "**तत्**" है वही व्यक्ति में "**त्वम्**" है, अद्वैत धर्म का साक्षात्कार करने वाले वैदिक ऋषियों की समस्त विश्व के लिए यह महती देन है।

इस दर्शन के विशेष अनुशीलन ने स्पष्टकर दिया है कि मानव की आध्यात्मिक प्रवृत्तियाँ केवल कर्म की उपासना से तृप्त नहीं हो सकती। सांख्य दर्शन के अनुसार विभिन्न गुण वाले जीव और भौतिक जगत् ।।पुरुष और प्रकृति।। के गुणों को पूर्ण रूप से न जानने के कारण यह संसार है। प्रकृति पुरुष के यथार्थ के ज्ञान से "तत्-त्वम्" की एकता सिद्ध होती है। इसे व्यवहारिक रूप से प्रत्यक्ष करने की आवश्यकता की पूर्ति योग द्वारा हुई, कालान्तर में जीव जगत् के यथार्थ स्वरूप को जानने तथा आत्मा-अनात्मा के गुण विवेचन करने के लिए वैशेषिक की उत्पत्ति हुई।

तत्पश्चात् शास्त्रीय पद्धति के निरूपण के लिए न्याय ।।तर्क।। तथा कर्म मीमांसा का जन्म हुआ और इसका पर्यवसान वेदान्त में हुआ। इस प्रकार "तत्त्वमसि" इस महामंत्र की यथार्थ व्याख्या इन षड्दर्शनों के द्वारा की गई। "तत्-ब्रह्म त्वम् -जीव, के अनुसार जीव तत्वत: ब्रह्म ही है। सर्वं खल्विदं ब्रह्म"(१ - **छान्दोग्योपनिषद्** - **३/१४/१**) तथा "जीवो ब्रह्मैव नापर:" (२ - **विवेकचूडामणि** - ११/७) इसी सिद्धांत की पुष्टि करते हैं।

प्रज्ञा पुराण में जीव एवं ब्रह्म की एक रूपता के इसी सिद्धांत को प्रतिपादित किया गया है। परमात्म सत्ता का एक विराट् असीम स्वरूप है, जो हमारे चारों और दिग्दिगन्त में व्याप्त है, दूसरा स्वरूप वह है जिससे जीव जुड़ा हुआ है। एक को पर ब्रह्म तथा दूसरे को परमात्मा कहते हैं। पहिला सृष्टि की नियम व्यवस्था गति चक्र का नियंत्रणकर्ता है- स्फुल्लिगों के रूप में इसी दिव्य ज्योति का प्रकाश भिन्न-भिन्न रूपों में दिखाई पड़ता है। दूसरा स्वरूप वह है जो मानव के कर्तव्य तथा उसकी पूर्णता से सम्बन्ध रखता है।

जीव सच्चिदानन्द ईश्वर का अंश है। अत: सत् चित् आनन्द की ओर उन्मुख होना उसकी स्वाभाविक प्रक्रिया है जब भक्त के हृदय में ईश्वर के प्रति प्रेम का भाव जागरण होता है, तो आदर्शों के प्रति श्रद्धा प्रस्फुटित होती है। फिर "मातृ वत् परदारेषु, परद्रव्येषु लोष्ठवत्" (३- **चाणक्य नीति** -१२/१४) की भावना का संचरण होने से उसे विश्व की समस्त सम्पत्ति धूलि कणों के सदृश दृष्टिगोचर होने लगती है। भक्ति भाव का यह उदात्ती**करण उसे ईश्वर तुल्य बना देता है।**

"प्रेमव परमेशोऽस्ति स आनन्दस्वरूपधृक्।
जड़ो वा चेतनो वाऽपि प्रियतां याति प्रेमत:।।
ईश्वरं प्रति प्रेम्णैति श्रद्धाऽऽदर्शान् प्रतिध्रुवम्।

आत्मवत् सर्वभूतेषु दृष्टिकोणो भविष्यति।।''

(१ - प्रज्ञा पुराण - १/५/५४-५५)

यही दृष्टिकोण **''जो तू है वही मैं हूँ''** का बोध करा ईश्वर से साक्षात्कार करा देता है।

आचार्य श्रीराम ने जीव को ईश्वर का प्रतिनिधि मानकर जीवन देवता की उपासना करने का संदेश दिया है। उनके मतानुसार संसार की समस्त उपलब्धियाँ जीवन देवता की आराधना से ही प्राप्त हो सकती है। अविनाशी ब्रह्म का अंश होने के कारण मानव को दीनता हीनता छोड़ कर स्वयं को पर ब्रह्म के समान ही शक्तिशाली एवं गुण सम्पन्न समझना चाहिए। मानव हृदय में उसी प्रकाश पुंज की ज्योति प्रज्ज्वलित हो रही है किन्तु कषाय कल्मषों के आवरणों से आच्छादित होने के कारण जीव अज्ञानांधकार में भटकता है। ये मन की दुष्प्रवृत्तियाँ अमरबेल की भांति उसके जीवन रस को समाप्त कर देती है। ईश्वर प्राप्ति के लिए इन भवबन्धनों को शिथिल करना आवश्यक है --

''जीवनं नोपहारोंऽस्ति प्रभोः प्रतिनिधिस्तु तत्।
जीवनोपासनामूला सिद्धयतीशस्य साधना।।
प्रतिफलानि तस्यास्तु सामान्यं कुर्वते जनम्।
असामान्यं ध्वजत्येतज्जीवो ब्रहैव नापरः।।''

(२ - प्रज्ञा पुराण - १/३/६१-६२)

वास्तव में आत्मा को तुच्छ अनात्मा से पृथक् कर आत्मज्ञान की उपलब्धि कराना ही आर्य ऋषियों का मुख्य लक्ष्य रहा है। द्वैत भाव में एकत्व का बोध कराना ही आत्म दर्शन है। वे एक तत्त्व को स्वीकार कर जीवन यात्रा प्रारम्भ करते थे। जो विश्वात्मा है वही **''अक्षर''** इस **''क्षर''** शरीर में स्थित है। अतः उन्होंने बार-बार यही घोषणा की है **''आत्मा वा अरे द्रष्टव्यः''**(१ - वृहदारण्यको० - २/४/५) **''स वा अयमात्मा सर्वेषां भूतानामधिपतिः''** (२ - वही - २/५/१५) तथा **''अपश्यं गोपमनिपद्यमान''** (३ - ऋग्वेद - १०/१७७/३) ।मैंने देख लिया कि आत्मा का कभी विनाश नहीं होता।। अतः मनुष्य में जो अंश जन्मरहित है उसे तेजस्वी करो - **''अजो भांगस्तपसा तं तपस्व''** (४ - वही - १०/१६/४)

आचार्य श्रीराम ने इन्हीं शाश्वत् सिद्धांतों को सरल तथा सुबोध्य रूप में प्रस्तुत कर मृगतृष्णा में भटकते मानव को नव जागरण का संदेश दिया है। यह आत्म-ज्ञान ही अमृतोपलब्धि है। इसके प्रतिकूल अंधकार पूर्ण स्थिति में रहने के कारण यम की यातना सहन करनी पड़ती है, जिसके दुष्परिणाम स्वरूप व्यक्ति को जन्म मरण के बन्धन में पड़कर कष्ट सहना पड़ता है। जीवन देवता की उपेक्षा करने वाले आत्म हत्यारों की भांति कष्ट उठाते हैं उनका उद्धार करना संभव नहीं-

''दुरूपयुंजते ये ते नरा निध्नन्ति स्वां गतिम्।
आत्महन्तार इव च दुर्गतिं प्राप्नुवन्ति ते।।

नहि तान् कश्चिदन्योऽपि समुद्धर्तुं भवेत्प्रभुः ।।''

(५ - प्रज्ञा पुराण - १/२/३०-३१)

मानव को विधाता ने अन्य प्राणियों की अपेक्षा बुद्धि, वैभव, विद्या एवं प्रतिभा प्रदान की है। अत: उसे अपने बुद्धिकोशल एवं ज्ञान को शारीरिक सुखोपभोग तक सीमित न रख अन्तर्मुखी बन कर विश्व कल्याण में समायोजित करना चाहिए तभी वह ईशकृपा का अधिकारी बन सकता है। (६ - वही - १/२/३३)

प्रज्ञा पुराणकार के मतानुसार यह आत्मज्ञान ही ब्रह्म ज्ञान है। ब्रह्मविद्या वह विज्ञान है जिसके द्वारा मानव अपने अंत:करण में विद्यमान परब्रह्म की अवस्थित सत्ता की महत्ता का परिचय प्राप्त कर उसका विकास करता है। निराकार ब्रह्म के क्रिया कलाप सृष्टि विज्ञान के विभिन्न रूपों में दृष्टिगोचर होते हैं। परन्तु जिस भगवान की उपासना एवं आराधना की जाती है वह तो अपने हृदय में ही विद्यमान है, इसे जानकर ही मनुष्य समस्त ऋद्धि सिद्धियों का स्वामी बनकर देवदूत, महामानव तथा ऋषित्व को धारण करता है। (१ -प्रज्ञा पुराण - १/२/४२-४३)

वैदिक ऋषियों ने इस आत्म दर्शन की खोज 'कोऽहम्' से प्रारम्भ की था । इस तत्त्व पर युगों तक विचार मंथन करने के पश्चात यह निष्कर्ष निकाला गया कि ''**कोऽहम्**'' और ''**सोऽहम्**'' के बीच एक शाश्वत् धारा प्रवाहित है। ''**कोऽहम्**'' उस जीवन धारा का प्रथम तट है तथा ''**सोऽहम्**'' अन्तिम --

''कोऽहम् कथमयं दोषः संसारस्य उपागतः।
न्यायेनेति परामर्शो विचार इति कथ्यते।।

(२ - योगवाशिष्ठ - २/१४/५०)

''**मैं कौन हूँ**'' संसार में यह दोष कैसे पैदा हो गया - यह विचार दर्शन का प्रथम विस्फोट था। प्रज्ञा प्रक्षालित चक्षुओं से आत्मसाक्षात्कार कर ऋषियों ने ''**अहं ब्रह्मास्मि**'' (३ - वृहदारण्यको० - १/४/१०) की घोषणा कर दी। समस्त विश्व में वही पर ब्रह्म परिव्याप्त है। अत: ''**योऽयमात्मेदममृतमिदं ब्रह्मेदं सर्वम्**'' (४ - वही - २/५/१) यह जो आत्मा है यह अमृत है, यही ब्रह्म है, यही सब कुछ है -- इसका साक्षात्कार कर लेने पर जीवात्मा के हृदय की अविद्या ग्रंथि खुल जाती है। संपूर्ण संशय नष्ट हो जाते हैं।(१ - मुण्डकोपनिषद् - २/२/८)

आलोच्य ग्रंथ में इसी आत्म साक्षात्कार का महत्त्व प्रतिपादित किया गया है। प्रत्येक मानव उस विराट्-चेतना का अंश है। विधाता ने उसे अनेक विभूतियाँ प्रदान की हैं। वे उसके शरीर में सुप्तावस्था में निष्क्रिय पड़ी रहती हैं, किन्तु आप्त वचनों के माध्यम से वह अपने भाण्डागार, शरीर में पंच कोश षड्चक्रों से विनिर्मित वैभव साम्राज्य को प्राप्त करके जीवन को धन्य बना सकता है।

''जीवोंऽश ईश्वरस्याति तेनैवास्ति च संयुतः।

श्रेष्ठमार्गे प्रयातुं चेद्याचते शक्तिमेष तु।।''

(२ – प्रज्ञा पुराण – १/३/१२)

''विभूतिर्विपुलाभाश्च सुप्तास्तिष्ठन्ति नित्यशः।
स्थूलेऽस्मिंश्च तथा सूक्ष्मे शरीरे बीजरूपतः।।

(३ – प्रज्ञा पुराण – २/४/७)

आध्यात्मिक दृष्टि से शरीर के तीन भाग हैं – स्थूल शरीर सूक्ष्म शरीर एवं कारण शरीर। इन तीनों की क्षमता का वर्णन करते हुए प्रबुद्ध लेखक लिखते हैं कि स्थूल शरीर में योगशास्त्र के यम एवं नियमों का पालन तथा प्राणायाम इत्यादि प्रक्रियाओं द्वारा बाह्य शरीर को पत्थर की भांति जड़वत् बनाना, नाड़ी स्पन्दन रोकना, हृदय की धड़कन पर नियंत्रण, गर्मी–सर्दी सहन करने की क्षमता जैसे अनेक चमत्कार प्रदर्शन किये जा सकते हैं। (४ – वही – २/४/, पृ०–१२४)

सूक्ष्म शरीर :-

सूक्ष्म शरीर की शक्ति एवं गतिविधियाँ विचार तथा परावैज्ञानिक क्षेत्र में परिलक्षित होती है। विचार शक्ति को विकसित कर महापुरुष लाखों मनुष्यों की जीवन धारा को परिवर्तित करने की क्षमता प्राप्त करते हैं। दर्शन, साहित्य, विज्ञान के चमत्कार इसी के द्वारा संभव है। (१ – प्रज्ञा पुराण – २/४, पृ० –१२५)

कारण शरीर :-

अन्तश्चेतना का दिव्य स्तर है जिसके माध्यम से जीवन चेतना समष्टि चेतना से तादात्म्य सम्बन्ध स्थापित करने की क्षमता अर्जित कर सकती है। वेदान्त की **''रसो वैसः''**(२ – तैत्तिरीयोपनिषद् – २/७) तथा **''तत्त्वमसि''**(३ – छान्दोग्योपनिषद् – ६/८/७) की भावना का विकास तथा भक्तियोग की पराकाष्ठा कारण शरीर में ही विकसित होती है। (४ – प्रज्ञा पुराण – २/४/८)

भारतीय दर्शन के अनुसार जीवात्मा सूक्ष्म विशिष्ट देहधारी चेतनात्मा है, वह अजर, अमर और अविनाशी है, किन्तु जब आत्मा इस शरीर को ही अपना स्वरूप मान लेता है तब वह कष्ट पाता है। (५ – धर्म और दर्शन– आचार्य बलदेव उपाध्यय, पृ० – ३०) प्रज्ञा पुराण में इसी तथ्य की पुष्टि की गई है। भौतिक जगत की मृग मरीचिका आत्मा की प्यास नहीं बुझा सकती। (६ – प्रज्ञा पुरण – १/२/४४–४५) आध्यात्मिक शक्ति के अभाव में भौतिक क्षमता एवं बौद्धिक दक्षता का परिणाम भयंकर हो सकता है क्योंकि भौतिक उपलब्धियाँ या बौद्धिक स्थापनाएँ एक दूसरे से संघर्ष करती है। जब मानव शरीर मन एवं भावनाओं को आत्मतत्त्व में परिव्याप्त कर लेता है तब सच्ची शान्ति तथा असीम सुख की अनुभूति होती है। आत्मावान् ही इस दुर्लभ वस्तु को प्राप्त करता है जिसे यह भौतिक जगत् न दे

सकता है न अपहरण कर सकता है, जिसे पाकर यह कहा जा सकता है - **''अनन्तं बलं मे वित्तं यस्य वै नास्ति किंचन।''** (७ - महाभारत शान्ति पर्व - ७/१)

आर्य ऋषियों ने भी यही संदेश दिया है - **''अमृतत्वस्य तु नाशास्ति विचेन''**(वृहदारण्यको० - २/४/२०) सांसारिक सुख और सम्पत्ति के मिलने पर भी आत्मसुख और शान्ति नहीं मिलती। इसके विपरीत आत्मिक क्षेत्र तृप्ति, तुष्टि और शान्ति रूपी सम्पदा से सम्पन्न है - इसे प्राप्त करने वालों का जीवन सफल और सार्थक हो जाता है --

''सुविधा सम्पदापूर्णं जगदेतत्तु भौतिकम्।
सम्पद्भिरात्मिकं तृप्तितुष्टिशान्तिभिराप्लुतम्।।
(२ - प्रज्ञा पुराण १/२/४५)

चौरासी लाख योनियों में भटक कर जीव मानव योनि प्राप्त करता है, किन्तु विषय विकारों में लिप्त होने के कारण वह गन्तव्य स्थान तक नहीं पहुँच पाता। अहंकार एवं अज्ञान के वशीभूत होकर वह भव सागर में डूब जाता है। (३ - वही - २/४/३४) इन्द्रियाँ वासनाएँ आहार के लिए व्यग्र होती हैं और व्यक्ति जीवन भर उचित अनुचित के ज्ञान को भूलकर उन्हें तृप्त करने के लिए प्रयत्नशील रहता है, क्योंकि आन्तरिक उद्वेग विवेक को नष्ट कर देता है। इन्द्रियों के वशीभूत होकर अनैतिक कार्य करने पर भी वे थोड़ी देर के लिए शान्त होती हैं, किन्तु इसे वास्तविक सुख नहीं कहा जा सकता। यह तो वासनाओं का क्षणिक विश्राम है। उनके उत्कोचन से कुछ समय के लिए मुक्त होकर उसे सुख समझना अविद्या का लक्षण है। इसलिए विद्वान लेखक ने मनुष्य की वासना, तृष्णा और अहंता को समुद्रसे गहरी तथा अग्नि ज्वाला के समान भयंकर कहा है -

''भद्रा! मर्त्यस्य तृष्णा सा वासनाऽहंत्वमप्यलम्।
गंभीरत्वं समुद्रस्य तिरस्कुर्वन्ति वस्तुतः।।
(३ - वही - २/४/४६)

दावानलस्य ज्वालेव सन्ति त्रीण्यपि निश्चितम्।
एतेषां शान्तये न्यूनं जगतो वैभवेन्धनम्।।''
(४ - वही - २/४/४८)

वास्तविक सुख-शान्ति आत्मा का स्पन्दन है जिसका अनुभव आत्मज्ञानी ही कर सकता है। आत्मावान् जीवन्मुक्त है। वह भव भोग एवं विभव भोग से बहुत ऊपर है।

आचार्य जी ने जीवन की समता विशुद्ध जल की बूंद से की है। जैसे एक बूँद पंक में गिर कर पंकिल हो जाती है वैसे जीव माया में लिप्त होकर कषाय से धूमिल हो जाता है, किन्तु वही बूँद जब समुद्र में सीपी के मुख में गिरती है, तो मोती बन जाती है और समुद्र जल को आत्मसात् कर आत्म विस्तार करती है तथा मेघ की तरह सर्व व्यापी बन

कर समाज पर परमार्थ की वर्षा करती है। यह जीव पर ही निर्भर है कि वह किस मार्ग का अनुसरण करे?'' (१ - प्रज्ञा पुराण - १/२, पृ० - ५०)

माया लिप्त जीव चाशनी में गिर कर प्राण देने वाली मधु मक्षिका, अथवा चारे के लालच में कांटे में फंसी मछली की भाँति पश्चाताप करते हैं। हरिण, हाथी, पंतिगा, मछली और भौंरा -- ये अपने-अपने स्वभाव के कारण शब्दादि पांच विषयों में से केवल एक-एक में आसक्त होने के कारण मृत्यु को प्राप्त होते हैं तो फिर इन पांचों विषयों में जकड़ा हुआ असंमयी मनुष्य कैसे बच सकता है? उसकी तो दुर्दशा निश्चित ही है ---

''शब्दादिभिः पञ्चभिरेव पञ्च, पञ्चत्वमापुः स्वगुणेन बद्धाः।
कुरंगमातंगपतंगमीनभृंगा नराः पञ्चभिरञ्चितः किम्।।

(प्रज्ञा पुराण - १/२ विवेकचूडामणि, ७६)

इस समय अनियन्त्रित भौतिकवादी उच्छृंखलता दानव की भांति अपने संरक्षक का ही भक्षण कर रही है। अदृश्य जगत् में पर्यावरण के असंतुलन से जो हाहाकार संव्याप्त है, वह स्वयं मानव की संरचना है। इसका कारण यही है कि मनुष्य अपने स्वरूप को भूल कर वाह्य आकर्षण में लिप्त हो गया है।

अतः मानव जन्म को सार्थक करने के लिए श्रेयमार्ग का अनुसरण करना आवश्यक है, तभी जीव परब्रह्म से तादात्म्य स्थापित कर सकेगा। जो व्यक्ति आत्मावलम्बी होते हैं वे किसी अनुग्रह- वरदान की प्रतीक्षा नहीं करते - न याचना ही - वे अपना प्रगति पथ स्वयं प्रशस्त करते हैं। (प्रज्ञा पुराण - १/२, पृ० - ५८)

यह संसार कर्म क्षेत्र है और जीवन कर्म प्रधान है। (२ - यजुर्वेद - ४०/२, ३६/२४, शतापथ ब्राह्मण - २/१/३/९) मानव की सद्गति एवं अधोगति कर्म पर ही निर्भर है। भारतीय दर्शन में कर्म को इतना महत्त्व दिया गया है कि वैशेषिक न्याय, मीमांसा सांख्य पातंजल तथा वेदान्त सभी कर्म योग के अन्तर्गत समाहित हो गये हैं। यही कर्म शास्त्र प्रज्ञा पुराण का दर्शन है। जीवात्मा इस कर्म क्षेत्र में आकर जैसा बीज बोता है वही फल रूप में प्राप्त करता है। आत्म बल सम्पन्न व्यक्ति भाग्य पर विश्वास न कर अपने प्रयास एवं चिन्तन से उत्कृष्टता प्राप्त करते हैं।

''मानवः स्वस्य भाग्यस्य विधाता स्वयमेव हि।
तथ्यमेतद् विजानन्ति ये ते तु निज चिन्तनम्।।''

(३ - प्रज्ञा पुराण - १/२/४०)

वैदिक वाङ्मय में कहीं भी भाग्य को महत्त्व नहीं दिया गया। भाग्य भगवान नहीं हो सकता इस विषय में ऋषियों की मान्यता है--

''तमीश्वराणां परमं महेश्वरं तं दैवतानां परमं च दैवतम्।'' (४ - श्वेताश्वतरोप० - ६/७)

भाग्यवाद मूर्खों की कल्पना है जिसके सहारे रहकर वे भ्रष्ट हो जाते हैं –

''**मूढै प्रकल्पितं दैवं तत्परास्ते क्षयं गताः।।**'' (१ – योग वशिष्ठ – २/८/१६)

प्रज्ञा पुराण में कर्म का यही सिद्धांत उपन्यस्त है –

''**आत्मप्रगति सोपानं द्वितीयं कर्म चोच्यते।**
कर्मार्थात् कर्म योगोऽयं कर्म योगश्च सोऽर्थतः।।
(२ – प्रज्ञा पुराण – १/५/२९)

आत्म ज्ञान प्राप्त होने पर उच्च उद्देश्यों से परिपूर्ण कर्म करके ही मनुष्य विश्वम्भर बन सकता है। कर्म निष्ठा जब आत्मज्ञान से संयुक्त होती है, तो चमत्कार हो जाता है। विधाता ने व्यक्ति को कर्म करने की स्वतंत्रता अवश्य दी है, किन्तु कर्म फल अपने हाथ में ही रखा है, कर्मयोग का यही सिद्धान्त गीता में भी प्रतिपादित है –

''**कर्मण्येवाधिकारस्ते मा फलेषु कदाचन।**'' (३ – गीता – २/४७)

अतः मानव को बुद्धि विवेक के आधार पर ही कर्म करना चाहिए। यह सद्प्रज्ञा ही भौतिक समृद्धि एवं आत्मिक प्रगति के चयन, दुरूपयोग एवं सदुपयोग के माध्यम से नरक तथा स्वर्ग के दृश्य दिखा कर उसका भविष्य निर्धारित करती है, जिस प्रकार घर में जलता हुआ दीपक घर को प्रकाशित करता है, उसी प्रकार जागृत चेतना स्थूल, सूक्ष्म, कारण शरीरों को आलोकित करती है--

''**यथा च दीपः शरणे दीप्यमानः प्रकाश्यते।**
एवमेव शरीरणि प्रकाशयति चेतना।।''
(४ – सनत्सुजात गीता – ३/११, पृ०-२४)

जीवन एक वीणा है, जो मधुर झंकार से इसे झंकृत कर देते हैं, वे जड़ चेतन को आनन्द रस में डुबो देते हैं। इसे झंकृत करने के लिए आत्म पर्यवेक्षण और अभ्युत्थान की आवश्यकता है। आत्म-विवेचन ही ऋषि प्रणीत ब्रह्म विद्या है, जिसे पाकर जीवात्मा आत्म स्वरूप को जान कर ब्रह्म तुल्य बन जाता है--

''**अन्तर्जगत् उत्थानं पर्यवेक्षणमेव च।**
आत्मविज्ञानमस्त्यस्मिन्नुपलब्धिर्यथा यथा।।''
(१ – प्रज्ञा पुराण – १/२/४९)

संकीर्ण स्वार्थ परता ही भव बन्धन है जिसके पाश में आबद्ध जीवात्मा आवागमन के चक्र में भटकता रहता है, तथा ब्रह्म प्राप्ति के उच्चस्तरीय आनन्द से वंचित हो जाता है। जिस प्रकार रेशम के कीड़े अपनी लार से अपना घर बना कर उसी के बन्धन में फंस कर प्राण गंवा देते हैं, उसी प्रकार जीव अज्ञान के वशीभूत होकर अपने दुष्कर्मों एवं दुश्चिन्तन से अपने बनाए बन्धनों में बंध कर नाना भांति के कष्ट सहन करता है। वह मूढ़ता की माया के कारण प्रसुप्त स्थिति में रहकर जीवन शकट खींचता है। अतः तत्वज्ञानी महामनीषी सदैव उसे आत्म तत्त्व को समझाने,

उसकी प्रगाढ़ मूर्च्छना से जगाने तथा प्रौढ़ परिष्कृत करने के लिए प्रयत्नशील रहते हैं। उसे योग साधना तपश्चर्या का मार्ग दर्शाते हैं। यह कार्य स्वर्ण को परिष्कृत करने के समान है। प्रज्ञा पुराण में भी इस युग के ऋषि आचार्य जी ने अज्ञानांधकार में भटकते देवता को नव जागरण का संदेश देकर कुसंस्कारों से मुक्त होकर आत्मोन्नति के प्रशस्त मार्ग पर चलने का संदेश दिया है। जैसे सूर्योदय होने पर अन्धकार नहीं रह सकता उसी प्रकार ब्रह्म ज्ञान की प्राप्ति होने पर जीवात्मा अध्यात्मामृत का पान कर, नश्वर शरीर का परित्याग कर विदेह मुक्तावस्था में परम कैवल्य आनन्द एक रस अखिल भेद प्रतिभास रहित अखण्ड ब्रह्म में ही समाहित हो जाता है। यही जीवन का परम लक्ष्य है।

।घ।। प्रज्ञा पुराण में ईश्वर

प्रकृति मानव की चिर सहचरी है। यह समस्त विश्व प्रकृति रूपी नटी की क्रीड़ास्थली है। नित्य प्रात: स्वर्णिम रश्मियों से चराचर जगत् को आलोकित करते हुए भगवान भास्कर का उदय, सुरम्य उषा का आगमन, कल-कल गान करती सरिता, एवं कलरव करते हुए पक्षियों के मधुर संगीत को सुनकर मानव ने सृष्टि के प्रथम क्षण में अपने नेत्र खोले तो उसे इन प्राकृतिक मनोमुग्धकारी दृश्यों ने आकर्षित किया होगा। संभवत: यही कारण है कि विश्व की सभी जातियों के धार्मिक तथा लौकिक साहित्य में प्रकृति प्रेम का सजीव चित्र दृष्टिगोचर होता है। वैदिक ऋषि आध्यात्मिक भावनाओं से ओत-प्रोत थे अत: उन्होंने सृष्टि के कण-कण में उस असीम सत्ता के दर्शन किये तथा उनकी भावभीनी स्तुति की। उन्होंने इन प्राकृतिक दिव्य शक्तियों में देवत्व की कल्पना कर सूर्य, चन्द्र, उषा, पृथिवी, आकाश, जल,वायु, अग्नि, पर्वत, नदी आदि की स्तुतिपरक ऋचाओं द्वारा अपनी सुख-समृद्धि एवं सुरक्षा की कामना की। ऋषियों की यह उपासना ही कालान्तर में ईश्वर पूजा का आधार बनी।

ऋग्वैदिक ऋचाओं में प्रारम्भ में अनेक देवी देवताओं की अभ्यर्थना की गई है। ऋग्वेद में प्रस्तुत विभिन्न सूक्त इसके प्रमाण हैं किन्तु इन स्तुतियों में ही वैदिक ऋषियों की प्रवृत्ति ऐकेश्वरवाद की ओर झुकी हुई प्रतीत होती है। (१ - ऋग्वेद में दार्शनिक तत्त्व - डॉ०गणेशदत्त शर्मा, पृ० - ८५) वैदिककाल में ही समस्त देवताओं को ११-११ के तीन वर्गों में विभाजित कर ३३ देवता स्वीकृत किये गये।(२ - ऋग्वेद - १/१३९/११) तत्पश्चात् अग्नि, इन्द्र एवं सूर्य तीन देवताओं को महत्त्व दिया गया। (३ - निरूक्त - ७/५)

एकेश्वरवाद की यह प्रवृत्ति निरन्तर विकसित होती गई और यह धारणा दृढ़ हो गई कि वास्तव में वह महान् देव एक ही है अन्य सब उसी के विभिन्न नाम एवं रूप है -- **''एकं सद्विप्रा बहुधा वदन्ति''**(१ - ऋग्वेद - १/१६४/४६) तथा **''एकं सन्तं बहुधा कल्पयन्ति''** (२ - वही - १०/११४/५) के सिद्धांत के अनुसार एक ही देवता को समस्त विश्व का स्वामी मान लिया गया। (३ - ऋग्वेद में दार्शनिकतत्त्व - पृ०-८८) एक मंत्र में ऋषि ने सम्पूर्ण जगत् को अदिति के रूप में देखा (४ - ऋग्वेद - १/८९/१०) और इसी से एकेश्वरवाद अथवा अद्वैतवाद का सिद्धान्त प्रतिपादित हुआ।

पुरुष सूक्त में "**पुरुष एवेदं सर्वम् यद्भूतं यच्च भाव्यम्**" (५ - ऋग्वेद - १०/९०/२) कह कर इसकी पुष्टि कर दी। तत्पश्चात् उपनिषद् काल तक आते-आते अद्वैत दर्शन के अनुसार केवल ब्रह्म ही सब कुछ है। यह मानकर --

"ब्रह्मैवेदममृतं पुरस्ताद् ब्रह्म पश्चाद् ब्रह्म दक्षिणतश्चोत्तरेण।
अधश्चोर्ध्वं च प्रसृतं ब्रह्मैवेदं विश्वमिदं वरिष्ठम्।।"
(६ - मु० कोपनिषद् - २/१/११)

यह अमृत ब्रह्म ही मेरे सामने हैं, ब्रह्म ही पीछे हैं, ब्रह्म ही मेरी दायीं ओर और बायीं ओर हैं, मेरे नीचे और ऊपर ब्रह्म ही फैला हुआ है, यह सब वरिष्ठ = ।।श्रेष्ठतम।। ब्रह्म ही है। ब्रह्म के रूप में इस असीम सत्ता को स्वीकार कर लिया गया। भक्त जन इस परब्रह्म की उपासना निर्गुण तथा सगुण दोनों रूपों में करते हैं। प्रज्ञा पुराण में इस के दोनों रूपों का चित्रण श्रद्धा एवं निष्ठा पूर्वक किया गया है।

निर्गुण ब्रह्म :-

आलोच्य ग्रंथ में ईश्वर के निर्गुण स्वरूप का निरूपण ब्रह्म के रूप में किया गया है --

"अनन्तं तत्परं ब्रह्मतदचिन्त्यमगोचरम्।
समग्रं तत्तु विज्ञातुं न हि शक्यं कथञ्चन।।"
(प्रज्ञा पुराण - १/३/१५)

वह परब्रह्म अचिन्त्य, अनन्त, अगोचर एवं अद्भुत है। उसे समग्र रूप में जान सकना किसी के लिए संभव नहीं। जिस प्रकार नेत्रहीन अपने सामने उपस्थित हाथी को स्पर्श कर किसी एक ही अंग का परिचय प्राप्त कर सकता है उसी प्रकार मानव उस परब्रह्म के किसी एक ही अंश की अनुभूति कर पाता है। इसीलिए ऋषियों ने इस विराट् स्वरूप को "**नेति-नेति**" कहा है। यह ब्रह्म एक विधि व्यवस्था के अन्तर्गत काम करने वाली सत्ता का नाम है। उसके अनुशासन को कोई नष्ट नहीं कर सकता है। शास्त्रों के उदाहरण प्रस्तुत करते हुए प्रज्ञा पुराणकार कहते हैं--

"न कालः कालमत्येति न कालः परिहीयते।
स्वभावं च समासाद्यं च कश्चिद्तिवर्तते।।"
(वही- ४/५, पृ0 -२५५)

मनुष्य जो शुभाशुभ कर्म करता है उसका फल उसे अवश्य ही भोगना पड़ता है। इसमें संशय नहीं है।
वह ईश्वर स्वयं भी नियम से मुक्त नहीं है। वह न्यायकारी समदर्शी सर्वव्यापी है। उसका स्नेह दुलार एवं रोष मानव के सत्कर्मों एवं दुष्कर्मों पर निर्भर रहता है। उसने इस सृष्टि का निर्माण कर जड़ में हलचल तथा चेतन में अद्भुत चिन्तन क्षमता का समावेश किया है। ऐसे सर्वशक्तिमान स्रष्टा से किसी भी प्रकार की त्रुटि की आशा नहीं की जा सकती--

''आस्तिकत्वे चेश्वरस्तु न्यायकर्त्ता तथैव च।
समदृष्टियुतः सर्व व्यापकश्च मतः समैः।।''
(वही - ४/५/३४)

निर्गुण ब्रह्म की विशेषताओं का उल्लेख करते हुए आचार्य जी लिखते हैं-- ईश्वर निराकार है। उसका अवतरण मनुष्य के अन्तःकरण में होता है, तो अहं भाव नष्ट होकर अलौकिक आनन्द की अनुभूति होती है। ''**अहं**'' तथा ''**त्वम्**'' का अभेद होने पर उस परम सत्ता से तादात्म्य ही जीवन की सार्थकता है।

''निराकारः प्रभुश्चित्ते नरस्यावतरत्ययम्।
तस्यानुभूति रुच्चस्य स्तरस्यैव तु प्रेम के।।''
(१ - प्रज्ञापुराण - १/५/५०)

यही प्रेम परमेश्वर है, आनन्दस्वरूप है। इस प्रेम भावना से भरा हुआ अन्तःकरण प्रत्यक्ष स्वर्ग है, जो इस अनिवर्चनीय आनन्द की रसानुभूति करते हैं, वे कृत कृत्य हो जाते हैं। इसी भावना की अभिव्यक्ति प्रस्तुत ग्रंथ की इन पंक्तियों में द्रष्टव्य है--

''प्रेमेव परमेशोऽस्ति स आनन्दस्वरूप धृक्।
जड़ो वा चेतनोवाऽपि प्रियतां याति प्रेमतः।।''
(२ - प्रज्ञा पुराण - १/५/५४)

तथा -- **''आत्मीयं प्रेमयत्तस्य भावनोद्भरितं मनः।**
प्रत्यक्षं स्वर्ग आनन्दानुभूति तु रसन्ति ये।।''
(३ - प्रज्ञा पुराण - १/५/६९)

यही प्रार्थना वैदिक मंत्र में ऋषियों द्वारा की गई है--

''यदग्ने स्यामहं त्वं, त्वं वा घा स्या अहम्।
स्युष्टे सत्या इहाशिषः।।''
(४ - ऋग्वेद - ८/४४/२३)

''**हे अग्ने,** यदि मैं ''**तू**'' हो जाऊँ हो और तू ''**मैं**'' हो जाये तो यहाँ ।इसी जीवन में।। तेरे आशीर्वाद सत्य ।सफल।। हो जाये। इष्टदेव के साथ तादात्म्य सम्बन्ध स्थापित कर एक रूप होने की यह उत्कट अभिलाषा ही उस परब्रह्म प्राप्ति का महामंत्र है

सगुणोपासना :-

यद्यपि निर्गुण तथा सगुण भक्ति के मूल सिद्धान्त ज्ञान, कर्म, भक्ति, स्तुति, समर्पण आदि में कोई तात्विक अन्तर नहीं है, दोनों ही भवसागर से मुक्ति दिलाने में समर्थ है, किन्तु सगुण भक्ति में ईश्वर की साकार रूप में उपासना की जाती है। अत: चंचल मन की एकाग्रता में इस से सहायता मिलती है। अविगत ब्रह्म की अनुभूति अगम्य अगोचर होने के कारण कठिनाई होती है। इसलिए पुराणों में सगुण भक्ति परक कथाओं द्वारा जन मन को सम्मोहित करने वाले भगवान के आदर्श चरित्र प्रस्तुत कर सत्प्रवृत्ति संवर्धन का सफल प्रयास किया गया है।

अन्य पुराणों की भाँति प्रज्ञा पुराण में भी ईश्वर के सगुण स्वरूप की स्तुति विष्णु के अवतार रूप में ही की गई है। ऋग्वेद में विष्णु के गोलोक का सम्बन्ध उनके परम पद से स्थापित किया गया है। (१ - ऋग्वेद - १/१५४/६) तथा वाराह वामन आदि अवतारों का संकेत वैदिक साहित्य में भी प्राप्त होता है। (२ - ऋग्वेद - १/२२/१८) श्रीमद्भागवत् पुराण में प्रथम स्कन्ध के तृतीय अध्याय, द्वितीय स्कन्ध के सप्तम् अध्याय, एकादश स्कन्ध के चतुर्थ अध्याय में विष्णु के अवतारों का वर्णन किया गया है जिसमें २४ तथा २२ अवतारों की परिगणना उपलब्ध है। भागवत पुराण में अन्य अवतारों का भी वर्णन है। (३ - भागवत पुराण का साहित्यिक अनुशीलन, डॉ० संतोष शर्मा, पृ०- ११७)

''मत्स्यः कूर्मो वराहश्च नरसिंहोथऽवामनः।
रामो रामश्च कृष्णश्च बुद्धः कल्किश्चतेदश।।
(१ - पद्म पुराण - उत्तरखण्ड - २५७/४०-४१)

इसके अतिरिक्त लिंग पुरण, वाराह पुराण, मत्स्य पुरण, गरूड पुराण में भी अवतारों का यही क्रम उपलब्ध है। (२ - लिंग पुराण - २/४८/३१-३२, वाराह पुराण - ४/२, मत्स्य पुराण - २८५/५-७, गरुड पुराण - १/८६/१०-११) श्री भागवत के एकादश स्कन्ध में इन्हीं दस अवतारों का उल्लेख किया गया है। (३ - भागवत पुराण - ११/४/१८ से २३ तक)

आचार्य श्रीराम के मतानुसार जहाँ चौबीस अवतारों का वर्णन है वहाँ गायत्री मंत्र के चौबीस अक्षरों का स्वरूप स्वीकार करना चाहिए। २४ की संख्या का वेदों में बहुत महत्त्व है। चौबीस ऋषि, चौबीस देवता, चौबीस ज्योतिर्लिंग, चौबीस शक्तिपीठ, इसी चौबीस अवतार प्रकरण से संबंधित हैं। उद्देश्य सबका एक ही है, अधर्म का विनाश एवं धर्म की स्थापना। (४ - प्रज्ञा पुराण ४/७, पृ०- ३५६)

प्रज्ञा पुराण में अवतार स्वरूप को व्यक्ति नहीं, प्रवाह के रूप में स्वीकार किया गया है। ये महाशक्तियाँ अदृश्य प्रेरणा और योजनाएँ लेकर पृथ्वी पर अवतरित होती है तथा तत्कालीन युग पुरुषों को अपना सहचर बनाकर उन्हें श्रेय प्रदान करती हैं।

ब्रह्मा की सृष्टि सृजन के उपरान्त मधु कैटभ, महिषासुर, रक्त बीज, चण्डमुण्ड, शुम्भ, निशुम्भ, धूम्र लोचन आदि राक्षसों से पृथ्वी को त्राण दिलाने के लिए **महाशक्ति काली** का जन्म हुआ। (५ - दुर्गा सप्तशती - १/६७, १/९३ से १०३ तक) तारकासुर का वध करने के लिए कार्तिकेय का जन्म हुआ, अमृत के रक्षार्थ प्रभु ने मोहिनी रूप धारण किया। महाप्रलय के समय कमलपत्रवत् जीवन एवं बाल सुलभ निर्मल अन्त:करण धारण करने की शिक्षा देने के लिए वे श्रीहरि कमल पत्र पर सुशोभित बाल रूप में अवतरित हुए।(१ - प्रज्ञा पुराण - ४/७, पृ० - ३५४-३५५)

इस प्रकार धर्म के संरक्षण तथा अधर्म-अनीति के निवारण की ईश्वरीय प्रक्रिया अनादि काल से चली आ रही है, जो ब्रह्माण्ड व्यापी है, हरदेशकाल में देखी जा सकती है।

पुराणों में दस अवतारों को महत्त्वपूर्ण माना गया है। इन्हीं के नाम पर विभिन्न पुराणों के नाम करण भी किये गये हैं। प्रस्तुत ग्रंथ में भी इन्हीं दश अवतारों की लीलाओं का वर्णन प्रतिपादित है --

"अवताराः प्रभोर्दिव्यदर्शिभिर्दश वर्णिताः।
लीलोद्देश्य स्वरूपाणि पुराणादिषु दृश्यताम्।।
(२ - प्रज्ञा पुराण - ४/७/२५)

सर्वप्रथम मत्स्यावतार का वर्णन है --

"आद्योमत्स्यावतारस्तु प्रास्तौषीद् बीजतस्तरोः।।
निर्मितेरिव प्रामाण्यं बोधिताः सकला जनाः।।"
(३ - प्रज्ञा पुराण - ४/७/२६)

मत्स्यावतार का वर्णन शतपथ ब्राह्मण में किया गया है। (४ - शतपथ ब्राह्मण - २/८/१/१) प्रलय के पश्चात् मनु की नौका को बचाने के लिए एक छोटी सी मछली से मत्स्य का विस्तार कर भगवान ने उनकी रक्षा की। प्रबुद्ध लेखक ने इस अवतार का प्रयोजन नवीन रूप में इस प्रकार प्रस्तुत किया है--

"संसार सागर में मनुष्य को अहंकार में डुबाने वाली, जीवन लक्ष्य से पृथक करने वाली, पाप प्रलोभनों की आँधियाँ आती हैं और जीवन रूपी नौका डूब जाती है किन्तु परोपकारी सन्तों की प्रभु रक्षा करते हैं। मछली की रक्षा कर मनु ने उदार प्रवृत्ति का परिचय दिया था। इसीलिए उन महाप्रभु ने मत्स्य रूप में मनु की नौका को भवसागर से पार कर दिया। इसका रहस्य यही है कि भगवान की कृपा से राई से पर्वत तथा तिल से ताड़ भी बन सकता है। अत: मनुष्य को परोपकारी बनकर उदारचित्त से प्रभु आराधना करनी चाहिए।(१ - प्रज्ञा पुराण - ४/७, पृ० -३५७)

द्वितीय अवतार कच्छप के रूप में प्रकट हुआ --

"अवतारो द्वितीयश्च कच्छपोऽभूत्स उत्तमः।
श्रमसहयोगजं सर्वान् बोधयामास स्वं मतम्।।"
(२ - प्रज्ञा पुराण - ४/७/२९)

इसे कूर्मावतार भी कहा गया है। यह प्रसंग तैत्तिरीय आरण्यक(३ – तैत्तिरीय आरण्यक – १/२३/३) में वर्णित है तथा श्रीमद्भागवत पुराण(४ – भागवत् पुराण – ८/७/८) में इसका उपवृहंण किया गया है। समुद्र मन्थन के समय मदराचल का भार वहन करने के लिए श्रीप्रभु ने कच्छप का अद्भुत एवं विशाल रूप धारण किया, जिसका विस्तार एक लाख योजन था। कूर्म (५ – कूर्म पुराण – १/१६/७७–७८), ब्रह्म (६ – ब्रह्म पुराण – १८०,ख २१३) तथा विष्णु पुराण(७ – विष्णु पुराण – १/४) में इसे विस्तृत रूप में प्रतिपादित किया गया है। इस अवतार के विषय में आचार्य श्री लिखते हैं – इस रूप में अवतरित होकर भगवान ने सहयोग एवं श्रम द्वारा सम्पदा प्राप्त करने के सिद्धान्त को प्रतिपादित किया। इसी के साथ–साथ मदराचल का भार स्वयं वहन करके श्रेय राक्षसों एवं देवताओं को दिया। महान् आत्माएँ सफलता का श्रेय दूसरों को देती हैं तथा स्वयं पर्दे के पीछे रहती हैं। (८ – प्रज्ञा पुराण ४/७/३०–३१)

वाराह अवतार का उल्लेख ऋग्वेद, तैत्तिरीय संहिता तथा शतपथ ब्राह्मण में मिलता है। (१ – ऋग्वेद – ८//७७/१०, तैत्तिरीय संहिता – संहिता – ७/१/५/१, शतपथ ब्राह्मण – १४/१/२/११)

''अवतारस्तृतीयोऽभूद् वराहो युयुधे स्वयम्।
हिरण्याक्षस्य दुर्धर्ष प्रवृत्या सञ्चयस्य यः।।''

(२ – प्रज्ञा पुराण – ४/७/३२)

हिरण्याक्ष प्रत्येक क्षण स्वर्ण पर दृष्टि रखने वाला लोभी, परिग्रही आतंकवादी राक्षस था। उसने सारी सम्पदा समुद्र में छिपाकर रख दी जिससे जन–साधारण का जीवन कष्टमय हो गया। भगवान ने उसका वध कर सारी सम्पत्ति का वितरण कर दिया। इस घटना में पूँजीवादी के विनाश का संकेत है।

''नृसिंहावतार'' का विवरण तैत्तिरीय आरण्यक (३ – तैत्तिरीय आरण्यक – १०/१) में विस्तार पूर्वक दिया गया है। इसका विवेचन प्रज्ञा पुराण में इस प्रकार किया गया है––

''नरसिंहावतारश्च चतुर्थोऽभूत्पुपोष यः।
सौहार्दं दुर्बले जाते तस्मिन् काले प्रभावतः।।''

(४ – प्रज्ञा पुराण – ४/७/३४)

हिरण्यकशिपु नामक राक्षस ने अनैतिक आचरण द्वारा धन संचय कर अपने को ही भगवान घोषित कर दिया। प्रभु ने उसका वध करने के लिए यह स्वरूप धारण किया। इस अवतार के माध्यम से साम, दाम, दण्ड, भेद का ही नहीं अपितु कपटनीति के प्रयोग का औचित्य भी बताया गया है। साथ ही इस तथ्य की स्थापना की है कि आतंकवादी कितना भी क्रूर, हिंसक एवं शक्तिशाली क्यों न हो किन्तु अनीति का आधार लेने के कारण बालू की दीवार की भांति उसका अन्त हो जाता है। (१ – प्रज्ञा पुराण – ४/७, पृ०– ३५९)

''वामनावतार'' का संकेत ऋग्वेद के विष्णु सूक्त के अनेक मंत्रों में मिलता है। (२ – ऋग्वेद –१/१५४/३) भगवत पुराण (३ – भागवत पुराण – ८/१८/११–१२) में तथा अन्य पुराणों में भी इसका विस्तृत एवं रोचक वर्णन है। इस अवतार के महत्त्व का वर्णन आचार्य श्री ने युगानुरूप किया है। भगवान ने लघुता धारण कर विनम्रता के द्वारा

बलि जैसे असुर के हृदय में सद्भावना जागृत कर धन सम्पदा को जनहित में विसर्जित कराने में सफलता प्राप्त की। इस आधार पर उन्होंने यह आदर्श प्रस्तुत किया कि आत्म बल सम्पन्न व्यक्ति प्रेम एवं विनम्रता द्वारा दुष्टों के हृदय में भी सद्भावना जगा सकता है--

''वामनः पञ्चमः प्रोक्ताः सद्भावं जागृतं व्यधात्।
योऽसुराणां धनं लोकहिते दातुं शशाक च।।''

(४ - प्रज्ञा पुराण - ४/७/३७)

महात्मा गांधी तथा विनोबाजी ने इसी सिद्धान्त को अपना कर सफलता प्राप्त की थी। भूदान आन्दोलन के प्रवर्त्तक विनोबा जी वामनावतार के समान ही थे।

''परशुरामावतार'' - महाभारत, रामायण तथा अन्य पुराणों में वर्णित है। (५ - भागवत पुराण - १/३/२०, २/७/२२) में भगवान के सोलहवे अवतार के रूप में इनका चित्रण मुख्यतः दो स्कन्धों में उल्लिखित है। आचार्य जी के मतानुसार इन्होंने दुष्टता दमन का संकल्प लेकर २१ बार आततायियों, दुराचारियों का शिरच्छेदन किया था। इस आलंकारिक क्रिया कलाप में सिर काटने से तात्पर्य है विचार परिवर्तन ।ब्रेन वाशिंग।। पशु एवं पिशाच प्रवृत्ति के व्यक्तियों को विनय, शिक्षा अथवा क्षमादान से वश में नहीं किया जा सकता। (१ - प्रज्ञा पुराण - ४/७, पृ० -३६१)

पाप का प्रतिरोध मानवता की पुकार है। भगवान शिव का वरदान परशु रूप में ऐसे ही शक्तिशालियों को मिलता है जो समाज में कुरीतियों की विषवल्ली के उन्मूलन का संकल्प लेते हैं।

''षष्ठः परशुरामश्च विद्यते स्वीचकार यः।
दुष्टतानाशसंकल्पं यतो नैव कदाचन।।''

(२ - प्रज्ञा पुराण - ४/७/३९)

''रामावतार'' - भगवान राम का चरित्र है, जिनकी महिमा प्राचीन काल से सनातन शास्त्रों में सुप्रतिष्ठित है। (३ - कल्याण श्रीरामांक वर्ष - ४६, अंक-१, गीता प्रेस, गोरखपुर, पृ०-३२५) आदिकवि वाल्मीकि की रामायण में भगवान राम का चरित्र उपन्यस्त है। उन्होंने कुछ स्थलों पर भगवत्स्वरूप में ही उनका वर्णन किया। (४ - वाल्मीकि रामायण - लंका काण्ड - ३५/३५) (५ - अभिषेक नाटक ।महाकवि भास।। - ४/१४) तथा भागवत पुराण (६ - भागवत पुराण - ९/११/२०) में भी उनका यही स्वरूप चित्रित है। लोक आराधना ही उनके जीवन का लक्ष्य था। वे असुरता के उन्मूलक तथा मर्यादापुरुषोत्तम थे। वे वेदानुकूल चरित्रवाले, प्राणिमात्र के हितैषी एक पत्नीव्रती तथा भारतीय संस्कृति के आदर्श थे।

''सप्तमो राम उक्तश्चावतारो लोक उच्यते।
जनैः श्रद्धायुतैः सर्वैर्मर्यादापुरुषोत्तमः।।''

(७ - प्रज्ञा पुराण - ४/७/४२)

''श्रीकृष्णावतार'' - **श्रीकृष्णावतार** को पूर्ण पुरुष कहा जाता है उनका व्यक्तित्व विलक्षण है।(१- कल्याण श्री विष्णु अंक वर्ष ४७ अंक १, पृ० - २५७) भारतीय साहित्य का अधिकांश भाग उनकी मधुर लीलाओं से परिपूर्ण है। व्यास जी द्वारा विरचित विशालकाय ग्रंथ महाभारत उन्हीं की महान् कर्म क्रीड़ाओं का केन्द्र बिन्दु है। श्रीमद्भागवत पुराण में भगवान के विविध अवतारों का वर्णन है-- ये समस्त अवतार उन्हीं के हैं। जिनमें वे लोक रक्षक के रूप में लक्षित हैं। (२ - भगवत पुराण - १/३/२८) इन्होंने नीति को क्रिया के साथ नहीं लक्ष्य के साथ जोड़ा। ये शंख, पुष्प गदा, चक्र, से सुशोभित है। इन्होंने चक्र से दुष्टदमन करने का और कमल पुष्प से पंकज तुल्य जीवन व्यतीत करने का शुभ संदेश दिया। इनका गीता ज्ञान केवल भारत ही नहीं अपितु समस्त विश्व के मानव-मात्र के लिए एक महान् संदेश है। उन्होंने अपनी राजधानी द्वारिका अपने स्वजनों को न देकर सुदामा जी को गुरुकुल बनाने के लिए दान कर दी। राष्ट्रीय एकता में बाधक बने अपने परिजनों को भी समाप्त कर नवीन मानवीय आदर्श प्रस्तुत किया। (३ - प्रज्ञा पुराण - ४/७, पृ०-३६७)

''कृष्ण एवाष्टमः पूर्णोऽवतारो विद्यते स्वयम्।
दूरीकर्तुमनीतीर्यश्चातुर्यस्य तथैव च॥''
(४ - प्रज्ञा पुराण -४/७/४५)

प्रेम करुणा एवं शान्ति का संदेश लेकर नवा अवतार बुद्ध के रूप में हुआ। इनका चरित्र विश्वप्रसिद्ध है। भागवत पुराण (५ - भागवत पुराण - १/३/२४, २/७/३७, ६/८/१९, १०/४०/२२) के कई स्कन्धों में इनका उल्लेख है। इन्होंने जनहित के लिए बुद्धि, धर्म, संगठन तथा विचार क्रांति को प्रधानता दी। पूर्वार्द्ध में धर्म चक्र प्रवर्तन में आनन्द जैसे मनीषी हर्षवर्धन, अशोक जैसे सम्राट आम्रपाली जैसी कलाकार अंगुलिमाल जैसे क्रूर किन्तु प्रतिभाशालियों ने इन्हें पूर्ण सहयोग प्रदान किया। इनका अभियान भारत ही नहीं विदेशों में भी प्रगतिशील हुआ। यह आलोक एशिया तथा अन्य महाद्वीपों में भी प्रसारित हुआ।

''बुद्धावतारो नवमो बुद्धि धर्ममथापि च।
संघं प्रधानरूपेण स्वीचक्रे जनमंगलम्॥''
(१ - प्रज्ञा पुराण - ४/७/४८)

बुद्ध ने तत्कालीन भ्रांतिमूलक धारणाओं को समाप्त करने के लिए अहिंसा, सत्य, विवेक एवं त्याग को महत्त्व प्रदान किया। मानवी गरिमा का उद्धार करने के कारण वे विश्व में श्रद्धा पात्र बने तथा अवतार कहलाए।

वर्तमान परिस्थितियों में निष्कलंक अवतार की प्रक्रिया बन रही है। यह एक ऐसी शक्ति, ऐसा प्रवाह है जो हजारों वर्षों की कलंक कालिमा को धो कर मानवता के वास्तविक स्वरूप को विश्व के सम्मुख प्रस्तुत करेगा। इस कल्कि अवतार का उल्लेख महाभारत, हरिवंश पुराण, मत्स्य पुराण तथा भागवत पुराण में

विस्तार सहित वर्णित है। (२ - महाभारत वनपर्व - १९०/९१, हरिवंश पुराण - १/४१, मत्स्य पुराण - ४७/२४५, भागवत पुराण - १०/२९/१४) इसके विषय में आचार्य जी लिखते हैं--

''प्रज्ञावतारो कल्किश्च निष्कलंकोऽपि वापुनः।
दशमोऽयं च लोकेऽस्मिन्नवतारस्तु विद्यते॥''

(३ - प्रज्ञा पुराण - ४/७/५३)

उनके मतानुसार महाप्रज्ञा के रूप में आद्यशक्ति गायत्री अब युगशक्ति **बन** कर प्रज्ञावतार के रूप में अवतरित हो रही हैं। पौराणिक भाषा में इसे कल्कि अथवा निष्कलंक अवतार कहा गया है। इसका कार्य अन्य अवतारों की अपेक्षा अधिक कठिन एवं व्यापक है। इसे सामयिक परिस्थितियों, समस्याओं एवं व्यक्ति की समस्त उद्दण्ड आसुरी प्रवृत्तियों से संघर्ष कर लोक मानस में उच्चादर्शों का बीजारोपण, अभिवर्धन तथा परिपोषण करना है, जिससे सतयुग की वापसी का स्वप्न साकार हो सके। लक्ष्य एवं कार्य की गरिमा, व्यापकता तथा गंभीरता को देखते हुए प्रज्ञावतार में चौबीस कलाओं का होना स्वाभाविक है।

''प्रज्ञावतारनाम्ना च युगस्यास्यावतारकः।
भूलोके मानवानां तु सर्वेषां हि मनः स्थितौ॥
परिस्थितौ च विपुलं चेष्टते परिवर्तनम्।
सृष्टिक्रमे चतुर्विंश एष निर्धार्यतां क्रमः॥''

(१ - प्रज्ञा पुराण - १/१/२२-२३)

वर्तमान युग में बुद्धितत्त्व की प्रधानता के कारण शक्ति, धन तथा शिक्षा का दुरूपयोग हो रहा है। विज्ञान की प्रगति के कारण मानव नूतन आविष्कार कर अपने बनाए हुए चक्रव्यूह में फंसता जा रहा है। सृजनात्मक कार्यों की अपेक्षा संहारात्मक अस्त्र-शस्त्र,एटम बम आदि का निर्माण हो रहा है। ऐसी स्थिति में भगवान का अवतार युगान्तरीय चेतना के रूप में होना आवश्यक है क्योंकि मनुष्य की वरिष्ठता श्रद्धा, प्रज्ञा एवं निष्ठा पर ही आधारित है और यह सद्भावनाएँ सद्प्रज्ञा के जागरण से ही संभव है। तत्त्व चिन्तन से प्रज्ञा जागृत होती है। संकट में तरणतारिणी बनकर अज्ञानांधकार में भटकते प्राणी इसका आश्रय लेकर चरम प्रगति के लक्ष्य पर पहुँचते रहे हैं यह आर्ष ग्रंथों द्वारा प्रमाणित है। यही वेदों का सार या सर्वोपरि वेद है। इस समय भगवान की सत्ता इन्हीं के रूप में प्रज्ञावतार बन कर प्रकट हो रही है। इनके चौबीस अक्षरों में साधनापरक एवं व्यक्तित्वपरक अनेकानेक सिद्धियाँ हैं।

प्रज्ञावतार का स्वरूप निराकार होगा क्योंकि इस समय काम-क्रोध, लोभ, वासना, अज्ञान, रूपी निराकार असुर मानव हृदय में विद्यमान हैं, अतः प्रज्ञावतार का कार्य क्षेत्र मानव-मात्र का हृदय होगा, उसमें स्थित इन दुष्प्रवृत्तियों का उन्मूलन तथा सत्प्रवृत्तियों का संवर्धन करने के लिए उसे निराकार महाप्रज्ञा कोही आधार बनाना होगा।

''प्रयोजनानि सिद्धयन्ति कर्मणा नात्र संशयः।
सद्ज्ञान देव्यास्तस्यास्तु महाप्रज्ञेति या स्मृता॥''

(१ - प्रज्ञा पुराण - १/१/४४)

मानव को बुद्धि की सत्प्रेरणा गायत्री यज्ञ की अग्निशिखा एवं लाल मशाल से मिलेगी। जिस प्रकार प्रात: कालीन सूर्य की रश्मियाँ पर्वत शिखरों से दृष्टिगोचर होती हैं, उसी प्रकार प्रज्ञावतार के इस अलौकिक चमत्कार का दर्शन वरिष्ठ प्रज्ञापुत्रों की गतिविधियों में होगा। अत: इस समय इन्हीं की साधना उपासना एवं आराधना करनी होगी। (२ - वही - १/१/४५)

प्राचीन काल में ऋषियों ने इस महाशक्ति को चौबीस अक्षरों में लिखा हुआ सारगर्भित धर्म शास्त्र कहा है। मानवीय गरिमा एवं एकता को स्थापित करने वाला यह शाश्वत् संविधान है। (३ - वही - ४/७, पृ०- ३७३) महर्षि विश्वामित्र, वशिष्ठ, व्यास जी, गौतम ऋषि आदि प्रज्ञा प्रक्षालित मनीषियों ने इस महामंत्र की साधना द्वारा ही ऋद्धि-सिद्धियाँ प्राप्त की थीं। आधुनिक बुद्धिवादी एवं तर्कवादी युग में भी महात्मा गाँधी, लोकमान्य तिलक, महामना मालवीय जी, रवीन्द्र नाथ टैगोर, श्री अरविन्द, स्वामी विवेकानन्द एवं महर्षि रमण आदि ने भी लोक मानस को उत्कृष्ट बनाने के लिए इस महाशक्ति की अभ्यर्थना को महत्त्व दिया है। आचार्य श्री के मतानुसार कल्कि अवतार का तात्पर्य निष्कलंक सत्ता है और मात्र प्रज्ञा ही निष्कलंक है। यथा--

''**प्रज्ञानेत्रो लोक:। प्रज्ञा प्रतिष्ठा। प्रज्ञानं ब्रह्म।**'' (१ - ऐतरेयोपनिषद् - ५/३)

अर्थात् प्रज्ञान ॥ चैतन्य॥ ही लोक को प्रेरणा प्रदान करता है। प्रज्ञान पर ही सब का आधार है। प्रज्ञान ॥ चैतन्य रूप॥ ही ब्रह्म है। वैदिक ऋषि का भी यही मत है। यही महाप्रज्ञा गायत्री वेदमाता है, देवमाता है अब यह अवतारी रूप ग्रहण कर विश्वमाता के पद पर प्रतिष्ठित होने जा रही है। इन्हीं के द्वारा ही पुन: धरा पर स्वर्ग का अवतरण होगा।

इस प्रकार प्रज्ञा पुराण में ईश्वर के निराकार एवं साकार दोनों रूपों का भव्य चित्र प्रस्तुत किया गया है। पुराणों की अवतार परम्परा का निर्वाह करते हुए समस्त अवतारों का स्वरूप इस प्रकार चित्रित है कि पौराणिक कथाओं का उपहास करने वाले, उन्हें कपोल-कल्पित समझने वाले आज के तार्किक बुद्धिवादी भी इन तथ्यों पर सहज ही विश्वास कर सकेंगे।

अन्त में आचार्य श्रीराम शर्मा ने पूर्ण आश्वासन दिया है कि इस समय वाह्याडम्बरों द्वारा जो सत्य प्रच्छन्न है उसका अनावरण इसी युग शक्ति महा प्रज्ञा द्वारा होगा। जिस प्रकार अनेक वाद्य यंत्र मिलकर संगीत की मधुर ध्वनि झंकृत कर जड़ चेतन को सम्मोहित कर देती हैं, उसी प्रकार प्रज्ञा पुत्रों की ऐक्य साधना से सुसामंजस्य पूर्ण नवयुग का निर्माण होगा। उससे भौतिक उन्नति की अपेक्षा आध्यात्मिक उन्नति का अभ्युदय होगा। देशकाल के बन्धनों से उन्मुक्त समस्त विश्व की मुक्ति की शुभकामना उसका लक्ष्य होगा। जिस दिन सब भेद-भावों को भुल कर सुख-दु:ख को

दृश्य बनाकर, मानव सद्प्रज्ञा की उपासना कर सबको अपने समान समझेगा, मानव धर्म को ही धर्म स्वीकार करेगा, उस दिन यह विश्वनीड़ बन जायेगा, तब ही नवीन युग की स्थापना होगी और रामराज्य का स्वप्न साकार हो जायेगा।

॥ ङ ॥ प्रज्ञा पुराण में स्वर्ग, नरक एवं मोक्ष

संसार में प्रत्येक जीव का लक्ष्य दुःख निवृत्ति एवं सुख प्राप्ति है। सच्चिदानन्द प्रभु का अंश जीवात्मा सत है, चेतन है वह आनन्द की खोज में निरन्तर भटकता रहता है। देव-दानव, किन्नर, भूत, प्रेत, पिशाच, कीट, पतंग, पशु-पक्षी तक यही चाहते है और तदर्थ निरन्तर कर्म करते रहते हैं। एक कर्म से अभीष्ट सुख लाभ न होने पर वे अन्य कर्मों की ओर प्रवृत्त हो जाते हैं। यही कामना उन्हें भौतिक सुख साधनों की ओर आकृष्ट कर देती है किन्तु नश्वर वस्तुओं से चिरस्थायी शान्ति की उपलब्धि असंभव है। अनन्त नित्य महान् आनन्द की प्राप्ति सद्प्रज्ञा के बिना नहीं हो सकती, यही ज्ञान का अखण्ड दीप है जिसके आलोक से अज्ञानांधकार नष्ट हो जाता है तथा सर्वत्र अखण्ड आनन्द ही आनन्द की वर्षा से जीव धन्य हो जाता है। जीवात्मा की यही सुखानुभूति ही स्वर्ग है और दुःख पूर्ण अनुभूतियों को नरक की संज्ञा दी गई है। पाप कर्मों का दण्ड दुःखों के रूप में निश्चित ही मिलता है तत्काल न सही मृत्यु के उपरान्त यह कर्म फल स्वर्ग, नरक के रूप में अवश्य प्राप्त होता है। इसीलिए अमरता के इच्छुक व्यक्ति मरण काल तक आत्मिक प्रगति का प्रयास करते हैं (१ - प्रज्ञा पुराण - ४/५/२४-२६)

वैदिक साहित्य में स्वर्ग की कल्पना बहुत मनोरम है। स्वर्ग शाश्वत ज्योतिर्मय एवं आनन्दमय लोक है। "**यत्र ज्योतिरजस्रं यस्मिन लोके स्वर्हितम्**" (१ -ऋग्वेद-९/११३/७) यह अजस्रज्योति ज्ञानामृत प्राप्ति के बादही संभव है। "**लोका यत्र ज्योतिष्मन्तस्तत्र माममृतं कृधि**" (२ -ऋग्वेद-९/११३/९) तथा **तमसो मा ज्योतिर्गमय, असतो मा सद्गमय, मृत्योर्मा अमृतं गमय**" का तात्पर्य भी यही है कि हम प्रकाश, सत्य व अमरता की ओर चलें (३ -बृहदारण्यकोपनिषद्-१/३/२८) अंधकार, असत्य एवं मृत्यु की ओर नहीं। अज्ञान का अंधकार असत्य का झंझावात मृत्यु की ओर ले जाने वाला है, जहाँ नारकीय पीड़ा एवं संत्रास है। इसके विपरीत प्रकाश, सत्य, अमरत्व के तत्त्व हैं, जहाँ स्वर्गीय सुखों का आप्लावन है।

ऋग्वेद में तीन स्वर्गों का उल्लेख है - उत्तम, मध्यम तथा अधम। "**यदुत्तमे मरूतो मध्यमें वा यद् वावमे सुभगासो दिविष्ठ।**" (४- ऋग्वेद - ५/६०/६) विष्णु के तीन पदभी तीन स्वर्ग के समान प्रतीत होते हैं। (५ - ऋग्वेद -१/३/२८) विष्णु देवता को सम्बोधित एक सूक्त में विष्णु के मधु से पूर्ण, कभी नष्ट न होने वाले तीन पदों को स्वधा से तृप्त होते हुए बताया गया है। (६ -ऋग्वेद -१/१५४/४) विष्णु के सर्वोच्च पद में मधु का स्रोत प्रवाहित है। "**विष्णोः पदे परमे मध्व उत्सः**" (७-वही -१/१५४/५) इस प्रकार ऋषियों की कल्पना के अनुसार स्वर्ग भौतिक सुखों से भरपूर एक वैभव सम्पन्न लोक है।

प्रज्ञा पुराण में स्वर्ग एवं नरक का नवीन रूप वर्णित हैं। देव संस्कृति में अमरत्व का पान करा-आत्मा के सतत् अविनाशी होने का बोध कराया जाता है। मृत्यु एक विश्राम स्थल है। यह आस्तिकतावादी दर्शन का केन्द्र बिन्दु है। यदि वर्तमान जीवन को ही महत्त्व दे दिया जाये और शरीर को ही सब कुछ मान लिया जाये, तो जीवन का दृष्टिकोण भोग प्रधान हो जायेगा। अत: आत्मा की अमरता का ज्ञान मनुष्य को इतनी क्षमता प्रदान करता है कि वह धरती पर ही स्वर्ग का अवतरण करने की कल्पना करने लगता है। (१ - प्रज्ञा पुराण - ४/५/६-७)

"पाययन्त्यमरत्वं वै भृशं तद्देव संस्कृतौ।
आस्थावत: समस्तांश्च बोधयन्त्यषिते समे।।
अमरत्वसुविश्वासा स्यु: सज्जा जीवितुं तथा।
अनन्तं ते विजानीयुर्मृत्युं नान्तस्तु विश्रमम्।।"

(२-प्रज्ञा पुराण -४/५/६-७)

भारतीय दर्शन में कर्म फल को बहुत महत्त्व दिया गया है। कभी-कभी कुकर्म करने वाले को समृद्धिशील सुख सम्पन्न देखकर मानव सन्मार्ग से विचलित होने लगता है, तब उसे परलोक में स्वर्ग-नरक के **सुख-दु:खों की प्राप्ति की कल्पना इस उच्छृंखलता से बचाती है।** मरणोपरान्त कर्मों के अनुसार ही फल प्राप्ति होती है, यह सुनिश्चित है। अत: परलोक में स्वर्गीय सुखों की उपलब्धि के लिए मानव इस लोक में त्याग तपस्या युक्त कार्यों में संलग्न होता है। यह प्रक्रिया बहुत विस्तृत है। कुकर्मी चौरासी लाख योनियों में भटकते हैं, जबकि पुण्यात्मा स्वर्ग में मुक्ति के अधिकारी बनते हैं--

"मृत्यो: पश्चादुभौ स्वर्गनरकावुत उत्तरम्।
पुनर्जन्मेति ते व्यक्ते पूरके मान्यते त्वुभे।।"

(३ - वही -४/५/२७)

योगावशिष्ठ का उदाहरण प्रस्तुत करते हुए आचार्य श्री लिखते हैं -- अन्तराल में जमे हुए संस्कार ही उस काल में स्वर्ग एवं नरक जैसी संवेदनाएँ फलित करते हैं। जिस प्रकार स्वप्न में अपने ही अनुभव दृश्यमान होते हैं, उसी प्रकार जीवन में जिन संस्कारों को एकत्रित किया गया है वे ही दु:खद एवं सुखद अनुभूतियों का सृजन करते हैं और वे ही यमदूत अथवा देवदूत बन जाते हैं। (१ - प्रज्ञा पुराण - ४/५, पृ०-२६३) प्रज्ञा पुराण में अनेक सिद्धान्तों द्वारा यह समझाने का प्रयास किया गया है कि बाह्य कर्मकाण्ड जप, तप, पूजा, पाठ, गंगास्नानादि से स्वर्ग प्राप्ति संभव नहीं है, परिश्रमी एवं सत्कर्मों में निरत व्यक्ति ही स्वर्ग का अधिकारी कर सकता है। (२- वही -४/५, पृ०-२६८)

आचार्य जी के मतानुसार मनुष्य अपने भाग्य का विधाता स्वयं है। देवसंस्कृति पर विश्वास रखने वाले आत्मिक अमरता को ही महत्त्व देकर अपने सत्कर्मों के द्वारा पृथ्वी पर ही स्वर्ग का निर्माण करने में सक्षम हैं।

नरक :-

स्वर्गीय सुखानुभूति के विपरीत दु:खों की अवधारणा ही नरक है। ऋषियों ने जहाँ पुण्यात्माओं के लिए अलौकिक आनन्द प्रदान करने वाले स्वर्ग का वर्णन किया है, वहीं दुष्कर्म करने वाले दुर्जनों के लिए ऐसे लोक की कल्पना भी की है, जहाँ पापी अपने नीचकर्मों को फल भोगने के लिए यातनाएँ सहन करते हैं, इसे ही नरक कहा गया है।

ऋग्वेद में अन्धतमस् (३ - ऋग्वेद - १०/१०३/१२) तथा अधरतमस् (४ - वही - १०/१५२/४) पदों द्वारा नरक की ओर संकेत किया गया है। अर्थववेद में नरक लोक का वर्णन स्पष्ट शब्दों में वर्णित है। वहाँ अधमतमस्, कृष्ण तमस् तथा अन्धतमस् पदों द्वारा तीन प्रकार के नरकों का उल्लेख है। (१ - अथर्ववेद - ८/२/२४, ५/३०/११, १८/३/३) वेदों के अनेक मंत्रों में असुर प्रवृत्ति वाले राक्षसों को अंधकार के गर्त में गिरने की प्रार्थना उपलब्ध है। (२ -ऋग्वेद - ७/१०४/ - सम्पूर्ण सूक्त) **उस स्थान को** नरक लोक कहा जा सकता है। (३ - ऋग्वेद में दार्शनिक तत्त्व, डा० गणेश दत्त शर्मा, पृ०-१३२) वैदिक ऋषियों के अनुसार यह स्थान पाताल लोक में है, जहाँ अंधकार छाया रहता है तथा राक्षस विचरते हैं।

गीता में भी भगवान कृष्ण द्वारा इस नरक का चित्रण इस प्रकार प्रतिपादित है--

''अनेकचित्तविभ्रान्ता मोहजालसमावृत्ताः।
प्रसक्ताः कामभोगेषु पतन्ति नरकेऽशुचौ।।''

(४ - श्रीमद्‌भागवत गीता -१६/१६)

अनेक प्रकार से भ्रमित चित्त वाले, मोह रूपी जाल में फँसे हुए और विषय भोगों में अत्यन्त आसक्त मनुष्य महान् अपवित्र नरकों में गिरते हैं। उपनिषदों में इसे अज्ञानान्धकार से आवृत लोक कहा है--

''असूर्या नाम ते लोका अन्धेन तमसावृताः।
ताँस्ते प्रेत्याभिगच्छन्ति ये के चात्महनो जनाः।।''

(५ - ईशोपनिषद् - १/३)

आत्म चेतना की विस्मृति रूप अथवा अज्ञान रूप ''**आत्महत्या** '' करने वाले मृत्यु के अनन्तर, अथवा जीवन में ही मृत्यु तुल्य अवस्था का अनुभव करते हुए असुरों से संबंध रखने वाले घोर अज्ञानांधकार से आवृत लोकों को प्राप्त करते हैं।

पुराणों में भी अधर्म तथा पाप के भेदों का वर्णन कर नारकीय चित्रण इस प्रकार वर्णित है--

''अघोधः पतनं पुंसामधः कर्म प्रकीर्तितम्।
नरकार्णवघोरेषु यातना पापमुच्यते।। ''

(१ - भविष्य पुराण - उत्तर पर्व 1, सम्पादक - वेदमूर्ति तपोनिष्ठ, पृ०-३२२)

अर्थात् पुरुषों का अधः धर्म ।नीच कर्म।। ही अधः पतन करता है। महान् घोर नरकों के समुद्र में यातना पाना ही पाप कहा जाता है। इसी पुराण में विभिन्न नरकों का उल्लेख है --

''अष्टाविशंतिरेवाधः क्षितेर्नरक कोटयः।
सप्तमस्य तलस्यांते घोरे तमसि संस्थिताः।।''
(२ - भविष्य पुराण -पृ० -३४०)

इस भूमण्डल के नीचे के भाग में अट्ठाईस नरकों की कोटियाँ हैं, जो कि सप्तम तल के अन्त में घोर अन्धकार में संस्थित है। इसी में रौरव आदि सौ नरकों का भी वर्णन है, जहाँ मनुष्य अपने कर्मों के अनुरूप विचित्र प्रकार की यातनाओं से पीड़ित किये जाते हैं, जब तक उनके कर्मों का क्षय नहीं होता।

मनुष्य जीवन ही स्वर्ग और मोक्ष प्रदान करने वाला है। इस दुर्लभ शरीर को पाकर भी जो इनको पाने का प्रयास नहीं करता, वह मृत होकर बहुत समय तक कष्ट उठाता है तथा उसे नरक-गामी होना पड़ता है। (३- वही - पृ०-३४५)

आलोच्य ग्रंथ में आचार्य जी ने मानव जीवन की महत्ता प्रतिपादित की है। इस जीवन देवता की पूजा ही स्वर्गीय सुखों को प्रदान करने वाली है। इसे प्राप्त करके भी जो आत्मकल्याण नहीं करता, उससे अधिक चेतना शून्य कौन हो सकता है? इसकी साधना द्वारा ही स्वर्ग मोक्ष तथा सुयश की प्राप्ति हो सकती है। (१ - प्रज्ञा पुराण - ४/५/१५-१६) यह भूलोक कर्म क्षेत्र है। अत: यहाँ शुभ कर्म करते हुए यहीं रह कर अलौकिक आनन्दानुभूति की जा सकती है।

प्रज्ञा पुराण में स्वर्ग नरक के व्यवहारिक पक्ष का विवेचन करते हुए आचार्य जी लिखते हैं कि मानव स्वर्ग एवं नरक का निर्माण स्वयं ही करता है। जब तक मनुष्य के चिन्तन में परिवर्तन नही होगा, तब तक विषम परिस्थितियों में पड़कर वह नारकीय यातनाओं को भोगता रहेगा। इस पृथ्वी पर स्वर्ग और नरक देखना हो, तो व्यक्ति के चिन्तन एवं चरित्र की प्रतिक्रियाओं के रूप में देखा जा सकता है--

''विडम्बनाऽथ दारिद्रयं वैपन्यं च विभीषिकाः।
दृश्यन्ते संकटादीनि संसारे यानि तानि तु।।
निकृष्टतोदितानीह चिन्तनस्याथ मान्यताम्।
दुश्चारित्र्योदितान्येव भ्रष्टतामूलकानि च।।''
(२ - प्रज्ञा पुराण - १/३/६९-७०)

वास्तव में सुख और दु:ख मन की अनुभूतियाँ हैं। मन पवित्र हो तो नरक में भी सुख है मन में अशुद्ध विचार तथा दुष्प्रवृत्तियाँ हों तो स्वर्ग में भी दु:खानुभूति ही होगी।

स्वार्थ परता, लोभ, मोह के बन्धनों में आबद्ध व्यक्ति मानव शरीर प्राप्त करके भी नारकीय जीवन व्यतीत करते हैं। ईर्ष्या द्वेष आदि दुर्भावनाओं की अग्नि में जलकर मनुष्य कुम्भीपाक तथा रौरव नरक जैसी यंत्रणाओं को सहन करते हैं। ऋग्वेद की एक ऋचा में स्पष्ट लिखा है कि इस गंभीर स्थान को पापी, ऋत विरोधी तथा असत्यवादियों ने बनाया है--

"पापास: सन्तो अनृता असत्या इदं पदमजनता गंभीरम्।" (१ - ऋग्वेद -४/५/५)

इसी सिद्धान्त की पुष्टि आचार्य श्रीराम जी ने की है। ये दुष्ट, पापात्मा व्यक्ति जिस स्थान पर रहते हैं उसे भी नरक बना देते हैं। इसके प्रत्यक्ष उदाहरण दैनिक जीवन प्रसंगों में देखे जा सकते हैं। (२ - प्रज्ञा पुराण - १/५, पृ०-- २०५) इसके विपरीत दूसरों के प्रति सहानुभूति से अभिभूत सहृदय महामानव जिस स्थान पर रहते हैं वे पुष्प और चन्दन की भाँति सुगन्धि बिखेर कर स्वयं भी आनन्दित होते हैं तथा दूसरों पर भी सुख और आनन्द की वर्षा करते हैं तथा उदार एवं परोपकारी व्यक्तियों का हृदय प्रत्यक्ष स्वर्ग है वे जन-सेवा के समक्ष स्वर्गीय सुखों को भी तुच्छ समझते हैं।

मोक्ष :-

भारतीय दर्शन में ज्ञान और विद्या को अमृत तथा अज्ञान एवं अविद्या को मृत्यु कहा गया है। अज्ञान तथा अविद्या का विनाश विवेक तथा ज्ञान से होता है, विवेक ज्ञान निरन्तर ध्यानाभ्यास, चित्त के निरोध से संभव है। अत: उस परब्रह्म की उपासना तथा चिन्तन करते हुए जब मनुष्य उसके साथ तादात्म्य संबंध स्थापित कर लेता है तो संसारिक कष्टों से मुक्त हो जाता है इसी स्थिति को अपवर्ग, परम पुरुषार्थ, कैवल्य अथवा मोक्ष कहते हैं।

भारतीय मनीषियों ने इस विषय पर गहन चिन्तन किया है। मोक्ष शास्त्र को चिकित्सा शास्त्र की संज्ञा दी जा सकती है क्योंकि यदि चिकित्सा शास्त्र शारीरिक कष्टों का निदान करता है तो मोक्ष शास्त्र दैविक, दैहिक तथा भौतिक संकटों से त्राण दिलाने में समर्थ है। अत: मोक्ष शास्त्र को चिकित्सा शास्त्र की भांति चतुर्व्यूह माना जा सकता है। वैद्यक शास्त्र रोग, रोग का कारण, आरोग्य तथा भैषज्य इन चार तथ्यों पर आधारित है और मोक्ष शास्त्र संसार, संसार हेतु, मोक्ष तथा मोक्षोपाय पर अवलम्बित है। वह मनुष्य को निरन्तर गतिशील रखकर आत्मविकास की प्रेरणा देता है तथा उस गन्तव्य स्थान तक ले जाता है जिसके पश्चात् कोई प्राप्तव्य वस्तु अवशेष नहीं रहती। (१ - धर्म और दर्शन, आचार्य बलदेव उपाध्याय, पृ०-५८२)

इसे गीता में परम धाम कहा गया है--

"यद्गत्वा न निवर्तन्ते तद्धाम परमं मम।" (२ - गीता - १५/६)

वह मार्ग कठिन अवश्य है किन्तु उपनिषद् बार-बार स्फूर्ति पद उद्बोधन कर मानव को उसी मुक्ति मार्ग पर चलने की प्रेरणा दे रहे हैं--

'' उत्तिष्ठत, जाग्रत, प्राप्य वरान्निबोधत।
क्षुरस्य धारा निशिता दुरत्यया,
दुर्गं पथस्तत्कवयो वदन्ति।।''
(३ - कठोपनिषद् - १/३/१४)

गीता में भी भगवान् कृष्ण ने कहा है --

''उद्धरेदात्मनाऽऽत्मानं नात्मानमवसादयेत्।
आत्मैव ह्यात्मनो बन्धुरात्मैव रिपुरात्मनः।।''
(४ - गीता -६/५)

अपना उद्धार आप ही करे, अपने को कभी गिरने न दें। क्योंकि मानव स्वयं ही अपना बन्धु या अपना शत्रु है। इस आन्मोत्थान के लिए इन्द्रियों पर नियंत्रण रखने की आवश्यकता है, तभी जीवात्मा मोक्ष का अधिकारी बन सकता है। प्रज्ञा पुराणकार ने मोक्ष के इसी स्वरूप को महत्त्व दिया है-- कषाय कल्मष दोष-दुर्गुणों से मुक्ति पाना ही वास्तविक मुक्ति है। ऐसे पवित्र आचरणशील व्यक्ति ईश्वरीय चेतना से परिपूर्ण रहते हैं, बिगड़ी हुई परिस्थितियों को सुधारने के लिए वे ऋषियों, सुधारकों, महापुरुषों तथा शहीदों के रूप में जीवन व्यतीत करते हुए दूसरों को भी निरन्तर आगे बढ़ने की प्रेरणा देते हैं। शास्त्रकारों ने इस स्थिति का वर्णन ईश्वर की निकटता, सालोक्य, सायुज्य आदि नामों के रूप में किया है।

''महामानवरूपेषु जायन्ते दिव्य तेजसः।
दर्शयन्ति शुभं मार्गं सर्वेषामेव ते ततः।।''
(१ - प्रज्ञा पुराण - ४/५/३३)

।।च।। मुक्ति का सही पथ

जीवात्मा की पूर्णता अनन्त सत्ता के साथ आत्मसात् होकर उसी में विलीन होने में हैं, यदि इस तत्त्वदर्शन को समझा जा सके तो मुक्ति का पथ सबके लिए खुला है। (२ - वही - ४/५, पृ० -२६५) संसार में कमलपत्रवत् जीवन व्यतीत करना तथा मृत्यु का दिन समीप आ रहा है, इस तथ्य को समझ कर अपना कर्त्तव्य पूर्ण करना ही मुक्ति का साधन है। महापुरुष भव बन्धन से संतप्त व्यक्तियों को प्रेरणा देकर उन्हें सद्गति की ओर अग्रसर करने में ही अपनी मुक्ति की आनन्दानुभूति करते हैं। भगवान बुद्ध ने संकल्प किया था जब सब प्राणी सद्गति प्राप्त कर लेंगे तब सबसे अन्त में मैं मुक्ति धाम की कामना करूँगा। (३ - वही - ४/५ पृ० -२६४)

मीमांसा दर्शन के अनुसार कर्म ही मनुष्य के बन्धन का कारण है। आत्मा क्षुद्र विषयों का चिन्तन करता हुआ तरह-तरह के कर्म करता है तथा गुण कर्मों के अनुसार विभिन्न योनियों को प्राप्त कर कष्ट उठाता है। प्रस्तुत ग्रंथ में आचार्य जी ने इसी तथ्य का निरूपण किया है। कर्मयोगी अध्यात्म साधना से जीवन्मुक्ति की दिशा में सहज ही अग्रसर हो सकता है।

मोक्ष-निर्वाण सम्बन्धी ब्रह्म-ज्ञान के साथ-साथ कर्म योग की साधना भी आवश्यक है। निष्काम भावना से कर्म करने वाला ही वास्तविक मुक्ति का अधिकारी है।

मुक्ति के दो आधार हैं-- "**बाह्य मुक्ति एवं आन्तरिक मुक्ति।**" (१ - प्रज्ञा पुराण -४/५, पृ०- २६४) बाह्य मुक्ति स्थूल है वह आन्तरिक मुक्ति पर ही आधारित है। आन्तरिक मुक्ति के लिए अविद्या के बन्धन से मुक्त होना अनिवार्य है। वेदान्त दर्शन का मूलाधार ज्ञान ही है। इस का प्रारम्भ अथातो ब्रह्मजिज्ञासा (२ - ब्रह्म सूत्र - १/१/१) से किया गया है। ब्रह्म प्राप्ति का तात्पर्य मोक्ष प्राप्ति ही है और यह मोक्ष आत्म ज्ञान के बिना असम्भव है। इसके लिए वैदिक ऋषि प्रार्थना करते हैं कि हे इन्द्र, तुम अहंकार को दूर कर हमारे चक्षुओं को ज्ञान से भर दो और जाल से बंधे हुओं की भाँति हमें बन्धन मुक्त कर दो। (३ - ऋग्वेद - १०/७३/११) वेदान्त के स्वाध्याय का परम लक्ष्य यही है कि सांसारिक त्रिविध तापों से संतप्त मनुष्य "**बन्ध**" रूप जन्म मरण के आवागमन से मुक्त होकर सच्चिदानन्द ब्रह्म से मिलकर शाश्वत् आनन्दमय अवस्था का अनुभव करे। आचार्य जी के मतानुसार पूर्ण ज्ञानाश्रयी ही जीवन्मुक्त है। जैसे सूर्य के साथ अन्धकार नहीं रह सकता है, उसी प्रकार अज्ञान ग्रस्त रह कर मुक्ति की कल्पना नहीं की जा सकती। आत्मकल्याण एवं परमार्थ मोक्ष प्राप्ति के दो मूलाधार हैं। ज्ञान प्राप्ति के साथ-साथ यह मुक्ति शरीर रहते ही प्राप्त हो जाती है। युधिष्ठिर सदेह स्वर्ग गये थे वह सर्वविदित है - इसलिए ब्रह्मज्ञानी मुक्ति की कामना नहीं करते। वे सेवा में ही मुक्ति का अनुभव करते हैं। (१ - प्रज्ञा पुराण - ४/५, पृ० -२८७)

सत्य प्रक्षालित प्रज्ञा ही अनन्त मोक्ष है। इसीलिए आर्य मनीषियों ने कर्म और ज्ञान के समन्वय द्वारा जीवन का सर्वतोमुखी विकास किया था। शांति पूर्ण जीवन को धीरे-धीरे सुखमय बनाना ही उनके जीवन का लक्ष्य था इसीलिए उन्होंने प्रार्थना की है -- मैं पके हुए खरबूजे की भाँति मृत्यु के बन्धन से छूट जाऊँ- अमृत से नहीं--

"**उर्वारुकमिव बन्धनान्मृत्योर्मुक्षीय माऽमृतात्।।**" (२ -ऋग्वेद -७/५९/१२)

इस प्रकार कह सकते हैं कि आचार्य जी ने स्वर्ग, नरक एवं मोक्ष का नवीन स्वरूप प्रस्तुत किया है। उनके मतानुसार स्वर्ग और मुक्ति का आनन्द इसी जीवन में ही संभव है। ये दो बहुत आकर्षक पुण्य फल हैं, जिनकी प्राप्ति के लिए मनुष्य पूजा-पाठ, दान-पुण्यादि कर्म करते हैं, किन्तु स्वर्ग में मनोरंजन, विश्राम एवं विषयोपभोगों की कल्पना नितान्त निराधार है, क्योंकि इन्द्रियों के द्वारा विषयों का भोग किया जाता है। स्थूल शरीर के अभाव में सूक्ष्म शरीर द्वारा केवल भावात्मक अनुभूतियाँ ही हो सकती है, इन्द्रिय सुख की आशा नहीं की जा सकती। वस्तुत: स्वर्ग आत्म संतोष को ही कह सकते हैं और यह संतोष परिष्कृत दृष्टिकोण तथा आदर्शवादी क्रिया कलापों द्वारा ही संभव है, जो जितना अधिक आत्म संतोषी है, वह उतने हीं उच्चस्तरीय स्वर्गीय सुखों की आनन्दानुभूति करता है।

नरक के विषय में भी उनकी मान्यता है कि नरक कोई लोक नहीं है, अपितु उसकी पीड़ा भी मनुष्य इस जीवन में ही भोगता है, चिन्ता, भय, क्रोध, ईर्ष्या, द्वेष, प्रतिशोध उत्पीड़न की स्थिति में जो असह्य वेदना होती है वही नरक की ज्वाला से भी भयंकर है। दुष्कर्म करने पर पश्चाताप की अग्नि में जलना, सबसे उपेक्षित होकर घृणा का पात्र बनकर कीट भृंगों की भाँति जीवन यापन करना नरक के कीड़ों के समान हैं। शारीरिक दु:खों से पीड़ित व्यक्ति इसी जीवन में ही नारकीय वेदना भोगते हैं, विकलांगों की व्यथा तथा जीवन में असफलता, धन हानि, प्रियजनों से विछोह, के कारण जो मानसिक कष्ट होता है वह भी इसी जीवन में ही मिलता है। अत: नरक की कल्पना को अन्य लोक से जोड़ना उचित नहीं।

मोक्ष के विषय में वे लिखते हैं कि मोक्ष का अर्थ बन्धनों से मुक्ति है। मनुष्य ईश्वर का अंश है कर्म करने में स्वतंत्र है, सृष्टि का सारा वैभव सम्बन्धियों का स्नेह-दुलार उसे उपलब्ध है, फिर मुक्ति की क्या आवश्यकता है? वास्तव में अपने दोष-दुर्गुण,स्वार्थ संकीर्णता से मुक्ति पाना ही मोक्ष है, क्योंकि सार्मथ्यवान होने पर भी ये शत्रु बन कर मनुष्य को शुभ कर्म करने से रोकते हैं। इनसे मुक्ति मिलते ही मानव स्वर्गीय सुखों की अनुभूति कर सकता है। इसके लिए मृत्यु काल तक प्रतीक्षा करने की आवश्यकता नहीं। इस मोक्ष प्राप्ति के लिए वे अग्नि, सूर्य, इन्द्र, वरुण, से नित्य प्रति तेज, बल और वीर्य प्राप्ति के लिए उपासना कर गायत्री माता से आयु, प्राण, प्रजा, पशु, कीर्ति, धन की याचना कर ब्रह्म लोक की प्राप्ति के लिए अभ्यर्थना करते हैं।

''ॐ स्तुता मया वरदा वेद माता प्रचोदयन्तां पावमानी
द्विजानाम् आयु प्राणं प्रजां पशुं कीर्तिं द्रविणं ब्रह्म वर्चसम्।।''
(१ - अथर्ववेद - १७/१७/१)

आचार्य श्री ने भौतिक सिद्धि एवं आध्यात्मिक मुक्ति के लिए सविता देवता तथा माता गायत्री की उपासना पर बल दिया है। इसके द्वारा मानव जीवन के सर्वोच्च लक्ष्य को प्राप्त कर सकता है। जहाँ अनन्त मुक्ति एवं आनन्द का ही साम्राज्य है। वैदिक ऋषि ने इसी मोक्ष की कामना की है-

''यत्रानन्दाश्च मोदाश्च मुदः प्रमुदः आसते।
कामस्य यत्राप्ताः कामास्तत्र मामृतं कृधि।।''
(२ - ऋग्वेद -९/११३/११)

इसी मोक्ष प्राप्ति को परम पद की संज्ञा दी है--

''तद्विष्णोः परमं पदं सदा पश्यन्ति सूरयः।।'' (३ - वही -१/२२/२०)

यह परम पद ही मोक्ष स्थान तथा ब्रह्म प्राप्ति है-- प्रज्ञा पुराण में आद्योपान्त इसी मोक्ष प्राप्ति की प्रेरणा दी गई है, जो निष्काम कर्म योगियों का लक्ष्य है।

वर्तमान परिस्थितियों में मानव की दीनहीन स्थिति पर खेद प्रकट करते हुए वे कहते हैं कि आश्चर्य की बात है कि सर्व साधन सुलभ होने पर भी मानव निकृष्ट भोग विलास, छल, कपट, चोरी, हिंसा जैसे जघन्य कृत्य करके नारकीय कष्ट भोग रहा है। परमपिता ईश्वर ने सत्कर्म कर सात्विकी साधना हेतु मानव शरीर प्रदान किया है। सांसारिक भौतिक साधनों से हीन व्यक्ति भी गायत्री उपासना एवं सेवामय जीवन के द्वारा उत्तम शिखर पर पहुँच कर ब्रह्म प्राप्ति करके मोक्ष का अधिकारी बन सकता है।

पुनर्जन्म :-

भारतीय दर्शन धारा के दो मुख्य स्रोत हैं :- नास्तिक दर्शन एवं आस्तिक दर्शन। नास्तिक दर्शन की तीन धाराएँ हैं-- चार्वाक दर्शन, जैन दर्शन तथा बौद्ध दर्शन। आस्तिक दर्शन की छः उपधाराएँ हैं-- ।।१।।न्याय दर्शन, ।।२।। वैशेषिक दर्शन, ।।३।। सांख्य दर्शन, ।।४।। योग दर्शन, ।।५।। मीमांसा दर्शन तथा ।।६।। वेदान्त दर्शन। ''**नास्तिको वेदनिन्दकः**'' (१ - मनु स्मृति - २/११) मनु के वचनानुसार जो दर्शन वेदों के प्रमाण स्वीकार नहीं करते वे नास्तिक हैं तथा जो उन्हें स्वीकार करते हैं वे आस्तिक हैं। इस प्रकार जो वेदों में प्रतिपादित परलोक, पुनर्जन्म, कर्म फलों के सिद्धांतों में श्रद्धा रखते हैं उन्हें आस्तिक कहते हैं।

चार्वाक दर्शन पूर्णतया लौकिक एवं भौतिक है। वह ईश्वर को नहीं मानता। उनके अनुसार शरीर ही आत्मा है। उसे न परलोक की चिन्ता है न पुनर्जन्म की। उसकी धारणा विचित्र है--

''यावज्जीवेत् सुखं जीवेत्, ऋणं कृत्वा घृतं पिबेत्।
भस्मी भूतस्य देहस्य पुनरागमनं कुतः।।''
(२ - चार्वाक दर्शन)

जैन मत नास्तिक होते हुए भी आत्मा वादी है। जीव, अजीव, द्रव्यों के भेदोंपभेदों का वर्णन जैन दर्शन में सुन्दरता के साथ किया गया है। उसके मतानुसार अहिंसा, सत्य, अस्तेय, ब्रह्मचर्य, अपरिग्रह पंच महाव्रत हैं, जिनका पालन आवश्यक है। बौद्ध मत शून्य वादी है। उसका शून्यवाद वेदान्तियों की माया के सदृश कोई अनिवर्चनीय तत्त्व है जिससे सारा संसार उत्पन्न होता है एवं उसी में विलीन हो जाता है। इस मत ने निर्वाण प्राप्ति के लिए मध्यम मार्ग का आविष्कार किया है।

आस्तिक दर्शनों में कर्मवाद, परलोक, पुनर्जन्म, स्वर्ग, नरक मोक्षादि विविध सिद्धान्तों का प्रतिपादन है। समस्त दर्शनों का लक्ष्य त्रिविध दुःखों ॥ आधिदैहिक, आधिभौतिक, आधिदैविक॥ की निवृत्ति ही है।
पुनर्जन्म का तात्पर्य है कि जीवात्मा नश्वर देह के परित्याग के पश्चात् कर्मों का फल भोगने के लिए पुनः पृथिवी पर आता है या नहीं, क्योंकि भारतीय दर्शन के अनुसार आत्मा अमर है तथा देह नश्वर, अतः देहधारी जीव का मरणोपरान्त पुनर्जन्म होना ध्रुव सत्य है। गीता में स्पष्ट रूप में कहा गया है--

''जातस्यहि ध्रुवो मृत्युर्ध्रुवं जन्म मृतस्य च।
तस्मादपरिहार्येऽर्थे न त्वं शोचितुमर्हसि।।''
(१ -गीता - २/२७)

वेदों में पुनर्जन्म के संकेत नहीं मिलते किन्तु सुनहली उषा के प्रतिदिन पृथिवी पर आगमन को ''पुनः पुनः जायमाना'' ''पुनः भू'' तथा चन्द्रमा को ''नवोनवो भवति जायमानः'' कहा गया है जिसे पुनर्जन्म के सिद्धान्त का आधार मान सकते हैं। उपनिषदों - ब्राह्मण ग्रंथों (२ -तैत्तिरीय ब्राह्मण - ३/९/२२/४) तथा पुराणों ने इसकी स्पष्ट घोषणा कर दी कि कर्मों का फल प्राप्त करने के लिए जीवात्मा को बार-बार जन्म लेना पड़ता है।

प्रज्ञा पुराणकार ने वैदिक ऋषियों के मतानुसार परलोक, पुनर्जन्म कैवल्य, मोक्ष, दु:खत्रय निवृत्ति, एवं परमानन्द प्राप्ति को ही जीवन का परम लक्ष्य स्वीकार किया है। वेदों में प्रतिपादित सिद्धान्त के अनुसार प्रेतात्माएँ पितृलोक अथवा यमलोक में अपने कर्मों का फल भोगती है और पुनर्जन्म प्राप्त करती हैं--

''सं गच्छस्व पितृभिः संयमेनेष्टापूर्तेन परमे व्योमन्।'' (१ -ऋग्वेद - १०/१४/८)

तुम सर्वोच्च स्वर्ग में पितरों के साथ, यम के साथ तथा अपने इष्टापूर्त के साथ संगत हो जाओ।

आचार्य श्री गर्भोपनिषद् का उदाहरण प्रस्तुत करते हुए कहते हैं-- हजारों बार मेरा जन्म हो चुका है, विविध प्रकार के आहार मैं खा चुका हूँ, बार-बार पैदा हुआ हूँ, बार-बार मरा हूँ, आत्मीयों के लिए अनेक शुभाशुभ कर्म किये है पर वे आज मेरे साथ नहीं हैं। साथ है मेरे कर्म, उनका ही फल मुझे मिल रहा है। (२ - प्रज्ञा पुराण - ४/५, पृ० - २५०) यही सिद्धान्त आस्तिकतावादी का केन्द्र बिन्दु है। आलोच्य ग्रंथ में यही तथ्य प्रतिपादित है-- मानव स्वार्थ हित दूसरों को कष्ट देकर अपने तथा पारिवारिक जनों के सुखोपभोग हेतु अनैतिक कर्म करता है जिसका कुफल उसे एकाकी ही भोगना पड़ता है। अतः मनुष्य को ''**हर दिन नया जन्म तथा हर रात नयी मृत्यु**'' के रूप में अपने जीवन के लक्ष्य के प्रति सचेत रहना आवश्यक है--

''जीवितानां मृतानां च मन्यन्ते जन्मवासराः।
परम्परेयं मृत्योश्च दिनस्यावसरेऽपि तु।।''
(३ - वही - ४/५/८)

भारतीय दार्शनिक सिद्धांतों के अनुसार प्रत्येक आस्थावान् को समझाया जाता है कि वह आत्माकी अमरता पर विश्वास कर अनन्त जीवन पथ पर अग्रसर हो। मृत्यु विश्राम स्थल है जहाँ से जीव कायारूपी वस्त्र को उतार कर नूतन शरीर धारण करता है--

''वासांसि जीर्णानि यथा विहाय नवानि गृह्णाति नरोऽपराणि।
तथा शरीराणि विहाय जीर्णान्यन्यानि संयाति नवानि देही।।''
(४ - गीता - २/२२)

यह विश्वास दिलाना इसलिए आवश्यक है कि आशावादी दृष्टिकोण धारण कर व्यक्ति आत्मिक प्रगति के पुरूषार्थ हेतु सक्रिय रहे। जीवन मृत्यु का जलपान है, एक अनन्त प्रवाह है, पंच तत्वों से विनिर्मित वस्तु को उन्हीं में विलय होना है यह एक शाश्वत् सत्य है, इस परिवर्तन को वरदान मानना चाहिए। इसमें दु:ख किस बात का?

"बोध्यते मृत्युमेवान्तं मते या समुदेति सा।
निराशाऽथापि नास्तिक्यं वृणयातां न कञ्चन।।"
(१ - प्रज्ञा पुराण - ४/५/१४)

मृत्यु के समय की स्थिति का वर्णन करते हुए ग्रंथकार लिखते हैं -- जब मृत्यु का समय आता है तब समस्त इन्द्रियों की वृत्ति वाणी में, वाणी की वृत्ति मन में तथा मन की वृत्ति प्राण में परिवर्तित हो जाती है। जागृतावस्था में इन्द्रियां मन की इच्छाओं के अनुसार नृत्य करती हैं, किन्तु इस समय मन चेतना के वशीभूत होकर जीवन भर की स्थिति के अनुरूप नवनिर्माण करता है। जो ईश्वरोपासना तप, ज्ञान सम्वर्धन एवं साधना द्वारा मनोबल, आत्म बल विकसित कर लेते हैं वे सुसंस्कार युत् जीवन पाते हैं, जो इन्द्रिय लिप्सा में संलग्न रहते हैं वे उन इन्छाओं की पूर्ति के लिए पुनर्जन्म प्राप्त करते हैं। यह आवागमन का चक्र तब-तक चलता रहता है, जब तक जीवात्मा पूर्ण विकास नहीं कर लेता। (२ - वही -४/५, पृ० -२५१)

वैदिक ऋषि भी अकर्मण्य व्यक्ति को हीन, अज्ञानी तथा पतित मानते हैं--

"अकर्मा दस्युरभि नो अमन्तुरन्यव्रतो अमानुषः।
त्वं तस्यामित्रहन्वधर्दासस्य दम्भय।।"
(३ -ऋग्वेद - १०/२२/८)

गीता में तो सारा संदेश कर्म योग पर ही आधारित है। कर्म फल श्रृंखला पर पूर्ण विश्वास एवं परमार्थ पंथ पर निरन्तर चलते रहने से इस आवागमन की प्रक्रिया से मुक्ति प्राप्त की जा सकती है-

पराङ्मुखैर्नभाव्यं तु प्रगतेः पथिगन्तृभिः।
नाऽविश्वस्तो भवेत्कर्म फल संभावनं प्रति।।
(१ - प्रज्ञा पुराण - ४/५/१६)

इन दो मान्यताओं पर विश्वास रखने से उसकी प्रतिक्रिया बहुत ही सुखद और श्रेयस्कर होती है। कर्म फल की अनिवार्यता का सिद्धान्त मानव चरित्र को नियंत्रित करता है क्योंकि मरणोत्तर जीवन में स्वर्ग, नरक एवं पुनर्जन्म की मान्यताएँ अनैतिक कर्म करने से रोकती हैं।

यतन्ते भृशमेवैते त्वनुगा देव संस्कृतेः।
आत्मप्रगतिमुद्दिश्य यावदामरणं सदा।।
(२ - वही ४/५/२६)

पुराणों में यमलोक का अधिपति चित्र गुप्त को माना है वही अपने बहीखातों में मानव जीवन के कर्मो को लिखता रहता है किन्तु आचार्य श्री के मतानुसार यह मानव का अवचेतन मन ही है जिसकी अत्यन्त संवेदनशील कोशिकाओं पर मनुष्य के शुभाशुभ कर्म अंकित होते रहते है, उनकी प्रतिक्रिया शारीरिक एवं मानसिक रोग एवं असफलता के रूप में सामने आती हैं, क्योंकि रोग, शोक, काम, क्रोध, लोभ, मद मोह एवं व्यभिचार आदि अपनी सहायक ग्रंथियों से एक प्रकार का रस स्रवित करते हैं जिसके कारण व्यक्ति

दुष्कर्म करता है। इसलिए श्रेष्ठ कर्म करते हुए मनुष्य को परलोक हेतु गुण सम्पदा की विभूति सुरक्षित रखनी चाहिए जिसके लिए ऋषि बार-बार चेतावनी देते है:-

''कुर्वन्नेवेह कर्माणि जिजीविषेच्छत् समाः।
एवं त्वषि नान्यथाऽस्ति न कर्म लिप्यते नरे।।''
(यजुर्वेद - ४०/२- इशो० - १/२)

अर्थात मनुष्य को चाहिए कि अनासक्त भाव से शुभ कर्म करते हुए सौ वर्ष पर्यन्त जीने की इच्छा करे। यही एक उपाय है, जिससे वह कर्म बन्धन से मुक्त हो सकता है।

देव संस्कृति की जीवन मरण सम्बन्धी मायताएँ शास्त्र सम्मत हैं तथा विज्ञान सम्मत भी। मरणोत्तर जीवन एवं पुनर्जन्म सम्बन्धी अनेक प्रसंग दैनिक जीवन में घटित होकर, इस दर्शन का सत्यापन करते हैं। मरण के पश्चात् सूक्ष्म शरीर होने के कारण जीव की मानसिक प्रसन्नता अथवा खिन्नता की अनुभूतियाँ अन्तश्चेतना को भावनात्मक रूप से प्रभावित करती हैं। इसका वर्णन यजुर्वेद में वर्णित है--

''पुनर्मनः पुनरायुर्म आगन् पुनः प्राणः पुनरात्मा म आगन्।
पुनश्चक्षुः पुनः श्रोत्रम्म आगन्।
वैश्वानरोऽदब्धस्तनूपा अग्निर्नः पातु दुरितादवधात्।।''
(वही - ४/१५)

अर्थात् शरीर में जो प्राण शक्ति काम कर रही थी उसमें मेरे संस्कार अनजाने में ही अंकित होते रहे। मृत्यु के समय मेरी पूर्व जन्म की इच्छाएँ भी प्राणों में विलीन हो गई थीं। वे मेरे इस दूसरे शरीर में पुनः जागृत हो गई हैं। अब मैं पूर्वकृत कर्मों का फल भुगतने को बाध्य हूँ। **(प्रज्ञा पुराण - ४/५ पृ० - २६२)**

विचार और कर्मों के संयोग से निर्मित अभ्यास ही संस्कार कहलाते हैं। मृत्यु के समय इन्द्रिय समुच्चय मन, बुद्धि तथा अहंकार स्थूल शरीर के साथ छूट जाते हैं किन्तु संस्कार सूक्ष्म शरीर के साथ रह जाते हैं, वे ही पुनर्जन्म का आधार बनते हैं। देवयोनियों में अभाव, असन्तोष नहीं होता। ऋतम्भरा प्रज्ञा इन्हीं को प्राप्त होती है। ये शरीर से

मानव सदृश होकर भी सामान्य जनों की अपेक्षा दूरदर्शी, उदार एवं **साहसी होते हैं। पौराणिक कथाएँ इसका प्रमाण हैं** । राजा बलि, भरत, प्रहलाद, भृगुपुत्र-नारद, ऋषि वामदेव, सती पार्वती आदि के पुनर्जन्म की कथाएँ मानव को सन्मार्ग पर चलने की प्रेरणा देती हैं।

आत्मिक सिद्धान्त व्यक्तिगतजीवन को अधिकाधिक सुसंस्कृत बनाते है। ये सिद्धान्त हैं
1. शरीर की नश्वरता 2. आत्मा की अमरता 3. कर्म फल की सुनिश्चितता, 4. पुनर्जन्म की संभावना।(१ - **प्रज्ञा पुराण** - ४/५, पृ० - २६९)

आत्मा की पुकार है- मृत्योर्माऽमृतं गमय इससे स्पष्ट है कि मरण नितान्त अवांछनीय एवं जीवन कितना अभीष्ट है। अन्तरात्मा की जिजीविषा अत्यन्त प्रबल है, आत्मा की अमरता को समझने पर मृत्यु का भय समाप्त हो जाता है। यद्यपि सृष्टि का क्रम जीवन मरण की धुरी पर घूम रहा है, प्रकृति का सुनिश्चित क्रम रूकेगा नहीं, हमें परम प्रिय लगने वाला आज का अस्तित्व कल महान् शून्य में विलीन हो जायेगा। आज की यथार्थता कल विस्मृति के गर्त में गिरकर अविज्ञता के अन्तरिक्ष में बिखर जायेगी, किन्तु इस तथ्य से अनभिज्ञ प्राणी इस मरणशील शरीर की सुविधाओं के लिए इन्द्रिय लिप्सा एवं मनोविनोदके लिए अधिकाधिक साधन जुटाते हैं, कभी-कभी तो उपभोग का प्रारम्भ होते ही विपत्तियों का वज्र टूट पड़ता है। विधि के विधान को बदलना संभव नहीं।(२ - **प्रज्ञा पुराण** - ४/५/, पृ० - २७०)

एवं पूर्वकृतं कर्म नित्यं जंतुः प्रवर्तते।
सर्वं तत्कारणं तेन निकृतोयमिहागतः।।
(१ - अनुगीता - ३/२३)

इस समय विज्ञान और बुद्धिवाद की प्रगति को देखते हुए मरणोत्तर जीवन की प्रामाणिकता में संदेह नहीं रह गया है। इसलिए महापुरूष आत्मा की अमरता एवं शरीर की नश्वरता को शाश्वत् सत्य मानकर मृत्यु को एक महायात्रा समझकर उससे भयभीत नहीं होते। इसी कारण देशभक्त हँसते हँसते फाँसी के फन्दों पर झूल जाते हैं। महापुरूष सहर्ष विषपान कर शिव शंकर की भाँति अमर हो जाते हैं।

भारतीय संस्कृति में आत्मा की अमरता के सिद्धान्त के आधार पर पितरों के साथ सन्तति का सम्बन्ध स्थापित रहता है। इसीलिए पितृपक्ष को बहुत महत्त्व पूर्ण माना जाता है। हिन्दू शास्त्रों के अनुसार मृत्यु होने पर आत्मा चन्द्रलोक की ओर जाती है तथा ऊँची उठकर पितृ-लोक में प्रवेश करती है। अतः पिण्डदान एवं श्राद्ध तर्पण द्वारा उन्हें शक्ति प्रदान की जाती है।(२ - **प्रज्ञा पुराण** - ४/५, पृ० - २७७) धर्म शास्त्रों में कहा गया है कि श्राद्धकर्ता अपने पितरों के आशीर्वाद से आयु, यश, बल वैभव, सुख, धनधान्य, पुत्र सम्पदा को प्राप्त करता है-
शं नः ऋभवः सुकृतः सुहस्ताः शं नो भवन्तु पितरोहवेषु।। (३ - ऋग्वेद - ७/३५/१२)

श्राद्ध संस्कार में देवपूजन एवं तर्पण के साथ पंच यज्ञ का विधान है-ब्रह्मयज्ञ, देवयज्ञ, पितृयज्ञ, भूतयज्ञ तथा मनुष्य यज्ञ। प्रतीक रूप में इन्हें बलिवैश्य यज्ञ की प्रक्रिया में सम्पन्न किया जाता है। प्रज्ञा पुराण में पितृ यज्ञ के लिए पिण्डदान, भूतयज्ञ के लिए पंचबलि दुष्प्रवृत्ति त्याग मनुष्य यज्ञ के लिए श्राद्ध संकल्प दानादि का विधान, देव यज्ञ के सत्प्रवृत्ति संवर्धन, देव दक्षिणा के संकल्प तथा ब्रह्म यज्ञ के लिए गायत्री विनियोग का विधान प्रस्तुत किया गया है। आचार्य जी ने पितर मुक्ति हेतु असमर्थों अशक्तों, तथा समाज में रचनात्मक कार्यो के लिए दान देने का संदेश दिया है।

दानकृतेभ्य एवात्र निश्चितं यत्तु पूर्वतः।
यज्ञार्थाय तथा तस्मै विपद्वारण हेतवे।।
सदुद्देश्यसुपूर्त्यर्थं दानमेतत्तु दीयते।
सार्थक्यं सत्प्रवृतेस्तु वर्द्धनं तस्यचामृतम्।।
(१ - प्रज्ञा पुराण - ४/५/४९-५०)

अर्थात् यह दान यज्ञार्थाय एवं विपद्वारणीय होना चाहिए।

मरण के समय विक्षुब्ध मन: स्थिति होने पर भूत-प्रेत की योनि मिलती है। स्वार्थी अपनी अतृप्त कामनाओं की पूर्ति के लिए व्याकुल रहते हैं वे अशरीरी रूप में अपने मित्र या शत्रु को लाभ अथवा हानि पहुँचाने का प्रयास करते रहते हैं। इन अशरीरी दिव्य योनियों के चार वर्ग हैं- पितर, मुक्त, देव, प्रजापति। ये सद्भाव संयुक्त आत्माएँ सदैव अपना पितृवत् स्नेह दुलार और सहयोग देती हैं। **(२ - वही ४/५, वृ० - २९१)**

पितर उच्चात्माएँ होती हैं ये श्राद्ध तर्पण आदि से तृप्त होकर कई प्रकार की अदृश्य सहायता द्वारा प्रिय जनों को लाभ पहुँचाती है। कुमार्गगामी व्यक्तियों पर कुपित होकर उन्हें दण्डित भी करती हैं

अंशदानं पिण्डदानं प्राप्य चा शिषमुत्तमम्।
कुकर्मणा च पापेन जायते पितृदुर्गतिः
(१ - प्रज्ञा पुराण - ४/५/७७)

जीव मृत्यु के समय महाप्रलय की रात्रि के समान मूर्च्छा का अनुभवकरता है उसके उपरान्त अपने स्वप्न और संकल्प के अनुसार परलोक की सृष्टि करता है-

मरणादिमयी मूर्च्छा प्रत्येकेनानुभूयते।
यैषा तां विद्धि सुमते महाप्रलययामिनीम्।।
तदन्ते तनुते सर्गं सर्व एव पृथक् पृथक्।
सहजस्वप्नसंकल्पान्संभ्रमाचलनृत्यवत्।।
(२ - योगवशिष्ठ - ३/४०/३१ - ३२)

इसी में यह भी कहा गया है कि प्रेतात्मा अपने बन्धु बान्धवों के पिण्डदान द्वारा ही अपना शरीर बना हुआ अनुभव करते हैं।

आदौमृता वयमिति बुध्यन्ते तदनुक्रमात्।
बंधुपिण्डादिदानेन प्रोत्पन्न इव वेदिनः।।
(३ - योग वशिष्ठ - ३/५२/२७)

आचार्य जी इस अनुभूति का स्पष्टीकरण करते हैं कि यह अनुभूति भावनात्मक ही है, जिसके प्रति आत्मीयता होती है उसकी भावनाएँ परलोकस्थ जीव को प्रभावित करती हैं। गीता में भी कहा गया है कि अन्त समय में जीवात्मा जिन भावों का स्मरण करता हुआ प्राण त्याग करता हैं उन्हीं भावों से अनुप्राणित नया शरीर प्राप्त करता है-

यं यं वापि स्मरन्भावं त्यजत्यन्ते कलेवरम्।
तं तमेवैति कौन्तेय सदा तद्भावभावितः।।
(४ - गीता - ८/६)

आचार्य जी ने श्राद्ध प्रक्रिया में उदात्त दृष्टिकोण प्रस्तुत किया है। उनके मतानुसार पुत्री को भी श्राद्ध करने का अधिकार है। दिवंगत आत्माओं को दी गई श्रद्धांजलि का सम्बन्ध नर-नारी से नहीं है, क्योंकि आत्मा चिरन्तन सत्य है-

पूर्णतश्च समानौस्तः पुत्रः पुत्री च निश्चितम्।
कर्त्तव्यान्यधिकाराश्च समत्वेन मता इह।।
(१ - प्रज्ञा पुराण - ४/५/७९)

श्राद्ध क्रिया केवल आत्मीय जनों तक ही सीमित नहीं हैं। इस परिधि में सारा विश्व समा जाता है जिन देवात्माओं ने विश्व कल्याण हेतु अपना जीवन उत्सर्ग कर दिया है, उन सभी के प्रति श्रद्धांजलि समर्पित करना मानव का धर्म है। यह संसार एक समुद्र है जीव एक बूँद है, विश्व एक शिला है तो व्यक्ति एक परमाणु है। अतः सद्भावना की तरंगें सभी को तृप्त करती हैं। इसीलिए शास्त्रों में सार्वभौम तर्पण व्यवस्था का उल्लेख है। श्राद्ध प्रक्रिया में ऋषि तर्पण, देव तर्पण, दिव्य मानव तर्पण, दिव्य पितृ तर्पण, यम तर्पण, तथा मनुष्य पितृ तर्पण छः प्रकार के तर्पण किये जाते हैं। अतः श्राद्ध तर्पण की यह परम्परा पुनर्जन्म पर ही आधारित है। वसुधा को एक परिवार मानकर दानशीलता एवं लोक मंगल की भावना के साकार होने में ही इसकी सार्थकता है।

अन्त में वेदों के मा भैति :-डरो मत का सिद्धान्त प्रतिपादित करते हुए ग्रंथकार लिखते हैं-वास्तव में मृत्यु उसी प्रकार है जैसे प्रकृति पके फल को इसलिए गिरा देती है जिससे उसका परिपुष्ट बीज अन्यत्र उग कर नये वृक्ष के रूप

में स्वतंत्र भूमिका सम्पादन करे। क्या इस वियोग की व्यथा में पुनर्मिलन की सुखद संवेदना नहीं छिपी। इन विदाई के क्षणों को दुर्भाग्य कहें या सौभाग्य, मृत्यु को अभिशाप कहें या वरदान, इस का निर्णय करने के लिए गंभीर चिन्तन की आवश्यकता है।

मृत्यु के बाद सम्बन्ध विच्छेद नहीं होता। जीवात्मा मृत्यु के कन्धों पर बैठकर पड़ोस की हाट देखने जाता है, फिर वापिस आ जाता है। जो हवा, धूप, चन्द्रिका चिरकाल से गति क्षमता प्रदान करती रही है उसका सान्निध्य बाद में भी बना रहेगा। इस आसमान की नीली चादर के नीचे हमें बाद में भी रहना है। सम्बन्धियों की सद्‌भावना का आदान-प्रदान बना रहेगा, तो सम्बन्ध विच्छेद कहाँ हुआ? इस परिवर्तनशील संसार में जीवन और मरण के विशाल समुद्र में हम सब प्राणी क्रीड़ा कल्लोल कर रहे हैं, तो इस हास्य को रूदन क्यों मानें। श्मशान नवजीवन का उद्यान है उसमें सोई आत्माएँ मधुर स्वप्न सजो रहीं हैं जिससे कि विगत की अपेक्षा आगत को अधिक उन्नतिशील बना सकें। यहाँ कोई मरता नहीं है केवल स्वरूप परिवर्तित करते हैं। यह परिवर्तनशीलता प्रकृति का शाश्वत नियम है। प्रकृति कभी मुरझाये पुष्पों से अपना श्रृंगार नहीं करती अत: उसके लिए रूदन क्यों?

निष्कर्ष रूप में कह सकते हैं कि प्रज्ञा पुराण में वैदिक, पौराणिक, ऐतिहासिक, एवं सत्य घटनाओं पर आधारित अनेक भारतीय व विदेशी आत्माओं के उदाहरण प्रस्तुत कर पुनर्जन्म का विशद विवरण प्रस्तुत किया है जिससे अन्य धर्मावलम्बी भी इन तथ्यों को सरलता पूर्वक हृदयगंम कर सकें।

इसके अतिरिक्त दर्शन के समस्त तत्त्वों को परम्परा गत रूप में व्यक्त करते हुए मौलिक दृष्टि कोण प्रस्तुत किया है। सृष्टि, प्रकृति, जीव, ईश्वर स्वर्ग, नरक, मोक्ष, पुनर्जन्म आदि सभी दार्शनिक तत्वों का समायोजन कर वैदिक संस्कृति, आत्मोत्थान, लोक मंगल भावना, विश्वबन्धुत्व का विकास, जनमानस समुद्‌बोधन, यज्ञीय भावना एवं आशावाद का उन्मेष महत्त्वपूर्ण है। वर्तमान समय में अनास्था के आतप से पीड़ित जनमानस में युग-चेतना को जागृत करने के लिए मधुविद्या की वर्षा कर आत्मा के अमरत्व का बोध प्रज्ञा पुराण में कराया गया है।

पंचम अध्याय
प्रज्ञा पुराण में नैतिक तत्त्व

।।क।। प्रज्ञा पुराण में ऋत एवं सत्य
।।ख।। प्रज्ञा पुराण में दान, दया, उदारता एवं परोपकार आदि
।।ग।। प्रज्ञा पुराण में पारिवारिक आदर्श
।।घ।। प्रज्ञा पुराण में विश्व कल्याण की भावना।

प्रज्ञा पुराण में नैतिक तत्त्वः-

भारत वर्ष में दर्शन, धर्म, नीति और आत्मोत्थान परस्पर एक दूसरे में इस प्रकार **सम्मिलित** हैं कि प्रत्यक्ष जीवन में उनका एक-दूसरे से स्वतंत्र अस्तित्व संभव नहीं है। नीति धर्म से और धर्म दर्शन से सम्बन्धित है। ऋषि-मुनियों, तत्त्वदर्शियों-विचारकों तथा समाज शास्त्रियों, मनीषियों ने जिन तत्त्वों के आधार पर यहाँ के समाज का निर्माण किया वे कालान्तर में शाश्वत हुए। प्रज्ञा-पुराण में इन नैतिक तत्त्वों का सार्थक और उद्बोधक वर्णन किया गया है।

॥ क ॥ प्रज्ञा पुराण में ऋत और सत्य

सृष्टि ब्रह्म की आत्माभिव्यक्ति है। वैदिक साहित्य के अनुसार समस्त ब्रह्माण्ड एक सर्वव्यापक, सर्वातिशायी एव सर्वोत्कृष्ट नियामक तत्त्व से संचालित है जिसे ऋत कहते हैं। यह चराचर विश्व इसी के कठोर नियम से अनुशासित एवं गतिशील है। सत्य इस की छायानुकृति है। इनके सम्बन्ध में गंभीरता पूर्वक विचार करने से यह स्पष्ट हो जाता हैं कि वाह्य जगत् की सम्पूर्ण प्रक्रियाएँ जो, परस्पर विरोधी दृष्टिगोचर होती हैं, उनके भीतर भी एक सूत्रता विद्यमान हैं। यदि ऐसा न होता तो समस्त विश्व प्रपंच को बाहर और अन्दर से एक साथ मिलाकर एक ही अटल नियम से संचालित करना कदापि संभव न होता। यह जगत् ऋत का तन्तु है। इसकी सत्ता ऋत के कारण ही है। भोगों के दबाव से निकल कर जब आत्मा इस तन्तु को चीर डालती है, तो परमानन्द प्रभु को प्राप्त होती है। वैदिक ऋषियों के मतानुसार ऋत ही बल है, इसके उपासक ऋतम्भर बन जाते हैं।

''**ऋत**'' का सिद्धान्त ऋषियों की मौलिक देन है। विद्वानों तथा भाष्यकारों ने इसकी अनेक प्रकार से व्युत्पत्ति की है। संस्कृत हिन्दी शब्द कोष के अनुसार ऋत उचित, सही, ईमानदार, सच्चा स्थिर, निश्चित नियम विधि धार्मिक पावन प्रथा दिव्य नियम ऋतधामन् सच्चे या पवित्र स्वभाव वाला की गई है, (१ - संस्कृत हिन्दी शब्दकोष- वामन

आप्टे, पृ0 – २२३) तथा सत्य शब्द की व्युत्पत्ति अतीस शत अकार लोप: वर्तमान विद्यमान मौजूद अर्थ में की गई है। यास्काचार्य ने ऋत का अर्थ उदक् सत्य एवं यज्ञ किया है। ''**ऋतमित्युदक् नाम**'' (२ – निरूक्त – २/२५) तथा ''**सत्यं वा यज्ञं वा**'' (३ – निरूक्त – ४/१९)

''**ऋत**'' शब्द वेदों में धर्म, अटल नियम के अर्थ में अनेक स्थानों पर प्रयुक्त हुआ है। ऋत से देवताओं का उद्‌गम हुआ है। (४ – ऋग्वेद – १/११३/१२, २/२३/१५, ३/५४/१३, ७/६६/१३) सृष्टि के प्रारम्भ में ब्रह्मा के तप से ऋत एवं सत्य की उत्पत्ति हुई उसके पश्चात् रात्रि समुद्र तथा संवत्सर का प्रादुर्भाव हुआ। ''**ऋतं च सत्यं चाभीद्धात्तपसोऽध्य जायत**'' (५ – वही– १०/१९०/१) ऋत के द्वारा ही नदियाँ ऋतांचरी की संज्ञा से विभूषित होती हैं- ''**ऋतमर्षन्ति सिन्धवः**'' (६ – वही – १/१०५/१२) मानव जगत् में ऋत अनेक प्रकार के सुख तथा शान्ति का स्रोत हैं तथा ऋत की भावना पापों को नष्ट करती है

''**ऋतस्य हि शुरूधः सन्तिपूर्वीर्ऋतस्य धीतिर्वृजिनानि हन्ति।।**'' (७ – वही – ४/२३/८)

ऋत के द्वारा ही सत्य की प्राप्ति होती है ''**ऋतेन सत्यं ऋतसाय आयन्**'' (८ – वही – ७५६/१२) ''**ऋतस्य पन्थानतरन्ति दुष्कृत।**'' (९ – ऋग्वेद – ९/७३/७) दुष्कर्म करनेवाला ऋत सत्य के मार्ग को पार नहीं कर सकता। इत्यादि अनेक वैदिक ऋचाओं में ऋत का महत्त्व प्रतिपादित है। ब्राह्मण ग्रंथो में ऋत का वर्णन ऋग्वेद एवं उप निषदों की अपेक्षा कम मिलता है। तैत्तरीय ब्राह्मण के अनुसार सत्यं अद्यः द्वारा उत्पन्न हुआ, ''**ऋतस्य सामंसरमारपन्तौत्याह**'' ''**सत्यं वा ऋतं**'' (१० –तैत्तिरीय ब्राह्मण – . . . .) शतपथ ब्राह्मण में ऋत एवं सत्य में कोई भेद नहीं रखा है अपितु दोनों में तादात्म्य स्थापित किया गया है। इसका प्रमुख कारण यह है कि नैतिक स्तर पर ऋत सत्य का ही रूप होता है। (ब्राह्मण ग्रंथ : एक अनुशीलन – डा0 रंजना, पृ0 – ३०९) देवगण सार्वभौम एवं नियामक तत्त्व ऋत एवं सत्य के मार्ग पर चलते हैं। अत: जब ये दोनों शब्द एक साथ प्रयुक्त होते हैं, तो सत्य मानसिक धरातल पर ऋत है जबकि उसका प्रत्यक्ष प्रस्फुटित भौतिक रूप सत्य है।

''**ऋतं सत्येऽधामि**'' (तैत्तिरीय ब्राह्मण – ३/७/७/४) उपनिषदों में भी सत्यं ब्रह्मेति ''**सत्यं ह्येव ब्रह्म**'' (वृहदारण्यकोपनिषद् – ५/४/१) कह कर सत्य को ब्रह्म स्वीकार किया है–इस व्युत्पत्ति से स्पष्ट हो जाता है कि ऋत एवं सत्य एक ही वस्तु तत्त्व के दो रूप हैं। अन्तर केवल इतना ही है कि ऋत शाश्वत है जैसे सूर्य का प्रकाश एवं ऊर्जा किन्तु सत्य यथार्थ है जिसका रूप परिवर्तित होता रहता है। धर्म धारण करने की शक्ति धर्म में ही है। यह ऋत है और धर्म ने जिसको धारण कर रखा है वह सत्य है। इस प्रकार नैतिकता के दो अवयव है ऋत एवं सत्य–प्रज्ञा पुराण में ऋत एवं सत्य को इसी रूप में स्वीकार किया गया है।

सृष्टि के नियमों की सत्ता ऋत है, यही धर्म भी है। धर्म भारतीय संस्कृति का प्राण है, व्यक्ति, समाज, राष्ट्र यहाँ तक कि अखिल विश्व को धारण, पोषण, संगठित करने वाला एक मात्र तत्व धर्म है यही ऋत सत्य दान उदारता जैसे

नैतिक गुणों का समावेश करके मानव को महामानव बनाता है। आलोच्य ग्रंथ में इन धार्मिक नैतिक सिद्धान्तों का **पूर्ण** समावेश है।

''सत्यं नारायणः साक्षादसीमश्चापि विद्यते।
सीमिता च मनुष्याणां बुद्धिराग्रहिणी लघुः।।''
(प्रज्ञा पुराण - २/३/५२)

सत्य ही नारायण है। नारायण असीम है और मानवी बुद्धि सीमित है। वह विविध आग्रहों से और भी छोटी हो गई है। ऋत एवं सत्य के अभाव में नैतिक आचरण के स्वरूप का बोध हो ही नहीं सकता, इसलिए जिस प्रकार आर्य ऋषियों ने ऋत और सत्य को ही ब्रह्म मान कर आत्म समर्पण कर दिया था। उसी प्रकार प्रज्ञा पुराणकार ने भी धर्म को सुख, शान्ति सुरक्षा एवं प्रगति का एक मात्र अवलम्बन स्वीकार किया है, जिससे समस्त नैतिक गुणों का विकास होता है।

''सर्वे शृण्वन्तु धर्मोऽस्ति केवलं ह्यवलम्बनम्।
तथा विधं यदाश्रित्य मानवाः शान्तिमाप्नुयुः
सुखुं चापि वसेयुस्ते रक्षिताः सर्वतः स्वतः।।''
(प्रज्ञा पुराण - २/२/६-७)

धर्म शब्द की व्युत्पत्ति ''**ध्रियते लोकोऽनेन, धरति लोके वा धृनमन्**''(संस्कृत हिन्दी शब्द कोष - वामन आप्टे, पृ0 -४८९) की गई है जिसका अर्थ कर्त्तव्य, जाति सम्प्रदाय आदि के प्रचलित आचार का पालन, धार्मिक नैतिक गुण भलाई अच्छे काम हैं। वास्तव में धर्म इतना व्यापक है, कि उसकी परिभाषा करना संभव नहीं। संसार की प्रत्येक वस्तु में अविराम अस्थिरता है किन्तु इस अस्थिरता में एक ऐसा तत्त्व भी है, जो स्थिर है, स्थाणु है। धुरी में लगे हुए चक्र के घूमने पर भी धुरी स्थिर रहती है-क्योंकि उसने धुरी को धारण कर रखा है वह धातु धृ है और इसी धातु से धर्म बना है ऋग्वेद संहिता में धर्म और इसके पर्यायवाची शब्द ऋत, ब्रह्मन, व्रत आदि हैं (आर्य जीवन दर्शन श्री मोहन लाल महता, पृ0 -१९४) इसीलिए कहा गया है।

''यतोऽभ्युदय निस्श्रेयस्सिद्धिः सधर्मः''
(वैदेशिक सूत्र - १/१/२)

धर्म का तात्पर्य केवल जप माला, छापा तिलक आदि कर्म काण्ड नहीं है अपितु नैतिक पवित्रता एवं सामाजिक प्रेम है। नैतिक प्रवृत्तियाँ समाज और व्यक्ति को एकत्व प्रदान कर संसार को स्वर्ग के समकक्ष बना देती है। अतः धर्म की नैतिक अभिव्यक्ति के कारण मानव समाज को अपनाकर विराट् बनता है और तब अभ्युदय, श्रेय और सिद्धि को देने वाले धर्म का वास्तविक स्वरूप प्रकट होता है धारण करने की शक्ति से युक्त होने के कारण ''**धारणाद्धर्मः**''(महाभारत शान्ति पर्व - १०९/११) कहा गया है। नीतिशास्त्र तथा स्मृतिकार ने भी ''**धर्मः एको हि निश्चलः तथा धर्म एव हतो हन्ति धर्मो रक्षति रक्षितः**''(मनुस्मृति - ८/१५) इत्यादि सिद्धान्तों द्वारा धर्म का महत्त्व प्रतिपादित किया है। आचार्य श्रीराम जी ने भी धर्म को इसी व्यापक रूप में स्वीकार किया है

''स्वीकरोति च धर्मं यो नरः स्वागम्यते नरैः।
धर्मं रक्षति यः साक्षाद्रक्षितः स्वयमेव सः।।''
(प्रज्ञा पुराण - २/२/१०)

जो अनावश्यक क्रिया-कृत्यों तथा वाह्याडम्बरो का परित्याग कर वास्तविक धर्म को अपनाते हैं वे उन्नति एवं कल्याण को प्राप्त करते हैं, समस्त विश्व उनका सम्मान करता है। दिव्य दृष्टि सम्पन्न ऋषि चिन्तन की उत्कृष्टता, चरित्र की आदर्शवादिता, व्यवहार की शालीनता को ही धर्म कहते हैं, इस त्रिवेणी के संगम में अवगाहन करने वाले मानव शरीर में रहकर भी देवताओं जैसा श्रेय पाते हैं-

''औत्कर्ष्यं चिन्तस्यैवं शालीन्यं व्यवहारगम्।
चरित्रादर्शवादित्वं त्रयमेतत्समन्वितम्।
उच्यते धर्म इत्येवमृषिभिर्दिव्य दृष्टिभिः।।''
(प्रज्ञा पुराण - २/२/१८-१९)

जो धर्म की उपेक्षा करता हे वह सबसे उपेक्षित होकर तिरस्कृत होता है। जो धर्म की रक्षा करता है, आचरण की श्रेष्ठता, उत्कृष्ट आदर्शवादिता को अपनाकर अनुकरणीय कर्तृत्त्व धर्म के सूत्रों को जीवन में धारण करता है उसका जीवन धन्य हो जाता है।

प्रज्ञा पुराण कार ने धर्म के दश लक्षणों को निरूपित किया है जिसमें सर्व प्रथम स्थान सत्य एवं विवेक के युग्म को दिया है क्योंकि सत्य और विवेक एक दूसरे पर आधारित है तथा इनदोनों के बिना धर्म के स्वरूप को नहीं जाना जा सकता

''प्रथमे सत्यमेतत्तु विवेकश्चापरे पुनः।
कर्त्तव्यं संयमस्तत्र तृतीये त्वनुशासनम्।।
व्रतधारणमेतस्मिंश्चतुर्थे च पराक्रमः।।
स्नेह सौजन्यमेवापि पंचमे सहकारिता।।
परमार्थश्च गणितुं स शक्यः शक्यादशैव च।
प्रहरित्वेन ते मृर्त्यगरिम्णो गदितुं भृशम्।।''
(प्रज्ञा पुराण - २/२/४०-४२)

धर्म धारण का महत्त्व समझने वाले महापुरुष सत्य, विवेक, संयम, कर्त्तव्य अनुशासन, व्रतधारण, स्नेह सौजन्य पराक्रम सहकार एवं परमार्थ जैसे मानवोचित गुणों को स्वयं अपनाते हैं और दूसरों को प्रेरणा प्रदान करते हैं। ये दस लक्षण मानवीय गरिमा के प्रहरी दस दिग्पाल कहे जा सकते हैं। मनुस्मृति में भी धर्म के दस लक्षण बताए गये है-

''धृतिः क्षमा दमोऽस्तेयं शौचमिन्द्रियनिग्रहः।

धीर्विद्या सत्यमक्रोधो दशकं धर्मलक्षणम्।।''

(याज्ञवल्क्य स्मृति - १/१२२)

याज्ञवल्क्य स्मृति के अनुसार साधारण धर्म इस प्रकार है-

''अहिंसा सत्यमस्तेयं शौचमिन्द्रियनिग्रहः।
दानं दमो दया क्षान्तिः सर्वेषां धर्मसाधनम्।।''

(याज्ञवल्क्य स्मृति - १/१२२)

बृहस्पति भी संस्कार काण्ड में मानव के सामान्य धर्मों का निर्देश करते हैं-

'' दया क्षमाऽनसूया च शौचानायासमङ्गलम्।
अकार्पण्यमस्पृहत्वं सर्वसाधारणानि तु।।''

(बृहस्पति स्मृति - संस्कार काण्ड श्लोक-४८९)

उपर्युक्त विवेचन से स्पष्ट हो जाता है कि सत्य ही धर्म का प्रमुख अंग है, विश्व के समस्त धर्म-सम्प्रदायों में सत्य की अनिवार्यता पर बल दिया गया है। जैन, बौद्ध, हिन्दू, सिख, मुस्लिम, पारसी, ईसाई प्रत्येक मतावलम्बी की महत्त्वपूर्ण आधार-प्रक्रिया सत्य पर ही आधारित है।

आचार्य जी ने सत्य वचन को सत्य का एक अंग माना है। जैसा देखा सुना या किया जाता है, उसे यथार्थ रूप में प्रकट करना सत्य है

''सत्यभागं वचः सत्यं मन्वते यादृशं श्रुतम्।
दृष्टं वा विद्यते यच्च कर्त्तव्यं तद् विना छलम्।।''

(प्रज्ञा पुराण - २/३/१०)

सत्य की सरल परिभाषा इस प्रकार की जा सकती है कि सत्यवादिता वह गुण है, जिसके माध्यम से मानव अपने अनुभव अथवा वास्तविक तथ्य का बोध कराता है, किन्तु आत्म प्रदर्शन की स्वाभाविक प्रवृत्ति के कारण वह अपने अवगुणों को छिपाने के लिए असत्य-भाषण करता है।

वेदों में ऋत के साथ-साथ सत्य की महिमा भी वर्णित है। सृष्टि का नियंत्रण कर्ता सत्य ही है तथा इसके द्वारा ही पृथ्वी स्तम्भित है। सत्येनोत्तभित्ता भूमिः(ऋग्वेद -१०/८५/१) पृथिवी को धारण करने वाले सत्य, ऋत, दीक्षा, तप, ब्रह्म एवं यज्ञ ही हैं। **''सत्यं वृहद् ऋतमुग्रं दीक्षा तपो ब्रह्म यज्ञः पृथिवी धारयन्ति।''**(अर्थवेद - १२/१/१) ब्राह्मण ग्रंथों में देवों को सत्य मय तथा मनुष्यों को अनृत कहा गया है। **''सत्यमेव देवा अनृतं मनुष्याः''** (शतपथ ब्राह्मण - १/१/१/४) **''सत्य संहिता वै देवा अनृत संहिता मनुष्या इति''**(ऐतरेय ब्राह्मण - २/६) **''अमेध्यो वै पुरूषः, यदनृतं वदति।''**(शतपथ ब्राह्मण - १/१/१/१) इत्यादि सूक्तों द्वारा सत्य को प्रतिष्ठित किया है। उपनिषदों में

सत्य को मृत्यु से अमरता की ओर ले जाने वाला सोपान बताया है। (छान्दोग्योपनिषद् - ८/३/५) महाभारत में **''नासौ धर्मो यत्र न सत्यमस्ति''**(महाभारत ।।उद्योग पर्व।। - ४०/५८) कह कर धर्म का वास्तविक तत्त्व सत्य को ही माना है। महाभारत के शान्ति पर्व में तो यहाँ तक कहा गया है कि यदि तुला के एक पलड़े में सहस्त्रों अश्वमेध यज्ञ और दूसरे में सत्य को रखा जाये तो सत्य का पलड़ा ही भारी रहेगा

''अश्वमेधसहस्त्रं च सत्यं च तुलया धृतम्।
अश्वमेधसहस्त्रादि सत्यमेव विशिष्यते।।''
(महाभारत शान्तिपूर्व - १६२/२६)

नीतिशास्त्रों में भी सत्य को धर्म का आधार स्वीकार किया है। मनु-स्मृति में **''सत्यं स्वर्गस्य सोपानम्''**(मनुस्मृति - ८/८) चाणक्यनीति में **''सत्येन धार्यते पृथिवी सत्येन तपते रविः, सत्येनवाति वायुश्च, सर्वं सत्ये प्रतिष्ठितम्''**(चाणक्य नीति - ५/१९) तथा **''नहि सत्यात्परो धर्मो नानृतात् पातकं महत्''** (मनुस्मृति - ८/७) इत्यादि सूक्तियों द्वारा सत्य का महत्त्व उपन्यस्त है।

सत्य का बाह्य स्वरूप सबकी समझ में आ जाता है किन्तु तत्त्व दर्शी उसके सूक्ष्म तत्त्व को अधिक महत्त्व देते हैं। इसलिए विवेक पूर्वक सत्य की गहराई तक जाने का प्रयास करते हैं

''यथार्थतोऽस्य प्राकट्यं सत्यमत्राऽभिधीयते।
सीमामिमां समुल्लंघ्य यान्त्यग्रे तत्त्व दर्शिनः।''
(प्रज्ञा पुराण - २/३/११)

सत्य के जिस गूढ़ार्थ को प्रज्ञा पुराण में प्रतिपादित किया है। वह मनुस्मृति में इस प्रकार वर्णित है-

''सत्यं ब्रूयात् प्रियं ब्रूयात ब्रूयान्नसत्यमप्रियम्।
प्रियं च नानृतं ब्रूयादेष धर्मः सनातनः।।
(मनुस्मृति - ४/१३८)

तात्पर्य यह है कि विशिष्ट परिस्थितियों में सत्य वादिता के नियम में परिवर्तन किया जा सकता है-कहानीकार और कवि की कृतियों में सत्य की अपेक्षा कल्पना का आधिक्य होने पर भी, उन्हें असत्यवादी नहीं कहा जा सकता। इसी प्रकार कुशल चिकित्सक परिस्थिति के अनुसार रोगी का मनोबल बनाए रखने के लिए झूठे आश्वासन देते रहते हैं, मनोवैज्ञानिक मनोरोगियों को तथा अभिभावक एवं शिक्षक शिशु तथा छात्रों के साथकृत्रिम शब्दों का प्रयोग करते हैं, किन्तु सदुद्देश्य सद्भाव तथा श्रेयतत्त्व होने के कारण वे श्रेष्ठ सत्य माने जाते हैं, (प्रज्ञा पुराण - २/३/१२) अतः आचार्य श्री राम ने सत्य का अर्थ श्रेय बताया है किन्तु वह आवरण में छिपा रहता है। भ्रम स्वार्थ तथा आग्रह उसका यथार्थ रूप प्रकट होने नहीं देते -

''सत्यस्यार्थस्तु श्रेयोऽस्ति यदाचारे निगूहितम्।
तिष्ठति, भ्रमस्वार्थौ तौ स दुराग्रह एव च।।''
(प्रज्ञा पुराण - २/३/६)

भ्रम के अन्तर्गत अज्ञानता, स्वार्थ में व्यापक हित की जगह सीमित का लाभ, संकीर्णता तथा आग्रह में परम्परा वश, अभ्यास वश, भयवश, प्रमाद वश, अहंकार वश दूसरे पक्ष को न देखने की प्रवृत्तियाँ आतीं हैं, इन्हें दुराग्रह भी कह सकते हैं अत: सत्य प्रत्यक्ष दृश्यमान होते हुए भी माया से आच्छादित होने के कारण प्रकाश में नहीं आ पाता, इसके लिए दूरदर्शिता एवं विवेकशीलता की आवश्यकता होती है इसीलिए प्रज्ञा पुराण के प्रणेता ने सत्य तथा विवेक को अन्योन्यश्रित माना है। विवेक से ही सत्य का स्वरूप जाना जा सकता है ये एक गाड़ी के दो पहिए हैं-

''विवेकनैव सत्यस्य स्वरूपं ज्ञायते तथा।
तदाश्रित्यैव सत्यस्य प्राप्त्यैश्च प्रक्रमेन्नरः।।''
(प्रज्ञा पुराण - २/३/१५)

ईशेपनिषद् में भी कहा गया है-- **''येन हिरण्यपात्रेण सत्यस्यापिहितं मुखम्''**(ईशोपनिषद् - १/१५) सत्य का स्वरूप स्वर्ण पात्र से आवृत है, हेवूषन् मुझको उसका दर्शन कराने के लिए उस आवरण को हटा दो।

धर्म की अभिव्यक्ति नैतिक आदर्शों ऋत और सत्य के रूप में होती है-यह स्पष्ट है किन्तु सत्य के स्वरूप, अपने वास्तविक कर्त्तव्य का निर्णय जिस विवेक सद्बुद्धि से करते हैं उसकी प्रेरणा शिव संकल्प युक्त मन हुआ तो वह कार्य अपने लिए ही नहीं अपितु अपने परिवार, समाज, राष्ट्र या समस्त विश्व के लिए मंगलमय हो सकता है। धर्माधर्म, सत्यासत्य का निर्णय शुद्ध विवेक बुद्धि ही कर सकती है आपस्तम्ब का कथन है -

''न धर्माधर्मौ चरत आवां स्व इति,
न देव गंधर्वाः न पितर आ चक्षते अयं धर्मो अयं अधर्म इति।''
(आपतस्तम्ब - १०/२०/६)

धर्म या अधर्म अपना परिचय नहीं देते। देवता गंधर्व पितर भी धर्माधर्म का निर्णय नहीं बता सकते। शास्त्रों द्वारा भी इसका ज्ञान नहीं हो सकता, क्योंकि-

''यस्यनास्ति स्वयं प्रज्ञा शास्त्रं तस्य करोति किम्।
लोचनाभ्यां विहीनस्य दर्पणः किं करिष्यति।।''
(बुद्ध चाणक्य नीति - १०/९)

''बुद्धि-बोध्यानि शास्त्राणि, ना बुधः शास्त्रबोधकः।
प्रत्यक्षे च कृते दीपे, चक्षुर्हीनो न पश्यति।।''
(लघु चाणक्य - २/६)

वास्तव में देवता भी हाथ में दण्ड लेकर पशुपालक ग्वाले के समान किसी की रक्षा नहीं करते प्रत्युत जिसकी रक्षा करना चाहते हैं, सद्‌बुद्धि प्रदान कर देते हैं

''न देवा दण्डमादाय, रक्षति पशु पालवत्।
यं तु रक्षितुमिच्छन्ति बुद्ध्या संविभजन्तितम्।।''
(महाभारत, उद्योग पर्व ।।विदूर नीति।। - ३५/४०)

अतः परिनिष्ठित बुद्धि द्वाराही सत्य का गूढ़ रहस्य प्रकट होता है। इसीलिए **''सतां हि चेतः''** (नैषधीय चरित - ९/१२९) शुचितात्मसाक्षिका सज्जनों की चित्तशुद्धि स्वप्रमाणिका होती है, कहा गया है। इसीलिए विवेकशील व्यक्ति दूरदर्शिता से कार्य करते हैं- रस में डूब कर प्राण गंवाने वाली मक्षिका एवं जल में फंसने वाली मछली की भांति तात्कालिक आकर्षण से विवेक द्वारा ही बचा जा सकता है। कुछ कार्य प्रारम्भ में बहुत लाभदायक प्रतीत होते हैं, किन्तु उनके परिणाम कष्ट दायक होते हैं। इसके विपरीत कुछ कर्म तत्काल कष्टकर किन्तु अन्त में सुखदायी होते हैं। अतः आत्म साधना, अनुशासन, व्यवस्था तंत्र ये सब सद्विवेक के आधार पर विकसित हुए हैं, कृषक, माली, विद्यार्थी प्रारम्भिक हानि सहकर भी सत्प्रयोजन में संलग्न होकर सत्परिणाम का आनन्द उठाते हैं -

''दूरदर्शित्वभावोऽपि विवेकस्यार्थतां गतः।
न च वस्तु परिज्ञानमात्रं तस्यार्थ इष्यते।।
विवेक बुद्धिरादत्ते परिणामान् सुदूरगान्।
प्रारंभे हानिमादाय भविष्यत्यधिको यदि।।''
(प्रज्ञा पुराण - २/३/२९-३०)

सत्यानुयायी मानवीय गरिमा और आदर्शवादिता को अपनाते हैं और असुविधाओं तथा यश के आकर्षण की अग्नि परीक्षा में से निकलकर अपनी उत्कृष्टता एवं विवेकशीलता का परिचय देते हैं। जिस प्रकार सूर्य में उष्णता एवं प्रकाश दो गुण हैं उसी प्रकार सत्य में यथार्थता एवं मंगलोन्मुख न्यायनिष्ठ दूरदर्शिता दो प्रवृत्तियों का समन्वय है। अतः सत्य के साधक को हंस की भाँति उत्कृष्टता के मोती को चुगना चाहिए तथा चातक की भाँति नैष्ठिक होना चाहिए। सत्यान्वेषी देशकाल के अनुरूप परम्पराओं को भी परिवर्तित कर सुदृढ़ व्यक्तित्त्व का परिचय देता है। इसके द्वारा जाति, देश, तथा राष्ट्र का विकास और औचित्य का परिपोषण होता है। बाधाओं के आने पर भी सत्य की खोज में संलग्न रहना महामानव का लक्षण है। तत्त्व ज्ञान, विज्ञान एवं सभ्यता के विकास के लिए धर्म के मूल रूप को सत्य मान कर उसका परिपालन आवश्यक है।

निष्कर्ष रूप में कह सकते हैं कि प्रज्ञा पुराण में यह प्रयास किया गया है कि अतीत से प्रेरणा, वर्तमान से उत्साह तथा उज्ज्वल भविष्य की आशा- ऐसी आशा - जो सत् से पूत हो- प्राप्त करके ऋत और सत्य के, सत्य और विवेक के दो चक्र वाले जीवन-रथ को उन्नति की ओर अग्रसर करें, भविष्य के लिए सुखद वातावरण, विकासात्मक परम्पराएँ और उच्चादर्श प्रस्तुत करें जिससे नैतिक गुणों का विकास हो।

।ख।। प्रज्ञा पुराण में दान, दया, उदारता, परोपकार आदि

दानः-

मानव विधाता की सर्वश्रेष्ठ कृति है। विश्व विधाता ने उसे केवल वाह्य रूप ही नहीं अपितु आन्तरिक सौंदर्य भी प्रदान किया है। दान शीलता, दयालुता, उदारता आदि ईश्वर प्रदत्त दिव्य विभूतियाँ विकसित होकर नर को नारायण के पद पर प्रतिष्ठित कर देती है, परन्तु कर्म योनि होने के कारण मानव लोभ के वशीभूत होकर अर्थ संग्रह में ही लगा रहता है। अर्थोपार्जन भी जीवन में आवश्यक है, किन्तु आज के भौतिकतावादी युग में यह प्रवृत्ति इतनी प्रबल हो गई है कि सुख और विलासिता के समस्त साधन उपलब्ध होने पर भी मानव अत्यधिक दु:खी एवं अशान्त रहता है- वैदिक ऋषि इस अर्थ संचय की प्रवृत्ति के दुष्परिणाम को जानते थे। अत: उन्होंने परिग्रह की दुष्प्रवृत्ति पर नियंत्रण रखने के लिए स्पष्ट आदेश दिया- ''**शतहस्त समाहर, सहस्त्रहस्त संकिर।**''(अथर्ववेद - ३/२४/५)

वेदों में दानशीलता का महत्त्व अनेक ऋचाओं में उपलब्ध है। समस्त विश्व में वह असीम सत्ता व्याप्त है, उसकी कृपा से अन्न, जल फल तथा अन्य सुखोपभोग की वस्तुएँ सभी को प्राप्त हैं, उन पर किसी एक ही व्यक्ति का अधिकार नहीं है। अत: सभी वस्तुओं को उसी को समर्पित करके उनका उपभोग करना चाहिए:-

''**तेन त्यक्तेन भुंजीथा मा गृधः कस्यस्विद्धनम्।।**'' (यजुर्वेद - ४०/२, ईशोपनिषद् - १/१)

आहार निद्रा की भांति दूसरों के लिए दान देना भी आर्य पद्धति का नियमित कर्म है। अनुदार तथा कृपण व्यक्ति का धनोपार्जन व्यर्थ है। जो न देवताओं को हवि देता है, न किसी को दान देता है, वह एकाकी भोजन करने वाला केवल पाप को ही खाता है-

''**केवलाघो भवति केवलादी**''(ऋग्वेद - १०/११७/६) इसलिए वेद मंत्रों में कृपण को दानी बनाने की प्रार्थना(वही - ६/५३/३, ८/८१/७) तथा दानी के अभ्युदय की कामना की गई है। ''**वावृध ई मरुतो दातिवारः।**'' (वही - १/१६७/८, १०/१५१/२)

प्रज्ञा पुराण भारतीय संस्कृति की पुर्नस्थापना का संकल्प लेने वाले आचार्य श्री राम जी की महत्त्वपूर्ण कृति है, इसमें मानव जीवन के लिए सभी आवश्यक नैतिक तत्त्वों का प्रतिपादन किया गया है। वास्तव में ऋषियों के अनुशासन में रहने वाली आर्य जाति ने दान, उदारता, दया आदि नैतिक सद्गुणों को पूर्ण रूपेण स्वीकार किया था। कालान्तर में राजनीतिक तथा सामाजिक परिस्थितियों के साथ-साथ धार्मिक एवं आर्थिक स्वरूप में भी परिवर्तन हुआ और आचार विचारों से उलझा हुआ धर्म तथा नैतिक तत्त्व पहेली की भांति भ्रम उत्पन्न करने वाले बन गये।

व्यवसायात्मिका बुद्धि के आधीन होने के कारण धर्माधर्म का निर्णय करना कठिन हो गया और दानशीलता, दयालुता, उदारता की भी परिभाषा बदल गई। दानदाता तथा पुरोहित दोनों के दृष्टिकोण में परिवर्तन हुआ। दान देने वाले यश के तथा पुरोहित धन के लोभी बन गये। दाता गंगाजी में पेठा चढ़ा कर पुत्र प्राप्ति तथा यज्ञ अथवा कथा कराकर स्वर्ग प्राप्ति की अभिलाषा और पुरोहित अधिक से अधिक दक्षिणा पाने की लालसा करने लगे। परिणाम स्वरूप यज्ञ परम्परा लुप्त प्राय: हो गई तथा कर्मकाण्ड का प्रचलन प्रारम्भ हुआ। दानदाता को दान देने के लिए उपदेश की आवश्यकता हुई

श्रद्धयादेयम्, अश्रद्धयादेयम्, श्रियादेयम्, ह्यियादयम्, धियादेयम् (तैत्तिरीयो० - १/११)

''**कस्यस्विद्धनम्।**''(यजुर्वेद - ४०/१) तथा ''**अदित्सन्तं दापयतु प्रजानन्।**''(अथर्ववेद - ३/२०/८)

अर्थात् श्रद्धा से दो, लज्जा से दो किन्तु दान अवश्य दो, यह धन किसका है? कंजूसों को दान देने के लिए प्रेरित करो, इसके बिना मनुष्य की उन्नति अवरूद्ध हो जाती है। इन परिस्थितियों में ग्रन्थकार ने दान के वास्तविक स्वरूप एवं महत्त्व को प्रज्ञा पुराण में प्रतिपादित किया है।

प्रस्तुत ग्रंथ में दान शब्द के व्यापक अर्थ को ग्रहण किया गया है। लौकिक क्षेत्र में धनदान देने वालों को दानी कहते हैं किन्तु धन के अभाव में समय देकर दूसरों का उपकार करना भी श्रेष्ठ दान है। आचार्य श्री ने अंश-दान तथा समय-दान दोनों को समान महत्त्व प्रदान किया है। प्रत्येक व्यक्ति को ईश्वर ने कोई न कोई क्षमता अवश्य प्रदान की है। श्रम, समय, चिन्तन, कार्य कुशलता, प्रभाव, सत्परामर्श, ये छ: विभूतियाँ धन सम्पत्ति से अलग हैं। यदि मन में सद्भावना हो तो इनका सदुपयोग किया जा सकता है। यदि परमार्थ प्रयोजन सिद्धि के लिए कोई श्रमदान करना चाहे तो सामूहिक शक्ति से भवन निर्माण, अस्वच्छता निवारण असमर्थ तथा रोगी की सहायता कर सकता है-

''**दातुं सर्वस्य मर्त्यस्य सन्ति स समयः श्रमः।**
चिन्तनं कौशलं शौर्यं परामर्शहिताऽपि च।।''

(प्रज्ञा पुराण - १/५/४५)

महापुरुष समय रूपी सम्पत्ति का सदुपयोग निरक्षरों को अक्षर ज्ञान, सत्संग द्वारा सत्प्रवृत्तियों के विकास के लिए करते हैं। चिन्तन के माध्यम से विद्वान् साहित्यसृजन विचार क्रान्ति, दुष्प्रवृत्ति उन्मूलन, सत्प्रवृत्ति संवर्धन की प्रेरणा देकर मानव जीवन की दिशा बदल सकते हैं।

कार्य कुशलता एवं प्रतिभा से चिकित्सक, रोगियों का उपचार, अध्यापक छात्रों का नैतिक विकास तथा प्रत्येक व्यक्ति नि:स्वार्थ सेवा सुश्रुषा और अन्यसृजनात्मक कार्यो द्वारा समाज का हित कर सकते हैं। कुछ व्यक्तित्व सम्पन्न, व्यवहार कुशल मनुष्यों का समाज में विशेष प्रभाव होता है। ये अपनी प्रतिभा का सदुपयोग कर कृपण एवं दुराचारी व्यक्तियों को भी दान देने तथा सदाचरण की प्रेरणा देकर युग निर्माण करने में सफल होते हैं।

सत्परामर्श में अद्‌भुत क्षमता है। अभिभाषक वकील वर्ग यदि अशिक्षित भोली जनता का उचित मार्ग दर्शन कर सकें तो बहुत से घर परिवार कलह एवं विद्वेष से बचकर सुख शांतिमय जीवन व्यतीत कर सकते हैं। दिग्भ्रान्त व्यक्ति को सन्मार्ग पर ले जाने के लिए, जो समय, प्रतिभा एवं धन का दान करते हैं, वे समाज में सम्मानित होते हैं। (प्रज्ञा पुराण - १/५)

विद्या का दान सर्वश्रेष्ठ दान है। माता भारती का यह अद्‌भुत अपूर्व कोष है जो दान करने से निरन्तर बढ़ता है-

''विद्याधनं श्रेष्ठतरं तन्मूलमितरद्धनम्।
दानेन वर्धते नित्यं न भाराय न नीयते।।''

(शुक्रनीति - ३/१८०-१८१)

मधुर वाणी का दान भी शास्त्रों में श्रेष्ठ दान लिखा है क्योंकि कटु वचनों के परित्याग करने तथा मधुर संभाषण के द्वारा सभी को वश में किया जा सकता है-

''प्रिय वाक्यप्रदानेन सर्वे तुष्यन्ति जन्तवः।
तस्माद् तदेव वक्तव्यं वचने का दरिद्रता।।''

(चाणक्यनीति - १६/१७)

दान स्थान, समय एवं पात्रता के अनुरूप होना चाहिए। विशेष आपत्तिकाल में तत्क्षण पीड़ित समुदाय को अन्न आवास भूमि आदि की जो सहायता प्रदान की जाती है उसका पुण्य गोदान के सदृश है। यह दान सामूहिक तथा व्यक्तिगत दोनों प्रकार से हो सकता है-

''श्रान्तसंवाहनं रोगि परिचर्या सुरार्चनम्।
पादं शौचं द्विजोच्छिष्टमार्जनं गोप्रदानवत्।।''

(याज्ञवल्क्य स्मृति - १/२०९)

नेत्र दान, भूदान, आदि भी महादान हैं जिनहें महायज्ञ की कोटि में रखा जा सकता है। दानशीलता की भावना महापुरुषों, श्रद्धावान् एवं प्रज्ञा-निष्ठों में ही पाई जाती है जो स्वयं न्यूनतम में निर्वाह कर अपने उपार्जन में से दूसरों का हित करते हैं। उदार मना व्यक्तियों के हृदय में संकीर्णता के लिए स्थान नहीं होता

''अयाचितं च साहाय्य कुर्वते येन चार्जिताः।
भक्तश्रद्धा विप्रप्रज्ञा साधुनिष्ठा परार्थगा।।''

(प्रज्ञा पुराण - १/३/४३)

ऐसे व्यक्ति ईश्वर के सच्चे उपासक हैं। श्रीमद्‌भागवत में भी कहा गया है-

''यावद्भ्रियेत् जठरं तावत् स्वत्वं हि देहिनाम्।
अधिकं यो अभिमन्येत् सस्तेनो दण्डमर्हति।।''

(श्रीमद्‌भागवत् - ७/१४/८)

162
प्रज्ञा पुराण ज्ञानामृतम्

मानव की आवश्यकतानुसार ही धन पर अधिकार होना चाहिए। उससे अधिक संग्रहकर्त्ता चोर और दण्डनीय है। गीता में भी यही भाव अभिव्यक्त किया गया है। यज्ञावशिष्ट भोजन करने से पाप से मुक्ति मिलती है बिना बांटे खाने वाले पाप को ही खाते हैं-

''भुंजन्ते ते त्वघं पापा ये पचन्त्यात्मकारणात्।।''

(भागवद्गीता - ३/१३)

कुछ दान बहुजन हिताय, बहुजन सुखाय की भावना से सर्वसाधारण के हित के लिए किये जाते है। देवालय, विद्यालय, औषधालय, भोजनालय अन्न क्षेत्र अनाथालय, गौशाला, धर्मशाला, जलाशय, कूएँ आदि का सर्व-जनोपयोगी निर्माण यदि यश: कामना से रहित होकर भगवत्प्रीत्यर्थ किया जाये तो परम कल्याणकारी सिद्ध होकर महादान की श्रेणी में आता हैं, किन्तु यह धन न्यायोपार्जित ही होना चाहिए, क्योंकि शास्त्रों तथा पुराणों में भी कहा गया है कि अन्याय पूर्वक अर्जित धन का दान करने से कोई पुण्य नहीं होता

''अन्यायोपार्जितेनैव द्रव्येन सुकृतं कृतम्।
न कीर्तिरिह लोके च परलोके च तत्फलम्।।''

(देवी भागवत - ३/१२/८)

प्रज्ञा पुराण में इस तथ्य को बहुत महत्त्व दिया है तथा अनेक कथाओं द्वारा यह सिद्ध किया गया है कि पिसनहारी ने परिश्रम के द्वारा जो धन एकत्रित कर कुआँ बनवाया उसका जल बहुत मीठा निकला किन्तु चोर ने चोरी के धन से जो कुआँ खुदवाया उसे पीने से मन में चोरीका भाव जाग्रत हुआ। परिश्रम पूर्वक अर्जित धन का दशांश अवश्य ही दान करना चाहिए। मानव को परम पिता परमात्मा से जो वैभव साधन, गुणकर्म रूपी सम्पदा प्राप्त होती है, उसे समस्त प्राणियों में वितरित करने में ही सच्ची सम्पन्नता, समर्थता एवं जीवन की सार्थकता है-

''प्राणिनां दानसेवाभिः साधनाभिश्च श्रेष्ठताम्।
प्राप्येश्वरान्तु सम्प्राप्तिः प्राणिभ्यश्च विभाजनम्।।''

(प्रज्ञा पुराण - १/३/४७)

स्कन्द पुराण में भी कहा गया है-

''न्यायोपार्जित वित्तस्य दशमांशेनधीयतः।
कर्त्तव्यो विनियोगश्चेश्वर प्रीत्यर्थमेव च।।''

(स्कन्द पुराण - . . .)

दानी पुरूषों द्वारा दी गई सम्पत्ति अनाचार का कारण न बन जाये इसलिए वैदिक कवियों ने सदाचरणशील, निर्धन एवं विद्वान् को ही दिये गये धन को दान का रूप दिया है इसके लिए वेदों में आदेश है

''यो वाधते ददाति सूनरं वसु स धत्ते अक्षिति श्रवः।। (ऋग्वेद - १/४०/४)

दान सुपात्र को ही देना चाहिए यह सिद्धान्त स्मृतियों में भी वर्णित हैं–

''गोभूतिल हिरण्यादि पात्रे दातव्यमर्चितम्।
नापात्रे विदुषा किंचिदात्मनः श्रेय इच्छता।।''

(याज्ञवल्क्य स्मृति - १/२०१)

गाय, भूमि, तिल, स्वार्णादि सुपात्र को ही देना चाहिए। अपात्र ब्राह्मण को भी अल्पदान भी नहीं देना चाहिए। सुपात्र कौन है ? इसका संकेत भी किया गया है केवल श्रुताध्ययन आदि विद्या से अथवा केवल शभदमादि तपस्या से ही कोई सुपात्र नहीं होता, जिस पुरुष के आचरण में विद्या और तप दोनों हो वही श्रेष्ठ पात्र होता है–

''न विद्यया केवलया तपसा वापि पात्रता।
यत्र वृत्तमिमे चोभेतद्धिपात्रं प्रकीर्तितम्।।''

(याज्ञवल्क्य स्मृति - १/२००)

सत्पात्र को ही दान दिया जाना चाहिए–प्रज्ञा पुराणकार ने इस सिद्धान्त पर बहुत बल दिया है। सबसे अच्छा तो यह है कि धन देकर उन्हें स्वावलम्बी बनाया जाये। इस युग में तो इस बात का ध्यान रखना अत्यावश्यक है क्योंकि बहुत से कुसंस्कारी तथा पाखण्डी कृत्रिम केश, जटाएँ एवं रंगे वस्त्रधारण कर साधुत्व का प्रदर्शन करते हैं और भोली जनता से धन लेकर मादक द्रव्यों–भांग, गांजा, सुलफा तथा मदिरा आदि का सेवन करते हैं, इतना ही नहीं, कहीं-कहीं उनके अनैतिक आचरण के उदाहरण भी मिलते है। अत: आचार्य जी ने इनसे सतर्क रहने का संदेश दिया है।

शारीरिक शक्ति सम्पन्न व्यक्ति को दान देकर आलसी, प्रमादी बनाना मूर्खो की संख्या में वृद्धि करना समाज एवं राष्ट्र की उन्नति में बाधा डालना है। उनके मतानुसार इनके स्थान पर विकलांगों, अनाथों तथा असहायों की सहायता करके समाज का हित किया जा सकता है।

इस प्रकार यह कहा जा सकता है कि दान देने की प्रवृत्ति एक दिव्य भावना है, जो मानव को महान् बना देती है। इतिहास इसका साक्षी है। महर्षि दधीचि ने असुरों के विनाश के लिए अस्थियों का दान कर, कर्ण ने शरीर के अंग रूप कवच कुण्डल दान देकर तथा भामाशाह ने राष्ट्रहित के लिए समस्त सम्पत्ति दान कर, अपना नाम अमर कर दिया। व्यक्ति, समाज तथा राष्ट्र के लिए तन, मन, धन समर्पित करने वालों के नाम इतिहास में स्वर्णाक्षरों में लिखे जाते हैं। आने वाली पीढ़ियाँ उन्हें अपना आदर्श मानकर उनका अनुकरण करती है। प्रज्ञा पुराण में दान के वास्तविक स्वरूप को प्रस्तुत कर इस मार्ग पर चलने की प्रेरणा दी गई है।

दया व उदारता:-

स्वर्ग के निवासी देवता कहलाते हैं। उत्कृष्टता का नाम ही स्वर्ग लोक, ऊर्ध्व लोक है। देवता मानव शरीर में निवास करने वाली सत्प्रवृत्तियाँ ही हैं। स्नेह, सहकारिता, उदारता, त्याग, बलिदान की भावनाओं को जन्म देने वाली करूणा की भावना का उदात्तीकरण मानव जीवन का परम सौभाग्य है। रत्नाकर डाकू के हृदय में जब यह सद्‌भावना जागृत हुई, वे महर्षि के पद पर प्रतिष्ठित हो गये। तमसा के किनारे क्रौंच पक्षी के करूण क्रन्दन को सुनकर उनके मुख से जो वाणी निस्सरित हुई वही, लौकिक साहित्य का प्रथम छन्द बन गई-

''मा निषाद् प्रतिष्ठां त्वमगमः शाश्वती समाः।
यत्क्रौंच मिथुनादेकमवधिः काममोहितम्।।''

(रघुवंश - १४/७०)

चेतना की, आत्म विस्तार की यह वरिष्ठ स्थिति ही मानवीय सत्ता की प्रगति का मूल कारण रही है और इसीलिए संस्कृत नाटककारों में उच्चतम स्थान प्राप्त करने वाले महाकवि भवभूति ने ''**एको रसः करुण एव**'' (उत्तररामचरित - भवभूति - ३/४७) कहकर करुणा में ही सब रसों का अवसान कर दिया है।

प्रज्ञा पुराण इसी भावना की अभिव्यक्ति है। परमपिता परमात्मा के उत्तराधिकारी, उसकी सर्वश्रेष्ठ कृति मानव की हीन दीन स्थिति को देखकर भावुक हृदय आचार्य जी की करुणाशीलता ही प्रज्ञा पुराण के रूप में प्रस्फुटित हुई है। अत: उन्होंने अनेक प्राचीन आर्ष ग्रंथों के उदाहरण देकर मानव मात्र के हृदय में करुणा का स्रोत प्रवाहित करने का प्रयास किया है। यही भावना दानशीलता, उदारता, परोपकार आदि समस्त नैतिक गुणों की जननी है। आर्ष ग्रंथों में इस भावना को अहिंसा की संज्ञा से विभूषित किया है। वैदिक साहित्य से लेकर समस्त लौकिक साहित्य में अहिंसा की उदात्त भावना के दर्शन होते हैं। वैदिक ऋषि कल्याणकारिणी अहिंसित विपुल सुमृद्धि की कामना करते थे।(ऋग्वेद - ६/२२/१०) महाभारत में इसे परम धर्म कहा गया है-

''अहिंसा परमोधर्मस्तथाऽहिंसा परं तपः।
अहिंसा परमं सत्यं यतो धर्मः प्रवर्तते।।''

(महा0अनुशासन पर्व - ११५/२३)

इसी प्रकार बुद्धचरित में ''**सर्वेषु भूतेषु दया हि धर्मः**'' (बुद्ध चरित - ९/१७) कहकर इसकी महत्ता प्रतिपादित की गई है।

प्रस्तुत ग्रंथ में श्री हरि के प्रज्ञावतार रूप में अवतरित होने का उल्लेख है। वे परम प्रभु स्वयं दयालु एवं उदार है- पृथ्वी पर जब-जब संकट तथा पतन की परिस्थितियाँ उत्पन्न होती हैं तब तब वे किसी न किसी रूप में अवतरित होकर पृथ्वी का कष्ट दूर करते हैं, वे अपने अंश जीवात्मा से भी संगच्छध्वं, संवद्ध्वम् की सहयोगात्मक नीति का पालन कराना चाहते हैं। अत: करूणाशील सज्जनों पर अपने अजस्र अनुदानों की वर्षा भी करते हैं-

"नरं त्वनेक कर्त्तव्य शृंखला भिरूदारधीः।
संगच्छध्वं संवदध्वं कर्तुं स व्यवहारगम्।।"
(प्रज्ञा पुराण - २/४/३८)

उदारता शब्द की आचार्य जी ने व्यापक व्याख्या की है। इस के विषय में अपना मत प्रकट करते हुए वे लिखते हैं-

उदारता मात्र देने को ही नहीं कहते, देने के साथ-साथ अनुशासन भी बनाये रखना आवश्यक है। यदि ऐसा न होता तो कुपात्रों पर भी अनुदान एवं अनुकम्पाएँ बरसतीं रहतीं तथा कहीं भी मर्यादा एवं कर्त्तव्य का नाम भी नहीं रहता। (प्रज्ञा पुराण - २/४ पृ० -१४७) उदारता एवं दयालुता के साथ ही न्यायशीलता का ध्यान रखना आवश्यक है।

स्वयं उदारचित्त होने के कारण वह प्रभु उदार तथा संवेदनशील व्यक्तियों को प्यार करता है। जो दयालु-उदारचित्त मानव दूसरों की पीड़ा को अपनी पीड़ा समझ कर स्वयं हानि सहन करके भी उनका कष्ट दूर करते हैं, वही भगवान के सच्चे भक्त कहलाने के अधिकारी हैं ऐसे मनुष्यों को लौकिक आकर्षण प्रभावित नहीं करते-

"एताहशास्तु भक्ता ये भूसुरास्ते तु निश्चितम्।
अयाचितमजस्रं ते लभन्ते योगमैश्वरम्।।"
(वही - १/३/२७)

भक्ति का प्रमाण ऋद्धि सिद्धि की प्राप्ति नहीं, अपितु ईश्वर भक्ति है जो मानव को उदारता प्रदान करती है। उदारचित्त महामानव न्यूनतम सामग्री से अपनी आवश्यकताओं को पूर्ण कर अपनी उपलब्धियों से विश्व वसुधा को लाभान्वित करते हैं। ऐसे परमार्थ निरत उदारचेता ईश्वर की पूजा अर्चना न भी करें तो भी वे अपनी कर्म साधना से ईश्वर के प्रिय पात्र बन जाते हैं। वे किसी की निन्दास्तुति से प्रभावित नहीं होते।

"उदारचेतसस्त्वेवं मनुष्याः सत्तया प्रभोः।
धनत्वं याति स्वीयाभिः साधनाभिस्तु कर्मणाम्।।"
(वही - १/३/३९)

मानव अपनी इन्हीं भाव संवेदनाओं के द्वारा सृजनात्मक कार्य कर गौरवान्वित होता है। यह सौभाग्य सृष्टि के अन्य जीवधारियों को दुर्लभ है। अतः मनुष्य को उदार मना बन कर सदैव सृजन में ही निरत रहना चाहिए। ध्वंस सरल है, किन्तु मानव जीवन की गरिमा का मूल्यांकन इस आधार पर किया जाता है कि उसके द्वारा किसका कितना कल्याण हुआ है-

"प्रखरता द्वयोरत्र प्रशंसाऽस्मिंस्तु वर्तते।

सत्प्रवृत्तिविवृद्धौ तु ताभ्यामुपकृतं न वा।।''

(प्रज्ञा पुराण - १/४/८२)

इस प्रकार आलोच्य ग्रंथ में उदारता, दयालुता की महत्ता प्रतिपादित की गई है। ऐसे भक्त जन ब्राह्मणों की भांति अपरिग्रही साधुओं के समान परमार्थ परायण होते हैं। वे भौतिक दृष्टि से सम्पन्न न होने पर भी आत्मिक सम्पदा से विभूषित होकर समाज के द्वारा सम्मानित होते हैं। ये देवात्मा दूसरों को भी सन्मार्ग पर चलने की प्रेरणा देकर अपना नाम अमर कर जाते हैं।

परोपकारः-

मानव जीवन की सर्वतोमुखी सफलता आत्मविकास पर ही निर्भर है और इसके लिए जीवन में सत्यता, सरलता, दयालुता, त्याग इत्यादि सद्‌गुणों को अपनाना तथा क्रोध मोह लोभ जैसी स्वार्थ परक प्रवृत्तियों का परित्याग आवश्यक है। वास्तव में मानव तभी मानव कहला सकता है जब उसमें परिहत के लिए तन, मन, धन और सर्वस्व समर्पण की भावना हो। परोपकार की सत्प्रवृत्ति के अभाव में मनुष्य उस उच्छृंखल पशु के तुल्य हो जाता है, जो स्वार्थ सिद्धि के लिए दूसरों को हानि पहुँचाने में भी संकोच नहीं करता, ऐसे नर पशु से सभी घृणा करते हैं तथा वह मनुष्य रूप मे पशुवत जीवन व्यतीत करता है, इसीलिए समस्त आर्ष ग्रंथों स्मृतियों तथा नीति शास्त्रों में परोपकार की महिमा वर्णित है। पुराणों में तो यहाँ तक कहा गया है कि अठारह पुराणों में व्यास जी ने दो ही तथ्य प्रस्तुत किये हैं- परोपकार महान् धर्म है तथा परपीड़ा सबसे बड़ा पाप

''अष्टादश पुराणेषु व्यासस्य वचनद्वयम्।
परोपकार, पुण्याय पापाय परपीडनम्।।''

(पंचतंत्र - ४/१०१)

परोपकार की व्युत्पत्ति-परेषाम्-अन्येसाम्, उपकार सेवा, सहायता, अनुग्रह, आभार, उपकारः हित साधनम् के रूप में मानी जाती है। (शिवराम वामन आप्टे, पृ0 - २०२) अर्थात् स्वार्थ को छोड़कर मन से दूसरों का हित चिन्तन, वाणी से दूसरों के कल्याण की वार्ता, कर्म से दूसरों का हित कार्य करना परोपकार का वास्तविक स्वरूप है। विष्णु पुराण में कहा गया है-

''प्राणिनामुपकाराय यथैवेह परत्र च।
कर्मणा मनसा वाचा तदेव मतिमान् भजेत्।।''

(विष्णु पुराण - ३/१२/४५)

प्रज्ञा पुराण में आदि से अन्त तक इसी भावना को जगाने का प्रयास किया गया है। इस वृत्ति के आधार पर मानव को तीन श्रेणियों में विभक्त किया गया है- नरपशु, नरपामर, एवं देवमानव। (प्रज्ञा पुराण - २/१/२३-२४) केवल स्वार्थ चिन्तन करने वाले नर पशु, स्वार्थ सिद्धि के लिए दूसरों को अकारण पीड़ित करने वाले नरपामर, तथा लौकिक

महत्त्वाकांक्षाओं को विसर्जितकर स्वेच्छा से परमार्थ में संलग्न महापुरूष कहलाते हैं। नरपामर की तुलना दैत्य, असुर तथा दानवों से की जा सकती है । ''**असुरा दानवा ह्येते दैत्याः नूनं नरासमे।**'' (प्रज्ञा पुराण - २/१/४७) तथा ''**वर्गस्तृतीयोऽप्यत्र देवमानवरूपिणाम्**'' तृतीय वर्ग को देवमानव कहते हैं। (प्रज्ञा पुराण - २/१/४२) परोपकारी सन्तों की तुलना चन्दन वक्ष से की गई है जिस प्रकार चन्दन वृक्ष के सम्पर्क से अन्य साधारण वृक्ष भी सुगन्धित हो जाते हैं, उसी प्रकार सज्जनों के सान्निध्य में आकर दुष्ट भी साधु बन जाते हैं। ये महापुरूष स्वयं चन्दन की भाँति घिस कर, कष्ट उठाकर भी दूसरों को शीतलता एवं सुगन्धि प्रदान करते हैं। ऐसे देव मानवों को प्राप्त कर वसुन्धरा धन्य हो जाती है-

''सम्पर्के चागतान् धन्यान् कुर्वते चन्दनस्य ते।
द्रुमा अन्यान् सुगन्धांश्च यथा वृक्षान्निरन्तरम्।।''

(प्रज्ञा पुराण - २/१/५८)

चन्दन वृक्ष की प्रशंसा नीति परक सूक्तियों में अनेक स्थान पर की गई है-

''यद्यपि चन्दन विटपी फल पुष्पविवर्जितः कृतो विधिना।
निज वपुषैव तथापि हि स हरति सन्तापमपरेषाम्।।''

(आर्यासप्तशती - गोवर्धनाचार्य - ४८७)

फल पुष्प से रहित होने पर भी चन्दन वृक्ष अपने शरीर मात्र से ही दूसरों का संताप हरता है । साधन विहीन होने पर भी परोपकारी अपने मृदुव्यवहार एवं मधुर वाणी से दूसरों को आनन्दित करता है। (प्रज्ञा पुराण - २/१/६२)

प्रज्ञापुराणकार ने वर्तमान परिस्थितियों में ऐसे त्यागी, परमार्थी, उदारमना सन्तों की आवश्यकता पर बल दिया है, क्योंकि ये सहृदय करूणाशील व्यक्ति भारतीय संस्कृति की इस कल्याणकारी परम्परा को अपनाकर महामानवों का उत्पादन भी करते हैं। (प्रज्ञा पुराण - २/१/७१) इस समय सर्वत्र अनैतिकता, स्वार्थपरता, नृशंसता, का साम्राज्य है।

अपनी गरिमा को भूलकर मानव भौतिक साधनों में लिप्त होकर प्रेय मार्ग का पथिक बन गया है। वह समस्त सुख-सुविधाओं को अपने तक सीमित रखकर मकड़ी के जाले की भांति अपने ही कुकर्मों के चक्र में फंस कर रोग, शोक, कलह की स्थिति उत्पन्न कर रहा है। इस समय प्रगति एवं समृद्धि का मार्ग प्रशस्त करने के लिए महापुरूषों को पथप्रदर्शक बनना होगा। (प्रज्ञा पुराण - २/१/७१) यह देश सन्तों का देश है। ऋषि गण सर्वत्र भ्रमण करके जन जन का मार्ग दर्शन करते थे। विष्णु पुराण में कहा है-

''योगिनो विविधैरूपैर्नराणामुपकारिणः।
भ्रमन्ति पृथिवी मेताम् विज्ञातस्वरूपिणः।।''

(विष्णु पुराण - ३/१५/२३)

मानव जीवन की सार्थकता का बोध कराने के लिए प्रज्ञा पुराणकार ने प्रकृति द्वारा संदेश दिया है-बादल निस्वार्थ भाव से बरसते हैं, नदियाँ अपनी जल सम्पदा से भूखण्डों तथा प्राणियों की तृषा शान्त करती हैं, वृक्ष फल देते हैं, भूमि अन्न उपजाती है, इन अनुदानों को निरन्तर देते रहने पर भी वे नित्य हरे भरे रहते हैं। अत: मनुष्य को भी परमार्थी होना चाहिए।

''वर्षन्ति वारिदा नित्यं नि:स्वार्थं सरितोऽपि च।
भूखण्डान् प्राणिनस्तृप्तान् कुर्वते जलसम्पदा।।
(प्रज्ञा पुराण – २/७/६६-६७)

नीति शास्त्रों में भी प्रकृति की उदारता एवं परमार्थ वृत्ति का वर्णन अनेक स्थलों पर किया गया है-

''पिवन्ति नद्यः स्वयमेव नाम्भः।
स्वयं न खादन्ति फलानि वृक्षाः।
नादन्ति सस्यं खलु वारिवाहाः।
परोकाराय सतां विभूतयः।।''
(सुभाषित रत्नावलि, पृ0 -४९)

प्रकृति से मनुष्य को शिक्षा लेनी चाहिए कि त्याग करने पर मानव श्रेय एवं सिद्धि का अधिकारी बनता है। साधारणतया व्यक्ति समझता है कि परमार्थ के लिए धन की आवश्यकता है-किन्तु श्रेष्ठ आचरणशील व्यक्ति की आवश्यकताएँ बहुत कम हो जाती हैं। उच्च उद्देश्यों के लिए समर्पित व्यक्ति दूरदर्शिता को अपनाते हैं-

''नृणां परार्थ कार्येषु बाधानैवोपजापते।
निर्वाहपरमार्थश्च सिद्धयतः सार्धमेव तु।।''
(प्रज्ञा पुराण – १/१/८१)

परमार्थ में निरत सन्त आत्मनिर्भर होते हैं प्रतिकूल परिस्थितियों में भी वे सन्मार्ग से विचलित नहीं होते, उनका आत्म विश्वास उन्हें उत्कर्ष की ओर ले जाता है। (वही – २/५/१९) **''विपत्तिरपि संश्लाध्योपकार व्रतिनोऽनल।''** (कुमार संभव – १०/२३) परोपकार का व्रत धारण करने वालों की विपत्ति भी प्रशंसनीय होती है।

स्वार्थपरक व्यक्ति कर्तव्य विमुख होकर घृणा के पात्र बनते हैं। आधुनिक युग में धर्म पंथ सम्प्रदाय के नाम पर जो विघटन, विनाशकारी दुष्कृत्य हो रहे हैं, उनमें स्वार्थी तत्त्वों की स्वहित कामना ही निहित है। उनका यह कुचक्र उन्हें ही नष्ट कर देता है- नित्यप्रगतिशील नदियाँ शीतल जल से परिपूर्ण रहती हैं किन्तु संग्रह करने से समुद्र का जल खारी हो जाता है-

''स्वार्थवर्गः सदा दोषग्रस्ततां याति सन्ततम्।
तत्प्रभावेण जीर्णश्च विनाकालं विनश्यति।।''

(प्रज्ञा पुराण - २/७/३५)

बुद्धचरित में भी कहा है-

''संचिन्वन्तिधनं ये वै स्वात्मार्थ हि दुर्जना:।
महतां तु धनं नूनं परार्थार्थोपकल्पते।।''

(बुद्धचरित - १५/१२)

जो अपने लिए धन संचित करते हैं वे दुर्जन हैं। महापुरूषों का धन दूसरों के उपकार के लिए होता है। संक्षिप्तत: कहा जा सकता है कि परोपकार का क्षेत्र विशाल है। किसी रोगी अपंग की निष्काम सेवा, किसी दीन दरिद्री की धन से सहायता, मानसिक आघात से संतप्त व्यक्ति के प्रति सहानुभूति प्रकट कर सांत्वना देना, ये सब ऐसे कार्य है जिनके द्वारा संतप्त जनों को शान्ति प्रदान की जा सकती है। धर्म धारणा एवं आत्मिक प्रगति का मूल्यांकन उदारता एवं परमार्थ परायणता के द्वारा ही किया जा सकता है। स्वर्ग एवं मुक्ति रूपी पुष्प भी इसी वृक्ष पर लगता है। प्रज्ञा पुराण में इसी भावना को विकसित करने का संदेश निहित है।

।ग।। प्रज्ञा पुराण में पारिवारिक आदर्श

देवभूमि भारत में अनादि काल से ऋषियों का देश-व्यापी तंत्र कार्यकरता रहा है। वे अपनी साधना से उपलब्ध महत्त्वपूर्ण सूत्रों का एकीकरण परिस्थितियों के अनुरूप धर्म तंत्र के क्रियात्मक सूत्रों का निर्धारण सामाजिक राष्ट्रीय समस्याओं के सन्दर्भ में सर्वसम्मत मार्ग दर्शन की व्यवस्था बनाये रखते थे। परिवार-योजना उनकी मूल्यवान् देन है। वैदिक ऋचाओं में एक साथ मिल कर रहने का संदेश दिया गया है-

''समानी प्रपा सह वोऽन्नभाग: समाने योक्त्रे सह वे युर्नाज्म।
सभ्यञ्चोग्निं सपर्यतारा नाभिमिवाभित:।।''

(अथर्ववेद - ३/३०/६)

इसका तात्पर्य यह है कि तुम सबका जल स्थान एक हो, अन्न को आपस में मिल बाँट कर खा लो। मैं तुम लोगों को एक ही कौटुम्बिक बन्धन में बाँध देता हूँ। इस प्रकार पारिवारिक आदर्श प्रस्तुत करने के लिए गृहस्थाश्रम की स्थापना की गई।

प्रज्ञा पुराणकार ने परिवार एवं गृहस्थाश्रम को इतना महत्त्व दिया है कि प्रज्ञा पुराण के तृतीय खण्ड का नाम ही परिवार-खण्ड रख दिया है। उनके मतानुसार परिवार की परिभाषा इस प्रकार है- परिवार परमात्मा की ओर से स्थापित एक ऐसा साधन है जिसके द्वारा हम सहज ही आत्मा में सतोगुण को परिपुष्ट कर आत्म विकास द्वारा सुखी

समृद्ध जीवन व्यतीत कर सकते है। मानव जीवन की सर्वांगीण सुव्यवस्था के लिए पारिवारिक जीवन प्रथम सोपान है। मनुष्य केवल सेवा धर्म और साधना से ही पूर्ण शान्ति प्राप्त कर सकता है। (प्रज्ञा पुराण – ३/१, पृ० –७)

परिवार शब्द–परिव्रियते अनेन परि + वृ + घञ् (परिजन) पक्षे उपसर्गस्य दीर्घः नौकर, अनुचर वर्ग, अनुयायी (संस्कृत हिन्दी कोष – शिवराम आप्टे, पृ0 – ५८९) आर्य परम्परा में परिवार का गठन बहुत उच्च एवं व्यापक स्तर का था। परिवार में एक साथ माता–पिता, पितामह पितामही, भगिनी भ्राता ही नहीं सेवक, अनुचर तथा पशु पक्षी भी रहते थे तथा उन्हें परिवार का सदस्य माना जाता था। सबके प्रति ऐक्य एवं स्नेह भावना रखना आर्य परिवार का प्रथम कर्त्तव्य था।

''यांश्च पश्यामि यांश्च न तेषु मा सुमतिं कृधि।'' (अथर्ववेद – १७/१/७)

अर्थात् ज्ञात– अज्ञात सब के प्रति हमारे हृदय में सद्भावना बनी रहे। इसी भावना के द्वारा मनुष्य चराचर जगत् में आत्म सत्ता का दर्शन करता है और उसे सर्वत्र परमात्मा की दिव्य ज्योति जगमगाती हुई दृष्टिगोचर होती है। प्रज्ञा पुराण में परिवार को यही व्यापक स्वरूप प्रदान किया गया है। परिवार एक छोटा राष्ट्र या समाज है। पारिवारिक प्रवृत्तियाँ ही संयुक्त होकर सामाजिक स्तर पर प्रकट होती हैं। समाज निर्माण, समाज सुधार, सत्प्रवृत्ति विस्तार सबसे पहले परिवार–संस्था से प्राप्त होता है। आदर्श परिवार ही सशक्त समाज की आधार शिला बनते हैं

''लघु राष्ट्रं समाजोऽल्पः परिवारस्तु वर्तते।
सीमिताश्च जनास्तत्र परिवारे भवन्त्यपि।।''

(प्रज्ञा पुराण – ३/१/१८)

इसीलिए परिवार को समुन्नत एवं सुसंस्कृत बनाना समाज के उत्त्थान की प्रथम प्रक्रिया है। यदि प्रत्येक व्यक्ति अपनी प्रतिभा, ज्ञान एवं क्षमता का सम्पूर्ण लाभ देकर परिवार के माध्यम से समाज सेवा के उत्तरदायित्व का निर्वाह करें तो केवल समाज का ही नहीं, अपितु समस्त राष्ट्र का उद्धार हो सकता है क्योंकि व्यक्ति से परिवार, परिवारों से समाज तथा समाज से राष्ट्रबनता है। व्यक्ति की श्रेष्ठता ही सम्पूर्ण परिवार, समाज, राष्ट्र एवं विश्व को प्रकाशित करती है। व्यक्ति को श्रेष्ठ बनाने वाली प्रयोगशाला परिवार ही है। अतः जैसे ज्ञानार्जन का केन्द्र आचार्य कुल है वैसे ही लोक व्यवहार का जन्मदाता परिवार है। परिवार निर्माण एक विशिष्ट स्तर की साधना है। उसमें योगी के समान प्रज्ञा तथा तपस्वी के समान प्रखर प्रतिभा की आवश्यकता होती है। परिवार निर्माता को विभिन्न प्रकृति और स्थिति के मनुष्यों का निर्माण करने के लिए सहनशीलता, धैर्य और प्रखरता का समन्वय करना पड़ता है। इसके अभाव में सुसंस्कारी परिवार का निर्माण असंभव है। परिवार के प्रधान को सदाचारी होना चाहिए क्योंकि इसका प्रभाव अन्य सदस्यों पर अवश्य पड़ता है–

''यद्यदाचरति श्रेष्ठस्तत्तदेवेतरे जनाः
स यत्प्रमाणं कुरूते लोकस्तदनुवर्तते।।''

(गीता – ३/२१)

श्रेष्ठ पुरूष जो कुछ आचरण करता है, वही अन्य मनुष्य भी करते हैं, वह जिसे प्रमाण मानकर अंगीकार करता है लोक उसी का अनुकरण करता है। परिवार का श्रेष्ठ पुरूष गृहपति है। अत: उसे तलवार की धार पर चलना पड़ता है क्योंकि समस्त परिवार उसी के आदर्शों को ग्रहण करते हैं-

"गृहस्थाश्रमधर्मस्य परिपालनमप्यहो।
योगभ्यास इवास्तीह संयमादात्मन: सदा।।
यथाकालं तु ये चैनं धर्म सम्पादयन्त्यलम्।
परलोकेऽथ लोकेऽपि सुखं सन्तोषमेव च।।"

(२- प्रज्ञा पुराण - ३/१/१४-१५)

गृहपति के समान ही अन्य पारिवारिक जनों का व्यवहार भी सद्भावना पूर्ण हो, सभी स्वार्थ की भावना का परित्याग कर एक दूसरे के हिताहित का चिन्तन करते हुए अपने कर्त्तव्यों की पूर्ति करें, माता-पिता एवं गुरुजनों के आदेश का पालन करें, तब ही आदर्श परिवार का गठन संभव हो सकता है, पारस्परिक आत्मीयता तथा सहकारिता के अभाव में सुखमय पारिवारिक जीवन की कल्पना भी नहीं की जा सकती।

"आत्मीयता तथा नूनं सहकाररस्य भावना।
विकसिता दृश्यते यैश्च विना शून्यं हि जीवनम्।।"

(३ - प्रज्ञा पुराण - ३/१/२६)

वेद शास्त्रों में भी परिवार का यही स्वरूप वर्णित है--

"अनुव्रत: पितु: पुत्रो मात्रा भवतु संमना:।
जाया पत्ये मधुमतिं वाचं वदतु शान्तिवाम्।।"

(४ - अथर्ववेद - २/३०/२)

परिवार क्या है? प्रज्ञा पुराणकार ने इसका बहुत सुन्दर आदर्श रूप प्रस्तुत किया है। एक ही घर में रहते हुए भी यदि व्यक्तियों में परस्पर प्रेम सहृदयता नहीं है, यदि वे स्वार्थ, ईर्ष्या, द्वेष की भावना से परिपूर्ण हैं, तो उसे परिवार नहीं कहा जा सकता, इसके विपरीत कुछ सज्जन संत उच्च उद्देश्यों को लक्ष्य बनाकर सद्भावना पूर्वक साथ रहते हैं तो वह परिवार कहलाता है। ऋषि आश्रमों में इसी आधार पर परिवार बनाकर रहते थे। इस सार्वभौम नूतन परिभाषा में मैत्री के आधार पर प्रत्येक वह संगठन आ जाता है, जहाँ सभी सदस्य परस्पर अन्योन्याश्रित होते हैं और स्नेह, त्याग, सहानुभूति का अवलम्बन लेकर कार्य करते हैं। यह आवश्यक नहीं कि व्यक्ति विवाह करके ही परिवार बना कर रहे। यदि वह परिकर विशेष को परिवारिकता का पोषण देता है, तो प्रकारान्तर से पारिवारिक धर्म की साधना ही करता है। महत्ता संगठन की संरचना की नहीं उस भावना की है, उस निष्ठा की है जो ऐसी प्रक्रिया अपनाने पर **"वसुधैव कुटुम्बकम्"** के रूप में परिणत हो जाती है।

परिवार परम्परा को प्रोत्साहित करने वाले ऋषियों का केवल यही उद्देश्य नहीं था कि व्यक्ति अपने परिजनों के साथ उल्लास पूर्ण जीवन यापन करे, अपितु उसका मंतव्य यह था कि परिवार के माध्यम से मानव में सामाजिकता, नागरिकता और विश्व कल्याण की भावना जागृत हो। वास्तविकता यह है कि सघन आत्मीयता की अनुभूति, अपनत्व का विस्तार तथा अंतरंग स्नेह का रसास्वादन मानव की स्वाभाविक आवश्यकता है। इसी की पूर्ति परिवार द्वारा ही हो सकती है। जिस समय मनुष्य एकाकी रहता था उसमें और पशुओं में विशेष अन्तर नहीं था। परिवार में रहने के पश्चात् ही उस पर माता, पिता तथा पत्नी की सुरक्षा का उत्तरदायित्व आया एवं समाज सेवा की प्रवृत्तियों का उदय उसके हृदय में हुआ। इसी के द्वारा मानव समाज अन्य प्राणियों की अपेक्षा सशक्त स्थिति में पहुँचकर विधाता की सर्वश्रेष्ठ कृति कहलाने का सौभाग्य प्राप्त कर सका--

"परिवारिकताऽऽधारं समाश्रित्यैव जीवनम्।
अभूद्विकसितं तस्य जीवनं पशुतां गतम्।।"
(१ - प्रज्ञा पुराण - ३/१/३४)

प्राचीन काल में संयुक्त परिवार की प्रथा थी किन्तु आज परिस्थितियाँ परिवर्तित हो गई हैं। पुरातन विश्व की तुलना में आज परिवार का रूप बदल चुका है। उसका एक कारण यह भी है कि उस समय गुरुकुल में रह कर निर्धन, धनिक एवं राजकुमार एक साथ शिक्षा ग्रहण करते थे। वहाँ उनके हृदय में ''मातृदेवों भव, पितृ देवो भव, आचार्य देवो भव, अतिथि देवो भव''(२ - तैत्तिरीयोपनिषद् - १/११) की सद्भावना जगायी जाती थी। आज इस व्यवस्था का अभाव होने के कारण मानव स्वार्थी एवं आत्मकेन्द्रित हो गया है। जिससे अनेक समस्याएँ उत्पन्न हो गई हैं। भारतीय समाज में शिष्टाचार, बड़ों के प्रति सम्मान एवं निष्ठा की भावना को बहुत महत्त्व दिया जाता है--

"आचार्यो ब्राह्मणों मूर्तिः पिता मूर्तिः प्रजापतेः।
माता पृथिव्या मूर्तिस्तु भ्राता स्वो मूर्तिरात्मनः।।"
(३ - मनुस्मृति - २/२२५)

प्रस्तुत ग्रंथ में इन आदर्शों की पुनःस्थापना पर बहुत बल दिया गया है। परिवार के हर एक सदस्य का एक दूसरे के साथ शिष्टाचार का निर्वाह करना आवश्यक है। माता-पिता तथा गुरुजनों के प्रति श्रद्धाभाव रखना चाहिए--

"शिष्टाचारंतथा सर्वे सदस्याः परिवारगाः।
व्यवहरन्तु ससम्मानं मधुरं प्रवदन्तु च।।"
(१ - प्रज्ञा पुराण- ३/१/५२)

इसके साथ ही उन्होंने यह विचार भी प्रकट किया है कि गुरुजनों का सम्मान तो करना चाहिए, परन्तु यदि उनके परामर्श सामयिक न हों एवं तर्क तथ्य की कसौटी पर अनुचित ठहरें तो उनके आदेशों का विरोध भी किया जा सकता है। तात्पर्य यह है कि जो तथ्य कुरीतियों, मूढ़ मान्यताओं- जैसे बाल विवाह, स्त्रियों की शिक्षा के विरोध अथवा दहेज प्रथा से सम्बन्धित हो उनका पालन न करना ही उचित है।

''सम्मानं च सुरक्षा च सेवा भावोऽन्यदेव तु।
विद्यते चाऽविचार्यैव निदेश परिपालनम्।।''
(२- वही- ३/२/९१)

आधुनिक युग की आवश्यकतानुसार परिवार को सीमित रखने का सुझाव भी दिया गया है क्योंकि अपने उत्तरदायित्व का निर्वाह न कर पाने के कारण पिता को अनैतिक साधन अपनाने पड़ते हैं। पुत्र और पुत्री दोनों ही समान हैं-- सद्गुणों से युक्त कन्या भी अच्छी है। दुराचारी पुत्र से कुल कलंकित होने की संभावना रहती है।

''सीमितः परिवारः स्यात् संख्यास्वल्पैव सन्ततेः।
सुखदा हानयोऽसंख्या बहु प्रजननोद्भवाः।।''
(३ - वही - ३/१/६०)

ऋग्वेद में भी कहा है--

''बहुप्रजा निर्ऋतिभाविवेश'' (४ -ऋग्वेद - १/६४/३२)

परिवार को सुयोग्य एवं सुसंस्कृत बनाने के लिए स्वच्छता एवं सुव्यवस्था का ध्यान रखना आवश्यक है। स्वच्छता परमात्मा का सान्निध्य है तथा निर्मलता आत्मा का प्रकाश। आन्तरिक पवित्रता का आधार भी शारीरिक एवं वाह्य स्वच्छता ही है, इसे देवत्व का गुण मानकर परिवार को सुसज्जित एवं सुव्यवस्थित रखने की कला भी प्रज्ञा पुराण में वर्णित है। इसे व्यक्तित्व विकास का अमोध मंत्र बताया गया है। गृह को स्वर्ग बनाने के लिए यह गुण अवश्य ही सब सदस्यों को अपनाना चाहिए--

''सुव्यवस्थाविधौध्यानं स्वच्छतायां तथैव च।
प्रत्येकस्य सदस्यस्य भवेदेव निरन्तरम्।।''
(१ - प्रज्ञा पुराण - ३/१/७७)

बाह्य उपकरणों के समान ही अंतकरण को स्वच्छ रखने के लिए घर में ही ज्ञान मंदिर, सत्साहित्य, कथा, सत्संग की व्यवस्था की जा सकती है। उत्तम पुस्तकें जागृत देवता होती हैं। ज्ञान बुद्धि के लिए पुस्तकों का अध्ययन एक महत्त्वपूर्ण आधर है। (२ - वही - ३/६/३७)

परिवार एक फुलवारी के समान है जिसमें बालक-बालिकाओं के रूप में पुष्प व कलियाँ अपनी सुरभि से वातावरण को आह्लाद युक्त बना देती हैं। इस गृहोद्यान को सुरम्य तथा आकर्षक बनाने के लिए माता-पिता को माली की भूमिका का निर्वाह करना पड़ता है। अभिभावकों की थोड़ी सी असावधानी ही अनेकानेक समस्याओं को जन्म दे सकती है। शिशु निर्माण के लिए तीन महत्त्वपूर्ण तथ्यों का उल्लेख किया गया है-- 1) स्नेह एवं प्यार के साथ-साथ अनुशासन की दृढ़ता, २) पाठ्यक्रम से सम्बन्धित शिक्षा के साथ-साथ व्यवहारिक जीवन का ज्ञान कथा- कहानियों

के द्वारा तथा समीपवर्ती क्षेत्रों में भ्रमण द्वारा कराया जा सकता है। ३) गुण कर्म एवं स्वभाव के परिष्कार हेतु उत्कृष्टता को सम्मान देने वाले विनम्र स्वभाव के साथियों के साथ खेलने का प्रोत्साहन देना चाहिए। आज के शिशु ही कल समाज संचालक एवं राष्ट्र निर्माता होंगे। अत: इस ओर ध्यान देना प्रत्येक अभिभावक का परम कर्तव्य है--

''बालो योऽद्यतनः सः वैभविता राष्ट्रनायकः।
समाजग्रामणीर्वृक्षा भवन्त्येव यथा क्षुपाः।।''

(१ - प्रज्ञा पुराण - ३/४/९)

नीति शास्त्र में भी कहा गया है--

''माताशत्रुः पिता वैरी येन बालो न पाठितः।
न शोभते सभामध्ये, हंस मध्ये बको यथा।।''

(२ - चाणक्यनीति - २/११)

बालक के सर्वांगीण विकास के लिए माता का सुशिक्षित एवं सुसंस्कारी होना आवश्यक है। नारी की विशेषताओं का वर्णन करते हुए आचार्यजी कहते हैं।-- ''शिशु निर्माण में सर्वाधिक महत्त्वपूर्ण भूमिका माता की है। वही परिवार की धुरी है। उसकी ही उत्कृष्टता निकृष्टता पर घर का वातावरण, उत्थान पतन निर्भर है। शास्त्रों में नारी की महत्ता और गरिमा का वर्णन करते हुए उसे ब्रह्म विद्या, श्रद्धा, शक्ति, पवित्रता, कला तथा संसार की सर्वोकृष्ट निधि बताया है। नारी मूर्तिमान् कामधेनु है, अन्नपूर्णा है, ऋद्धि है और वह प्राणी के समस्त कष्टों एवं संकटों का निवारण करने में समर्थ है। यदि उसे श्रद्धा सिक्त सद्भावना से सींचा जाये तो वह सोमलता विश्व के कण-कण को स्वर्गीय परिस्थितियों से ओत-प्रोत कर सकती है। नारी परिवार का हृदय और प्राण है, वह अपनी कोमलता, सुशीलता, संवेदना करुणा, स्नेह और ममता आदि दिव्य विशेषताओं के कारण परिवार निर्माण में महत्त्वपूर्ण स्थान रखती है।'' अत: प्रत्येक सद्गृहस्थ का प्रथम कर्त्तव्य है कि माता, भगिनी, पत्नी तथा पुत्री जिस रूप में नारी रहे उसे स्वस्थ, प्रसन्न शिक्षित, स्वावलम्बी, सुसंस्कृत तथा प्रतिभाशाली बनाने का प्रयास करें--

''भद्रजनाः। गृहिण्याश्च महत्त्वं वर्णितं परम्।
वस्तुतस्तु, यतो धुर्या गृहिणीपरिवारगा।।''

(१ - प्रज्ञा पुराण - ३/३/८)

मनुस्मृति में भी कहा गया है:-

''पूजार्हा गृहदीप्तयः।
स्त्रियः श्रियश्च लोकेषु न विशेषोऽसित कश्चन।।''

(२ - मनुस्मृति - ९/२६)

गृहस्वामिनी पूजा के योग्य है। इनमें और लक्ष्मी में कुछ भेद नहीं है। नारी में परिवार को स्वर्ग बनाने की ईश्वर प्रदत्त क्षमता विद्यमान है। इसीलिए उसे गृहिणी, गृहलक्ष्मी जैसे विशेषणों से विभूषित किया जाता है। चाणक्य नीति में कहा गया है--

"यस्य भार्या शुचिर्दक्षा, भर्तारमनुगामिनी।
नित्यं मधुरभाषी च, साश्रियो न श्रियः श्रियः।।"
(३ - चाणक्य नीति - ७/४)

नारी, माता, पत्नी, भगिनी तथा दुहिता चारों रूपों में सम्माननीय है। शास्त्रोक्त उद्धरणों द्वारा प्रज्ञा पुराण में इन सभी रूपों का महत्त्व प्रतिपादित किया गया है--

"नास्तिमात् समो गुरुः, नास्ति भार्या समं मित्रम्।
नास्ति स्वसा समा मान्या, गृहेषु तनया भूषा।।"
(४ - प्रज्ञा पुराण - ३/३, पृ० - ११२)

माता के समान कोई गुरु नहीं है, पत्नी के समान कोई मित्र नहीं है, भगिनी के समान कोई मान्य नहीं है तथा कन्या के रूप में वह घर की शोभा है। अतः उसे **"देवी"** कहना प्रत्येक दृष्टि से उचित है। उसे इस गरिमा की पूरी प्रतिष्ठा मिलनी ही चाहिए।

आचार्य श्रीराम जी नारी की पूर्व स्वतंत्रता के पक्ष में हैं। उनके विचारानुसार आज पीड़ा व पतन की जो परिस्थितियाँ दृष्टि-गोचर हो रही हैं- उन सब का एक मात्र कारण नारी जाति की उपेक्षा ही है। पर्दा प्रथा, बाल विवाह, बहु विवाह, दहेज-प्रथा, विधवाओं के साथ कुव्यवहार, इन सब कुरीतियों ने नारी को एक चक्रव्यूह में फंसा दिया है। इसका दुष्परिणाम यह हुआ कि परिवार श्रृंखला विघटित हो गई। संस्कार रीति का लोप पाश्चात्य सभ्यता का प्रभाव, नारी जाति में शिक्षा का अभाव, आदि कारणों से परिवारों में क्षोभ, क्लेश की स्थिति उत्पन्न हो गइ है। युग द्रष्टा एवं काल पुरुष इन समस्याओं का समाधान प्रस्तुत करते हैं। प्रज्ञा पुराण में प्राचीन आदर्शों को उद्धृत करते हुए आज के विघटनात्मक तत्त्वों के निराकरण का प्रयास तथा सद्गृहस्थों के मार्ग दर्शन हेतु शंखनाद किया है। वे पूर्णतया आश्वस्त हैं कि प्रज्ञा युग में समाज का अभिनव निर्माण पारिवारिकता के आधार पर ही होगा। सुसंस्कृत समाज में विराट् ब्रह्म की झांकी परिलक्षित होगी। सभी अपने को विश्व परिवार का सदस्य मानेंगे।

"सदस्यं सन्ततं विश्वं परिवारगतं स्वतः।
सुसंस्कृते समाजे स्याद् ब्रह्मविम्बोदया स्थितिः।।"
(१ - प्रज्ञा पुराण - ३/१/८९)

इसके लिए महाप्रज्ञा गायत्री की उपासना, साधना, आराधना करनी होगी। यहमहान कार्य, समाज का नव निर्माण पारिवारिक परिजानों के द्वारा ही होगा। यहाँ आध्यात्मिक साम्यवाद की रूपरेखा स्पष्ट की गई है कि यह समस्त संसार उसी भगवान का है किसी एक व्यक्ति का नहीं, अतः इसकी किसी भी वस्तु पर अनुचित रीति से अधिकार न जमा कर उसे समाज हित के सदुपयोग में लाया जाये, इसके द्वारा ही विश्व परिवार का गठन संभव होगा - यह वेदों की आज्ञा है--

''ईशावास्यमिदं सर्व यत्किंचिज्जगत्यां जगत्।
तेन व्यक्तेन भुंजीथाः मागृधः कस्यस्विद् धनम्।।''
(१ - इशोपनिषद् - १/१)

अन्त में सफल बृहत्तर कुटुम्ब पद्धति का परिचय देते हुए वे लिखते हैं कि इजराइल, चीन, क्यूबा एवं यूगोस्लाविया में कम्यून जीवित हैं। ये कम्यून विभिन्न वर्गों के व्यक्तियों के समूह का नाम है, जो एक साथ मिलकर एक उद्देश्य के लिए कार्य करते हैं। इन्हें एक प्रकार से विश्व परिवार का लघु संस्करण-बृहत् परिवार कहा जा सकता है।
(२ - प्रज्ञा पुराण - ३/७, पृ0 -३०४)

इस प्रकार कहा जा सकता है कि प्रज्ञा पुराण में पारिवारिक आदर्शों का निरूपण कर प्रबुद्ध लेखक ने उन्हें विश्व परिवार के रूप में समाहित कर दिया है। यहाँ यह कहना अप्रासंगिक न होगा कि उन्होंने न केवल इन सिद्धान्तों का प्रतिपादन किया है अपितु रचनात्मक पृष्ठभूमि में महाप्रज्ञा गायत्री की उपासना का महामंत्र देकर समस्त विश्व को एक सूत्र में बांधने का प्रयास किया है। गायत्री मंत्र की दीक्षा लेकर साधना करने वाले ये साधक गायत्री परिवार के नाम से जाने जाते हैं, जिनकी संख्या विश्व में छः करोड़ के लगभग है। ये उपासक न केवल भारत देश में अपितु विदेशों मे भी सार्वभौम संस्कृति की स्थापना में संलग्न हैं। अतः आचार्य जी ने युग निर्माण योजना का जो बीज बोया है वह बट वृक्ष के रूप में परिवर्धित होकर समस्त विश्व को अपनी शीतल छाया से सुख शान्ति प्रदान करेगा ऐसी आशा की जा सकती है। वे पूर्णतया आशन्वित हैं कि स्रष्टा की व्यवस्थानुसार चराचर में कौटुम्बिक भावना का विस्तार होगा और पारस्परिक स्नेह-सौजन्य से समस्त विभीषिकाओं की समाप्ति होगी, जब पारिवारिक भावना से प्रेरित व्यक्ति पृथ्वी के प्रत्येक जीवधारी को अपना स्वरूप समझेगा तब प्रज्ञा युग की संभावनाएँ निश्चित ही साकार होंगी और सुख समृद्धि के शान्त वातावरण में शास्त्रोक्त वाणी गुंजायमान होगी।

।घ।। प्रज्ञा पुराण में विश्व कल्याण की भावना

भारतीय संस्कृति की अमरता एवं विश्व में गौरवान्वित होने का मुख्य कारण उसमें निहित विश्व कल्याण की भावना है। भारतीय मनीषियों ने कभी भी व्यक्तिवाद को प्रोत्साहन नहीं दिया, समस्त विश्व का हित उस का मूल मंत्र रहा है।

वैदिक ऋषियों को प्रकृति की उदात्त क्रियाओं से परोपकार एवं विश्व हित में संलग्न होने का मूल संदेश प्राप्त हुआ था। कल कल गान करती सरिता, उदीयमान सविता का तेज, शीतल मन्द सुगन्धित वायु के झोंके, अमृत वर्षा करते बादल, खिलखिलाकर हँसते सुरभित पुष्प सभी से उन्होंने लोक कल्याण की नैतिक प्रेरणा प्राप्त की थी। अत: वैदिक साहित्य हो अथवा लौकिक उपनिषद् हो, या पुराण-प्रत्येक कृति में यही संदेश निहित है। **ऋग्वेद** (१ - ऋग्वेद - ६/७५/१४, ३/५७/६) के अनेक मंत्रों में

प्राणिमात्र के कल्याण की कामना की गई है। जीवन का उद्देश्य ही बहुजन हिताय एवं बहुजन सुखाय होना चाहिए। यह प्रार्थना अथर्ववेद (२ - अथर्ववेद - १९/६२/१) के मंत्रों में सन्निहित है। ''**मित्रस्य चक्षुषा समीक्षामहे**'' (३ - यजुर्वेद - ३६/२) सबको मित्र की दृष्टि से देखें -- तथा ''**भद्रं कर्णोभिः श्रणुयाम**'' (४ - यजुर्वेद - २५/२१) हम कानों से मंगलकारी वचन सुनें, ''**तन्मे मनः शिवसंकल्पमस्तु**'' (५ - यजुर्वेद - ३४/२) मेरा मन शिव संकल्पों वाला हो- इस प्रकार लोक कल्याणकारी भावनाओं से परिपूर्ण अनेक मंत्र यजुर्वेद में उपलब्ध हैं। सबका हिताभिलाषी सुख प्राप्त करता है। (६ - मनुस्मृति- ५/४६) महाभारत में विश्व कल्याण की भावना को ब्रह्मपद प्राप्ति का साधन कहा गया है। (७ - महाभारत शांति पर्व - २३१/१५) इस प्रकार उच्च कोटि का भारतीय साहित्य आद्योपान्त सर्वभूतहिते रत: की मधुर ध्वनि से अनुप्राणित है।

प्रज्ञा पुराण भारतीय संस्कृति पर आधारित ऐसी ही कृति है, जिसमें आदि से अन्त तक यही भावना दृष्टिगोचर होती है। इसके प्रथम खण्ड के प्रथम अध्याय-- ''**लोक कल्याण जिज्ञासा प्रकरण**'' में आचार्य जी ने मानव की दीन हीन स्थिति को देख कर देवर्षि नारद के माध्यम से उसकी शोक संतप्त मनोभूमि का चित्रण किया है। (८ - प्रज्ञा पुराण - १/१/१) तथा भगवान विष्णु जी के कथन द्वारा इस संकट से मुक्ति पाने का उपाय भी बताया है। (९ - प्रज्ञा पुराण - १/१/१८)

वास्तविकता यह है कि आज मानव हृदय में आस्था का स्तर गिर गया है, करुणा का स्रोत सूख गया है, वैभव प्रदर्शन और उसका उच्छृंखल दुरूपयोग कर मानव रोग शोक क्लेश को निमंत्रण दे रहा है। मनोविकारों की वृद्धि, अपराध वृत्ति तथा उद्दण्डता समस्त वातावरण को विषाक्त कर रही है। बुद्धि तत्त्व की अधिकता होने के कारण सम्पन्नता एवं समर्थता का दुरूपयोग हो रहा है, ऐसी स्थिति में प्रज्ञा पुराणकार ने लोक कल्याण से पहिले यह घोषणा की है कि ''**अपना अपना करो सुधार, तभी मिटेगा भ्रष्टाचार, हम सुधरेंगे युग सुधरेगा, हम बदलेंगे-युग बदलेगा**'' इस भावना के साथ लोक कल्याण के क्षेत्र में अग्रसर होना होगा और यह कार्य श्रद्धा ।सद्भाव।। प्रज्ञा ।सद्ज्ञान।। एवं निष्ठा ।सत्कर्म।। की धारणा के जागरण से ही संभव है। (१ - प्रज्ञा पुराण - १/१, पृ0 - १३)

वर्तमान युग में मानव की वरिष्ठता का मूल्यांकन वैभव, पुरुषार्थ, धन शक्ति के आधार पर किया जाता है, किन्तु उसके व्यक्तित्त्व की श्रेष्ठता का निर्धारण अन्त:करण की सद्भावनाओं पर आधारित है। सद्भाव के अभाव में सदाचरण एवं सद्ज्ञान किस प्रकार फलीभूत हो सकते हैं। वस्तुत: ये तीनों एक दूसरे के पूरक हैं-

''वरिष्ठता नराणां तु श्रद्धा प्रज्ञाऽवलम्बिता।
निष्ठाश्रिता च व्यक्तित्वं सर्वेषामत्र संस्थितम्।।''
(२ - वही - १/१/२४)

अत: आज इस विभीषिका से मुक्ति दिलाने के लिए आस्था एवं प्रज्ञा रूपी अस्त्र की आवश्यकता है। प्रज्ञा ही व्यक्तिगत जीवन को अनुप्राणित करती है, यही ऋतम्भरा अर्थात् श्रेष्ठ में रमण करने वाली है, वही महाप्रज्ञा विश्व में संव्याप्त है तथा मनुष्य में उदारता, दूरदर्शिता, विवेकशीलता, न्यायनिष्ठा जैसे सदगुणों के रूप में मानव पर अनुकम्पा की वर्षा कर उसे ऊर्ध्वगामी बनाकर परम लक्ष्य तक पहुँचाती है। यही महाविद्या गायत्री अमृत, कल्पवृक्ष पारस के रूप में तत्त्व ज्ञान प्रदान कर अहंकार से मुक्त कर मानव मात्र को विश्व हित में प्रवृत्त करने में समर्थ है। अत: लोक कल्याण में संलग्न होने के लिए इसी की उपासना का उपक्रम बनाना आवश्यक है।

''प्रयोजनानि सिद्ध्यन्ति कर्मणा नात्र संशयः।
सद्ज्ञानं देव्यास्तस्यास्तु महाप्रज्ञेति या स्मृता।।
आराधनोपासना संसाधनाया उपक्रमः।
व्यापकस्तु प्रकर्त्तव्यो विश्वव्यापी यथा भवेत्।।''
(१ - प्रज्ञा पुराण - १/१/४४-४५)

अत: आचार्य श्री ने इन पाशविक प्रवृत्तियों से मुक्ति पाने के लिए महा प्रज्ञा का अवलम्बन ग्रहण करने का संदेश दिया है। क्योंकि महाप्रज्ञा का उपासना पक्ष अन्त:करण को उच्चस्तरीय आस्थाओं से आनन्द विभोर कर देता है, तो साधना पक्ष ।।विज्ञान अथवा पराक्रम।। श्रद्धा को परिपुष्ट करता है, तथा कर्म संस्कार, स्वभाव एवं अभ्यास द्वारा आराधना एवं विश्व कल्याण के पथ पर अग्रसर हाने की प्रेरणा देता है। अत: अग्रदूतों, तत्त्व ज्ञानियों तथा जागृतात्माओं को इसी अभ्यास क्रम पर चल कर दिग्भ्रान्तों को यथार्थता का आलोक दिखाकर उनका मार्ग दर्शन करना चाहिए। वर्तमान परिस्थितियों में अनास्था के कारण मरूस्थल की भाँति शुष्क मानवीय हृदय में भाव संवेदना तथा करुणा का स्रोत प्रवाहित कर आदर्श वादी उत्कृष्टता के प्रति समर्पण की भावना को जागृत करना ही युग परिवर्तन का प्रथम चरण है। इसी के द्वारा पारस्परिक ईर्ष्या, द्वेष, कटुता, मनोमालिन्य का निराकरण होगा और मानव संकीर्ण स्वार्थ परता की जड़ता से मुक्त होकर लोक कल्याण में प्रवृत्त हो सकेगा।

नवयुग सृजन के लिए प्रज्ञा पुराणकार ने लोक सेवियों के संगठन की आवश्यकता पर बल दिया है। इस सामूहिक शक्ति से दुर्गावतरण जैसी प्रचण्डता उत्पन्न होकर इन समस्याओं के समाधान में सहायक होगी--

''संयुक्त शक्त्या श्रेष्ठानां दुर्गावतरणोज्ज्वला।
प्रचण्डता समुत्पन्ना समस्या दूरयिष्यति।।''
(१ - प्रज्ञा पुराण - १/१/६८)

अज्ञान, अभाव एवं अशक्ति ये तीन आसुरी प्रवृत्तियाँ लोकहित में विशेष रूप से बाधक होती हैं। इन पर विजय प्राप्त करने के लिए आचार्य जी ने उपासना साधना एवं आराधना के तीन सोपानों को महत्त्व दिया है।

उपासना :-

उपासना से अभिप्राय है ईश्वर से तादात्म्य सम्बन्ध स्थापित कर स्वार्थ वृत्ति का परित्याग एवं परमार्थ चिन्तन में जीवन का समर्पण - इसे ज्ञान कह सकते हैं। यह लोक कल्याण का प्रथम सोपान है।

साधना :-

आत्म निरीक्षण, आत्म शोधन, आत्म निर्माण एवं आत्म विकास के लिए स्वाध्याय, सत्संग, सद्चिन्तन, मनन के माध्यम से अन्तरंग में सुसंस्कारिता का संवर्धन तथा व्यवहार में मानवोचित सभ्यता का समावेश करना ही साधना है। उपासना कुछ क्षणों की हो सकती है किन्तु साधना अनवरत चलती रहती है। (१ - प्रज्ञा पुराण - १२३, पृ0 - १००) इसेकर्म क्षेत्र कह सकते हैं। यह विश्व कल्याण का द्वितीय सोपान है। इसके द्वारा नर को नारायण बनने का सौभाग्य मिलता है।

आराधना :-

आराधना का क्षेत्र बहुत विस्तृत है। रोली, अक्षत, पुष्प तथा भोग लगाने से देवता प्रसन्न नहीं होते। लोक मंगल के लिए समाज को अपने उपार्जन, श्रम समय सम्पदा का अंश समर्पित करना अर्थात् पीड़ित मानवता की सेवा ही सच्ची आराधना है। सेवाधर्म द्वारा समाज ऋण से मुक्ति, ईश्वरीय अपेक्षा की पूर्ति एवं सर्वतोमुखी प्रगति- इन तीनों उद्देश्यों की प्राप्ति होती है। तात्पर्य यह है कि जिस प्रकार कुशल चिकित्सक रोग के अनुरूप ही उपचार करता है उसी प्रकार आधुनिक परिस्थितियों में कुण्ठा एवं स्वार्थ परक प्रवृत्तियों से पीड़ित व्यक्ति के लिए आचार्य जी ने ये तीन निदान प्रस्तुत किये हैं। इन्हें अपनाने से मानव को वह शक्ति प्राप्त होती है कि वह दूसरों का दु:ख दूर करने के लिए अपना तन-मन-धन न्यौछावर कर देता है। लोक कल्याण में संलग्न ये महापुरुष काम-क्रोध-मोह-अहंकार की दुर्भावना रूपी राक्षसों को पराजित कर सब को अपना समझते हैं। (२ - वही - १/५/४२-४३) भौतिक महत्त्वाकांक्षाओं पर नियंत्रण करना लोक सेवी के लिए परमावश्यक है। आध्यात्मिक मान्यताएँ सदाचार, सहयोग, सद्भाव, सेवा, संयम एवं त्याग पर आधारित हैं। आत्म कल्याण हेतु ईश्वरीय प्रसन्नता, पुण्यपरमार्थ, स्वर्ग प्राप्ति की अभिलाषा, कर्म फल आदि की भावना ही मानव की चिरसंचित पैशाचिकता को दूर करने तथा लोक कल्याणकारी कार्यों में प्रवृत्त होने की प्रेरणा देती है। अत: क्षुद्र स्वार्थपरता का परित्याग कर महामानव परमार्थ प्रयोजनों में संलग्न होते हैं तथा दिव्य दृष्टि प्राप्त कर विवेक शीलता, शूरवीरता और पारस्परिक स्नेह भाव के आदर्शो से जीवन को परिपूर्ण करते हैं--

''विवेकस्याथ शौर्यस्य दायित्वस्याऽपि मानवा:।
विश्वासभावनायाश्च शुभादर्शै: स्वजीवनम्।
ओतं प्रोतं प्रकुर्वन्ति दिव्यां दृष्टिं श्रयन्ति च।।''

(१ - प्रज्ञा पुराण - ४/१/४७-४८)

सामान्य श्रेणी के व्यक्ति केवल अपने सीमित क्षेत्र में ही लाभ की बात सोचते हैं किन्तु आदर्शवादी देवोपम प्रवृत्ति के पक्षधर अपने सद्व्यवहार तथा सदाचरण से दुर्जनों के हृदय में भी सत्प्रवृत्तियाँ जगाकर विश्व में सम्मानित होते हैं। अन्त:करण में मंगलमयी प्रज्ञा के जागरण से व्यक्ति आत्म परिष्कृत होकर लोक मानस का परिष्कार करता है तथा आत्म कल्याण तथा लोक कल्याण की उपलब्धियों को हस्तगत करता है। (२ – वही – २/१/४९)

निष्कर्ष रूप में कह सकते हैं कि व्यक्तिगत जीवन जीवन यात्रा का प्रारम्भ है तथा समष्टिगत जीवन मानव का ध्येय गन्तव्य स्थान है। जिस प्रकार बूँद समुद्र में विलीन होकर अपने अस्तित्व को विसर्जित कर पूर्णता को प्राप्त होती है, उसी प्रकार व्यक्ति, समाज, राष्ट्र अथवा विश्वहित में अपने को समर्पित कर जीवन लक्ष्य की चरम सीमा तक पहुँचता है। अत: आवश्यकता इस बात की है कि मानव जीवन उसके प्रत्येक कार्य, उसका समस्त चिन्तन व्यक्तिगत न होकर सार्वजनिक सार्वभौमिक हो। उसके रचनात्मक कार्य सृजनात्मक हों, विध्वंसात्मक नहीं। उसका जीवन बहुजन हिताय हो। इसी सिद्धान्त पर व्यक्ति का, समाज का, राष्ट्र का, विश्व का उत्थान सम्भव है। विश्व यज्ञ में मानव का प्रत्येक कार्य कलाप, प्रत्येक प्रयास, प्रत्येक गतिविधि एवं चिन्तन आहुति डालने के सदृश हो तो पृथ्वी पर स्वर्ग की कल्पना साकार हो सकेगी।

षष्ठ अध्याय
प्रज्ञा पुराण का साहित्यिक विवेचन

।क ॥ प्रज्ञा-पुराण का वस्तु-विधान
।ख ॥ प्रज्ञा-पुराण की शैली
।ग ॥ प्रज्ञा पुराण की भाषा
।घ ॥ प्रज्ञा पुराण में अलंकार एवं छन्द।

पुराण साहित्य धार्मिक और सांस्कृतिक प्रवृत्तियों का मूलाधार होकर भी साहित्य के तत्त्वों से परिपूर्ण रहता है क्योंकि कोई भी रचना लेखक के भावुक और प्रतिभाशाली ह्रदय का मूर्तस्वरूप है, जो मानव जीवन और तत्कालीन समाज से प्रेरणा ग्रहण करके रमणीय शैली में अभिव्यक्त होती है। प्रज्ञा पुराण युग की आवश्यकताओं के अनुरूप निर्मित होकर भी अपना साहित्यिक सौन्दर्य लिए हुए है जिसमें काव्यत्व के सभी गुण वर्तमान हैं। प्रस्तुत अध्याय में प्रज्ञा पुराण के साहित्यिक स्वरूप का विवेचन प्रस्तुत है—

।क ॥ प्रज्ञा पुराण का वस्तु-विज्ञान

कवि की सरस, रमणीयार्थ प्रतिपादक तथा भावनात्मक अभिव्यक्ति को ही काव्य कहते हैं। कवि अपनी कल्पना द्वारा जिस काव्य की सृष्टि करता है वह नियति कृत नियमों से रहित, आनन्दमयी स्वतंत्र एवं नवरसों से परिपूर्ण होने के कारण विधाता की सृष्टि से भी विलक्षण होती है। अत: युग द्रष्टा एवं युग स्रष्टा महान् साहित्यकार अपनी सूक्ष्म दृष्टि एवं पर्यवेक्षण द्वारा जो भी विषय वर्णित करता है वह सार्वकालिक तथा सार्वभौमिक सत्य होता है। प्रज्ञा पुराण के वस्तु-विधान में भी मानव जीवन की चेतना के ऐतिहासिक विकास के सम्पूर्ण ज्ञान, भक्ति, कर्म, दर्शन, आदर्श एवं व्यवहारिकता का सांगोपांग चित्रण कर मानव मात्र के कल्याण की कामना की गई है।

काव्य में वस्तु-विधान का महत्त्वपूर्ण स्थान है क्योंकि इसी की पृष्टभूमि पर काव्य की प्रत्येक विधा का स्वरूप निर्भर है। इसी के द्वारा पाठकों को अलौकिक आनन्दानुभूति होती है, इसी के माध्यम से कवि अपने कथ्य की पुष्टि करता है, इसलिए लाक्षणिक ग्रंथों में इसे अनिवार्य तत्त्व स्वीकार कर इसके लक्षण प्रस्तुत किये गये हैं। काव्यालंकार में आचार्य भामह ने इस विषय में लिखा है--

''कवेरभिप्रायकृतै: कथा ते कैश्चिदंकिता।
कन्याहरण संग्रामविप्रलभ्भोदयान्विता।।''

(१ - काव्यालंकार- आचार्य भामह - १/२७)

इससे स्पष्ट है कि जीवन की अनेक संघटनाओं तथा क्रिया-कलापों का पूर्ण विवरण ही काव्य की कथावस्तु है।

दशरूपककार ने ''वस्तु नेता रसस्तेषां भेदक:'' (२ - दशरूपक ॥धनंजय॥ प्रथम प्रकाश) इस लक्षण द्वारा विषयवस्तु को प्रथम स्थान देकर इसका महत्त्व प्रतिपादित किया है। वास्तव में कथनीय विषय ही कथावस्तुहै जिसमें मानव जीवन की सुख-दु:ख मयी, आशा-निराशा से परिपूर्ण उत्थान-पतन की अनेक घटनाएँ चित्रित रहती है। इस महत्त्वपूर्ण तत्त्व की कतिपय विशिष्टताओं का उल्लेख भी आचार्यों द्वारा किया गया है। कथावस्तु की सर्वप्रथम विशेषता उसकी मौलिकता है। विषय का चयन कवि इतिहास पुराण आदि से करता है।

इसी लिए उसमें मौलिकता एवं युगानुरूपता अन्यन्त आवश्यक है। इसके अतिरिक्त कथा सुसंगठित एवं सर्वांगीण सामंजस्य पूर्ण होनी चाहिए, क्योंकि इसके अन्तर्गत विविध पात्र स्थान तथा जीवन की अनेक घटनाओं का प्रस्तुतीकरण किया जाता है। अत: श्रृंखलाबद्धता, पारस्परिक सूत्रबद्धता एवं तारतम्यता का निर्वाह अत्यावश्यक है। वस्तु-विन्यास सत्य एवं भाव तत्त्व के साथ बुद्धि तत्त्व का समन्वय अनिवार्य है, अन्यथा समस्त काव्य अनर्गल प्रलाप के समान प्रतीत होगा।

इतिहास पुराण, लोक कथाओं पर आधारित विषय वस्तु का अन्य प्रासंगिक घटनाओं द्वारा सफल निर्वाह साहित्यकार की प्रतिभा का द्योतक है। रोचकता, सरसता, गतिशीलता, कौतूहल तथा जिज्ञासाओं का समाधान वस्तु तत्त्व के अन्य आवश्यक गुण हैं। जिज्ञासा प्रधान तथा कौतूहल वर्धक घटनाएँ सहृदय पाठक को आह्लादित करने के साथ ही सत्प्रेरणा भी प्रदान करती हैं। अत: मनोरंजन के साथ उपदेशों द्वारा सन्मार्ग पर अग्रसर करना साहित्यकार की चरम उपलब्धि है। सहजता, सरलता तथा स्वाभाविकता वस्तु प्रतिपादन की अन्य विशेषताऐं हैं। प्रज्ञा पुराण के प्रतिपाद्य विषय में ये समस्त गुण विद्यमान हैं। प्रज्ञा पुराण की वस्तु का मूल स्रोत-- समस्त पुराणों, उपपुराणों तथा अन्य साहित्य का मूल स्रोत वैदिक साहित्य है, प्रज्ञा पुराण की सम्पूर्ण कथा गायत्री महामंत्र के महत्त्व पर आधारित है जिसे महाप्रज्ञा के रूप में उपन्यस्त किया गया है तथा जिसका गुणगान वेद, ब्राह्मण, उपनिषद् आरण्यक, स्मृति ग्रंथ एवं समस्त पुराणों में किया गया है आर्ष ग्रंथों एवं लौकिक साहित्य में भी इस सद्बुद्धि की अधिष्ठात्री देवी ऋतम्भरा को भौतिक समृद्धि एवं आध्यात्मिक सिद्धि प्रदान करने का मूल मंत्र कहा गया है। इसने प्राचीन ऋषियों से लेकर अर्वाचीन समस्त महापुरुषों को भी पूर्णतया मंत्र मुग्ध किया है। ग्रंथकार ने अपने बुद्धि कौशल एवं विलक्षण प्रतिभा से कथा को व्यापक एवं विस्तृत आकार देकर कथा की श्रृंखलाबद्धता के साथ ही सर्वत्र रोचकता को बनाए रखा है।

देवर्षि नारद से महाप्रज्ञा के स्वरूप का महत्त्व वर्णित करते हुए श्रीभगवान विष्णु के माध्यम से आचार्य श्री लिखते हैं--

''तुलना कल्पवृक्षेण मणिना पारदेन च।
यस्य जाता सदा तत्त्वज्ञानं तत्ते वदाम्यहम्।।

तत्त्वचिन्तनतः प्रज्ञा जागर्त्यात्मविनिर्मितौ।

प्राज्ञः प्रसज्जते चात्मविनिर्माणे च संभवे।।''

(१ - प्रज्ञा पुराण - १/१/४१-४२)

इसी की महिमा का वर्णन अथर्ववेद में इस प्रकार प्रतिपादित है-- ''स्तुता मया वरदा वेदमाता प्रचोदयन्तां पावमानी द्विजानाम्, आयुः प्राणं प्रजां पशुं कीर्तिं द्रविणं ब्रह्मवर्चसम्। मह्यं दत्वा ब्रजत ब्रह्मलोकम्।'' (२ - अथर्ववेद)

इसी की स्तुति स्मृति ग्रंथों मे भी की गई है--

''नास्ति गंगा समं तीर्थं न देवाः केशवात्परः।

गायत्र्यास्तु परं जाप्यं न भूतं न भविष्यति।।''

(३ - वृ०यो०यागवल्क्य -१०२/७९)

तथा--

''एकाक्षरं परं ब्रह्म प्राणयामाः परन्तपाः।

सावित्र्यास्तु परन्नास्ति पावनं परमं **स्मृतम्।।''**

(४ - मनुस्मृति - २/८३)

अर्थात् गायत्री मंत्र के जप से श्रेष्ठ कोई जप न हुआ है न होगा। इससे बढ़कर पवित्र करने वाला कोई भी मंत्र नहीं है - यह नरक रूपी समुद्र में गिरने वाले को बचाती है--

''गायत्र्याः परमं नास्ति दिविचेह न पावनम्।

हस्तत्राणप्रदा देवी पततां नरकार्णवे।।''

(५ - शंख स्मृति - २/८३)

ग्रंथकार ने प्रारम्भ में इसकी तुलना अमृत, पारस, कल्पवृक्ष से कर वर्तमान परिस्थितियों में दुर्बुद्धि ग्रस्त मानव को इसकी उपासना का संदेश दिया है तथा आदि से अन्त तक अनेक उद्धरणों, कथाओं उपाख्यानों द्वारा इसकी शीतल सरस धारा में अवगाहन कर दैहिक भौतिक तथा दैविक सन्तापों से मुक्त होने की प्रेरणा दी है। क्योंकि इस महामंत्र में व्यक्ति के चरित्र निर्माण, चिन्तन का परिष्कार तथा आस्थाओं के अभिवर्धन की क्षमता है- जिसे सार्वभौम एवं सर्वजनीन कह सकते हैं--

''महाप्रज्ञेति रूपे च साद्यशक्तिरनुत्तमा।

गायत्री केवलं लोके युग शक्तिर्भविष्यति।।।''

(१ - प्रज्ञा पुराण - ४/७/५५)

इस प्रकार समस्त ग्रंथ में एक सूत्रता तथा सरसता विद्यमान है। अवतार प्रक्रिया का उल्लेख सभी पुराणों में प्राप्य है- जब जब धर्म की हानि होती है वे प्रभु अवतरित होकर पृथिवी का संकट दूर करते हैं। प्रज्ञा पुराण में इस आस्था संकट की दु:खद परिस्थितियों में प्रज्ञावतार के रूप में उनका अवतरण प्रस्तुत कर प्रबुद्ध लेखक ने सर्वत्र अपनी मौलिक तथा विलक्षण प्रतिभा का परिचय दिया है। भगवान विष्णु नारद जी से कहते हैं--

''यदा मनुष्यो नात्मानमात्मनोद्धर्तुमर्हति।
कृतावतारोऽलं तस्य स्थितोः संशोधयाम्हम्।।''

(२ - वही -१/१/२७)

समस्त सुखसमृद्धि संपन्न होने पर आज मनुष्य जिन संकटों में संत्रस्त है उसका निवारण प्रज्ञा तथा आस्थारूपी अस्त्र से ही संभव है। अतः इस युग में भगवान प्रज्ञावतार के रूप में अवतरित होने का आश्वासन देते हैं। गायत्री में मानवीय गरिमा को स्थिर एवं समुन्नत बनाने की पूर्ण क्षमता विद्यमान है तथा इसमें साधनापरक तथा व्यक्तित्वपरक अनेकानेक सिद्धियाँ हैं। चेतना के अन्तरंग का परिष्कार तथा साधन सुविधाओं के विस्तार से ही मानव में देवत्व का उदय तथा समाज में स्वर्णिम परिस्थितियों की संभावना की जा सकती है, प्रज्ञावतार का कार्य क्षेत्र यही है।

''आराधनोपासना संसाधनाया उपक्रमः।
व्यापकस्तु प्रकर्त्तव्यो विश्वव्यापी यथा भवेत्।।''

(१ - प्रज्ञा पुराण १/१/४५)

इस समय उन्हीं की उपासना, साधना, आराधना का व्यापक उपक्रम बनाना चाहिए। इसी तथ्य को दृष्टि में रखकर ग्रंथकार ने कथा के रूप में इसका व्यापक विस्तार किया है और अपने अद्भुत कौशल से कथा के तारतम्य को शनैः शनैः इस प्रकार आगे बढ़ाया है कि कहीं भी कथा में शैथिल्य व नीरसता दृष्टिगोचर नहीं होती । मुख्य कथा सत्प्रज्ञा व गायत्री महत्ता है तथा अन्य अवतार, अवतारी पुरूष, महात्माओं की उपकथाएँ इसका परिपोषण करती हैं। प्रज्ञावतार की विशेषताओं का उल्लेख इस प्रकार वर्णित है--

''क्षेत्रं प्रज्ञावतारस्य व्यापकं विद्यते ततः।
प्रज्ञावतार एषोऽत्र स्वरूपाद् व्यापको मतः।।
सूक्ष्मं युगान्तरायाश्च चेतनायाः स्वरूपतः।।''

(२ - प्रज्ञा पुराण -४/७/५७-५८)

यही प्रज्ञावतार समस्त प्रज्ञा पुत्रों को प्रेरणा प्रदान करेगा। इस महाशक्ति की क्षमता का प्रतिपादन सुन्दर रूप में किया गया है। (३ - वही - ४/७ पृ० -३६८)

पुराणकार ने वेदमाता गायत्री को मूलाधार बनाकर कथा वस्तु के संगठन एवं श्रृखला बद्धता का पूर्ण निर्वाह किया है। पूर्वापर क्रम एवं प्रसंगों में सर्वत्र सम्बद्धता तथा रसात्मकता के दर्शन होते हैं। घटना प्रसंगों का समुचित विस्तार है। उनकी कल्पना निश्चित रूप से मौलिकता एवं दिव्य प्रतिभा की परिचायिका है। चार खण्डों के महाकाव्य में कथा

निरन्तर गतिशील है- कहीं भी प्रवाह में अवरोध नहीं आने पाता है। अपितु सर्वत्र उत्सुकता एवं रोचकता विद्यमान है।

''द्वितीयस्य दिनस्यात्र संगमे मुनयः समे।
मनीषिणो यथाकालं संगता उत्सुका भृशम्।।''
(१ - प्रज्ञा पुराण -२/२/१)

तथा --

''ज्ञात्वेदं मोदमायाता जनाः सत्रगताः समे।
प्रज्ञावतार सम्बन्धे ज्ञातुं जाताः समुत्सुकाः।।''
(२ - वही - ४/७/६७)

यह उत्सुकता प्रथम दिवस से ही निरन्तर बढ़ती है तथा अन्त तक श्रोता अथवा पाठक निरन्तर दत्तचित्त होकर काव्य श्रवण अथवा पठन-पाठन में निरत रहता है।

आलोच्य ग्रंथ की यह विशेषता उल्लेखनीय है कि इसकी विषयवस्तु में कहीं भी किसी धर्म, सम्प्रदाय विशेष का नाम नहीं है, अपितु यह मानव मात्र को देवत्व प्रदान कराने वाली, सद्बुद्धि जागरण का उद्घोष कराने वाली कृति है। (३ - वही -१/१, पृ०-१४) युगानुरूप समस्याओं के साथ-साथ उनका समाधान भी प्रस्तुत किया गया है- भारत वर्ष धर्म प्रधान देश है किन्तु इस समय दुर्बुद्धि ग्रस्त मानव धर्म के वास्तविक स्वरूप को भूल गया है। धर्म को सम्प्रदाय का रूप दे दिया गया है अतः उसका दुष्परिणाम स्पष्टतः दृष्टिगोचर हो रहा है-

''एक एव धर्मोऽस्ति भद्रनिर्धार्यतामिदम्।
सर्वेभ्यश्च समानः स कर्त्तव्यं व्यक्तिगं च तत्।।''
(१ - प्रज्ञा पुराण -२/२/१७)

डॉ० वासुदेव शरण अग्रवाल के अनुसार -- भारतीय धर्म, दर्शन और संस्कृति, सदाचार एवं सामाजिक और राजनीतिक जीवन से संबंधित अनेक विषय पुराणों में आए हैं, उनमें सबसे महत्त्वपूर्ण अंश वेदों की आध्यात्म-विद्या, ब्रह्म-विद्या अथवा सृष्टि विद्या है जिसे पुराणों ने खुलकर स्वीकार किया है। (२ - मार्कण्डेय - एक सांस्कृतिक अध्ययन, डॉ०वासुदेव शरण अग्रवाल, भूमिका) इस विषय में आचार्य जी का मत द्रष्टव्य है-- ''ब्रह्म विद्या वह विज्ञान है जिसके अन्तर्गत परम पिता के अंशरूप में विद्यमान अपने अन्तर अवस्थित सत्ता की महत्ता को समझा एवं विकसित किया जाता है। उस अचिन्त्य अगोचर ब्रह्म को पहचान कर आच्छादित आवरणों को हटाकार जो आत्म विकास कर लेता है वह महामानव देवदूत बन कर ऋद्धि-सिद्धियों का अधिकारी बन जाता है।'' (३ - प्रज्ञा पुराण - १/२, पृ० -६४) गीता में भगवान कृष्ण ने भी इस गुह्य ज्ञान को पूर्णतया स्पष्ट किया है--

''ईश्वरः सर्व भूतानां हृद्देशेऽर्जुन तिष्ठति।'' (४ - गीता - १८/६१)

वास्तव में यह ब्रह्म विद्या ही प्रज्ञा पुराण में वर्णित मुख्य प्रतिपाद्य विषय है जिसे ग्रंथकार ने बहुत ही स्वाभाविकता, सहजता एवं सरलता से पाठकों के समक्ष इस प्रकार प्रतिपादित किया है कि साधारण व्यक्ति भी उसे हृदयंगम कर अपने जीवन को सफल एवं सार्थक बना सकता है। (१ - प्रज्ञा पुराण -१/२/४२-४४)

संक्षेप रूप में कह सकते हैं कि प्रज्ञा पुराण की कथा वस्तु पौराणिक तथा ऐतिहासिक पृष्ठभूमि पर आधारित है जिसका मूल तत्त्व पुराण है तथा पोषक तत्त्व इतिहास है। विषयवस्तु प्राचीन है पुनरपि नवीन चेतना से अनुप्राणित है। विद्वान एवं प्रातिभचक्षु ग्रंथकार ने संन्दर्भो की व्याख्या में नवीन एवं प्राचीन उपाख्यानों की ऐसी सुगन्धित माला गुम्फित की है, जिसके द्वारा तार्किकों के तर्क की पुष्टि हो जाती है और सहृदयों के लिए गूढ़ दार्शनिक सिद्धान्त प्रसाद गुण की शैली में रसान्वित स्थिति उत्पन्न कर आनन्दातिरेक की अभिव्यक्ति करते हैं। कथानक में आद्योपान्त रोचकता, सरसता, जिज्ञासा, कौतूहल तथा एक सूत्रता विद्यमान है, प्रवाह के गतिरोध को दूर करने के लिए प्रासंगिक वर्तमान कालिक घटनाओं का यथा स्थान गुम्फन चमत्कृति उत्पन्न करता रहता है। आचार्य श्री ने इस कथा वस्तु के माध्यम से युग का प्रतिनिधित्व किया है-- उन्हें युगद्रष्टा, एवं नवयुग स्रष्टा तथा आधुनिक युग का नायक कहा जा सकता है। उनकी यह अमरकृति युग-युग तक अज्ञानांधकार में भटकते हुए जन समुदाय के लिए आलोक स्तम्भ बनकर उनका मार्ग दर्शन करती रहेगी।

॥ ख ॥ प्रज्ञा पुराण की शैली :-

साहित्य के कलात्मक तत्त्व को ही शैली कहा जाता है। शैली शब्द की व्युत्पत्ति संस्कृत के ''शीलम्'' शब्द से मानी जाती है जिसका अर्थ स्वभाव, लक्षण, झुकाव, चरित्र आदि है। (१ - काव्यालंकारसूत्रवृत्ति - डॉ० नगेन्द्र द्वारा सम्पादित, भूमिका, पृ०- ५४) ये अर्थ व्यक्ति की विभिन्न विशेषताओं के परिचायक हैं। किसी भी काव्य की शैली का सम्बन्ध उसके रचनाकार के स्वभाव अथवा प्रकृति से किसी न किसी रूप में अवश्य रहता है। कवि हृदय की सुकुमारता के अनुरूप ही काव्य में सौकुमार्यदि गुणों का विधान परिलक्षित होता है, इसी लिये शैली अनुभूत विषयवस्तु को सजाने की प्रक्रिया का नाम है, जो उस विषय-वस्तु की अभिव्यक्ति को सुन्दर एवं प्रभावपूर्ण बनाती है। अलंकार शास्त्र के मान्य आचार्यों ने काव्य शैली की महत्ता को समझ कर इसके यथार्थ स्वरूप को परिभाषित करने हेतु लक्षण ग्रंथों में इसे मुख्य विवेचना का विषय बनाया, उन संस्कृत ग्रंथों के सम्यक् अध्ययन से शैली के विविध स्वरूपों एवं उनके भेदों का सटीक ज्ञान उपलब्ध होता है, अतः प्रज्ञा पुराण की काव्य शैली के विवेचन से पूर्व उनका संक्षिप्त विवरण अपेक्षित है।

संस्कृत साहित्य के काव्यशास्त्रीय ग्रंथों में ''शैली'' शब्द का प्रयोग मुख्य रूप से ''रीति'' के अर्थ में किया गया है। आचार्य भरत मुनि ने ''रीति'' के अर्थ में ''प्रवृत्ति'' शब्द का प्रयोग किया है। इसी प्रकार भामहाचार्य ने ''मार्ग'' शब्द का, वामनाचार्य ने ''रीति'' शब्द का, आनन्द वर्द्धन ने

''संघटना'', आचार्य कुन्तक ने ''मार्ग'', तथा काव्य प्रकाशकार ने ''वृत्ति'' के रूप में प्रयोग करते हुए इसके स्वरूपादि का विस्तार से विवेचन किया है।

आचार्य वामन ने ''काव्यालंकार सूत्र'' में रीति को इतना अधिक महत्त्व दिया कि ''रीतिरात्मा काव्यस्य'' (२ - काव्यालंकार सूत्रम् - वामन, ...) का सिद्धान्त प्रतिपादित कर काव्य की आत्मा रीति को ही स्वीकार कर लिया। उनके इस सिद्धान्त को शास्त्र में इतना महत्त्व मिला कि रीतिसम्प्रदाय के रूप में एकपृथक सम्प्रदाय ही प्रचलित हो गया।

कवि अपने हृदयगत ज्ञान एवं भावों को अभिव्यक्ति प्रदान करने हेतु कैसे शब्दों का प्रयोग करें कि उसकी अनुभूति सहृदयों को सहज रूप में हो सके। आचार्य विश्वनाथ ने रीति की परिभाषा इस प्रकार की है-- ''पद संघटना रीतिरङ्गसंस्था विशेषवत् उपकर्त्री रसादीनाम्।''(१- साहित्य दर्पण - ९/१) अर्थात् रीति, अंगरचना की भांति एक ऐसी पद रचना अथवा पद संघटना है जो कि रसभावादि की अभिव्यंजना में सहायक हुआ करती है। साहित्यदर्पणकार के अनुसार रीति और संगघटना एक ही वस्तु है, जिसे वर्तमान में शैली के रूप में प्रयुक्त किया जाता है जो रस की अभिव्यक्ति का निमित्त है। इसीलिए उन्होंने इसे रसभावादि की उपकर्त्री माना है।

यथार्थरूप में विचार करने पर यह स्पष्ट हो जाता है कि रीति अथवा शैली में बौद्धिक, भावनात्मक एवं सौन्दर्यात्मक प्रवृत्ति एवं रचनाकार की समस्त विशेषताएँ निहित रहती हैं। इसलिए आचार्य दण्डी काव्यदर्शन में लिखते हैं--

''**अस्त्यनेको गिरामार्गः सूक्ष्मभेदः परस्परम्**'' (२ - काव्यादर्श - १/४०)

व्यक्ति भेद के अनुसार प्रत्येक काव्य की शैली में भिन्नता होना स्वाभाविक ही है। अतः आचार्य विश्वनाथ ने ''सा पुनः स्याच्चतुर्विधा वैदर्भी चाथ गौड़ी च पांचाली लाटिका'' (३ - साहित्य दर्पण - ९/२) अर्थात् ॥१॥ वैदर्भी, ॥२॥ गौड़ी ॥३॥ पांचाली ॥४॥ लाटी - रीति के इन चार मुख्य भेदों का उल्लेख किया है।

इस प्रकार कवि वर्णनीय विषयवस्तु के अनुरूप काव्य के विभिन्न स्थलों एवं प्रसंगों में सटीक एवं यथार्थ भावाभिव्यक्ति के लिए रीति के उपर्युक्त भेदों का प्रयोग करता है। क्योंकि रीति रसाभिव्यक्ति का ऐसा सशक्त माध्यम है जिसके समुचित प्रयोग से विलक्षण सौन्दर्य एवं कमनीयता की अभिव्यक्ति होती है इसीलिए साहित्य-दर्पणकार ने प्रथम परिच्छेद में ही यह उद्घोषणा की है--

''उत्कर्षहेतवः प्रोक्ता गुणालंकाररीतयः'' (१ - साहित्य दर्पण - १/३)

उपर्युक्त विवेचन से स्पष्ट हो जाता है कि रीति अथवा वर्तमान में प्रचलित ''शैली'' का अभिप्राय माधुर्यादिगुणों के अभिव्यंजक पद विन्यास विशेष से है। आचार्य राजशेखर रीति तत्त्व के इसी अभिप्राय को परिस्फुट करते हैं--

**''सति वक्तरिसत्यर्थे सति शब्दानुशासने।
सति तन्न विना येन परिस्रवति वाङ्मधु।।''**

(२ - काव्य मीमांसा - ॥राजशेखर॥ पंचम अध्याय, पृ० -५२)

अर्थात् रीति ही वह काव्य तत्त्व है जिसमें रस प्रवाह की क्षमता विद्यमान रहती है। शब्द और अर्थ रसात्मक वाक्य रूप काव्य के अंग हैं और शब्दार्थ संघटना अथवा रीति काव्य का शरीर संस्थान है जिसमें रसरूप आत्म-तत्त्व का स्फुरण संभव है। इस दृष्टि से रीति तत्त्व की महत्ता स्वत: सिद्ध हो जाती है। किसी भी काव्य के यथार्थ मूल्यांकन हेतु उसकी कथावस्तु के साथ अभिव्यक्ति का माध्यम ''शैली'' अनिवार्य तत्त्व है। उसके अभाव में कवि हृदय में विद्यमान समस्त ज्ञान एवं भाव नितान्त गूंगे हैं। क्योंकि इसी के द्वारा भावों को समुचित अभिव्यक्ति प्रदान करके सहृदय जन-संवेद्य बनाया जा सकता है। प्रज्ञा पुराण की विषय वस्तु का मूल्यांकन उपयुक्त मानकों के आधार पर किया जा सकता है।

आचार्य श्री की श्रेष्ठतम कृति प्रज्ञा पुराण उनकी विलक्षण विषय प्रतिपादन शैली का अन्यतम उदाहरण है। इस ग्रंथ में उन्होंने काव्यार्थ की अभिव्यक्ति में काव्य शास्त्रियों द्वारा व्याख्यायित अनेक स्वरूपों का प्रदर्शन करते हुए प्रज्ञा पुराण की उत्कृष्टता को प्रमाणित कर दिया है।

''प्रज्ञा पुराण'' का आद्योपान्त अध्ययन करने पर कोई भी स्थल ऐसा नहीं मिलता जहाँ अर्थाभिव्यक्ति में क्लिष्टता अथवा विलम्बेन अर्थ प्रतीति का भान होता है। ग्रंथकार की विषय प्रतिपादन शैली इतनी सरल, सहज एवं स्वाभाविक है कि अपरिपक्व बुद्धिशाली व्यक्ति भी उनके अभीष्टार्थ को हृदयंगम कर लेता है। वे इस प्रकार के पदविन्यास के लिए प्रारम्भ से ही सतत् यत्नशील दिखाई देते हैं कि पाठक अथवा सहृदय जनों को कहीं पर भी अर्थ प्रतीति में व्यवधान का अनुभव न हो सके। प्रज्ञा पुराण के प्रथम अध्याय की निम्नांकित पंक्तियाँ कितने सहज भाव में इस पुराण के प्रयोजन को स्पष्ट कर देती है--

**''लोककल्याणकृद् धर्मधारणा संप्रसारकः।
व्रती यायवरो मान्यो देवर्षिर्ऋषिसत्तमः।।
अव्यावहतगतिं प्राप्य गन्तुं विष्णुपदं सदा।
नारदो ज्ञानचर्चार्थं स्थित्वा वैकुण्ठसन्निधौ।
लोककल्याणमेवायमात्मकल्याणद् यतः।
मेने परार्थपारीणः सुविधामन्यदुर्लभाम्।।
काले काले गतस्तत्र समस्याः कालिकीमृशन्।
मतं निश्चित्यस्वीचक्रे भाविनीं कार्यपद्धतिम्।।''**

(१ - प्रज्ञा पुराण - १/१/१ से ४ तक)

कौन ऐसा सुधीजन होगा जो यह न समझ सके कि - प्रज्ञा पुराण परमार्थ विद्या की एक ऐसी अखण्ड ज्योति प्रज्वलित करने जा रहा है, जिसके प्रकाश के द्वारा सम्पूर्ण जगत् का अज्ञान जनित अंधकार नष्ट होकर प्रत्येक जन को आत्म कल्याण की आत्यन्तिक उपलब्धि संभव है।

आचार्य जी की यह अभिव्यंजना शैली सम्पूर्ण ग्रंथ में सतत् रूप में विद्यमान है। यहाँ उन्होंने अपने प्रयोजन को परिस्फुट करने हेतु किसी प्रकार की कोई भूमिका प्रदर्शित नहीं की। संस्कृत काव्य शास्त्र के मान्य आचार्यो द्वारा वर्णित वैदर्भी रीति का ऐसा सटीक उदाहरण अन्यत्र दुर्लभ है। ग्रंथकार ने संसार की समस्त शक्तियों की परिगणना करते हुए सर्वश्रेष्ठ शक्ति का परिचय इस प्रकार प्रस्तुत किया है--

''श्वेतकेतो जगत्यत्र भौतिके दृश्यतामये।
शरीरस्य बलं शस्त्र-बलं संघ-बलं तथा।।
बलं बुद्धेर्धनस्याऽपि कला-कौशलजं बलम्।
आत्मिकजगति प्रोक्तमेकमात्मबलं त्वलम्।।
तस्योपार्जनमीशस्य भक्तिक्षेत्रे तु संभवम्।
सच्चिन्तनेन सत्कर्म बीजस्यारोपणेन च।।''
(२ - प्रज्ञा पुराण - १/३/५४-५६)

इन पंक्तियों में अन्यन्त स्वाभाविक एवं सरल रूप में आत्मबल का महत्त्व पाठकों के समक्ष उपस्थित कर दिया गया है, साथ ही आत्मबल को संगृहीत करने के उपाय को भी सार रूप में मात्र एक पंक्ति में कह दिया है। प्रसाद गुणोपेता रचना शैली का यह सुन्दर उदाहरण है।
इसी प्रकार प्रेम और मोह की भेदकता को सरलतम शब्दों में दर्शाते हुए आचार्य श्री लिखते हैं--

''स्वशरीरे कुटुम्बे च सीमितं प्रेम प्रोच्यते।
मोहो व्यापकतां यातो भक्तित्वेन प्रशस्यते।।
उदारसेवारूपेऽथ साधना रूपकेऽपि वा।
उदारा परिणतिस्तस्या स्वत्वं सर्वेषु वर्धते।।
नहि तत्र परः कोऽपि दृश्यते तान् स्वकान् सदा।
सुसंस्कृतोश्च सुखिनः कर्तुमाकुलतश्चिता।''
(१ - प्रज्ञा पुराण - १/५/४१-४३)

जिस मोह को परिभाषित करने के लिए पूर्ववर्ती पुराणों एवं अन्य शास्त्रों में अनेकों आख्यानोपाख्यान उपस्थित किये गये हैं, किन्तु इतनी सरलता एवं स्पष्टता से नहीं समझाया जा सका, उसी मोह एवं भक्ति भाव की सरल एवं

सरस प्रतीति पुराणकार ने सहज में ही अपने स्वल्पातिस्वल्प शब्दों में ही करा दी है, निश्चित रूप से ये शैलीगत विशेषताऐं प्रज्ञा पुराण की महत्ता को बढ़ा देती है।

आचार्य श्री ने अपनी इस कृति के शैली पक्ष का सुसंगत करने हेतु अनेक स्थलों पर वर्णनात्मक शैली को भी अपनाया है। इसमें धर्म के समस्त स्वरूपों एवं प्रकारों की सांगोपांग व्याख्या प्रस्तुत की है--

''वर्तते शाश्वतो देवविहितः स सनातनः।
सुयोजितः स मर्त्यस्य नूनमत्रन्तरात्मनि।।
प्रियानुभूतिर्धर्मः स आत्मनो विद्यते तथा।
जगन्मंगलमूलश्च निर्णयः परमात्मनः।।''

(१ -प्रज्ञा पुराण - २/२/२३, २४)

धर्म विश्वकल्याण का वास्तविक कारण है- वह अपने में समग्र है- महामानव धर्मधारणा को अपनाते हैं अधर्मी का पराभव होता है, उसका विपुल वैभव पानी में उठने वाले बबूले की भाँति नष्ट हो जाता है, वे ईधन की तरह जलकर क्षण भर में भस्म की ढेरी बन जाते हैं--

''ग्राह्या धर्मधृतिर्नूनं महामानवतां गतैः।
पराभवन्ति चाधर्मी विपुलं वैभवं तथा।।
पराक्रमश्च नात्यर्थं तिष्ठतोऽस्य रिरक्षया।
उच्छलन्नपि नश्येत्स जलबुद्बुदतां गतः।।
इन्धनानीव लोकेऽस्मिञ्ज्वलन्त्यपि च तत्क्षणात्।
भस्मतां यान्ति स्वल्पेन कालेनैते सदैव च।।''

(२ - वही - २/२/६३-६५)

सत्य एवं विवेक का सूक्ष्म विवेचन प्रस्तुत कर अपनी कवित्व प्रतिभा का प्रभावपूर्ण शैली में सम्यक् परिचय दिया है--

''सम्बद्धताऽनयोरस्ति मुने सत्य विवेकयोः।
परस्परं भवेदेको यत्र तत्रैव चापरः।।
विवेकेनैव सत्यस्य स्वरूपं ज्ञायते तथा।
तदा श्रित्यैव सत्यस्य प्राप्त्यै च प्रक्रमेन्नरः।।''

(३ - वही २/३/१४, १५ऋग्वेद)

वर्णन के उपरान्त सार रूप में अपना सन्देश देकर उसके गूढ़ार्थ का निष्कर्ष रूप में अमिधान कर दिया गया है-- कि धर्म केवल ज्ञान का विषय नहीं उसे आचरण में लाने की आवश्यकता है। (१ - प्रज्ञा पुराण - २/७/८६-८९ तक) इसी प्रकार पराक्रम एवं सौजन्य का विस्तृत वर्णन कर अन्त में उसके सार रूप को प्रस्तुत किया है कि वे दोनों एक दूसरे से भिन्न एवं विपरीत जैसे लगते हैं परन्तु वे परस्पर अविच्छिन्न हैं--

''पराक्रमश्च सौजन्यं विपरीतमिव द्वयम्।
भिन्नं प्रतीयमानं तदविच्छिन्नं परस्परम्।।''

(२ - वही - २/६/८१-८४ तक)

वास्तव में प्रज्ञा पुराणकार ने अपनी इस ग्रंथ के शैली पक्ष को अधिक चमत्कार पूर्ण बनाने हेतु सार शैली को यथास्थान अपनाते हुए इसके सौन्दर्यपक्ष को और भी उत्कर्षपूर्ण बनाने का नितान्तश्लाघनीय प्रयास किया है। आलेच्य ग्रंथ की शैली को आकर्षक एवं संप्रेषणीय बनाने के लिए प्रबुद्ध गंथकार ने प्रश्नोत्तरात्मिका संवाद पद्धति का भी आश्रय लिया है। इसमें जिस गूढ़ विषय वस्तु को जानने की जिज्ञासा प्रश्नकर्त्ता को होती है उसका समुचित समाधान भी अत्यन्त सरलतम रूप में प्रदर्शित है। ग्रंथारंभ में ही विषय वस्तु को उपस्थित करने हेतु नारद ऋषि को प्रश्नकर्ता के रूप में सर्वप्रथम किया गया है--

''देवर्षिः परमप्रीतः पप्रच्छ विनयान्वितः।
नेतुं जीवनचर्यां वै साधनामयतां प्रभो।।
प्राप्तुं च परमं लक्ष्यमुपायं सरलं वद ।
समाविष्टो भवेद्यस्तु सामान्ये जनजीवने।।
विहाय स्वग्रहं नैव गन्तुं विवशता भवेत्।
असामान्या जनार्हां च तितिक्षा यत्र नो तपः।।''

(३ - वही १/१/१३, १४, १५)

आचार्य जी के हृदय में विद्यमान लोक कल्याणकारी इस प्रश्न का समाधान भगवान विष्णुजी के माध्यम से प्रतिपादित किया गया है:-

''जिज्ञासां नारदस्याथ ज्ञात्वा संमुमुदे हरिः।
उवाच च महर्षे त्वमात्थ यन्मे मनीषितम्।।
युगानुरूपं सामर्थ्यं पश्यन्नत्र प्रसङ्ग के।
निर्धारणस्य चर्चाया व्यापकत्वं समीप्सितम्।।''

(१ - प्रज्ञा पुराण - १/१/१६-१७)

इस प्रकार प्रश्नोत्तर प्रसंग में मानव की दुर्गति का कारण व उसके उद्धार का जो उपाय अत्यल्प शब्दों में वर्णित है वह समस्त पुराणों एवं अन्य शास्त्रों का सार ही प्रतीत होता है। इस सारगर्भित शैली का प्रयोग प्रज्ञा पुराण के सभी

प्रसंगों में उपलब्ध है। ध्वन्यालोक कार आचार्य आनन्दवर्द्धन ने ऐसे ही संवाद तत्त्वों को महाकवियों के महाकाव्यों के लिए नितान्त आवश्यक माना है--

''संवादास्तु भवन्त्येव बाहुल्येन सुमेधसाम्।
नैकरूपतया सर्वे ते मन्तव्या विपश्चिता।।''
(२ - ध्वन्यालोक - आनन्द वर्द्धन -४/११)

वाग्वैदग्ध्य पूर्ण शैली प्रज्ञा पुराण में कहीं भी दृष्टिगोचर नहीं होती। शब्द चमत्कार के जाल में बंधकर काव्य को दुरूह बनाने का प्रयास ग्रंथकार ने कहीं भी नहीं किया है, जहाँ शब्द चमत्कार लक्षित होता भी है तो वह सहज व अनायास ही उपस्थित हुआ है। यथा--

''गृहिण्या भूमिका श्रेष्ठा कनिष्ठा च नरस्य तु।
खनिर्नारी नराः सर्वे खनिजा इति मन्यताम्।।
जयन्ते धातवः सर्वे खनितुल्याः खनेर्ध्रुवम्।
कृष्णाङ्गाराश्च लौहाश्च ताम्रं चन्द्रो हिरण्मयम्।।
खनेः स्वस्वानुकूला या उद्भवन्ति यथा तथा।
श्रेष्ठा नार्यः सुतान् श्रेष्ठाञ्जनयन्ति गुणान्वितान्।।''
(१ - प्रज्ञा पुराण - ३/३/२२-२५)

इस प्रकार यह कहा जा सकता है कि आलोच्य ग्रंथ की वस्तु प्रतिपादन की शैली शब्द चमत्कार से परिपूर्ण होने पर भी काव्यार्थ के परिपोषण में कहीं भी बाधा अथवा जटिलता उपस्थित नहीं होने देती है।

यह सम्पूर्ण ग्रंथ ही उपदेशों एवं सन्मार्गवलम्बन की प्रेरणाओं से ओत-प्रोत है। इसमें उपदेशात्मक शैली की विविधता होना स्वाभाविक ही है किन्तु आचार्य जी के उपदेश दीर्घ दीर्घतर न होकर स्वल्प रूप में होने पर भी अर्थ गंभीर्य से परिपूर्ण हैं। अनेक स्थलों पर उनके उपदेशों में प्रेरणादायक सन्देश निहित है। निम्न पंक्तियाँ सहजता एवं सरलता से सामान्य जन समुदाय को आत्म कल्याण हेतु प्रेरणा देती हैं--

''वातावृत्तिस्तथाऽऽस्तिक्य भावनाया भवेदपि।
परिवारेषु सर्वेषु तथैवाऽऽराधना प्रभोः।।
उपासना च संयुक्ता भवेच्च नित्य कर्मणि।
निश्चेतव्योऽपि कालश्च कथा कीर्तनयोः कृते।।''
(२ -वही, - ३/६/१८ -२६ तक)

प्रज्ञा पुराण के माध्यम से आचार्य श्री ने जन सामान्य को यही प्रेरणा दी है कि कोई भी व्यक्ति किसी भी वर्ण आश्रम अथवा अवस्था में विद्यमान हो किन्तु ईश्वरीय सत्ता के प्रति आस्थावान् अवश्य होना चाहिए। आस्तिक मानव कभी दुर्गति को प्राप्त नहीं होता, इस आस्था को जागृत करने के लिए उपासना का आश्रय लेना अनिवार्य है - अतः वे स्वयं कहते हैं--

''उपासना च सर्वत्राऽनिवार्या सा श्रमेषु तु।
आश्रमेषु चतुर्ष्वेव स्थानं तस्याः कृते ध्रुवम्।।
महत्त्वपूर्णं स्यादेव युगेऽस्मिन् सुलभा तथा।
उपयुक्ताऽस्ति च प्रज्ञायोगस्यैषा तु साधना।।''

(१ - प्रज्ञा पुराण - ४/२/५२-५५)

ग्रंथकार की यह शैली जनसामान्य के हृदय में साक्षात् समाविष्ट होकर उसके लक्ष्य को प्रत्यक्ष करा देती है। प्रायः सभी पुराणों का परम लक्ष्य उपदेशामृत का पान कराना ही है परन्तु प्रज्ञा पुराण के उपयुक्त उपदेश स्थल समस्त पुराण साहित्य के सार को सत्त्व रूप में मानव-मात्र को प्रत्यक्ष करा देते हैं जिसका बोध प्रत्येक के लिए सहज एवं सुलभ प्रतीत होता है।

आचार्य जी ने प्रस्तुत गंथ में यद्यपि पारम्परिक पुराण शैली को ही अपनाया है किन्तु अपनी विलक्षण प्रतिभा से उसे अत्यधिक प्रभावपूर्ण बना दिया है, इतना ही नहीं कहीं-कहीं उस शैली का सर्वथा परित्याग भी कर दिया है, जैसे पूर्ववर्ती पुराणों में किसी छोटे से छोटे विषय को समझाने हेतु बड़ी पूर्व कथाओं एवं इति वृत्तों का आश्रय लिया जाता है और उन कथाओं के माध्यम से अपना अभिप्राय बोध कराने का प्रयास किया गया है, किन्तु प्रज्ञा पुराण में ग्रंथकार ने कहीं भी अपने अभीष्टार्थ की पुष्टि के लिए किसी भी प्रकार के विस्तृत कथानकों अथवा उपाख्यानों का कोई आश्रय नहीं लिया है। उन्होंने तो सहज सरल शैली में ही अत्यन्त गूढ़ एवं रहस्यपूर्ण तथ्य उपस्थित कर दिये हैं।

ब्रह्म तत्त्व निरूपण भारतीय दर्शन साहित्य का अत्यन्त रहस्यमय एवं गूढतम विषय रहा है, जिसके स्वरूपादि प्रतिपादन प्रसंगों में वेदादि शास्त्र भी नेति नेति कह कर अपनी असमर्थता प्रकट कर देते हैं, इसी वाचामगोचर परम गूढ़ तत्त्व को आचार्य श्री ने सहज स्वाभाविक शैली में ही निरूपित कर दिया है--

''वयं यद्ब्रह्म तत्त्वस्य मुने कुर्मोऽवगाहनम्।
न विवेच्यो विराट् तत्र परमेतदवेहियत्।।
मानवानामन्तराले सत्ताया विद्यते प्रभोः।
तस्या महामहत्त्वां तु कथं ज्ञातुं क्षमा वयम्।।
कथं पश्याम एवं च कथं कुर्मस्तथात्मसात्।

प्रयोजनमिदं सर्वं ब्रह्म विद्या प्रचक्षते।।''

(१ – प्रज्ञा पुराण – १/२/४२, ४४)

इस प्रकार उपयुक्त विवेचन से स्वत: स्पष्ट हो जाता है कि आचार्य श्रीराम शर्मा द्वारा विरचित प्रज्ञा पुराण में उत्कृष्ट काव्य शैली का निदर्शन है, जिसमें शैली के विविध स्वरूपों को यथास्थान प्रयुक्त करके रचनाकार ने ''उत्कर्ष हेतव: प्रोक्ता गुणालंकार रीतय:।।'' की इस सूक्ति को नितान्त सार्थक कर दिखाया है।

।ग।। प्रज्ञा पुराण की भाषा :-

किसी भी रचना की पूर्णता अभिव्यक्ति के द्वारा ही संभव है, जिसका माध्यम भाषा है। भाषा जितनी सशक्त होती है, कृति उतनी ही प्रभावपूर्ण एवं आकर्षक बन जाती है। अत: काव्य को गौरवपूर्ण बनाने और मूर्तरूप देने में भाषा का अत्यंत योगदान रहता है।

भाषा शब्द ही ''भाष् व्यक्तायां वाचि'' धातु से निष्पन्न होता है, जिसका तात्पर्य स्पष्ट वाणी है। कवि के अभीष्टार्थ को यथार्थ रूप में उपस्थित करने वाली उसकी भाषा ही होती है। सम्पूर्ण शास्त्र और उनसे प्राप्त होने वाला ज्ञान सब भाषा की ही देन है। आचार्य दण्डी ने भाषा के महत्त्व को प्रस्फुटित करते हुए लिखा है-

''इदमन्धतम: कृत्स्नं जायेत भुवनत्रयम्।
यदि शब्दह्वयं ज्योतिरासंसारं न दीप्यते।।''

(१-दण्डी काव्यादर्श) – १/४

तात्पर्य यह है कि सम्पूर्ण भुवनत्रय अन्धकार से परिपूर्ण हो जाता यदि संसार में शब्द स्वरूप ज्योति (भाषा) का प्रकाश न होता। व्याकरण शास्त्र के मूर्धन्य विद्वान आचार्य भर्तृहरि महाभाष्य नामक ग्रंथ में लिखते हैं कि ''व्यक्त वाक्'' का तात्पर्य भाषा के वर्णात्मक स्वरूप से ही है। (२-ऋग्वेद) १/३/४८ आचार्य भरत मुनि ने भी भाषा कैसी होनी चाहिए? इस विषय पर विचार व्यक्त किये है- ''मृदुललित पदाढ्यं गूढ़ शब्दार्थ हीनम् ''(३-भरत मुनि नाट्य शास्त्र) १७/१२३ काव्य में कवि को मृदु एवं ललित पदों से युक्त गूढ़ शब्दार्थ से रहित भाषा का प्रयोग करना चाहिए, क्योंकि साहित्य सृजन के मूल में आत्माभिव्यक्ति के अतिरिक्त मानव की सौंदर्योपासना की प्रवृत्ति भी विद्यमान रहती है।

प्रज्ञापुराण भाषा की दृष्टि से अपनी विशिष्टताओं से अतीव महत्त्वपूर्ण एवं विद्वानों के लिए अनुकरणीय महाग्रंथ है। इसकी भाषा अत्यंत सरल, सुबोध सुगम्य एवं सुसंस्कृत है। रचना रसमय होने के साथ औचित्यपूर्ण भी हो क्योंकि औचित्य का योग काव्य की सफलता का मूलमंत्र है। यह औचित्य केवल रसौचित्य अथवा गुणालंकारौचित्य से ही

पूर्ण नहीं हो सकता, अपितु एतदर्थ उचित पद् वाक्य तथा रचना पद्धति के साथ उचित भाषा आदि का सटीक प्रयोग नितांत आवश्यक है, अत: आचार्य क्षेमेन्द्र ने स्पष्ट घोषणा कर दी है-

''औचित्यं रससिद्धस्य स्थिरं काव्यस्य जीवितम्।''

(१-आचार्य क्षेमेन्द्र-औचित्य विचार चर्चा) ८/१०

प्रज्ञापुराण भाषा कथा के औचित्यपूर्ण प्रयोग का एक उत्तम उदाहरण है, इसके द्वारा रचनाकार को अपनी उद्देश्यपूर्ति में पूर्ण सफलता मिली है। यह उनकी भाषा का ही चमत्कार है। वे कर्मयोग की महत्ता का प्रकाशन सहज भाव में ही करा देते हैं-

''कर्त्तव्यपालनं नूनं गौरवं महतां महत्।
तेनेवाप्नोति संतोषः पुरुषो दुर्लभं परम।।
कर्मयोगो मतः सर्वसुलभः सर्वसम्मतः।
कल्याणकारकोऽत्यर्थं यत्रैकमतं नृणाम्''।।

(२-प्रज्ञा पुराण २/४/५३-५४)

प्रज्ञा पुराण यद्यपि भावध्वनि प्रधान काव्य है। इसमें भक्ति तत्त्व की प्रधानता होने पर भी यह कला पक्ष की दृष्टि से उच्च कोटि की अनुपम कृति है। इसमें ब्रह्मविद्या जैसे गूढ़ तत्व को सुचारू रूप से प्रतिपादित किया है--

''अन्तर्जगत् उत्थानं पर्यवेक्षणमेव च।
आत्मविज्ञानमस्तयस्मिन्नुपलब्धिर्यथा यथा।
यस्य तत्क्रमतो गृहणन्नृषीणां भूमिकामपि।
देवदूतावताराणां महामानवरूपिणम्।।''

(१ -प्रज्ञा पुराण - १/२/४९-५०)

अर्थात् अन्तर्जगत का पर्यवेक्षण और अभ्युत्थान ही आत्मविज्ञान है। जिसे यह उपलब्धि प्राप्त होती है वह महामानव ऋषि, देवदूत, अवतार की भूमिका सम्पन्न कर जीवन को सार्थक बना लेता है, इसके विपरीत बहिर्मुखी व्यक्ति भ्रम जाल में फंस कर जीवन नष्ट कर लेते हैं--

''बहिर्मुखाः जनाः सर्वे भ्रमजालेषु पाशिताः।
अन्तर्मुखाश्च तथ्यज्ञाः सत्यं श्रेयः श्रयन्त्यलम्।।''

(२- वही - १/२/४८)

उपर्युक्त उद्धरण से स्पष्ट हो जाता है कि यह रचना केवल आभिजात्य वर्ग के लिए ही नहीं अपितु जन सामान्य के लिए विशेष प्रेरणादायक है। प्रत्येक विषय को प्रस्तुत करने के लिए किसी विशेष आडम्बर की कल्पना न कर उसका स्वाभाविक प्रतिपादन रचनाकार की उत्कृष्ट प्रतिभा का परिचायक है। भाषा का सुदृढ़ आधार होने के कारण भावों का सुन्दरतम एवं प्राणामय स्वरूप कहीं भी धूमिल नहीं हुआ है और भाषा भावों की अनुगामिनी बनकर

प्रभावपूर्ण बन गई। इस पुराण की भाषा मनोवैज्ञानिकता की जिस पृष्टभूमि पर आधारित है वह लोक मानस के मनोवेगों को यथार्थ रूप से चित्रित करने में पूर्ण सफल हुई है।

''बालकेभ्योऽभिरोचन्ते पशुपक्षिकथास्तथा।
परलोकाप्सरश्चर्चा उत्सुकास्ते कुतूहलम्।
श्रोतुं मनोविकासाय युवभ्यः प्राय एव च।
ससाहसाः समाधाढ्यः कथारोचन्त उन्नताः।।
वृद्धेभ्यः ऋषिसम्बद्धा देवताचरितानुगाः।
धर्मप्रयोजना नूनं रोचन्ते च प्रसंगकाः।।''

(१- प्रज्ञा पुराण - ३/६/५५-५९)

शिशुजन, युवावर्ग तथा वयोवृद्धों की रूचि के अनुरूप कथाऐं प्रस्तुत कर उनका मार्ग दर्शन होना चाहिए। अतः इस ग्रंथ की भाषागत मनोवैज्ञानिक विशेषता इतनी उत्कृष्ट है जो रचनाकार की अभीष्ट सिद्धि को पूर्ण करने में सर्वथा सहायक है। यह शाश्वत् सत्य है कि मानव की मनोगत मलिनता का परिमार्जन तब तक नहीं किया जा सकता जब तक उनके मनोवेगों के धरातल व संवेगों को पूर्ण रूप से न समझ लिया जाय। ग्रंथकार ने इस तत्त्व को सिद्धांत रूप में स्वीकार करके घोषणा की है कि जब तक शास्त्रीय ज्ञान अपने गूढतम रहस्यमय स्वरूप का परित्याग कर जन सामान्य के लिए सुबोध एवं ज्ञान का विषय नहीं बनता है, तब तक उसकी सार्थकता में प्रश्नचिन्ह लगा रहेगा। अतः उन्होंने प्रज्ञा पुराण की भाषा को जन सामान्य की भाषा बनाकर उस परम गूढ़ तत्त्व को सर्व जनसुलभ बनाने हेतु सम्पूर्ण मानव जाति के कल्याण का मार्ग प्रशस्त कर दिया है। पुराण जगत् के लिए प्रज्ञा पुराण की यह भाषा विचारानुकूल, प्रसंगानुकूल एवं तथ्यात्मकता को स्पष्ट करने वाली है।

इस ग्रंथ की भाषा अत्यन्त शुद्ध प्रांजल तथा सर्व जन सुबोध होने के साथ ही इतनी प्रवाहमयी है कि अविच्छिन्न गति से अपने लक्ष्य की ओर निरन्तर अग्रसर होती हुई सी प्रतीत होती है इसमें अश्लीलता, श्रुति कटुत्व, रस दोष आदि का पूर्ण अभाव है। यही कारण है कि सम्पूर्ण ग्रंथ में आद्योपान्त रोचकता, उत्सुकता एवं सरसता निरन्तर पाठकों के हृदय को आनन्द विभोर करती रहती है तथा उसकी जिज्ञासाओं का समाधान प्रस्तुत करती है। (१- प्रज्ञा पुराण - ३/६/४९ - ५४)

इसके अतिरिक्त आचार्य जी ने इस कृति में व्याकरण के कुछ ऐसे महत्वपूर्ण प्रयोग किये हैं, जो शब्द लाघव की दृष्टि से ग्रंथ के भाषा सौंदर्य की वृद्धि कर रहे हैं, यथा - उच्चगः (२ - वही - ४/१/५०), चैतन्यगम् (३- वही - ४/१/६६), महत्त्वगम् (४- वही - ४/२/९), जीवनक्रमगो (५- वही -४/२/१३), दूरगम् (६- वही - ४/३/६), जनजागृतिजम् (७- वही - ४/३/९६), प्रशिक्षणपरा (८- वही - ४/४/३८), अहंकारज (९- वही - ४/६/४०), मदसेवनज (१०- वही - ४/६/४१), आदि। इसके साथ ही व्याकरण शास्त्र के शब्दों का नवीन व्यवहारिक रूप में

प्रयोग करके नवीन शब्दों का निर्माण भी किया गया है। ''स्वागम्यते'' शब्द का प्रयोग व्याकरण की दृष्टि से अत्यन्त अभूतपूर्व एवं चमत्कार से परिपूर्ण है।

प्रज्ञा पुराण की भाषा नितान्त शास्त्रीय न होकर व्यवहारिक भाषा के रूप में प्रयुक्त हुई है, जिससे दैनिक जीवन के सिद्धान्तों एवं दैनिक जीवन पद्धति की विशेषताओं का उल्लेख करते हुए ''काव्यं व्यवहार विदे'' (११ - काव्यप्रकाश - १/२, मम्मटाचार्य) कह कर व्यवहारिक ज्ञान की सिद्धि को सार्थक व सटीक रूप में प्रयोग करने के अनेक उदाहरण प्रज्ञा पुराण में उपलब्ध हैं। (१२-प्रज्ञा पुराण - ३/२/५६-५८)

चित्रात्मकता भाषा की अन्यतम विशेषता है। प्रस्तुत ग्रंथ में भावों को मूर्त रूप देने में, घटनाओं की भावुकता पूर्ण कल्पना में, प्रकृति के मानवीकरण में तथा किसी व्यक्ति के व्यक्तित्व निरूपण में साकार चित्र उपस्थित किये गये हैं जिनमें भाषा सौष्ठव भी वर्ततान है।

''स्नेहसौजन्ययोर्नार्या बाहुल्यं प्राकृतं स्वतः।
व्यक्तिनिर्माणसामर्थ्यं द्वयमेतान्निगद्यते।।
यंत्ररेखाश्रिता नूनं भूषणादिविनिर्मितः।
कुम्भकारो यथा चक्रं स्वांगुली कौशलेन सः।।''

(१ -प्रज्ञा पुराण - ३/३/२६-२७)

उपर्युक्त पंक्तियों में नारी के स्नेह सौजन्य का वास्तविक चित्र प्रस्तुत किया गया है। इसी प्रकार अन्यत्र अहंकारी व्यक्ति के उन्माद आवेश का वर्णन निरूपित है अहं भाव से पीड़ित व्यक्ति लिप्साग्रस्त रहता है, (२ - वही - ३/२/४६-४८) कुत्साओं को नियंत्रित करके ही मनुष्य कर्मयोगी बन सकता है, इन स्थलों में भाषा में सर्वत्र चित्रोपमता विद्यमान है।

प्रज्ञा पुराण के काव्य-कलेवर को सौंदर्य प्रदान करने के लिए यद्यपि आचार्य श्री ने किसी प्रकार की सुसज्जित अथवा अलंकृत भाषा का प्रयोग करने के लिए कोई प्रयास नहीं किया है। किन्तु कृति को सर्वजन संवेद्य बनाने हेतु विविध दृष्टान्तों एवं सूक्तियों तथा उदाहरणों का आश्रय लिया गया है जिससे भाषा अर्थ गांभीर्य की शोभा से स्वतः ही सुशोभित हो गई है। उदाहरणार्थ --

''भद्रा! मर्त्यस्य तृष्णा सा वासनाऽहं त्वमप्यलम्।
गंभीरत्वं समुद्रस्य तिरस्कुर्वन्ति वस्तुतः।।
एतेषां पूर्तिहेतोश्चेत्समस्ताः सुविधास्तथा।
सम्पद् अपि विश्वस्य दत्ता स्यान्नहि तृप्तिदा।।
दावानलस्य ज्वालेव सन्ति त्रीण्यपि निश्चितम्।
एतेषां शान्तये न्यूनं जगतो वैभवेन्धनम्।।''

(१ – प्रज्ञा पुराण – २/४/४६–४८)

यहाँ भावों की गम्भीरता के साथ भाषा में विविध दृष्टान्तों के प्रयोग से अर्थबोधता स्वत: आ गई है।
आचार्य श्री ने प्रस्तुत ग्रंथ में भाषा के जिन विविध पक्षों को लक्ष्य प्राप्ति हेतु साधन रूप में प्रयुक्त किया है, उनमें सूक्ति प्रधानभाषा का प्रयोग भी महत्त्वपूर्ण है। ये सूक्तियाँ विभिन्न स्थलों पर भाव संप्रेषण के साथ-साथ भाषा की शोभा बढ़ाती हैं। धर्म प्रेमियों को ईश्वरीय अनुग्रह की प्राप्ति होती है, इस विषय में यह उक्ति दर्शनीय है--

''स्वीकरोति च धर्मं नरः स्वागम्यते नरैः।
धर्मं रक्षति यः साक्षाद्रक्षितः स्वयमेव सः॥''

(२ – वही – २/२/१०)

इस पद में ''धर्मों रक्षति रक्षित:'' यह सूक्ति अनायास ही प्रस्तुत होकर ध्वनिनाद सौंदर्य से भाषा को प्रभावोत्पादक बना रही है। इसी प्रकार अन्य स्थल पर नरपशु एवं नरपिशाच एवं नर-नारायण स्तर तक पहुँचाने का महामंत्र उद्घोषित करते हुए वे लिखते हैं--

''नर-नारायणत्वं वा नरत्वं प्रापितुं भवेत्।
संभवं येन सिद्धयेच्च जीवो ब्रह्मैव नापरः॥''

(१ – प्रज्ञा पुराण – ४/३/३१)

यह उपनिषद् सिद्धान्त जिस सहजता एवं स्वाभाविक रूप में प्रस्तुत किया गया है, उससे स्पष्ट होता है कि भाषा आचार्य श्रीराम शर्मा जी की प्रत्येक भावाभिव्यक्ति में सहयोगिनी बनी रहती है। वेदान्त की ''अयमात्मा ब्रह्म'' की मान्यता ऋषियों को इसी अर्थ में प्रतिपादन करने हेतु प्रेरित करती रही है कि व्यक्ति जो नितान्त पशुरूप में जन्मता है उसे सुसंस्कारों द्वारा देव मानव अथवा नर-नारायण के रूप में पदोन्नत किया जा सके। यहाँ भाषा की सहज स्वाभाविक अभिव्यक्ति द्रष्टव्य है।

इसी प्रकार ''आत्मवत् सर्वभूतेषु'' (२ – वही – २/७/१७) , ''वसुधैव कुटुम्बकम्'' (३ – वही – १/५/५६, २/७/१८), ''नीर क्षीर विवेक'' (४ – वही – २/३/४६), ''आत्महन्तार इव'' (५ – वही – १/२/३१), ''हस्तामलकवत्स'' (६ – वही – १/४/१४) आदि अनेक सूक्तियाँ इस ग्रंथ में यत्र तत्र सर्वत्र उपलब्ध हैं। ''सूत्रे मणिगणा इव'' माला में मणि माणिक्य की भांति सुसज्जित ये उक्तियाँ प्रज्ञा पुराण की भाषा को अत्यन्त सुसमृद्ध एवं सौन्दर्यातिशायिनी बनाकर कण्ठहार की भाँति उसका श्रृंगार कर रही है।
प्रज्ञा पुराण की भाषा प्रसाद गुण से भी परिपूर्ण है। जो निश्चित रूप से अपनी सरलता की सार्थकता को चरितार्थ करती है। आचार्य विश्वनाथ ने प्रसाद गुण का लक्षण इस प्रकार व्यक्त किया है--

''चित्तं व्याप्नोति यः क्षिप्रं शुष्केन्धनमिवमानलः।
स प्रसादः समस्तेषु रसेषु रचनासुवा॥''

(१ – साहित्य दर्पण – आचार्य विश्वनाथ – ८/७)

आत्मगरिमा का महत्त्व प्रतिपादित करते हुए आचार्य प्रसाद गुण पूर्ण भाषा को प्रयोग करते हैं--

''विस्मरन्ति स्वरूपं ये त्यक्ताश्चोत्तरदायिता।
यैः पतन्ति तु पातस्य गर्ते ते निश्चितं नराः॥
प्रत्यक्षं देवता नूनं जीवनं यत्तु दृश्यते।
देवानुग्रहरूपं च ये तदाराधयन्ति तु॥''
(२ - प्रज्ञा पुराण - १/२/२७, २९, १/४/४)

इन पंक्तियों में इतनी सहजता एवं स्वाभाविकता के साथ जीवन देवता की आराधना का संदेश दिया गया है कि सामान्य व्यक्ति भी सरलता पूर्वक इस भाव को ग्रहण कर सकता है। इस ग्रंथ में प्रसाद गुण युक्त उद्धरण प्रत्येक स्थल पर उपलब्ध है जिसके कारण सम्पूर्ण पुराण प्रसाद गुण का एक साक्षात् निदर्शन बन गया है।

इस ग्रंथ की भाषा में जो मधुरता है वह पाठकों के चित्त को निरन्तर एकाग्रता प्रदान करती है। माधुर्य गुण श्रृंगार रस में चित्त को प्रसन्न करता है तो करुण, विप्रलम्भ श्रृंगार तथा शान्त रस के प्रकरण में मन को विगलित करने के कारण अत्यन्त हृदयग्राही होता है--

''करूणे, विप्रलम्भे तच्छान्ते वातिशमान्वितम्॥'' (३ - काव्य प्रकाश सूत्र - ९१)

प्रज्ञा पुराण में सर्वत्र शान्त रस की मन्दाकिनी प्रवाहित है। अतः प्रसाद गुण की बहुलता एवं माधुर्य गुण के सम्मिश्रण से इस की भाषा अत्यन्त सरस, सजीव एवं लालित्यगुण से परिपूर्ण तथा प्रभावोत्पादक बन गई है। (१ - प्रज्ञा पुराण - २/७/९०-९१)

प्रसाद गुण एवं माधुर्य गुण से परिपूरित इस रचना में ओज गुण का सर्वथा अभाव है यह कहना भी उचित नहीं होगा। विद्वान लेखक ने जिस प्रसंगो में संसारिक विकट परिस्थितियों से संघर्ष करने की प्रेरणा प्रदान की है, अथवा अन्तर्जगत् में संव्याप्त आसुरिक प्रवृत्तियों को समाप्त कर सत्प्रवृत्ति संवर्धन का संदेश दिया है, वहाँ ओज गुण का होना नितान्त स्वाभाविक हो जाता है किन्तु यह ओज गुण काव्यशास्त्रियों द्वारा निर्धारित परिभाषा से कुछ भिन्न सा प्रतीत होता है क्योंकि इसमें किसी भी प्रकार की दीप्तता अथवा तीक्षणता का लेशमात्र भी संस्पर्श दिखाई नहीं देता। यथा --

''अन्विषन्ति कुसंस्कारान् संचितांजागृतात्मनः।
उत्पाटयन्ति ता मालाकारा इव तृणादिकम्॥''
(२ - वही - २/५/६५)

जागृत आत्माएँ संचित कुसंस्कारों को उसी प्रकार उखाड़ती है जैसे माली उद्यान से हानिकारक खर-पतवारों को बीनता रहता है। इसका अन्य उदाहरण भी द्रष्टव्य है--

''स्वार्थसिद्ध्यैदलानां च निर्मातारो भवन्त्यपि।
दुरात्मानो दुराचारा दुष्टास्ते कूटयोधिनः॥
षड्यन्त्राणि बहून्यत्र कर्तुं दुरभिसन्धकाः।
पार्श्वगां समितिचण्डां कुटिलां स्थापयन्त्यिपि॥''

(३ - वही - २/७/५२-५३)

उपर्युक्त स्थलों में ओज गुण भी प्रसादमय एवं माधुर्यमय रूप में ही दृष्टिगत होता है।

इस प्रकार प्रज्ञा पुराण की भाषा अपनी स्पष्टवादिता, मधुरता एवं व्याकरण की दृष्टि से परिमार्जित होने के कारण अपने उत्कृष्ट स्वरूप को प्रकट करती हुई ग्रंथकार के एतदर्थ गृहीत संकल्प को सार्थक एवं परिपूर्ण कर रही है। पुराणकार का भाषा पर पूर्ण अधिकार है, सम्पूर्ण ग्रंथ में कहीं भी किसी प्रकार की उग्रता, क्लिष्टता व अपाणिनीय प्रयोग का संस्पर्श तक नहीं होने पाया है। भाषा सौष्ठव के उत्कर्षक सभी गुण इसमें विद्यमान हैं। इस सम्पूर्ण ग्रंथ की भाषा में शब्द चयन, पद-ललित्य, भावों की सहज स्वाभाविक अभिव्यक्ति, सरलता, सरसता, प्रवाहशीलता, आदि सभी विशेषतायें पर्याप्त मात्रा में उपलब्ध हैं। संक्षेप में हम कह सकते हैं कि भाषागत वैशिष्ट्य की दृष्टि से आचार्य श्रीराम शर्मा द्वारा विरचित प्रज्ञा पुराण साहित्य में सर्वथा अद्वितीय एवं सर्वश्रेष्ठ कृति है।

अलंकार योजना :-

भारतीय काव्य शास्त्र में अलंकारों का महत्त्वपूर्ण स्थान है। अलंकार शास्त्रियों ने काव्य के प्रथम प्रभावक धर्म को अलंकार कहा है। वस्तुतः दैनिक जीवन में भी मार्मिक अनुभूतियों की अभिव्यक्ति में वाणी स्वतः ही अलंकारमयी हो जाती है। काव्य तो कवि के परिपूर्ण क्षणों की वाणी है अतः अनुभूति की तीव्रता में भाषा का अलंकृत होना स्वाभाविक ही है। काव्य के सौंदर्यवर्द्धक तत्त्वों में अलंकार का विशिष्ट योगदान रहता है किन्तु कालान्तर में इन्हें साध्य मानकर अनेक आचार्यों ने काव्य के प्राणभूत तत्त्व के रूप में प्रतिष्ठित कर दिया है।

अलंकार सम्प्रदाय के मुख्य समर्थक वामन इस संदर्भ में कहते हैं--

''काव्यशोभायाः कर्त्तारो धर्मा गुणास्तदतिशय हेतवस्त्व लङ्काराः'' (१ - काव्यालङ्कार सूत्रम् - वामन -)

काव्य की शोभा बढ़ाने वाले धर्म गुण हैं किन्तु उनमें शोभातिशय की उपस्थिति अलंकारों द्वारा ही संभव है। भामहाचार्य ने भी काव्यालंकार में यही घोषण की है--

''न कान्तमपि निर्भूषं विभाति वनिताननम्॥'' (२ - काव्यालंकार - १/१३)

अर्थात् जिस प्रकार किसी सुन्दर नारी के सौंदर्यातिशय को प्रकटित करने हेतु आभूषण अनिवार्य है उसी प्रकार काव्य में सौंदर्य वृद्धि के लिए अलंकार आवश्यक हैं। आचार्य मम्मट ने निम्न कारिका में अलंकारों का महत्त्व प्रतिपादित किया है--

''तददोषौ शब्दार्थौ सगुणावनलङ्कृती पुनः क्वापि।'' (३ - काव्य प्रकाश - मम्मट १/२)

यद्यपि मम्मट ध्वनिवादी आचार्य हैं परन्तु उन्होंने उक्त कारिका के द्वारा स्पष्ट कर दिया कि शब्दार्थ स्वरूप काव्य की सौंदर्याभिवृद्धि हेतु उसमें अलंकारों का होना अनिवार्य है।
प्रकारान्तर से आचार्य विश्वनाथ ने भी इसका समर्थन किया है--

''उत्कर्षहेतवः प्रोक्ता गुणलङ्काररीतयः।'' (४ - साहित्य दर्पण - विश्वनाथ)

प्राचीन अलंकारिक परम्परा तो और भी अधिक अलंकार वादी रही है। आचार्य दण्डी ने ''काव्यशोभाकारान् धर्मानलङ्कारान् प्रचक्षते'' (१ - काव्यादर्श - दण्डी - २/१) इस सूत्र द्वारा इन्हें और भी व्यापकमहत्त्व प्रदान किया है। इसी प्रकार आचार्य वामन ने ''काव्यं ग्राह्यमलंकारात्'' (२ - काव्यालंकार -वामन - १/१/१) तथा ''सौंदर्यमलंकारः'' (३ - काव्यालंकार वामन - १/१/२) कहते हुए अलंकारों के अभाव में काव्य के अस्तित्व पर ही प्रश्न चिन्ह लगा दिया। चन्द्रालोककार जयदेव ने इस सिद्धान्त की स्थापना के समर्थन में यहाँ तक लिख दिया कि जो विद्वान् अलंकार से हीन शब्द और अर्थ को काव्य मानता है वह अग्नि को भी उष्णताहीन क्यों नहीं मानता--

''अङ्गीकरोति यः काव्यं शब्दार्थावनलङ्कृती।
असौ न मन्यते कस्मात् अनुष्णमानलंकृती॥''

(४ - चन्द्रालोक - जयदेव - १/८)

अलंकार शब्द की व्युत्पत्ति ''अलंकारोत्यलङ्कारः'' अथवा ''अलंक्रियतेऽनेनेत्यलंकारः'' इत्यादि रूप में की जा सकती है। आचार्य वामन इसकी करण अर्थ में व्युत्पत्ति स्वीकार करते हैं--

''अलंक्रियतेऽनेन अलंकृतिरलङ्कारः करण व्युत्पत्या पुनरलङ्कारशब्दोऽयम् वर्तते॥''

(५ - काव्यालंकार सूत्रम् वामन - १/१/२)

आचार्य मम्मट ने इसे नपे तुले शब्दों में परिभाषित कर अलंकार के स्वरूप को निर्धारित किया है--

''उपकुर्वन्ति तं सन्तं येऽङ्गद्वारेण जातुचित्।
हारादिवदलङ्कारास्तेऽनुप्रासोपमादयः॥''

(६ - काव्य प्रकाश - मम्मट -८)

अर्थात् शरीर की शोभा बढ़ाने वाले कटक कुण्डल व हारादि की भांति अलंकार शब्द और अर्थ की शोभा बढ़ाने वाले हैं। इसका तात्पर्य यह है कि ये काव्य के अस्थिर धर्म हैं, गुणों की भाँति अलंकारों की स्थिति अनिवार्य नहीं है। वर्तमान में सभी अलंकारिक आचार्य मम्मट के इसी सिद्धान्त को स्वीकार करते हैं कि काव्य में रहने पर अलंकार उसे चमत्कृत अवश्य करते हैं किन्तु उनके न रहने पर भी काव्य-रस की हानि नहीं होती। वास्तव में इस पर विचार किया जाये तो अलंकार का यही यथार्थ परिनिष्ठित स्वरूप है।

अलंकार मुख्यतया तीन प्रकार के माने गये हैं-- इनकी स्थिति शब्द और अर्थ में रहती है अत: ॥ १॥ शब्दालंकार, ॥ २॥ अर्थालंकार एवं ॥ ३॥ शब्दार्थालंकार अथवा उभयालंकार।

जहाँ शब्द चमत्कार प्रधान होता है, वहाँ अनुप्रसादि शब्दालंकार तथा जहाँ अर्थ में विशेष चमत्कार रहता है वहाँ उपमादि अर्थालंकार एवं जहाँ शब्द चमत्कार एवं अर्थ चमत्कार दोनों समान रूप से रहते हैं वहाँ उभयालंकार होते हैं। अलंकार में जो वस्तु जीवनी शक्ति प्रदान कर उसे नवीन तथा आकर्षक बनाती है वह ''चमत्कार'' के नाम से विख्यात है। अलंकार का ''अलंकारत्व'' चमत्कार से मंडित होने पर पूर्ण होता है, यह चमत्कार प्रदर्शन की प्रवृत्ति आर्ष ग्रंथों से लेकर वर्तमान युग के काव्यों एवं ग्रंथों में स्पष्टतया दृष्टिगोचर होती है। वैदिक साहित्य में भी काव्य के शोभाधायकअलंकारों का प्रयोग प्रभूत मात्रा में किया गया है। वेद की एक ऋचा में ही एक साथ चार उपमाओं का प्रयोग उपन्यस्त है--

''अभ्रातेव पुंस एति प्रतीची गर्तारूगिव सनये धनानाम्।
जायेव पत्य उशति सुवासा उषा हस्त्रेव रिणीते अप्सुः॥''

(१ -ऋग्वेद १/२४/७)

उपमा ही नहीं वेदों में अनुप्रास, रूपक, अतिशयोक्ति, उत्प्रेक्षा आदि अनेक अलंकार विभिन्न ऋचाओं में उपलब्ध है। उपनिषदों में भी रूपक एवं उपमाश्रित अनेक उदाहरण द्रष्टव्य हैं (२ - वृहदारण्यककोo -४/३/२१, कठोपनिषद्) पुराण साहित्य में तो अलंकारों को विशेष रूप से ग्रहण किया गया है। महाभारत, श्रीमद्भागवत, दैवी-पुराण, मार्कण्डेय, ब्रह्म-वैवर्त, शिव-पुराण आदि सभी पुराण (३ - अग्नि पुराण - ८/१, ८/२) तथा विष्णुधर्मोत्तर पुराणादि ग्रंथों में तो अलंकारों के व्यवहारिक प्रयोग के साथ-साथ उनके स्वरूपादि का भी निर्धारण प्रस्तुत किया गया है। प्राचीन काव्य जगत् एवं पुराण साहित्य की इस महनीय सौंदर्य प्रधान कल्याणमयी परम्परा का निर्वाह आचार्य श्रीराम शर्मा ने प्रज्ञा पुराण में अलंकारों के समुचित एवं सटीक प्रयोग द्वारा सार्थक रूप में किया है।

प्रज्ञा पुराण वर्तमान युग का एक प्रतिनिधि पुराण ग्रंथ है। आचार्य जी ने इस ग्रंथ के प्रयोजन की सिद्धि हेतु अलंकारों को जिस सहज एवं स्वाभाविक रूप में प्रदर्शित किया है, उससे ग्रंथ की सौंदर्य सुषमा की अभिवृद्धि हुई है। इसके अध्ययन से उनकी काव्य-प्रतिभा एवं कला की निपुणता एवं सिद्ध हस्तता स्वत: प्रमाणित हो जाती है।

प्रज्ञा पुराण में अलंकार निरूपण

शब्दालंकार:-

अर्थ से पूर्व शब्द का स्थान होने के कारण काव्य शास्त्रियों ने अर्थालंकारों से पूर्व शब्दालंकारों का विवेचन किया है। सरस्वती कण्ठाभरण में शब्दालंकार की परिभाषा -- ''ये व्युत्पत्यादिना शब्दमलंकर्तुमिहक्षमा: शब्दालंकार संज्ञास्ते'' (१ - सरस्वती कण्ठाभरण द्वितीय परिच्छेद- भोज -) की है। ये चार प्रकार के हैं-- अनुप्रास, यमक, श्लेष एवं वक्रोक्ति।

अनुप्रास :-

शब्दालंकारों में प्रधान अलंकार अनुप्रास है। इसका लक्षण-- साहित्यदर्पणकार ने इस प्रकार किया है-- ''अनुप्रास: शब्द साम्यं वैषम्येऽपिस्वरस्यथत्॥'' (२ - साहित्य दर्पण - विश्वनाथ - १०/३) अर्थात् ''रसाद्यनुगतत्वेन प्रकर्षेण न्यासोऽनुप्रास:'' (वही - १०, पृ०- ६६७) इस परिभाषा के अनुसार रसानुकूल वर्णो का प्रकृष्ट विन्यास ही अनुप्रासालंकार है। प्रज्ञा पुराण में इस अलंकार का अति औचित्यपूर्ण प्रयोग है। ग्रंथारंभ में मंगलाचरण में इसे प्रयुक्त कर ग्रंथकार ने मंगलाचरण के मर्म को सुसज्जित कर दिया है:-

''लोककल्याण कृद्धर्मधारणासंप्रसारक:।
व्रती न्यायवरो मान्यो देवर्षिर्ऋषिसत्तम:॥
अव्याहतगतिं प्राप्तुं गम्यं विष्णुपदं सदा।
नारदो ज्ञानचर्चार्थं स्थित्वा वैकुण्ठसन्निधौ॥
लोककल्याणमेवाऽयमात्मकल्याणवद् यत:।
मेनेपरार्थपारीण: सुविधामन्यदुर्लभाम्॥
काले काले गतस्तत्र समस्या कालिकीमृशन्।
मतं निश्चित्यस्वीचक्रे भाविनीं कार्यपद्धतिम्॥''

(१ - पुज्ञा पुराण - १/१/१)

उपर्युक्त पद्यों में आचार्य द्वारा प्रयुक्त शब्दावली अनुप्रासालंकार के उपयुक्त लक्षणानुसार प्रधान रस के अनुकूल होने के कारण शब्द चमत्कार को उपस्थित कर रही है। अनुप्रासालंकार का प्रयोग प्रथम पद्य से करके प्राय: सम्पूर्ण ग्रंथ में स्थान-स्थान पर अनुप्रासच्छटा और भी अधिक प्रखर एवं उज्ज्वल रूप में निरन्तर निखरती दृष्टिगत होती है। यथा --

''यदा मनुष्यो नात्मानमात्मनोद्धतुमर्हति।
कृतावतारोऽलं तस्य स्थितो: संशोधयाम्यहम्॥
क्रमेऽस्मिन्सुविधायुक्ता: साधनै: सहिता: नरा:।

विभीषिकायां नाशस्याऽनास्था संकटपाशिता: ॥''

(२ - वही - १/१/२७ से २९)

इन पदों में नकार, तकार, सकार, धकार एवं ककार आदि वर्णो की योजना अपनी सुषमा से काव्य के सौंदर्य के वृद्धि करते हुए अपने अलंकारत्व को सार्थक कर रही है।

आचार्य द्वारा प्रयुक्त अनुप्रास सर्वथा रसानुकूलता को अक्षुण्ण बनाये रखते हैं, इनमें कहीं भी शब्दाडम्बरता का घटाटोप मुख्य रस को आवृत नहीं कर पाता। उदाहरणार्थ--

''धर्मचर्चाऽनिवार्याऽतः समैरेव मता परम्।
पर्याप्ता नैवनूनमाचारेण विना भुवि॥
सत्रे समाप्ते सर्वेऽपि जनास्ते तु परस्परम्।
आलिलिंगुगृहीत्वा च गले रोमांचिताः समे॥''

(३ - वही - २/७/८९-९२)

उपर्युक्त श्लोकों में सकार, एवं लकार के द्वारा रस वृष्टि सी होती प्रतीत होती है।
''वर्णसाम्यमनुप्रासः'' (१ - काव्य प्रकाश सूत्र - १०५, मम्मट) के अनुसार प्रज्ञा पुराण में अनेक स्थलों पर वृत्यनुप्रयास के द्वारा भाषा में गतिशीलता के दर्शन होते हैं। यथा --

''ध्यानमुत्तरदायित्वे दीयतां ते भवन्तु हि।
सुयोग्याश्च समर्थाः सुसंस्कारा: स्वावलम्बिनः॥''

(२ - प्रज्ञा पुराण - १/६/५८)

इस स्थल में परिवार के उत्तरदायित्व का वर्णन प्रस्तुत है। परिजनों के पोषण परिपालन में स्नेह प्यार के साथ-साथ उन्हें सुयोग्य सामर्थ्यवान्, स्वावलम्बी एवं सुसंस्कारी बनाना आवश्यक है। यहाँ ''स'' वर्ण की पुनः पुनः आवृत्ति होने के कारण अनुप्रास अलंकार की छटा दर्शनीय है। इसी प्रकार अन्यस्थल पर --

''सोत्साहं च समुल्लासं साफल्यं समुपेयिवान्'' (३ - वही - १/६/९५)

कथा प्रवाह गतिशील है, आनन्दानुभूति, ब्रह्म विद्या का रहस्य तथा पंचशीलों की गरिमा को हृदयंगम कर श्रोता देव संस्कृति के निर्धारिणों को जन-जन तक पहुँचाने के लिए कृत संकल्प है-- इस पद में ''स'' वर्ण की पुनरावृत्ति द्वारा भाषा में नाद सौंदर्य ध्वनित हो रहा है।

इस प्रकार अनुप्रासालंकार की छटा सम्पूर्ण ग्रन्थ की सुषमा को चमत्कृत कर देती है। इसी भाँति श्लेषादि अन्य शब्दालंकारों का भी स्थान-स्थान पर समुचित प्रयोग करके आचार्य जी ने अपने ग्रन्थ की सौन्दर्य-सम्पत्ति की अभिवृद्धि की है।

अर्थालंकार:-

अर्थ के सौंदर्य वृद्धि के लिए प्रयुक्त होने वाले अलंकार अर्थालंकार कहलाते हैं।

''अलमर्थमलंकर्तुं यद्व्युत्पत्यादिवर्त्मना।
श्रेया जात्यादय: प्राज्ञैस्तेऽर्थालंकारसंज्ञया।।''

(१ - अग्नि पुराण - ८/१)

प्रज्ञा पुराण में अर्थालंकार के प्रयोग आचार्य श्रीराम जी ने प्रदर्शित किये हैं वे उनकी अलौकिक प्रतिभा के परिचायक हैं। अर्थालंकारों में उन्होंने उपमा, रूपक, उत्प्रेक्षा, काव्यलिंग तथा अर्थान्तरन्यास आदि अलंकारों का विशेष रूप से प्रयोग किया है। अर्थालंकारों में सादृश्यमूलक अलंकारों का बीज मूल उपमालंकार है। आचार्य राजशेखर उपमा को कवि की माता कहते हैं--

''उपमा कविवंशस्य मातैवेतिमतिर्मम।'' (२ - काव्यमीमांसा राजशेखर -)

इसी प्रकार आचार्य अप्पय दीक्षित ने उपमालंकार को सभी अलंकारों की जननी बताया है--

''उपमैकाशैलूषीसम्प्राप्ता चित्रभूमिका भेदात्।
रञ्जयति काव्यरंगे नृत्ययति तद्विदां चेत:।।''

(३ - चित्र मीमांसा - अप्पय दीक्षित -)

साहित्य दपर्णकार ने उपमा का लक्षण इस प्रकार किया है --

''साम्यं वाच्यमवैधर्म्यं वाक्यैक्य उपमा द्वयो:'' (४ - साहित्य दर्पण विश्वनाथ - १०/१४)

अर्थात् उपमा अलंकार उपमेय और उपमान का ऐसा साम्य अथवा सादृश्य कहा जाता है जो कि स्पष्टत: एक वाक्य में प्रतिपादित रहा करता है जिसमें वैषम्य की कोई चर्चा नहीं होती।

प्रज्ञा पुराण में उपमा के समस्तभेद-उपभेदों का यथा स्थान प्रसंगानुकूल प्रस्तुत किया है। यथा --

''उवाच च महामेघमण्डलीव समन्तत:।
कुरु त्वं मुसलाधारं वर्षां तां युगचेतनाम्।।''

(१ - प्रज्ञा पुराण - १/१/६१)

यहाँ पर उपमान ''मेघमण्डल'', ''उपमेय'', ''युग चेतना'', ''इव'', ''उपमावाचक'' तथा ''मूसलाधार वर्षा'' साधारण धर्म शब्दत: कथित होने से पूर्णोपमा अलंकार हैं।

प्रज्ञा पुराण एक भक्ति प्रधान ग्रंथ है जिसमें मानवता का उच्च संदेश निहित है। अत: भौतिक सुख सुविधाओं में लिप्त मानव को आत्मिक सम्पदा प्राप्त करने की प्रेरणा देते हुए ग्रंथकार कहते हैं--

''सुविधासाधनेष्वेव रमन्ते मन्दबुद्धयः।
यथा क्रीडनकैर्बालास्तथा ते सन्ति निश्चितम्॥''
(२ - वही - १/२/४६)

इस छन्द में भौतिक सुख-सुविधाओं में लिप्त मानव की उपमा खिलौनों से खेलने वाले बालकों के साथ साम्य प्रस्तुत कर कवि ने मौलिकता का परिचय दिया है।

उपमालंकार का स्वाभाविक प्रयोग प्रस्तुत ग्रंथ में अनेक प्रसंगों में उपलब्ध है। जीवन देवता ''हस्तामलकवत्'' प्रत्यक्ष फलदायक है,(३ - वही - १/१/६०) सयंमहीन व्यक्ति का जीवन निचौड़े हुए रसहीन नींबू के समान सारहीन हो जाता है। (१ - प्रज्ञा पुराण - १/४/४४) ज्ञान, भक्ति एवं कर्म की त्रिवेणी गंगा यमुना संगम के समान है। (२ - प्रज्ञा पुराण - १/४/१८) हंस के समान नीर क्षीर विवेकशील बनकर प्रथाओं को अपनाना चाहिए। (३ - वही - १/५/३६) प्रज्ञा अभियान दावानल, प्रचण्ड आंधी और तूफान की भाँति सर्वत्र फैल गया। (४ - वही - १/६/६६) आदि उद्धरणों से स्पष्ट हो जाता है कि रचनाकार का उपमालंकार पर पूर्ण अधिकार है जिसका प्रयोग भाव और कथन की स्पष्टता और प्रभाव पूर्ण में सहायक है।

रूपकः-

साधर्म्यमूलक अलंकारों में उपमा के बाद रूपकालंकार का महत्त्वपूर्ण स्थान है, इसका प्रयोग प्रज्ञा पुराण में बड़ी सजीवता के साथ किया गया है। ''तद्रूपकमभेदो य उपमानोपमेययो:'' (५ - काव्य प्रकाश ॥ मम्मट॥ सूत्र - १३९) के अनुसार उपमान एवं उपमेय इन दोनों का अभेदारोप करके वर्णन करने पर रूपकालंकार होता है। प्रज्ञा पुराण में इस अलंकार का प्रयोग अनेक प्रसंगों में कुशलता पूर्वक किया गया है--

''अनास्थाऽऽतप शुष्कां च महर्षे धर्मधारणाम्।
जीवयैतदिदं कार्यं प्रथमं ते व्यवस्थितम्॥''
(६ - प्रज्ञा पुराण - १/१/६२)

इस स्थल पर अनास्था एवं आतप में एक रूपता प्रस्तुत कर ग्रंथकार ने अनास्थारूपी आतप से शुष्क धर्मधारणा को फिर से हरी भरी बनाने का संदेश दिया है। कुशल कलाकार की भाँति आचार्य जी ने गूढ़ तत्त्व भी अलंकार के माध्यम से सहज रूप में प्रतिपादित किये हैं। यथा -

''स्पृहास्तं तु नयन्त्येव यत्र कुत्राऽपि वै बलात्।
स्पृहावात्यागृहीतश्च शान्ति विन्दिति नो मनाक्॥''
(१ - प्रज्ञा पुराण - २/४/६४)

अहंकारी एवं आवेश ग्रस्त व्यक्ति कर्त्तव्यपालन करने में असमर्थ रहता है। क्योंकि लिप्सा रूपी झंझावात उसे निरन्तर अशान्त एवं चंचल बनाए रखता है। इस पद में स्पृहा पर झंझावात का आरोप होने के कारण रूपक अलंकार की छटा दर्शनीय है। अन्य प्रसंग में रूपक पर आश्रित आध्यात्मिक सूक्ति का अद्‌भुत सौंदर्य निरूपित है- ईश्वर का अंश जीवात्मा नर-पशु अथवा नर-पिशाच क्यों बन जाता है उसे नर-मानव अथवा नर-नारायण के स्तर तक कैसे पहुँचाया जाये जिससे जीव-ब्रह्म है का सिद्धान्त सिद्ध हो सके--

''उपायास्ते विवोध्या नो यैः स्युः सर्वा हि व्यक्तथः।
नृपशुत्वपिशाचत्वप्राप्तेर्वै रक्षिता स्वयम्॥
नरनारायणत्वं वा नरत्वं प्रापितुं भवेत्।
संभवं येन सिद्धयेच्च जीवो ब्रह्मैव नापरः॥''

(२ - वही - ४/३/३०-३१)

उत्प्रेक्षा:-

उपमा की भांति उत्प्रेक्षा का भी सादृश्य मूलक अलंकारों में महत्त्वपूर्ण स्थान है। ''उत्प्रेक्षा'' का अर्थ उत्कृष्ट रूप से की गई कल्पना है।

''सम्भावनमथोत्प्रेक्षा प्रकृतस्य समेन यत्।'' (३ - काव्य प्राकश ॥ मम्पट॥ - १०/१३७)

अर्थात् उत्प्रेक्षा वह अलंकार है जहाँ उपमेय में उपमान की संभावना की जाती है। प्रज्ञा पुराण में उत्प्रेक्षा की संभावना करते हुए इसका पूर्ण ध्यान रखा गया है कि वे कल्पनाएँ सम्भाव्य हों क्लिष्ट कल्पना से रसाभास हो सकता है। अत: प्रसिद्ध उपमानों को ही ग्रहण किया गया है।

यथा -

''ईश्वरानुग्रहमात्मविश्वासं योऽधिगच्छति।
समर्थः स तथा मन्ये कुबेरेन्द्रानुकम्पितः॥''

(१ - प्रज्ञा पुराण - १/३/२८)

ईश्वर की प्राप्ति ही जीवन का मुख्य उद्देश्य है। आत्म ज्ञान के द्वारा उसे प्राप्त किया जा सकता है, उसे उपलब्ध करने वाला व्यक्ति इतना समर्थ सम्पन्न हो जाता है कि मानो इन्द्रकुबेर का सहयोग मिल गया हो।

उत्प्रेक्षा अलंकार का प्रयोग रस को उद्दीप्त करने के लिए भी हुआ है-- विश्वकल्याण की भावना से अभिभूत स्वयं क्षुधार्त रहकर भी दूसरों को भोजन कराने वाले व्यक्ति विलासियों की तुलना में अभावग्रस्त दृष्टि गोचर अवश्य होते हैं किन्तु उन्हें आत्म सन्तोष, लोक सम्मान एवं दैवी अनुग्रह का जो त्रिविध लाभ मिलता है, उसके समक्ष वे समस्त विश्व की भौतिक सम्पदा को भी तुच्छ मानते हैं। उसे प्राप्त कर उन्हें इतनी आनन्दानुभूति होती है मानो उन्हें अमृत की प्राप्ति हो गई हो--

''स समस्तस्य विश्वस्य वैभवादतिरिच्यते।
आनन्ददायकत्वेनामृतं लब्धं तु तैर्नरैः ॥''
(२ - १/५/६०)

क्योंकि आत्मीयता की प्रेम भावना से परिपूर्ण अन्तःकरण ही प्रत्यक्ष स्वर्ग है। पर-पीड़ा को दूर करने वाले अलौकिक सन्तुष्टि का अनुभव करते हैं मानो उन्हें सम्पूर्ण प्राप्तव्य ही मिल गया हो--

''प्रत्यक्षं स्वर्गमानन्दानुभूतिं तु रसन्ति ये।
भवन्ति कृतकृत्यास्ते प्राप्तं प्राप्तव्यमेव तैः ॥''
(१ - प्रज्ञा पुराण - १/५/६९-७०)

संयमी, सेवाभावी, उदार बनने से यह लोक तथा परलोक सुखशान्तिमय बनता है, यह जानकर प्रौढ़ एवं वृद्धों को ऐसा अनुभव हुआ मानों उन्हें नया प्रकाश, नया यौवन तथा नवीन कार्यक्रम मिल गया है। यथा--

''व्यतीतार्धवयोभिस्तु वृद्धैरपि जनैरिह।
अनुभूतमिवाद्याशु प्रकाशो नव्य उत्तमः ॥''
(२ - वही - ३/५/८७)

इन सभी प्रसंगों में उत्प्रेक्षा अलंकार रसोद्रेक में सहायक है।

प्रतिवस्तूपमा :-

''सामान्यं द्विरेकस्य यत्र वाक्य द्वये स्थितिः'' (३ - काव्य प्रकाश सूत्र ॥ मम्मट॥ - १०/१५४) इस सूत्र के अनुसार जहाँ साधारण धर्म का दो भिन्न वाक्यों में भिन्न-भिन्न शब्दों द्वारा कथन किया जाये वहाँ प्रतिवस्तूपमा अलंकार होता है -- इस अलंकार का बहुत ही सहज स्वाभाविक प्रयोग प्रस्तुत ग्रंथ में द्रष्टव्य है। यथा --

''यथा **सूर्योदये जाते न ज्ञायन्ते निशाचराः।**
कथं ब्रहमोदये जाते भ्रष्टा माया विमोहयेत् ॥''
(४ - प्रज्ञा पुराण - १/३/७२)

ब्रह्म ज्ञान होने पर समस्त संकट दूर हो जाते हैं। यदि आत्मशोधन द्वारा व्यक्तित्व का निर्माण किया जाये, तो समस्त अज्ञान जनित संकट उसी प्रकार पलायन कर जाते हैं, जैसे सूर्योदय होने पर निशाचरों का पता नहीं चलता, भला ब्रह्म ज्ञान होने पर भ्रष्टाचार की माया कैसे रह सकती है।

परिकर :-

''विशेषणैर्यत्साकूतैरूक्तिः परिकरस्तु'' इस परिभाषा के अनुसार जहाँ पर साभिप्राय विशेषणों के साथ विशेष्य की उक्ति की जाती है, वहाँ परिकर अलंकार होता है--

''धर्मस्य चेतनां भूयोजीवितां कर्तुमद्य तु।
अधिष्ठात्रीं युगस्यसास्य महाप्रज्ञामृतम्भराम्॥''

(१ - प्रज्ञा पुराण - १/१/६९-७०)

इस पद्य में प्रज्ञा देवी के साभिप्रायार्थक अधिष्ठात्रींम् व ऋतम्भराम् आदि विशेषण परिकरालंकार की सहज अनुभूति करा रहे हैं।

विभावना :-

''क्रियाया प्रतिरोधोऽपि फलव्यक्तिर्विभावना:'' (२ - काव्यप्रकाश सूत्र ॥ मम्मट॥ - १०/१६२) अर्थात् जहाँ कारण का प्रतिरोध होने पर भी कार्य फल की प्राप्ति हो वहाँ विभावना अलंकार होता है। धर्मपरायण व्यक्ति, दिव्य दृष्टि सम्पन्न होकर चिन्तन की उत्कृष्टता, चरित्र की आदर्शवादिता एवं व्यवहार की शालीनता के द्वारा इस त्रिवेणी संगम में अवगाहन कर कायाकल्प जैसा लाभ प्राप्त करते है वे देव शरीर पाये बिना ही देवताओं जैसा श्रेय सम्मान एवं आनन्द का अनुभव करते हैं--

''ते मानवा शरीरस्था देवा इव सदैव च।
श्रेयः सम्मानमत्यर्थं विन्दन्त्यानन्दमुत्तमम्॥''

(१ - प्रज्ञा पुराण - २/२/२१)

यहाँ पर मानव शरीर धारण करते हुए देवत्व की प्राप्ति असम्भव होने पर भी इसकी प्राप्ति रूप कार्य की सिद्धि कारणाभाव में भी प्रदर्शित करके कवि ने विभावना की यथार्थ प्रतीति करा दी है।

विशेषोक्तिः :-

''विशेषोक्तिरखंडेषु कारणेषु फलावच:'' (२ - काव्यप्रकाश सूत्र ॥ मम्मट॥ सूत्र - १०/१६३) कारण उपस्थित होने पर भी यदि फल की प्राप्ति न हो तो विशेषोक्ति अलंकार होता है। प्रस्तुत ग्रंथ में अनेक स्थलों पर दानशीलता, परोपकार का महत्त्व वर्णित है। प्रकृति निरन्तर सबकुछ देती रहती हैं, वृक्ष फल देते हैं किन्तु इन अनुदानों के देने पर भी कमी नहीं आती -- यहाँ सर्वस्वदान देने पर भी अभाव न होने के कारण विशेषोक्ति अलंकार है--

''वृक्षा फलन्ति यच्छन्ति मेषा ऊर्णां ददत्यलम्।
भूमिरूत्पादयत्यन्नेमेवं यच्छत्स्वपि क्वचित्॥
नानुदानेषु चैतेषां न्यूनता काऽपि जायते।
हस्तेनैकेन योदद्यादीशः प्रतिददात्यलम्॥''

(३ - प्रज्ञा पुराण - २/७/६७-६८)

अपह्नुति :-

"प्रकृतं यन्निषिध्यान्यत्साधयते सा त्वपह्नुतिः।" (१ - काव्य प्रकाश - सूत्र १४६) जहाँ उपमेय को असत्य सिद्ध करके उपमान की सत्यता सिद्ध की जाये वहां अपह्नुति अलंकार होता है। शूरवीरता का वास्तविक स्वरूप प्रकट करते हुए ग्रंथकार लिखते हैं:-

"निन्दाया वा प्रशंसायाश्चिन्ता नैवात्रयुज्यते।
संघर्षो मल्लयुद्धो न चात्रासीषुनिपातनम्॥"

(२ - प्रज्ञा पुराण - १/६/७६)

आत्म-विश्वासी को आदर्शों का समर्थन करने में निन्दा या स्तुति की चिन्ता नहीं करनी चाहिए, क्योंकि संघर्ष केवल मल्लयुद्ध अथवा तीर-तलवार चलाने को ही नहीं कहते अपितु उपेक्षा, असहयोग विरोध करने में भी संघर्ष का निषेध करके उपेक्षा असहयोग निरूपित किया गया है। अतः यहाँ अपह्नुति अलंकार है।

दृष्टान्त :-

"दृष्टान्तस्तु सधर्मस्य वस्तुनः प्रतिबिम्बनम्" (३ - साहित्य दर्पण - १०/५१, विश्वनाथ) दो वाक्यों में धर्म सहित उपमानोपमेय के प्रतिबिम्बन को दृष्टान्त कहते हैं। आत्मा परमात्मा के मिलन तथा दिन और रात्रि के मिलन का बिम्ब प्रतिबिम्ब भाव प्रकट करते हुए आचार्य जी लिखते हैं-

"यथा वेलादिनेनेयं रात्रेस्तु मिलनस्य हि।
उषः कालो बुधैः प्रोक्तः प्राणिनो यत्र जाग्रति॥
परात्मनाऽऽत्मनः संगस्यास्ति नूनं तथा स्वयम्।
भक्तिभावोदयो ह्येव प्रमाणमिह गोचरम्॥"

(१ - प्रज्ञा पुराण - १/५/८६-८७)

सार :-

"उत्तरोत्तरमुत्कर्षो वस्तुतः सार उच्यते।" (२ - साहित्य दर्पण - विश्वनाथ - १०/७९) किसी वस्तु का उत्तरोत्तर उत्कर्ष वर्णन करने से सार अलंकार होता है। प्रज्ञा पुराण में इसका सौन्दर्य निम्न पद्य में द्रष्टव्य है--

"एकस्यैव समुद्रस्य लहर्यस्ताः सुविस्तृताः।
सूर्यस्यैकस्य विद्यन्ते किरणास्ते समेऽपि च॥
मेघवर्षोदिता नद्यो निर्झरा इव ते समे।

तत्प्रवाहोऽभियात्यत्र जलेधेर्दिशि सन्ततम्॥''

(३ – प्रज्ञा पुराण – २/३४-३५)

धर्म और सम्प्रदाय का अन्तर स्पष्ट करते हुए उद्गम एक होने पर भी उत्तरोत्तर विकास दिखाया गया है अत: उसका निरूपण अपनी अलंकारिक प्रतिवृत्ति के साथ साक्षात् उपस्थित हो उठा है।

काव्यलिंग :-

काव्य प्रकाशकार ने काव्य लिंग अलंकार का लक्षण ''काव्यलिंगहेतोवाक्यार्थपदार्थता'' (४ – काव्य प्रकाश – १०/१७४) किया है, जिसका तात्पर्य है कि जहाँ पर वाक्यार्थ अथवा ॥ एक या अनेक॥ पदार्थ रूप से हेतु का कथन किया जावे वहाँ काव्यलिंग अलंकार होता है। उदाहरणार्थ --

''जीवनं देवता नूनं प्रत्यक्षमन्य देवता:।
परलोके कृपां कुर्वन्सात्मनो जीवनं परम्॥''

(१ – प्रज्ञा पुराण – १/४/४)

प्रस्तुत पद्य में जीवन देवता की आराधना करने का संदेश निहित है क्योंकि अन्य देवताओं की कृपा तो परलोक में ही मिलती है, पर इसे सुसंस्कृत बनाने का लाभ तो इसी जीवन में ही मिल जाता है।

अर्थान्तरन्यास :-

इसका लक्षण मम्मटाचार्य ने इस प्रकार किया है:-

''सामान्यं वा विशेषो वा तदन्येन समर्थ्यते।
यत् सोऽर्थान्तरन्यास: साधर्म्येणेतरेण वा॥''

(२ – काव्य प्रकाश – १०-सूत्र – १६५ मम्मट)

जहाँ पर विशेष से सामान्य का और सामान्य से विशेष का साधर्म्य या वैधर्म्य भाव समर्थित किया जाये वहाँ अर्थान्तरन्यास अलंकार होता है। अवांछनीय तत्त्वों एवं अनैतिकता की वृद्धि होने पर ही भगवान अवतरित होते हैं तथा संघर्ष करने की प्रेरणा देते हैं। अत: इनका होना भी अनिवार्य है। इसका समर्थन करते हुए आचार्य जी लिखते हैं- यदि रात्रि न हो तो दिन की विशिष्टता ही समाप्त हो जायेगी, अनीति का अस्तित्व न हो तो नीति की महिमा को कौन समझेगा, अधर्म के कारण ही धर्म संस्थापना का प्रयास होता है। रोग न हो तो चिकित्सा विज्ञान की प्रगति कैसे होगी? अज्ञान की हानियों से बचने के लिए ही मनीषी तत्त्व साधना करते हैं--

''समर्थने च तस्या हि प्रखरं तत्पराक्रमम्।
कर्तुं च प्रेरयेद्रात्रिर्नोचेच्छ्रेष्ठ्यं दिनस्य न॥''

(१ - प्रज्ञा पुराण - १/६/१२-१६)

इसी प्रकार प्राचीन परम्पराओं के परिवर्तन और देशकालानुसार उन्हें ग्रहण करने की आवश्यकता पर प्रकाश डालते हुए इस अलंकार का सटीक प्रयोग निम्नलिखित पद में द्रष्टव्य है--

''बाल्ये वस्त्राणि यान्येष परिधत्ते शिशुः सदा।
तानि प्रौढ़े न गृह्णाति कोऽपिकाले विनिर्गते॥
देशकालानुरूपेण यदीत्थं ताः परम्पराः।
स्वीकृता भिन्नरूपेण तत्र नो विग्रहादिकम्॥''

(२ - वही - २/३/५६-५७)

इस प्रकार कहा जा सकता है कि प्रज्ञा पुराण एक ध्वनिप्रधान महाकाव्य है जिसमें आचार्य श्रीराम जी ने भाषा को अलंकृत करने के लिए कहीं भी कोई प्रयास नहीं किया किन्तु ऐसा प्रतीत होता है कि अलंकार उनकी भाषा को अलंकृत करने हेतु स्वयमेव ही उपस्थित होकर चमत्कार उत्पन्न कर देते हैं। उनकी अलंकार योजना शब्द चमत्कार के लिए नहीं अपितु काव्य योजना को सफल बनाती हुई अपने अलंकारत्व को सार्थक कर रही है। इस ग्रंथ में अलंकार योजना सौन्दर्योत्पादन, चित्रात्मकता एवं रसोपकारक है। भावों और विचारों के प्रवाह में अनेक अलंकार सहज रूप में आ गये हैं, जो उद्देश्य की पूर्ति में सहायक बन गये हैं।

छन्द योजना :-

छन्द काव्य रचना के अभिन्न अंग हैं। आर्य साहित्य को यह गौरव प्राप्त है कि उसका प्रारम्भ पद्य से होता है जिसका आधार छन्द है। काव्य के सौन्दर्याधायक उपकरणों में छन्द का महत्त्वपूर्ण स्थान हैं। संभवतः इसी लिए वैदिक ऋषियों ने भी वैदिक संहिताओं को सुव्यवस्थित स्वरूप प्रदान करने के लिए छन्दों का आश्रय लिया। छन्द, शास्त्र की गणना वेदों के छः अंगों में की गई है, इन्हें वेदों का चरण कहा गया है--

''छन्दः पादौ तु वेदस्य, हस्तौ कल्पोऽथ पठ्यते।
ज्योतिषामयनं चक्षुर्निरूक्तं श्रोत्रमुच्यते॥
शिक्षा घ्राणं तु वेदस्य मुखं व्याकरणं स्मृतम्।
तस्मात् साङ्गमधीत्यैव ब्रह्म-लोके महीयते॥''

(१ - पाणिनी शिक्षा - ४१/४२)

जिस प्रकार चरण विहीन व्यक्ति चलने में असमर्थ होता है उसी प्रकार छन्द के बिना वेद अथवा कोई भी काव्य गतिशील नहीं हो सकता है। यजुर्वेद के गद्यस्थलों को छोड़कर वेद संहिताओं का अधिकांश भाग छन्दों में ही निबद्ध है। वेदों में त्रिष्टुप्, जगती, अनुष्टुप् तथा विराट् स्थाना आदि छन्दों का प्रयोग विशेष रूप से किया गया है।

काव्य जगत में छन्दों का महत्त्व प्रतिपादित करते हुए जयकीर्तिने छन्दोऽनुशासनम् में लिखा है-- ''छन्दोवाङ्मयं सर्वं न किंचिद् छन्दसां विना।'' (२ - जयकीर्ति - छन्दोऽनुशासनम्- १/२) अर्थात् छन्द के अभाव में वाङ्मय का कोई अस्तित्व नहीं है। नाट्यशास्त्र के रचनाकार भरत मुनि ने भी इसी अभिप्राय को प्रस्फुटित किया है। ''छन्दहीनों न शब्दोऽस्ति न छन्दः शब्दवर्जितम्।'' (३ - भरत मुनि-नाट्यशास्त्र - १४/१५) तात्पर्य यह है कि छन्द और शब्द परस्पर अन्योन्याश्रित हैं। अक्षरों के द्वारा वाणी का नियमन ही छन्द है। यह तथ्य ऋषियों द्वारा भी वर्णित है। ''अक्षरेणभिमते सप्तवाणी।'' (४ - ऋग्वेद - १/१६४/२४) निरूक्तकार ने छन्द शब्द की व्याख्या-- ''छन्दांसि छादनात्'' (५ - निरूक्त-दैवतकाण्ड- ७/३) कहकर की है। वह आच्छादन अथवा नियमन किसका होता है, इस प्रश्न का उत्तर है ''भाव अथवा रस का'', क्योंकि कविता के चार चरण भाव तथा रस की सीमा होते हैं। पाणिनीय व्याकरण के अनुसार ''भ्वादिगणपठित चटिआह्लादने'' धातु से भी छन्द शब्द की निष्पत्ति होती है। ''चन्दयति आह्लादयति इति छन्दः'' इस व्युत्पत्ति के अनुसार जो पाठकों को आह्लादित कर दे उसे छन्द कहते हैं।

जिस प्रकार विभिन्न रस, भाव और अलंकार आदि की व्यंजना के लिए शब्द योजना आवश्यक है, उसी प्रकार काव्य निर्माण हेतु छन्द योजना भी अनिवार्य है।

काव्य के मुख्य दो रूप होते हैं- पद्य काव्य और गद्य काव्य। पद्य काव्य की कल्पना छन्द के अभाव में सर्वथा असम्भव है। आचार्य श्रीराम शर्मा द्वारा रचित प्रज्ञा पुराण महाकाव्य की एक पद्यमय रचना है जिसमें छन्दो योजना का महत्त्वपूर्ण स्थान है। सामान्य रूप से छन्द दो प्रकार के माने जाते हैं-- मात्रिक एवं वार्णिक। जिनमें मात्राओं को विशेष स्थान दिया जाता है उन्हें मात्रिक छन्द कहते हैं तथा जो वर्ण संख्या पर आधरित हों, वे वार्णिक छन्द कहलाते हैं। वार्णिक छन्द के गण तीन तीन अक्षरों के तथा आठ प्रकार के होते हैं उसी प्रकार मात्रिक छन्द के गण चार-चार मात्राओं के तथा पांच प्रकार के होते हैं। आचार्य क्षेमेन्द्र के अनुसार किसी भी रचना के लिए छन्द चयन करना एक अतीव कठिन कार्य है- उनका यह अभिप्राय इस उक्ति से स्पष्ट हो जाता है --

''सगुणत्वं सुवृत्तत्वं साधुता च विराजते।
काव्यस्य सुजनस्येव यद्यौचित्यवती क्रिया॥''

(१ - औचित्य विचार चर्चा - आचार्य क्षेमेन्द्र - कारिका - १९)

अर्थात् जिस प्रकार किसी सत्पुरुष का व्यवहार औचित्य पूर्ण होने के कारण शोभाजनक होता है ठीक उसी प्रकार काव्य में गुण, सुन्दर-छन्द एवं शब्द नियोजन भी तभी सौन्दर्योत्पादक होते हैं, जब उनमें औचित्य का समावेश हो। समुचित पद रचना जिस प्रकार अभीष्टार्थ की अभिव्यक्ति में सौन्दर्य वृद्धि करती है, उसी प्रकार समुचित छन्दोयोजना काव्य के रसास्वादन में सहायक होती है। इसके अभाव में वह रचना दोषपूर्ण ही मानी जायेगी।

प्रज्ञा पुराण में अपनाई गई छन्दो योजना काव्य के परम प्रयोजन को सिद्ध करने में पूर्णत: सार्थक एवं सफल सिद्ध हुई है। पौराणिक शैली में ग्रथित इस ग्रंथ में आचार्य जी ने एक मात्र अनुष्टुप् छन्द को ही काव्य निर्माण हेतु चयनित किया है। काव्य शास्त्रियों के नियमानुसार जिन ग्रंथों के आख्यान लम्बे और कथानक विस्तृत होते हैं वहाँ कथा को संक्षिप्त बनाने हेतु अनुष्टुप् छन्द का ही प्रयोग करना चाहिए। सामान्य रूप से संवाद, नगर, देश, ग्राम एवं समुद्र आदि के वर्णन में यही छन्द प्रयोग में लाया जाता है। आर्ष ग्रंथों के अध्ययन से पता चलता है कि तत्त्वज्ञान, धर्म चर्चा, दर्शन, इतिहास एवं धार्मिक व्यक्तियों के आख्यान् प्राय: इसी छन्द में अंकित हैं। ब्राह्मण ग्रंथों में इस छन्द को सभी छन्दों की प्रतिष्ठा ॥ आधार॥ बताया गया है-- ''वागनुष्टुप् सर्वाणि छन्दांसि॥'' (१ - तैत्तिरीय ब्राह्मण - १/७/५/५, ५/६/१/१)

अनुष्टुप् छन्द का प्रारम्भ वैदिक काल में ही हो गया था ऋग्वेद में सबसे अधिक त्रिष्टुप् उसके बाद जगती तथा तत्पश्चात् अनुष्टुप् छन्द का प्रयोग हुआ है। (२ - ए हिस्ट्री ऑफ संस्कृत लिटरेचर - सी०सी0वैद्य, पृ0- ६९) ब्राह्मण ग्रंथों में इसको और भी अधिक महत्त्व दिया गया तथा महर्षि वाल्मीकि एवं वेद व्यास द्वारा इसे अत्यधिक लोकप्रियता प्रदान की गई। रामायण में इसका स्वरूप सुव्यवस्थित एवं गौरवपूर्ण है। सर्वप्रथम इस धराधाम में वाग्देवी सरस्वती की अनुकम्पा से लौकिक छन्द के रूप में आदि कवि की वाणी इसी छन्द में प्रस्फुटित हुई--

''मा निषादप्रतिष्ठां त्वगमः शाश्वती समाः।
यत्क्रौंचमिथुनादेकमवधीः काममोहितम्॥''

(१ - रामायण वाल्मीकि - १/२/५)

तत्पश्चात् महाभारत, पुराणों तथा विकसित शैली के महाकाव्यों में इस छन्द का प्रयोग सर्वाधिक किया गया। संस्कृत साहित्य में यह छन्द इतना लोकप्रिय रहा है कि महाकवियों ने इसका प्रयोग प्रत्येक रस एवं प्रत्येक भाव की अभिव्यक्ति के लिए किया है।

प्रज्ञा पुराणकार ने भी अपनी वर्णनीय विषयवस्तु के अनुरूप ही प्रज्ञा पुराण की रचना अनुष्टुप् छन्द में की, जो काव्य शास्त्रीय एवं छन्द शास्त्र की दृष्टि से सर्वथा उचित प्रतीत होती है। इस ग्रंथ की मुख्य विषय वस्तु अध्यात्म चर्चा एवं महाप्रज्ञा ऋतम्भरा गायत्री की स्तुति ही रही है, जिसके प्रतिपादन हेतु अनुष्टुप् छन्द के अतिरिक्त कोई भी छन्द इतना उपयोगी एवं प्रभावशाली नहीं हो सकता था। अनुष्टुप् छन्द का लक्षण छन्द: शास्त्र के ग्रंथों में इस प्रकार वर्णित है--

''श्लोके षष्ठं गुरु ज्ञेयं सर्वत्र लघुपञ्चमम्।
द्विचतुष्पादयोर्ह्रस्वं सप्तमं दीर्घमन्ययोः॥''

(२ - श्रुत बोध - १०)

अर्थात् जिस छन्द में छठा अक्षर गुरु ॥ दीर्घ॥ हो, प्रत्येक चरण में पंचमाक्षर लघु ॥ ह्रस्व॥ हो, सप्तम अक्षर केवल दूसरे व चौथे चरण में लघु हो अन्य दो प्रथम व तृतीय में दीर्घ हों तो उसे अनुष्टुप् कहते हैं।

छन्दोमञ्जरी में इसका लक्षण निम्नलिखित है--

''पंचमं लघु सर्वत्र सप्तमं द्विचतुर्थयोः।
षष्ठं गुरु विजानीयात् एतत्पद्यस्य लक्षणम्॥
पंचमं लघु सर्वत्र सप्तमं द्विचतुर्थयोः।
गुरुं षष्ठं च जानीयात् शेषेष्वनियमोयतः॥''

(१ - छन्दो मंजरी - ४/७)

अर्थात् पंचम वर्ण लघु, छठा वर्ण सर्वत्र गुरु, दूसरे चौथे चरण में सातवाँ वर्ण लघु होता है-- जैसे उदाहररण के रूप में प्रज्ञा पुराण के ग्रंथारंभ के श्लोक को ही इस प्रकार ग्रहण कर सकते हैं--

''लोककल्याणकृंद्धर्मधारणा संप्रसारकः।
व्रती यायावरो मान्यो देवर्षिर्ऋषि सत्तमः॥''

(२ - प्रज्ञा पुराण- १/१/१)

उपयुक्त पद्य में आठ आठ अक्षरों का एक चरण है जिसका प्रत्येक छटा अक्षर गुरु है प्रत्येक चरण में पाँचवाँ अक्षर लघु है। द्वितीय एवं चतुर्थ चरण का सप्तम अक्षर लघु है।

उपर्युक्त छन्द में देवर्षि नारद के हृदय की लोक कल्यण की भावना का वर्णन है। इस लोकोपकार की सद्भावना के कारण ही, वे ऋषियों में श्रेष्ठ स्थान प्राप्त कर देवर्षि की उपाधि से सम्मानित हुए।

अनुष्टुप् छन्दों में पथ्यावक्त्र विपरीत पथ्यावक्त्रचपलावक्त्र, विपुला, भविपुला, रविपुला और तबिपुला आदि भेदोपभेदों का निरूपण काव्य शास्त्रियों द्वारा किया गया है। (३ - श्रीमद् भागवत, काव्य शास्त्रीय परिशीलन- डा० कृष्ण मोहनअग्रवाल, पृ0 -३३१) छन्दों के ये भेद लघु एवं दीर्घ अक्षर अथवा भगण, रगण, नगण, तगण आदि के आधार पर किये गये, किन्तु प्रज्ञा पुराण में आचार्य जी ने काव्यशास्त्रीय परम्पराओं को महत्त्व नहीं दिया है। वे साधन की ओर ध्यान न देकर साध्य की ओर अग्रसर है। अतः अनुष्टुप् छन्द के उपर्युक्त लक्षण, ''पंचम वर्ण लघु तथा षष्ठ वर्ण गुरु'' अर्थात् ''श्लोके षष्ठं गुरु श्रेयं सर्वत्र लघु पंचकम्।'' (१ - श्रुत बोध - १०) के नियम का परिपालन भी कुछ स्थलों पर नहीं किया है -
जैसे :-

''गुरुकुलेषु तदाऽन्येषु छात्रा आसँस्तु ये समे।

गुरुजनैः सहते सर्वेऽप्यायाता द्रष्टुमुत्सुकाः ॥''

(२ - प्रज्ञा पुराण - ४/१/१)

उपर्युक्त पद्य में पंचम वर्ण लघु है किन्तु षष्ठ वर्ण भी गुरु न होकर लघु ही है। किन्तु इससे काव्य की सरसता एवं लयात्मकता अथवा गति में कोई भी अवरोध दृष्टिगोचर नहीं होता है। वास्तविकता यही है कि उन्होंने कहीं भी प्राचीन परम्पराओं का अन्धानुकरण न कर काव्य क्षेत्र में नवीन मार्ग, नवीन प्रणाली प्रचलित की है, जिससे इस ग्रंथ का गौरव और भी बढ़ जाता है। अधिकांश स्थलों पर लक्षण से युक्त छन्द प्राप्त है। यथा--

''एकदा तु हरिद्वारे कुंभपर्वणि पुण्यदे।
पर्वस्नानस्य सञ्जातः समारोधोऽत्र धार्मिकः ॥''

(३ - वही - ३/१/१)

तथा --

''परिवारिकतां याता गोष्ठारो जीवनस्य च॥'' (४ - प्रज्ञा पुराण - ३/७/९६)

इस प्रकार यह सम्पूर्ण ग्रंथ अनुष्टुप् छंद में ही निबद्ध है। इस ग्रंथ के संदर्भ में आचार्य श्री की एक अन्य विशेषता उल्लेखनीय है कि उन्होंने सम्पूर्ण ग्रंथ में कहीं की किसी भी अध्याय की समाप्ति पर छन्द परिवर्तन नहीं किया है जो परम्परागत पुराणों एवं महाकाव्यों में आवश्यक माना गया है। इसे परम्परागत पुराणकारों एवं महाकवियों के सिद्धान्तों से पृथक् नूतन परम्परा की नींव कहा जा सकता है।

निष्कर्षतः कहा जा सकता है कि प्रज्ञा पुराण एक श्रेष्ठ धार्मिक एवं सांस्कृतिक ग्रंथ होने पर भी साहित्यिक विशिष्ठताओं से भी परिपूर्ण है। इसमें साहित्य के सभी तत्त्वों- वस्तु विधान, भाव-तत्त्व, विचारतत्त्व तथा अभिव्यक्ति की शैली, भाषा, छन्द आदि को सम्यक् रूप से ग्रहण किया गया है। कवि भावना और भाषा का पुरोहित होता है। आचार्य श्रीराम एक श्रेष्ठ कवि और साहित्यकार थे, अतः उनकी कृति प्रज्ञापुराण साहित्य के उच्च धरातल पर अवस्थित है, जिसमें मानव जीवन के आध्यात्मिक स्वरूप को प्रधानता देकर मानवता का संदेश दिया गया है।

सप्तम अध्याय

परम्परागत प्राचीन पुराण एवं प्रज्ञा पुराण का तुलनात्मक विवेचन

परम्परागत प्राचीन पुराण एवं प्रज्ञा पुराण का तुलनात्मक विवेचन

पुराण साहित्य लौकिक एवं पारलौकिक ज्ञान-विज्ञान का सारभूत तत्त्व है। इसके अन्तर्गत सृष्टि निर्माण से लेकर वर्तमान तक ही नहीं अपितु भविष्य के इतिहास का भी दिग्दर्शन है। यद्यपि पुराणों में वेदों के विभिन्न दर्शन, वास्तु शास्त्र, शिल्पशास्त्र, चित्र कला शास्त्र, प्रतिमा शास्त्र, गणित, नक्षत्र ज्ञान, ज्योतिष शास्त्र, छन्द: शास्त्र, भूगोल, इतिहास आदि सभी विषयों पर पूर्ण प्रकाश डाला गया है, किन्तु सभी पुराणों एवं शास्त्रों में महापुराण के पाँच लक्षण स्वल्प शब्दान्तर के साथ प्रतिपादित किये गये हैं--

"सर्गश्च प्रतिसर्गश्च वंशो मन्वन्तराणि च।
सर्वेष्वेतेषु कथ्यन्ते वंशानुचरितं च यत्॥"
(१ - विष्णु पुराण - ३/६/२५)

भागवत् पुराण में पुराणों के दस लक्षण परिगणित हैं--

"अत्र सर्गो विसर्गश्च स्थानं पोषणमूर्तय:।
मन्वन्तरे शानुकथा निरोधो मुक्तिराश्रय:॥
दशमस्य विशुद्ध्यर्थं नवानामिह लक्षणम्।
वर्णयन्ति महात्मान: श्रुतेनार्थेन चाञ्जसा॥"
(२ - भागवत पुराण - २/१०/१-२)

इन्हीं दस लक्षणों को भागवत् के ही द्वादश स्कन्ध में कुछ शब्द परिवर्तन के साथ प्रस्तुत किया है--

"सर्गोऽस्याथ विसर्गश्च वृत्ती रक्षान्तराणि च।
वंशो वंशानुचरितं संस्था हेतुरपाश्रय:॥"
(३ - वही - १२/७/९)

भागवत के समान ही ब्रह्म वैवर्त पुराण में भी पुराणों को दश लक्षणात्मक बताया है--

"सृष्टिश्चापि विसृष्टिश्च स्थितिस्तेषां च पालनम्।
कर्मणां वासना वार्ता मनूनां च क्रमेण च॥

वर्णनं प्रलयानां च मोक्षस्य च निरूपणम्।
तत्कीर्तनं हरेरेव वेदानां च पृथक् पृथक्॥
दशाधिकं लक्षणं च महतां परिकीर्तिनम्॥"

(१ - ब्रह्म वैवर्त पुराण श्री कृष्ण जन्म खण्ड - १३३/८/१०)

अर्थात् सृष्टि, विसृष्टि, स्थिति, उनका पालन, कर्मों की वासना, मनुओं का वर्णन, प्रलय वर्णन, मोक्ष निरूपण, श्री हरि का गुणगान तथा देवताओं के पृथक् पृथक वर्णन में ये दस विषय पुराणों के हैं। ध्यान से देखने पर यह निश्चित हो जाता है। भागवत के दस लक्षण ही यहाँ विभिन्न रूपों में वर्णित हैं। इनके अर्थ में विशेष अन्तर नहीं है।

इन दस लक्षणों का सूक्ष्म पर्यवेक्षण करने पर यह निष्कर्ष निकलता है कि अन्य पुराणों में सर्ग प्रति सर्ग आदि जो पांच लक्षण व्यक्त हैं, भागवत एवं ब्रह्म वैवर्त पुराण में उन्हीं का विस्तार कर दस लक्षणों में प्रतिपादित कर दिया गया है। वस्तुत: पंच लक्षणात्मकता ही पुराणों की मुख्य परिभाषा है। लक्षणों के आधार पर जब परम्परागत पुराणों से प्रज्ञा पुराण की तुलना करते हैं तो सर्वप्रथम इस तथ्य को ध्यान में रखना होगा कि साहित्य समाज का प्रतिबिम्ब है। प्रत्येक उत्कृष्ट रचना में तत्कालीन परिस्थितियों तथा समस्याओं के दिग्दर्शन कराना साहित्यकार का मूल उद्देश्य होता है। समस्त आर्ष ग्रंथ, पुराण साहित्य तथा लौकिक साहित्य इसका प्रमाण है। भयंकर प्रलय में नौका की सहायता करने में मत्स्य ही समर्थ हो सकता था, अत: मनु की रक्षा हेतु भगवान उस रूप में प्रकट हुए और उनकी स्तुति उसी स्वरूप में करने हेतु मत्स्य पुराण की रचना हुई।

समुद्र मंथन के समय कच्छपावतार, हिरण्याक्ष की दुर्धसु संचय प्रवृत्ति के शमन के लिए वाराहावतार, हिरण्यकशिपु का दमन करने के लिए नृसिंहावतार, तत्पश्चात् वामनावतार, परशुराम, राम, कृष्णादि के रूप में भगवान अवतरित हुए और समय समय पर उनकी अभ्यर्थना वन्दना एवं उपासना हेतु पुराणों का सृजन एवं नामकरण हुआ। कवि एक ओर तो साहित्यिक परम्पराओं से आकर्षित होता है, दूसरी ओर तत्कालीन सामाजिक, धार्मिक, आर्थिक एवं राजनीतिक परिस्थितियाँ उसे प्रभावित करती हैं, भाव संवेदनाएँ उसके हृदय-पटल पर अंकित हो जाती है और युगानुरूप परिवेश धारण कर नवीन रूप में प्रस्फुटित हो जाती है। प्रज्ञा पुराण भी इसका अपवाद नहीं, उसमें ग्रंथकार की अलौकिक प्रतिभा एवं मौलिक संवेदनाओं ने प्राचीन परम्पराओं को कल्पना के रंग में रंग कर नूतन परिवेश में प्रस्तुत किया है। परम्परागत पुराणों एवं प्रज्ञा पुराण का तुलनात्मक विवेचन करने के लिए दो आधार हो सकते हैं प्रथम पुराणों के "पञ्चलक्षणम्" द्वितीय उनके प्रतिपाद्य विषय॥ कथावस्तु॥, पात्रों का चरित्र-चित्रण, भाषा शैली एवं उद्देश्य।

पुराण लक्षण :-

पुराण लक्षण के अनुसार सृष्टि प्रक्रिया का वर्णन पुराणों का मुख्य वर्णनीय विषय रहा है। विष्णु पुराण के अनुसार जगत् तथा उसके पदार्थों की उत्पत्ति को सर्ग कहते हैं। (१ - विष्णु पुराण - १/५/४-६) भागवत में सर्ग का लक्षण ''भूतमात्रेन्द्रियधियाँ जन्म सर्ग उदाहृत:'' (२ - भागवत पुराण - २/१०/३) किया गया है। प्राय: सभी पुराण ग्रंथों में सृष्टि उत्पत्ति का वर्णन बहुत विस्तार पूर्वक वर्णित है, किन्तु आचार्य जी ने नवीन दृष्टिकोण अपनाते हुए मूल ग्रंथ में सृष्टि प्रक्रिया का कोई उल्लेख नहीं किाया, केवल उसका संकेत मात्र प्रस्तुत किया है--

''ब्रह्मा जी ने प्रलय के समय मानव बीजों की रक्षा की, जिससे वे प्रजापति के कर्त्तव्य का निर्वाह कर सृष्टि का पुननिर्माण कर सके।'' (१ - प्रज्ञा पुराण - १/७/२, पृ० -२५४) परम्परागत पुराणों में सृष्टि प्रक्रिया का वर्णन अति विस्तृत एवं मुख्य वर्णनीय विषय रहा है। प्रज्ञा पुराण में सृष्टि प्रक्रिया के सन्दर्भ में कोई भी वर्णन आचार्य श्रीराम शर्मा ने नहीं किया। यह पुराण के प्रथम लक्षण की उपेक्षा ही मानी जा सकती है। प्रज्ञा पुराण ''पुराण पञ्च लक्षणम्'' के प्रथम लक्षण से विहीन होकर पारम्परिक पुराणों के संदर्भ में एक अपवाद ही कहा जा सकता है।

प्रति सर्ग :-

सृष्टि के विपरीत अर्थात् प्रलय तथा पुन: सर्गकरण को ''प्रतिसर्ग'' कहते हैं। (२ - विष्णु पुराण - १/७/४३-४८) परम्परागत पुराणों में इसका विशेष रूप से अत्यधिक विशद् विवेचन करके उसके चार भेद बताये गये हैं। नैमित्तिक प्रलय, प्राकृत प्रलय, आत्यन्तिक प्रलय एवं नव्य प्रलय, (३ - भागवत - १२/५/५-६, १२/४/३४, विष्णु पुराण - ६/४) किन्तु प्रज्ञा पुराण के अन्तर्गत नितान्त नूतन रूप में बहुत संक्षेप में प्रलय का संकेत मात्र किया है-- अगस्त्य ऋषि विश्व के विनाश की भावना से आशंकित होकर प्रश्न करते हैं--

''परिस्थितीर्विलोक्याद्य तेन देव प्रतीयते।
खण्डप्रलयकाल: किं समायातो भयंकर:।।''

(४ - प्रज्ञा पुराण - ४/७/७)

अथवा--

''देवसंकट एषोऽत्र निर्गमिष्यति वा न वा।
महाप्रलयकालो वा समापातोऽस्त्यकालिक:।।''

(५ - प्रज्ञा पुराण - ४/७/१२)

हे देव, इन दिनों ऐसी परिस्थितियों को देखकर लगता है कि खण्ड प्रलय का भयंकर समय आ गया है, कृपया बतायें कि यह संकट समाप्त होगा या नहीं, कहीं महाप्रलय होने की संभावना तो नहीं है? - इस शंका का समाधान महर्षि कात्यायन के माध्यम से आचार्य जी के द्वारा किया गया है। (१ - प्रज्ञा पुराण - ४/७ पृ० ३५४)

इसके अतिरिक्त सम्पूर्ण प्रज्ञापुराण में कहीं भी प्रति सर्ग अथवा प्रलय के सन्दर्भ में कोई भी वर्णन नहीं है जो पारम्परिक पुराणों के मुख्य वर्णनीय विषयवस्तु से इसकी भिन्नता को दर्शाता है।

वंश-मन्वन्तर एवं वंशानुचरित :-

पुराण लक्षण के अनुसार देव ऋषि तथा मानव जाति की सन्तति परम्परा का उल्लेख वंश कहलाता है, सृष्टि क्रम की काल गणना ''मन्वन्तर'' के अन्तर्गत आती है और महर्षियों एवं राजाओं के चरित्रों के वर्णन को ''वंशानुचरित'' की संज्ञा दी गई है। (२ - कल्याण - पुराण कथांक - पृ० - ४६) प्राय: सभी पुराणों में इन विषयों को विशेष महत्त्वपूर्ण स्थान दिया गया है। किन्तु आलोच्य ग्रंथ में ग्रंथकार ने इन परम्पराओं का सर्वथा परित्याग कर दिया है।

''परिवर्तनशीलास्तु रीतय: सर्वदैव ता:।
नवे युगे नवेनैव विधिना निर्वहेज्जन:।।''

(३ - प्रज्ञा पुराण ३/५/७७)

परिवर्तनशीलता प्रकृति का नियम है, प्रकृति नित्य नूतन पुष्पों से अपना श्रृंगार करती है, कुशल माली अनावश्यक झाड़-फूंस एवं तृण तिनकों को काट-छाँट करके ही उद्यान को सुसज्जित करता है। अत: सजग प्रहरी की भांति युग स्रष्टा साहित्यकार समाज की आवश्यकता के अनुसार युगानुरूप परिवर्तन करके ही काव्य सृजन करता है। आचार्य श्रीराम ने भी प्रज्ञा पुराण में इन परम्पराओं का अनुकरण न कर अपनी मौलिकता एवं काव्यप्रतिभा का परिचय दिया है। उन्होंने प्राचीन मान्यताओं का यदि वर्णन किया भी है तो उसमें नवीन कल्पना के रंग भर कर नूतन परिवेश में प्रस्तुत किया है। सर्ग प्रतिसर्ग की भाँति मन्वन्तर के विषय में उनका नवीन दृष्टिकोण है। (१ - प्रज्ञा पुराण - १/७, पृ० - २५५)

उपर्युक्त पांच लक्षणों के अतिरिक्त आख्यान, उपाख्यान, आख्या एवं कल्पशुद्धि इन चार विषयों का भी प्रयोग प्रज्ञा पुराण में नहीं है। व्याख्या में अवश्य ही कुछ कथाएं अन्तर्कथाएँ, महापुरुषों के जीवन के महान् आदर्श प्रस्तुत किये गये हैं, किन्तु उनमें भी अधिकांश दृष्टान्त समस्त विश्व के उन महान् प्रतिभाशाली, पुरुषार्थी, एवं कर्मयोगियों की जीवनी पर आधारित हैं, जिन्होने अपनी उपासना, साधना, आराधना, विवेकशीलता अथवा दृढ़ संकल्प शक्ति के द्वारा जीवन में प्रगति की है और जो आज के तर्क बुद्धि प्रधान मानव को भी प्रभावित करने में समर्थ हैं।

विषयवस्तु को प्रतिपादित करने, उसे रोचक, सरस एवं हृदयग्राही बनाने के लिए ग्रंथकार ने ज्ञान सत्र की कल्पना की है, जो इनकी अनोखी सूझबूझ एवं अलौकिक प्रतिभा की परिचायक है। धार्मिक स्थानों व तीर्थालयों में अथवा ऋषि-आश्रमों में इस प्रकार के सत्र प्राचीन काल में भी होते थे वर्तमान काल में धार्मिक स्थलों में आज भी धर्मपिपासु एक सप्ताह अथवा एक मास के लिए धार्मिक अनुष्ठान करने के लिए जाते हैं तथा प्रवचन, सत्संग, भजन कीर्तन द्वारा धर्म लाभ प्राप्त करते हैं। साप्ताहिक सत्संग के रूप में भी इस ग्रंथ का पठन पाठन किया जा सकता है। (१ - प्रज्ञा पुराण - ३/६/४९) पुराणों में जहाँ एक विषयवस्तु को समझाने हेतु अनेक विस्तृत कथानकों, आख्यानों एवं उपाख्यानों का विस्तृत वर्णन किया गया है, प्रज्ञा पुराणकार ने अपने ग्रंथ में कहीं भी इसका आश्रय नहीं लिया। पुराणों में तीर्थ स्थानों का विशिष्ट महत्त्व प्रतिपादित है। नदियों के संगम, पर्वत, आरण्यक, सन्त तथा भक्त जनों की साधना स्थली आदि का वर्णन पुराण साहित्य में प्रचुर मात्रा में वर्णित है। शीलत जल धारा से पृथ्वी को शस्यश्यामला

बनाने वाली नदियों को भारतीय मनीषी माता के समान मानते हैं। देवनदी गंगा, यमुना, सरस्वती, नर्मदा, गोदावरी, सरयू, गोमती, शिप्रा आदि सरिताओं का महिमा गान अनेक पुराणों में उपलब्ध है। स्कंध पुराण में गंगा को विष्णुपादोद्भवा, शिव शीर्ष निवासिनी, भीष्म एवं आठ वसुओं की माता कहा है तो पद्म पुराण में यमुना की महिमा अंकित है। ब्रह्म पुराण, स्कंध पुराण, शिव पुराण, भागवत पुराण में प्रायः तीस नदियों के वर्णन प्राप्त हैं। मत्स्य पुराण में नर्मदा के विषय में कहा गया है कि उसके दर्शन मात्र से ही व्यक्ति पवित्र हो जाता है। (२ - मत्स्य पुराण - १८६/११) वाराह पुराण में गोमती (३ - वाराह पुराण - २१५/५०-५१) तथा गण्डकी (४ - वही १४४/१२२-१२३) की महिमा गाई गई है।

नदियों की भाँति पर्वतों को पूज्य माना गया है। स्कन्ध पुराण में अरूणाचल को साक्षात् शिवरूप कहा गया है। (५ - स्कन्ध पुराण - ४/१२) हिमालय, विन्ध्याचल, पारिजात, मलयगिरि, महेन्द्राचल, चित्रकूट, ऋष्यमूक, मल्लिकार्जुन, कामगिरि, रामगिरि, गोवर्धन आदि पर्वतों को पवित्र एवं स्मरणीय मानकर विविध प्रकार से उनकी महत्ता वर्णित है। सह्यगिरि को तो अनेक पुराणों (६ - ब्रह्म पुराण - २७/४३, मार्कण्डेय पुराण - ५७/३४, वायु पुराण - ४५/१/२) में सारी पृथ्वी में मनोरम प्रदेश बताया गया है।

सात मोक्षदायिनी पुरियों का उल्लेख सभी पुराणों में है। गरूड़ पूराण में --

''अयोध्या मथुरा माया काशी काञ्चीह्यवन्तिका।
पुरी द्वारावती ज्ञेयाः सप्तैता मोक्षदायिकाः।।''

(१ - गरूड पुराण - २/४९/११४)

स्कन्ध पुराण के प्रायः १२ अध्यायों में बदरीनाथ धाम की महिमा प्रतिपादित है। जगन्नाथपुरी का पुरुषोत्तम क्षेत्र महात्म्य स्कन्ध पुराण में ५० अध्यायों में तथा ब्रह्म पुराण के ३० अध्यायों में चित्रित है। इसके अतिरिक्त सप्तबदरी, पंच केदार, पंच सरोवर, सप्तक्षेत्र, द्वादश आरण्य, चतुर्दश प्रयाग, द्वादश देवी विग्रह एवं उनके स्थान तथा ५१ सिद्ध क्षेत्रों का विस्तृत महात्म्य वर्णन पुराणों में उपलब्ध है। (२ - कल्याण पुराण कथांक के आधार पर।)

प्रज्ञा पुराणकार ने तीर्थ देवालय का अति संक्षिप्त उल्लेख करते हुए इन तीर्थों के नाम एवं संख्या का वर्णन किया है। हिन्दुओं के मुख्य तीर्थ, चार धाम, द्वादश ज्योतिर्लिंग, इक्कीस गणपति क्षेत्र, चौबीस शक्तिपीठ, ५१ सिद्ध क्षेत्र, सप्त पुरियाँ, पंच काशी, सप्त सरिता, सप्त क्षेत्र, पंच सरोवर, नौ आरण्य, चतुर्दश प्रयाग, ४२ श्राद्ध तीर्थ की परिगणना की है। इनके अतिरिक्त ग्रंथकार ने सभी सम्प्रदायों के मठ, देवालय स्मारकों का महत्त्व बताते हुए ४० दिगम्बर जैन तीर्थ, ३० श्वेताम्बर जैन तीर्थ, सात बौद्ध तीर्थ, सिक्खों के ३५ प्रमुख देवालय, मुसलमानों के मक्का, ईसाईयों के जरूसलम (३ - प्रज्ञा पुराण - ४/४ पृ० - २०५) का उल्लेख कर इस ग्रंथ को देश काल की सीमाओं से मुक्त कर भावनात्मक एकता को महत्त्व देकर अपने उदार दृष्टिकोण का परिचय दिया है। इस प्रकार यह ग्रंथ सभी सम्प्रदायों के श्रद्धालुओं के लिए स्पृहणीय बन गया है।

आचार्य श्रीराम जी ने तीर्थों का इस ग्रंथ में भी वर्णन कर उनका महत्त्व नवीन रूप में प्रस्तुत किया है- उनके मतानुसार तीर्थ यात्रा का उद्देश्य केवल गंगा स्नान अथवा प्रतिमा पूजन ही नहीं है अपितु स्वर्ग प्राप्ति के लिए सत्कर्म करने की आवश्यकता है। तीर्थ यात्रा का स्वरूप पद यात्रा है क्योंकि अधिक से अधिक जन सम्पर्क इसी प्रकार हो सकता है--

''तीर्थयात्रा स्वरूपं तु पदयात्रैव विद्यते।
लोकैश्च बहुभिर्भूयान् सम्पर्कस्त्वेव मेवहि।।''

(१ - प्रज्ञा पुराण - ४/४/६२)

इसी के साथ-साथ देवालयों एवं तीर्थ स्थलों पर केवल पाषाण प्रतिमा की ही पूजा नहीं होनी चाहिए अपितु वहाँ नर को नारायण बनाने वाली ब्रह्म विद्या का, केन्द्र बना कर संस्कार संवर्धन की शिक्षा देनी चाहिए। उन स्थलों पर पाठशाला, व्यायाम शाला, कथा सत्संग, धर्मानुष्ठान, पुस्तकालय, चिकित्सालय, आदि रचनात्मक गतिविधियों का बनाये रखना आवश्यक है। यही भगवान, मनुष्य और धर्म संस्कृति की वास्तविक पूजा है-- इसी के द्वारा ही तीर्थालय, देवालय का प्रयोजन सिद्ध हो सकता है--

''प्रशिक्षणपरा कार्या कथासत्संगयोरपि।
विद्यालयस्य धर्मानुष्ठानस्यापि विशेषतः।।''

(२ - वही - ४/४/३८)

तथा ''पूजैषा मानवस्याथप्रभोधर्मस्य संस्कृतेः'' (३ - वही - ४/४/४३) इस सिद्धान्त के द्वारा ग्रंथकार ने तीर्थ के वास्तविक स्वरूप का निर्धारण किया है। नारद पुराण, स्कन्ध पुराण एवं भागवत पुराण में भी तीर्थ यात्रा का यही उद्देश्य बताया गया है। (४ - वही - ४/४ पृ० २४०) इन विषयों के अतिरिक्त ग्रह नक्षत्र, ज्योतिष, नवग्रह वर्णन, भूगोल, गणित, अलंकार, छन्द शास्त्र, प्रतिमा-शास्त्र, आयुर्वेद, राजनीति, वास्तु-शास्त्र, शिल्प शास्त्र, चित्रकला इत्यादि अनेक विद्या, कला, ज्ञान-विज्ञान तथा शास्त्रों का सूक्ष्म विवेचन पुराणों के अन्य वर्णनीय विषय रहे हैं। वायु पुराण, ब्रह्माण्ड पुराण, अग्नि पुराण, गरूड़ पुराण, नारद पुराण, शिव धर्मोत्तर एवं विष्णुधर्मोत्तर पुराणों में ये समस्त विषय व्यापक एवं विशद् रूप में वर्णित हैं इनमें से अग्नि पुराण तो समस्त परा-अपरा विधाओं से परिपूर्ण है जैसा कि उसके विषय में कहा गया है-- ''आग्नेयेहिपुराणेऽस्मिन् सर्व विद्या प्रदर्शिताः'' (१ - अग्नि पुराण - ३८३/५१) यह समस्त विद्याओं का विश्वकोष माना गया है। आचार्य जी ने इन सब परम्पराओं का अन्धानुकरण न कर केवल उन्हीं विषयों का चयन किया है जो मानव मन की पशु प्रवृत्तियों को नियंत्रित कर उसे सन्मार्ग पर चलने की प्रेरणा दे सके। उनका मन्तव्य पांडित्य प्रदर्शन नहीं है। वे तो भारतीय संस्कृति के पुनरूद्धार के लिए कृतसंकल्प हैं अतः इन सब विषयों का वर्णन प्रस्तुत ग्रंथ में नहीं है।

अन्य पुराणों में स्वर्ग-नरक मोक्ष का उल्लेख भी अनेक भेदोपभेदों सहित प्रतिपादित है। उनमें विभिन्न प्रकार के स्वर्ग तथा कुंभीपाक, रौरव नरक आदि का वर्णन विस्तार पूर्वक किया गया है। आचार्य श्रीराम के मतानुसार स्वर्ग नरक की प्राप्ति इसी लोक में ही हो जाती है क्योंकि ईर्ष्या, कलह, द्वेष स्वार्थ की भावना रखने वाले व्यक्ति जहाँ भी जाते हैं उस स्थान को नरक तुल्य बना कर स्वयं भी नारकीय पीड़ा भोगते हैं-- इसके विपरीत मिष्ठभाषी, संयमी, सदाचारी, शीलवान् अपने मधुर व्यवहार से सब स्थानों पर चन्दन वृक्ष की भांति सुख, शीतल एवं स्वर्गीय वातावरण का निर्माण कर देते हैं। (२ - प्रज्ञा पुराण - ४/५, पृ0 -२६३) विष्णु पुराण में भी स्वर्ग नरक को मन की अनुभूति का विषय कहा है--

''मनः प्रीतिकरः स्वर्गो नरकस्तद्विपर्ययः।
नरक-स्वर्ग सञ्ज्ञे वै पापपुण्ये द्विजोत्तमः।।''

(१ - विष्णु पुराण - २/६/४३-४८)

आचार्य श्री ने भी सुख दुःख को मन का विकार ही बताया है।

इन समस्त विषमताओं एवं असमानताओं के पश्चात् भी अन्य परम्परागत पुराणों एवं प्रज्ञा पुराण में अद्भुत सामंजस्य है। समस्त ज्ञान राशि के भण्डार एवं विश्वकोष होने पर भी पुराणों का मुख्य लक्ष्य भगवत्प्राप्ति है और भगवत्प्राप्ति के लिए जिन तत्त्वों की आवश्यकता होती है, वे सब ही अन्य पुराणों की भांति प्रज्ञा पुराण में भी उपलब्ध हैं। भारतीय संस्कृति का मुख्य आधार धर्म है, जिसकी महत्ता को वेद, उपनिषदादि समस्त आर्ष ग्रंथों एवं पुराणों में बताया गया है, उसी धर्म का विवेचन, सत्य विवेक, संयमशीलता, कर्त्तव्य परायणता, ज्ञान, कर्म भक्ति का समन्वय, वर्णाश्रम धर्म, संस्कार, यज्ञानुष्ठान, पर्वोत्सव, व्रतोपवास, मरणोत्तर जीवन, श्राद्ध प्रक्रिया, दान, दया, उदारता, परोपकार आदि का विस्तृत वर्णन सभी महापुराणों तथा उपपुराणों के समान प्रज्ञा पुराण में भी किया गया है। अन्तर केवल इतना ही है कि अन्य पुराणों में कर्म काण्ड को अधिक महत्त्व दिया गया है किन्तु प्रज्ञा पुराण में गीता के कर्म योग को प्रधानता दी है।

समस्त पौराणिक साहित्य में ईश्वर की अहेतुकी कृपा का विस्तृत विवेचन है। भागवत में उसे पोषण की संज्ञा देकर ''पोषण तदनुग्रह'' (२ - भागवत - २/१०/४) कहा है, प्रायः सभी पुराणों में उसका अनुग्रह प्राप्त करने के लिए दीर्घ दीर्घतर स्तुतियाँ भी की गई है। (३ - दुर्गा सप्तशाती - ४-५, विष्णु पुराण - १/४/१२-१४) किन्तु प्रज्ञा पुराण में भगवान के अनुग्रह को अन्तरात्मा की पुकार कहा है। इस की प्राप्ति के लिए प्रखर पवित्रता, समर्पण, निष्काम कर्म एवं उदार भावना आवश्यक है। (४ - प्रज्ञा पुराण - १/३/२१)

व्रतोपवास, दान, स्नानादि कर्म काण्डों का उल्लेख पुराण ग्रंथों में व्यापक रूप में निरूपित है- भविष्य पुराण में भी ''शुभाशुभ गति एवं यमयातना'' (१ - भविष्य पुराण - पृ० ३३० -३४८) व्रतानुष्ठानों का विस्तृत उल्लेख है। (२ - वही - ३४९-४९९) सभी मतावलम्बी एवं सम्प्रदाय व्रतोपवास एवं दान का माहात्म्य स्वीकार करते हैं। किन्तु

ग्रंथकार के मतानुसार व्रत का तात्पर्य यम, नियम, शम, दम, का पालन है तथा दृढ़ संकल्प होकर शुभ कर्म की ओर अग्रसर होना ही व्रत कहा जा सकता है। उपवास का तात्पर्य इन्द्रिय संयम है, भोजन का उद्देश्य रसास्वादन नहीं अपितु भगवान के मन्दिर शरीर की रक्षा करना है--

''इन्द्रियेषु दशस्वेव प्रधाने द्वे तथेन्द्रिये।
जिह्वोपस्थेति संज्ञे चाऽऽहारं जिह्वा विवेकतः।।''

(३ - प्रज्ञा पुराण - १/४/३०)

प्रज्ञा पुराणकार ने अन्य पुराणों के विस्तृत कर्म काण्ड का अनुसरण करते हुए उनके द्वारा वर्णित सात्विक आचरण को ही स्वीकार किया है। यज्ञानुष्ठान के सन्दर्भ में अन्य पुराणों व प्रज्ञा पुराण दोनों का ही दृष्टिकोण प्रायः समान ही प्रतीत होता है। प्रायः सभी पौराणिक ग्रंथों में वर्णाश्रम धर्म, सदाचार आदि की महत्ता प्रतिपादित है। वैदिक काल में चार वर्ण चार आश्रम व सोलह संस्कारों का नियोजन आर्ष ऋषियों द्वारा किया गया था। समस्त पुराणों में वैदिक कालीन दृष्टिकोण के अनुसार ही वर्णाश्रम धर्म का विवेचन किया है। वैदिक धर्म में किसी प्रकार का भेदभाव न मानकर मानवमात्र को एक ही समान माना है। आर्ष ग्रंथों व मनुस्मृति के आदर्शों के अनुरूप ही पुराणों में भी वर्ण का आधार कर्म को ही माना है, जन्म को नहीं। महाभारत में व्यासजी ने स्पष्ट घोषणा की है-- ''वर्ण में सभी समान है सभी ब्रह्म से उत्पन्न हैं। '' (४ - महाभारत पर्व - १८८/१०) विष्णु पुराण में ब्राह्मण, वैश्य, क्षत्रिय, शूद्र सभी के धर्म कर्त्तव्य का उल्लेख करते हुए आवश्कतानुसार वर्ण परिवर्तन की अनुमति भी दी है, (१ - विष्णु पुराण - ३/८/३९) दया, उदारता, तितिक्षा, सत्य, शौच, प्रियवादिता, मित्रता, अकृपणता आदि सभी वर्णों के लिए समान रूप से ग्राह्य है।

आचार्य जी ने भी वर्णाश्रम धर्म के इसी आदर्श का निरूपण करते हुए ब्राह्मणत्व पर अधिक बल दिया है। उनके मतानुसार सदाचारी, संयमी, प्रियवादी, परोपकारी व्यक्ति को ब्राह्मण मानना शास्त्र सम्मत है--

''कस्मिन्नपि कुले जन्मग्रहणादेव नैव तु।
कश्चिद् भवति विप्रोऽत्र लोकोद्धारक उत्तमः।।''

(२ - प्रज्ञा पुराण - ४/२/६८)

पुराण-साहित्य में अनेक आख्यान, उपाख्यान, गाथा एवं कथा उपकथाओं का उल्लेख किया गया है अतः उनमें पात्रों की संख्या निश्चित नहीं की जा सकती, तथापि उन पात्रों को दिव्य, अदिव्य तथा दिव्यादिव्य तीन कोटि में विभाजित किया जा सकता है। अथवा कुछ विद्वानों के मतानुसार इन्हें सुर असुर तथा मानव की संज्ञा दी जा सकती है। सुरगण भी अवतार तथा सामान्य देव कोटि के हो सकते हैं। अतः पुराणों में अवतारी सत्ता, देवतागण, ऋषि-मुनि, राजवंशी तथा अन्य सामान्य पात्रों का उल्लेख उपलब्ध है।

भगवान का अवतार रूप में चित्रण सभी पुराणों का मुख्य विषय रहा है। प्राय: सभी पुराणों में भगवान विष्णु के दस अथवा चौबीस अवतारों का विशद् व्यापक वर्णन तथा उनकी स्तुति की गई है किन्तु प्रज्ञा पुराणकार ने प्रारम्भ में महाप्रज्ञा गायत्री के अवतार की सूचना देकर ग्रंथ समापन के अवसर पर दस अवतारों का संक्षिप्त वर्णन करके कल्कि अवतार को ही महाप्रज्ञा के अवतार के रूप में चित्रित किया है। इसके अतिरिक्त किसी भी अवतार का वर्णन प्रज्ञा पुराण में कहीं पर प्राप्त नहीं होता। इसमें महाप्रज्ञा गायत्री को ही दिव्य पात्रमाना गया है जो इस समय अनास्था संकट से संत्रस्त मानव का उद्धार करने में सक्षम हैं। (१ - प्रज्ञा पुराण - १/१/२७-३०) बुद्धि प्रधान युग की समस्याएँ चिन्तन प्रधान होती हैं मान्यताएँ, इन्छाएँ प्रेरणा केन्द्र होती हैं। उसी के प्रवाह में समाज बह जाता है। इस लोक मानव की अवांछनीयताओं एवं मूढ़ मान्यताओं से मुक्ति पाने के लिए विचार क्रान्ति अभियान या प्रज्ञावतार की आवश्यकता पर बल दिया है। (२ - वही - ४/७)

देवता कोटि-पात्रों में महालक्ष्मी, महाकाली, महासरस्वती, ब्रह्मा विष्णु महेश, गणेश, लक्ष्मी, गायत्री माता आदि देवी-देवताओं का महत्त्व नितान्त नूतन रूप में प्रतिपादित किया है। लक्ष्मी पूजा का अर्थ समय रूपी सम्पदा का सदुपयोग करना है। महाकाली आसुरी प्रवृत्तियों पर नियंत्रण कर प्रतीक हैं, महालक्ष्मी संगठन की अधिष्ठात्री देवी है क्योंकि इनका जन्म देव शक्तियों के एकत्रीकरण से हुआ है। इनका वाहन सिंह है। इनके उपासक को हिंसात्मक प्रवृत्तियों पर नियंत्रण रखना चाहिए। सरस्वती की वन्दना ज्ञान चेतना के प्रतीकात्मक रूप में करनी चाहिए। इनकी पूजा का उद्देश्य विचारणा भावना एवं संवेदना का समन्वय है। (३ - वही - ४/४, पृ0 -२१३-२१४) गायत्री माता का वाहन हंस है। मनुष्य को हंस की भांति नीर क्षीर विवेकी होना चाहिए। हाथ के कमण्डल एवं पुस्तक सत्संग की शीतलता, ज्ञानामृत का पान स्वाध्याय की प्रेरणा देते हैं। गायत्री मंत्र के २४ अक्षर २४ अवतारों एवं चौबीस शक्तियों का संकेत करते हैं। ब्रह्मा का कमल, नाल हृदय की प्रफुल्लता का तथा चार मुख चतुर्मुखी प्रतिभा के प्रतीक हैं। विष्णु का शंख उद्बोधन का, चक्र सतत क्रियाशीलता का, कमल पुष्प प्रेम सद्भावना, निर्लिप्त रहने का तथा गदा सामाजिक नियंत्रण एवं न्याय व्यवस्था की सूचक है। शिव के मस्तक पर चन्द्रमा शीतलता का, गंगा ज्ञान गंगा का प्रवाह, नील कण्ठ, विष पीकर अमरत्व प्राप्ति का, मुण्डमाल मृत्यु के स्मरण का, गले के सर्प दुर्जनों को सहयोगी बनाने की प्रेरणा देते हैं। गणेश-बुद्धि सद्ज्ञान के देवता हैं, विवेक रूपी गणेश की पूजा से आत्मबल एवं सफलता रूपी सिद्धि प्राप्त की जा सकती है। (१ - प्रज्ञा पुराण - ४/४ पृ० - २१९)

इस प्रकार समस्त देवताओं के आयुध एवं उनकी वेशभूषा का प्रतीकात्मक चित्रण ग्रंथकार की कुशल प्रतिभा का परिचायक है। अन्य पुराणों की भांति राजवंशों का अथवा असुरों का चित्रण इस ग्रंथ में अप्राप्य है। प्रज्ञा पुराण में मानसिक दुष्प्रवृत्तियों ॥काम, क्रोध, लोभ, मोह॥ को ही निराकार रूप में राक्षसों की संज्ञा दी है जो मानवमन में संव्याप्त हैं। अन्य पात्रों में सद्गृहस्थ, छात्र आदि हैं जो ज्ञानप्राप्ति की अभिलाषा से ज्ञान सत्र में सम्मिलित होते हैं। इस प्रकार पात्र योजना की दृष्टि से प्रज्ञा पुराण में सीमित पात्रों की योजना विषयवस्तु के अनुरूप जान पड़ती है जबकि अन्य पुराणों के वर्णनीय विषय की व्यापकता के कारण पात्र योजना भी विस्तृत है।

भाषा एवं शैली की दृष्टि से भी प्रज्ञा पुराण का पौराणिक साहित्य में विशिष्ट स्थान है। परम्परागत पुराणों में अनेक स्थानों पर दीर्घ, दीर्घतर समास युक्त शैली को अपनाया गया है। भाषा में कहीं-कहीं क्लिष्टता एवं पांडित्य प्रदर्शन की झांकी प्रत्येक पुराण के अन्तर्गत दृष्टिगोचर होती है। किन्तु प्रज्ञापुराण की भाषा अपने प्रतिपाद्य विषय का सर्वजन संवेद्य निरूपण सरल रूप में प्रस्तुत करती है जो प्रसाद और माधुर्य गुणों से पूर्ण हैं। अन्य पुराणों में विभिन्न छन्दों को अपनाया गया है, किन्तु प्रज्ञा पुराण एक मात्र ऐसा पुराण है जिसमें प्रारम्भ से लेकर ग्रंथ समाप्ति पर्यन्त एक अनुष्टुप् छन्द का ही प्रयोग किया गया है।

प्राय: सभी पुराणों में भक्ति तत्त्व की प्रधानता है किन्तु उन सब में श्रृंगार, वीर, करुण, हास्य, रौद्र तथा वीभत्सादि रसों का भी प्रसंगानुकूल वर्णन है परन्तु प्रज्ञा पुराण में कहीं पर भी रसान्तरों की प्रतीति नहीं होती, शान्त, करुण, वीर रसों की ही अभिव्यक्ति हुई है। अन्य पुराणों के रचनाकार महर्षि, वेद व्यास जी को ही मानते हैं किन्तु अन्य विद्वान इस मत से सहमत नहीं है। प्रज्ञा पुराण आधुनिक युग की कृति है इसके रचयिता आचार्य श्रीराम शर्मा ही हैं इसमें किसी प्रकार का किसी को भी संदेह नहीं है। इसी प्रकार अन्य पुराणों के रचनाकाल में भी विद्वानों का मत भेद है, उनके रचनाकाल का वास्तविक समय निर्धारित करना कठिन है किन्तु प्रज्ञा पुराण का रचनाकाल स्पष्ट है। इस ग्रंथ के रचनाकार आचार्य श्रीराम शर्मा का जन्मकाल, जन्मस्थान, माता-पिता, अध्ययन, गुरु व कार्य क्षेत्र आदि के सन्दर्भ में सभी विद्वानों को नि:संदेह रूप में प्रामाणिक जानकारी है।

इस प्रकार प्राचीन पुराणों एवं प्रज्ञा पुराण के तुलनात्मक विवेचन से स्पष्ट हो जाता है कि बाह्य रूप, विषयवस्तु, पात्र भाषा शैली, में असमानता दृष्टिगोचर होने पर भी उनका उद्देश्य एक ही है और वह है-- परब्रह्म की प्राप्ति। विद्वानों के मतानुसार यद्यपि पुराणों को पंच लक्षणात्मक अथवा दशलक्षणात्मक कहा जा सकता है किन्तु इन लक्षणों का लक्ष्य भी प्रत्यक्ष अथवा अप्रत्यक्ष रूप से ईश्वर तत्त्व का बोध कराना ही है। पुराणों के नामकरण एवं क्रम संख्या भी इसी तथ्य की पुष्टि करते हैं-- कि प्रथम पुराण ब्रह्म पुराण है, और अन्तिम ब्रह्माण्ड पुराण, मध्य में ब्रह्म वैवर्त पुराण है इस विषय में पंडित गिरिधर शर्मा लिखते हैं :- स्थूल दृष्टि से देखते ही प्रत्येक भावुक को यह चमत्कार प्रतीत होगा कि इस विद्या का आरम्भ ब्रह्म से और समाप्ति ब्रह्माण्ड पर है, मध्य में भी ब्रह्मवैवर्त की स्मृति करा दी गई इससे स्पष्ट हो जाता है कि यह सृष्टि विधा ही है जो ब्रहम् से आरम्भ होकर ब्रह्माण्ड तक हमारे ज्ञान को पहुँचा देती है और आदि मध्य एवं अन्त में ब्रह्म का कीर्तन करती हुई ज्ञानी को ब्रह्म पर से विचलित नहीं होने देती। (१ - कल्याण पुराण कथांक - पृं०-गिरिधर शर्मा चतुर्वेदी, -पृ० -२५) परब्रह्म का ज्ञान कराने वाली यह सृष्टि विधा ब्रह्म ही है अन्य पुराणों की भाँति प्रज्ञा पुराण का मुख्य प्रतिपाद्य विषय भी ब्रह्म विद्या ही है। ग्रंथारंभ में ही ग्रंथकार ने वस्तु निर्देशात्मक मंगलाचरण में यह घोषणा की है कि यह सम्पूर्ण ग्रंथ ब्रह्म विद्या एवं आत्म विद्या के विवेचन से परिपूर्ण है। (२ - प्रज्ञा पुराण - १/१/५)

उपर्युक्त विवरण से स्पष्ट हो जाता है कि प्रज्ञा पुराण की रचना ब्रह्म विद्या जैसे गूढ़ विषय को सर्व सुलभ बनाने के लिए की गई है। (३ - प्रज्ञा पुराण - १/२/२) ब्रह्म विद्या वह विज्ञान है जिसके अन्तर्गत परम पिता के अंश रूप में

विद्यमान अपने अन्दर अवस्थित सत्ता की महत्ता को समझ कर विकसित किया जाता है। जीव एवं ब्रह्म की एकता का ज्ञान ही ब्रहम विद्या है। (४ - वही - १/२/४२-४४)

निष्कर्ष रूप में कहा जा सकता है कि प्रज्ञा पुराण अन्य पुराणों की तुलना में मात्र ''पुराणं पञ्चलक्षणम्'' की कसौटी के निर्वाह हेतु विरचित नहीं की गईं, अपितु उसका एक मात्र उद्देश्य जन-सामान्य को पौराणिक शैली के माध्यम से आत्मन्तिक दु:ख निवृत्ति की ओर उन्मुख करते हुए परमानन्द की सत्ता से जोड़ना ही रहा है। आज वैज्ञानिकता की प्रधानता के कारण सम्पूर्ण सृष्टि और मानव जीवन विषमता की चरम सीमा पर पहुँच गया है। मानवीय सद्वृत्तियों के स्थान पर आसुरी प्रवृत्तिप्रधान हो गई है जिसका दमन करके प्रज्ञा शक्ति के जागरण से आदर्श मानव का सृजन करना ही प्रज्ञा पुराण का प्रमुख लक्ष्य है जो अन्य पुराणों से अपनी विशिष्टता स्पष्ट करती है।

उपसंहार

समग्र विवेचन के उपरान्त कहा जा सकता है कि भारतीय साहित्य में वर्ण्य विषय की दृष्टि से पुराण साहित्य का महत्त्वपूर्ण स्थान है। इतिहास, संस्कृति, धर्म, साहित्य आदि सभी तत्त्वों का समावेश पुराणों में वर्तमान है। हिन्दू-धर्म को सबसे अधिक प्रभावित करने वाले पुराण ही कहे जा सकते हैं। भारतीय जीवन की क्रमिक विकासधारा का ज्ञान प्राप्त करने के लिए पुराण-साहित्य अत्यन्त उपयोगी है। महाभारत के पूर्व तथा पश्चात् के ऐतिहासिक घटनाक्रम को जानने का मुख्य साधन पुराण ही है। इनके द्वारा हमें तत्कालीन राज-व्यवस्था, समाज सभ्यता और संस्कृति का पर्याप्त परिचय मिलता है। छान्दोग्य उपनिषद् में इतिहास और पुराण को पंचम वेद कहा गया है। पुराणों की संख्या अट्ठारह है जिनमें -- पद्म, विष्णु, अग्नि, स्कन्द, गरुड़, ब्रह्माण्ड, नारद तथा भागवत आदि प्रमुख पुराण हैं। इन पुराणों में ब्रह्मा विष्णु और शिव तीन देवताओं की उपासना का ही वर्णन हुआ है। वस्तुतः पुराण हिन्दुओं की समस्त विधाओं के आश्रय और पूर्ण आर्य-संस्कृति के विश्वकोश हैं।

महामनीषी आचार्य श्रीराम शर्मा द्वारा विरचित प्रज्ञा पुराण का सृजन भारतीय संस्कृति के अनुयायियों के लिए एक महान् कार्य है। यह रचना आनन्ददायिनी होने के साथ-साथ ज्ञान वर्द्धिनी भी है। महाप्रज्ञा ऋतम्भरा माता गायत्री के प्रति आचार्य श्री की सघन भक्ति भावना व्यापक कल्पना के रंग में रंग कर रस धारा के रूप में प्रवाहित हुई है जो सहृदय पाठकों को प्रभावित करने में पूर्ण सक्षम है। इसमें ज्ञान, कर्म, भक्ति के सैद्धान्तिक एवं व्यवहारिक दोनों पक्षों का मणिकांचन संयोग है। यह अमूल्य कृति अतीत काल के ज्ञान का भंडार तो है ही, साथ ही इसमें अर्वाचीन सिद्धान्तों का भी पूर्ण समावेश विलक्षण शैली में निरूपित है। वस्तुतः आचार्य श्रीराम जी के सम्पूर्ण जीवन के परिश्रम का, उनकी निष्ठा पूर्ण साधना और उत्कृष्टतम भक्ति भावना का एवं उनके व्यवहारिक तथा बुद्धि-कौशल का परिणाम ही है- प्रज्ञा पुराण, आज मानव-जीवन को आदर्श बनाने के लिए उज्ज्वल प्रकाश स्तम्भ है। इस रचना में आदर्श गृहस्थ जीवन, आदर्श राजधर्म, आदर्श पारिवारिक, सामाजिक एवं सांस्कृतिक जीवन-दर्शन के साथ सदाचार तथा नैतिकता की शिक्षा का सुन्दर और प्रभावशाली रूप से चित्रण मिलता है।

वर्तमान परिस्थितियों का सूक्ष्म निरीक्षण कर प्रातिभचक्षु ग्रंथकार ने यह अनुभव किया कि समय-समय पर तत्कालीन समस्याओं के सामाधान हेतु विभिन्न रूपों में अवतरित होने वाले भगवान को इस समय प्रज्ञावतार के रूप में अवतरित होने की आवश्यकता है क्योंकि इस समय सामान्य जन में तर्क बुद्धि की प्रधानता है और वैज्ञानिक आविष्कारों की सुविधा ने उसे समस्त सुख समृद्धि के साधन प्रदान कर भौतिकवादी बना दिया है। उसके हृदय से भगवान के प्रति श्रद्धा विश्वास समाप्त हो गया है और वह पूर्णतया अनास्था संकट से संत्रस्त हो कर नास्तिक बनता चला जा रहा है, इसी के साथ प्राचीन पौराणिक कथाएँ तर्क वादी बुद्धि प्रधान मानव की जिज्ञासाओं को शान्त करने में असमर्थ प्रतीत हो रही थीं, ऐसे समय में प्रज्ञा पुराण की रचना करके आचार्य जी ने एक नूतन पथ-प्रदर्शित किया है। इसमें युग समस्याओं के सामाधान का मर्म निहित होने के साथ ही सच्ची मानवता और विश्व धर्म का संदेश है।

प्राचीन पुराणों में भारतीय संस्कृति के समस्त उपकरणों, धर्म, दर्शन, सदाचार, नीति, वर्णाश्रम धर्म, सत्य विवेक, दान, दया, उदारता आदि का विस्तृत विवेचन है, प्रस्तुत ग्रंथ में भी ग्रंथकार ने इस युग की आवश्यकतानुसार इन समस्त विषयों को ही अभिव्यंजित किया है। किन्तु उनमें अपनी प्रतिभा के द्वारा नवीन आदर्शों के साथ सुन्दर सामंजस्य कर दिया है। इस ग्रंथ में भारतीय सभ्यता एवं संस्कृति की समस्त विशेषताएँ उपलब्ध हैं, आर्ष ग्रंथों एवं पुराणों की भाँति इसमें ब्रह्म विद्या का प्रतिपादन भी वर्तमान है, किन्तु इस जटिल एवं गूढ़ विषय को इतने आकर्षक एवं सरल रूप में प्रस्तुत किया है कि जन सामान्य भी उसे हृदयंगम कर उससे लाभान्वित हो सकता है। इसमें सत्यं शिवं सुन्दरम् का समन्वित रूप प्रतिबिम्बित है।

प्रज्ञा पुराण में प्राचीन परम्परागत पुराणों की भाँति सर्ग, प्रति सर्ग, वंश, मन्वन्तरादि रूढ़िवादि परम्मपराओं का सर्वथा परित्याग कर प्रबुद्ध लेखक ने वर्तमान कालीन सन्तों, महापुरुषों, महात्माओं एवं सदाचारी नेताओं के आदर्श, कथानकों, सिद्धान्तों, विचारों एवं क्रियाकलापों का प्रसंगानुकूल वर्णन करके विश्व प्रेम और मानवता का संदेश दिया है। लोक कल्याण की भावना से पूर्ण इस ग्रंथ में अध्यात्म-दर्शन, संयमशीलता, कर्त्तव्य परायणता, उदार भक्ति भावना, सत्साहस के साथ युगान्तरीय चेतना को अत्यन्त प्रभावोत्पादक रूप से अनुप्रेरित किया है। पारिवारिक आदर्शों के साथ नारी को चेतना प्रदान की है।

चरित्र निर्माण, जीवन के उच्चादर्श, नैतिक सिद्धान्तों की सरल रूप में शिक्षा, सत्य, विवेकशीलता, संयमशीलता, सहकारिता, आदि उदात्त भावनाओं को जागृत करने वाला यह ग्रंथ केवल वैष्णव धर्मावलम्बितयों के लिए ही नहीं, अपितु समस्त विश्व के सभी धर्मो व सम्प्रदायों के अनुयायियों के लिए आदर्श तथा अनुकरणीय बन गया है, क्योंकि इसमें केवल भारत देश के ही नहीं अपितु विश्व के सभी महान् पुरुषों के जीवन चरित्र को वर्णित कर जन सामान्य को देव तुल्य जीवन व्यतीत करने की शिक्षा दी गई है। उदार दृष्टिकोण अपनाने के कारण इस ग्रंथ में जन सामान्य को प्रभावित करने की अपूर्व क्षमता के दर्शन होते हैं तथा देश काल की सीमाओं से मुक्त इस अमूल्य कृति की गणना विश्व की सर्वश्रेष्ठ रचनाओं में की जा सकती है।

इसके प्रतिपाद्य विषय एवं कथावस्तु में भारतीय मनीषियों के चिन्तन, मनन की अविच्छन्न धारा निरन्तर प्रवाहित है। अन्य पुराणों में जिस प्रकार भगवान के अनेक अवतारों का वर्णन कर केवल उनके एक ही रूप की लीलाओं एवं चरित्रका विस्तृत विवेचन अंकित है उसी प्रकार प्रज्ञा पुराण में महा प्रज्ञा गायत्री के प्रज्ञावतार के रूप में अवतरित होने का संकेत किया गया है किन्तु अन्य पुराणों की भाँति इसमें न उसकी चित्रविचित्र लीलाओं का दिग्दर्शन है और न उनकी बार-बार स्तुति ही की गई है। कथावस्तु के अनिवार्य गुण सरसता, श्रृंखलाबद्धता, एकसूत्रता, रोचकता, गतिशीलता इसमें सर्वत्र विद्यमान है। ग्रंथकार ने इस ग्रंथ में भारत की सांस्कृतिक, सामाजिक एवं धार्मिक एकता का प्रतिपादन कर ''आत्मवत्सर्वभूषु'' का सिद्धान्त निरुपित किया है, जो समस्त विश्व को एक सूत्र में निबद्ध करने में

समर्थ है। इस महान् कृति में सर्वत्र वसुधैव कुटुम्बकम् का महामंत्र गुंजरित है, जो भारतीय मनीषियों की अद्भुत देन है।

पात्र योजना की दृष्टि से यह ग्रंथ विलक्षण है। इसमें यक्ष, गन्धर्व, किन्नर, सुर-असुरों का चरित्र चित्रण न कर सामान्य मानवों के चरित्र-चित्रण द्वारा नर पशु को देवमानव बनने की दीक्षा दी गई है। दिव्यपात्र के रूप में महाप्रज्ञा गायत्री की महत्ता वर्णित है। ऋषि मुनियों के चरित्र चित्रण इस में अनुपलब्ध हैं। अदिव्य पात्रों का उल्लेख आचार्य श्री ने काम, क्रोध, लोभ, मोह, वासना आदि असुर प्रवृत्तियों के निराकार रूप में किया है जो वर्तमान युग में व्यक्ति मात्र के हृदय में विद्यमान हैं तथा जिनके प्रभाव से प्रभावित मानव अमानवीय आचरण कर पशु तुल्य हो जाता है, उन्हीं दुष्प्रवृत्तियों के उन्मूलन के लिए सत् प्रज्ञा के जागरण की आवश्यकता है।

प्रज्ञा पुराण केवल संस्कृति, दर्शन, नीति एवं भक्ति का ही ग्रंथ नहीं है, इसका साहित्यिक महत्त्व भी अवर्णनीय हैं। भक्ति और ज्ञान का प्रतिपादक एक आध्यात्मिक ग्रंथ होने पर भी इसमें साहित्यिकता के गुण उपलब्ध है। भावानुभाव, रसाभिव्यंजना की दृष्टि से भी यह कृति अनुपम है। यह भावध्वनि का सफल निदर्शन है। काव्य को सरस बनाने के लिए कविगण श्रृंगार रस का प्रयोग आवश्यक मानते हैं किन्तु इस ग्रंथ में सर्वत्र भक्ति भावना की दिव्यानुभूति होती है। परम्परागत पुराणों की भांति इसमें करुण, विप्रलम्भ, अद्भुत, हास्य वीर रस का वर्णन नहीं है।

प्रकृति चित्रण में भी रचनाकार ने काव्य शास्त्र की परम्परागत प्रणाली का अन्धानुकरण न कर केवल प्रकृति के उपदेशात्मक रूप को ही अपनाया है। अत: उन्होंने नदी, पर्वत, वृक्ष, पुष्प, पयोधर के माध्यम से प्रकृति के उपदेशात्मक स्वरूप का चित्रण कर मानव मात्र को प्रकृति से परोपकार की शिक्षा ग्रहण करने की प्रेरणा दी है।

प्रज्ञा पुराण की भाषा एवं रचना शैली भी लेखक की विलक्षण प्रतिभा की परिचायक है। इसकी भाषा सर्वत्र व्याकरण सम्मत, प्रौढ़, प्रांजल एवं भावानुकूल है एवं सरल, सुबोध, सुगम्य होने के कारण जन सामान्य को प्रभावित करने में सक्षम है। इसमें पांडित्य प्रदर्शन की भावना के दर्शन नहीं होते। अलंकारों का स्वाभाविक प्रयोग प्रज्ञा पुराण में उपलब्ध है। इस दृष्टि से आचार्य जी का भाषा पर पूर्ण अधिकार है। प्रसंगानुकूल स्थलों पर वे भाषा के सौंदर्य की श्रीवृद्धि करते हैं। इनकी शैली अनलंकृत, भावात्मक एवं प्रसाद गुण से परिपूर्ण एवं संवादात्मक है।

प्रज्ञा पुराण का मुख्य उद्देश्य है लोक-कल्याण। मानव का कल्याण भगवत प्राप्ति से ही संभव है और भगवत्प्राप्ति आत्म-ज्ञान द्वारा ही हो सकती है। आत्म ज्ञान उपासना, साधना तथा आराधना अथवा ज्ञान भक्ति एवं कर्म के समन्वय से उपलब्ध होता है, इसी कारण वेदों उपनिषदों तथा समस्त आर्ष ग्रंथों में मानव को आत्म-दर्शन कराने का प्रयास किया गया है। यह आत्म ज्ञान इस युग में गायत्री उपासना से ही संभव है।

आचार्य श्री ने आर्य ऋषियों की भाँति गंगोत्री की पावन स्थली तथा नन्दन वन में हिमगिरि की गोद में बैठ कर माता गायत्री की उपासना द्वारा जो अनुदान प्राप्त किया था, जिस गायत्री माता रूपी कामधेनु का पय:थान तथा कल्पवृक्ष के समान जिस महामंत्र की साधना से जो सुफल प्राप्त किये थे उन्हें वे जन-जन तक वितरित करने के लिए उत्कण्ठित हैं। उन्होंने गायत्री माता की उपासना, साधना तथा आराधना द्वारा इस गूढ़ रहस्य को समझ लिया था कि आधुनिक युग में दुर्बुद्धि ग्रस्त मानव को भौतिक, दैहिक एवं दैविक तापों से मुक्ति दिलाने वाली महाप्रज्ञा ऋतम्भरा गायत्री माता ही है अत: उन्होंने जन-जन को इस रसामृत का पान कराने के लिए इस अमूल्य कृति की रचना की है।

निष्कर्षत: प्रज्ञा पुराण महान् साधक युग निर्माता महाकवि की समग्र प्रतिभा को विशिष्ट रूप से अपने जीवन में धारण और निर्वहण करने वाले सफल सार्थक कवि आचार्य श्रीराम जी की श्रेष्ठतम कृति है, जो काव्यगत समस्त विशिष्टताओं से ओत प्रोत है। इसमें पारिवारिक, सामाजिक, राजनीतिक, धार्मिक और सांस्कृतिक आदर्शों का निरूपण है, जिससे रचना में जीवन्तता, लोकप्रियता और प्रभावोत्पादकता आ गई है। पुरातन पुराण लेखन शैली को ग्रहण करते हुए भी लेखक ने इसमें युगानुरूप मानवोत्थान एवं समाज का पथ-प्रदर्शन करने के लिए नवीन विषयों की परिकल्पना की है। उच्चादर्शों से परिपूर्ण प्रज्ञा पुराण निस्संदेह मानवोपकारक और पुराण के नवीनीकरण को प्रस्तुत करता है।

परिशिष्ट

।क।।   आधार ग्रन्थ
।ख।।   सहायक ग्रन्थ
    ।।अ।। संस्कृत-हिन्दी
    ।।आ।। अंग्रेजी
।ग।। कोश
।घ।।   पत्र-पत्रिकाएँ

परिशिष्ट

।क।।   आधार ग्रन्थ

१. प्रज्ञा पुराण : प्रथम खण्ड – वेद मूर्ति तपोनिष्ठ पं० श्रीराम शर्मा आचार्य, युग निर्माण योजना, मथुरा, चतुर्थ आवृत्ति-१९८९ ई०
२. प्रज्ञा पुराण : द्वितीय खण्ड – प्रथम आवृत्ति – १९८५ ई0– मथुरा
३. प्रज्ञा पुराण : तृतीय खण्ड –मथुरा – तृतीय आवृत्ति– १९८९ ई0
४. प्रज्ञा पुराण : चतुर्थ खण्ड – प्रथम आवृत्ति – १९८५ ई0

।ख।।   सहायक ग्रन्थ सूची –

।।अ।।   संस्कृत एवं हिन्दी –

१. अथर्ववेद – दयानन्द संस्थान, नई दिल्ली
    अथर्ववेद संहिता – सम्पादक – पं0 श्रीराम शर्मा आचार्य, भगवती देवी शर्मा ब्रह्मवर्चस, शांतिकुंज, हरिद्वार, प्रथम आवृति संवत– २०५२
२. अग्नि पुराण – हिन्दी साहित्य सम्मेलन, प्रथम संस्करण
३. अष्टाध्यायी, पाणिनि, सं0 ब्रह्मदत्त कपूर, ट्रस्ट अमृत सर, प्रथम संस्करण २०२२ वि0
४. अध्यात्म रामायण – सं0 प्रभात शास्त्री प्रथम संस्करण १९९४
५. आपस्तम्ब गृह्य सूत्र, हरदत्त मिश्र, आपस्तम्ब धर्म सूत्र – रामनाथ शास्त्री द्वारा संशोधित, डा0 उमेश चन्द्र पाण्डेय द्वारा व्याख्या, चौखंबा संस्कृत सीरिज़ आफिस, वाराणसी
६. आश्वलायन गृह्य सूत्र – श्री नारायण भाष्य, गोविन्द पुरुषोत्तम रानाडे शास्त्री, आनन्दाश्रम, पूना – १९३२
७. आर्यासप्तशती – गोवर्धनाचार्य, निर्णय सार प्रेस, बम्बई – १८९५
८. आर्य जीवन् दर्शन –मोहन लाल महतो वियोगी, विचार हिन्दी ग्रंथ एकादमी, सम्मेलन भवन, पटना, प्रथम संस्करण – १९७१

९. आर्य पर्व पद्धति - भवानी प्रसाद मिश्र, सार्वदेशिक आर्य प्रतिनिधि सभा, दयानन्द भवन, नई दिल्ली, प्रथम संस्करण - १९८८ ई0
१०. आचार्य श्रीराम शर्मा - व्यक्तित्व एवं कृतित्व- डॉ० प्रज्ञानन्द ।।अप्रकाशित ग्रन्थ।।
११. आगरा के आध्यात्मिक महारथी - श्रीराम शर्मा , १९५० ई0 रनसिंह चौहान
१२. इतिहास पुराण का अनुशीलन - डॉ0 कुँवर लाल ''व्यास'' इतिहास, विद्या प्रकाशन, प्रथम संस्करण १९७८ ई0
१३. इतिहास पुराण साहित्य का इतिहास - श्री रमा शंकर भट्टाचार्य, इण्डोलॉजिकल बुक हाउस, वाराणसी, प्रथम संस्करण - १९६३ ई0
१४. ईशावास्योपनिषद् - आनन्दाश्रम संस्कृत ग्रंथावलि, 5-पूना, १९३४ ई0
१५. उत्तररामचरित - भवभूति संपादक रामप्रसाद त्रिपाठी, इलाहाबाद - १९७३ ई0
१६. ऋग्वेद - प्रथम भाग - दयानन्द संस्थान, नई दिल्ली-१९६५ ई0
१७. ऋग्वेद - द्वितीय भाग - दयानन्द संस्थान, नई दिल्ली-१९६६ ई0
१८. ऋग्वेद संहिता-प्रथम भाग - सम्पादक वेद मूर्ति तपोनिष्ठ
१९. ऋग्वेद संहिता-द्वितीय भाग - पं0 श्रीराम शर्मा आचार्य
२०. ऋग्वेद संहिता- तृतीय भाग - श्रीमती भगवती देवी शर्मा
२१. ऋग्वेद संहिता-चतुर्थ भाग - ब्रहमवर्चस् शांतिकुञ्ज, हरिद्वार, द्वितीय आवृत्ति - १९९५
२२. ऋग्वेद में दार्शनिक तत्त्व - डॉ0 गणेश दत्त शर्मा, विमल प्रकाशन, गाजियाबाद, प्रथम संस्करण - १९७७ ई0
२३ ऋग्वेद पर ऐतिहासिक दृष्टि - पं0 विश्वेश्वर नाथ रेउ, बनारसीदास, मोती लाल, दिल्ली, पटना, वाराणासी, प्रथम संस्करण - १९६७ ई0
२४. ऋग्वेद सूक्त विकास -हा0रा0 दिवेकर, प्रथम संस्करण -१९७० ई0 मोती लाल बनारसी दास, पटना, दिल्ली, वारणसी।
२५. ऋग्वेदा दिभाष्य भूमिका - स्वामी दयानन्द वैदिक पुस्तकालय, दयानन्द आश्रम, अजमेर।
२६. ऐतरेय ब्राह्मण - सायण भाष्य, आनन्दाश्रम, संस्कृत ग्रंथावली, पूना- १९२५ ई0
२७. ऐतरेयोपनिषद् - शंकर भाष्य-गीता प्रेस, गोरखपुर- १९४०ई0
२८. औचित्य विचार चर्चा - आचार्य क्षेमेन्द्र
२९. कठोपनिषद् - शंकर भाष्य, गीता प्रेस, गोरखपुर
३०. काव्य प्रकाश - ।। मम्मटाचार्य।। अनुवादक स्वर्गीय पंडित हरिमंगल मिश्रा, हिन्दी साहित्य सम्मेलन, द्वितीय संस्करण, प्रयाग- १९४३
३१. काव्यादर्श- आचार्य दण्डी, ब्रजरत्नदास अनुदित काशी सं0- १९८८
३२. काव्यालंकार सूत्र वृत्ति - ।वामनाचार्य।। डॉ0 नगेन्द्र सम्पादित आत्माराम एण्ड संस, दिल्ली - १९५४
३३. काव्यालंकार - ।।भामह।। देवेन्द्र नाथ शर्मा कृत भाष्य विहार राष्ट्र भाषा परिषद् पटना-१९६२
३४. काव्यालंकार - ।रूद्रट।। डा0 सत्यदेव चौधरी, वासुदेव प्रकाशन, दिल्ली-१९९२ ई0
३५. काव्य विमर्श - पं0 रामदहिन मिश्र, ग्रंथ माला, कार्यालय पटना, पथम संस्करण- १९५१

३६. काव्य मीमांसा – ।।राजशेखर।। केदार नाथ मिश्र, ''सारस्वत'' सम्पादित, बिहार राष्ट्र भाषा परिषद् पटना १९५४ ई0
३७. कृष्ण यजुर्वेद संहिता – सायण भाष्यावलम्बी सरल हिन्दी भावार्थ सहित श्रीराम शर्मा आचार्य द्वारा सम्पादित, गायत्री तपोभूमि मथूरा– १९६०
३८. कुमार संभव – कालिदास ग्रंथावली, श्रीराम प्रसाद त्रिपाठी, इलाहाबाद – १९७३ ई0
३९. कूर्म पुराण – पं0 श्रीराम शर्मा आचार्य, संस्कृति संस्थान, बरेली, १९६३ ई0
४०. गरूड़ पुराण – वेद मूर्ति तपोनिष्ठ पं0 श्रीराम शर्मा आचार्य – संस्कृति संस्थान, बरेली – १९६१ ई0
४१. गोपथ ब्राह्मण – राजेन्द्र लाल जीवानन्द विद्यासागर, कलकत्ता, लाल राजकपूर ट्रस्ट बहालगढ़ सोनीपत
४२. चन्द्रालोक –जयदेव
४३. चाणक्य नीति – निर्णय सागर प्रेस बम्बई
४४. चित्र मीमांसा – अप्पय दीक्षित
४५. छान्दोग्योपनिषद् – ।।शंकर भाष्य।। गीता प्रेस गोरखपुर द्वितीय संस्करण – २०११
४६. छन्दोऽनुशासनम् – जयकीर्ति
४७. छन्दोमंजरी – गंगादास विरचित, चौखम्बा, वाराणसी १९४८
४८. छन्दो दर्पण – डा0 गौरी शंकर मिश्र ''द्विजेन्द्र'' अनुपम प्रकाश, पटना, पं0सं0 १९७७ ई0
४९. तर्क भाषा – केशव मिश्र
५०. तैत्तिरीय संहिता – ।। सायण भाष्य।। आनन्दाश्रम संस्कृत ग्रन्थावली, पूना।
५१. तैत्तिरीयोपनिषद् – ।।शंकर भाष्य।। गीता प्रेस, गोरखपुर
५२. तैत्तिरीयब्राह्मण – ।।सायण भाष्य।। आनन्दाश्रम संस्कृत ग्रन्थावली, पूना
५३. दशरूपक।।धनंजय।। श्री निवास शास्त्री, साहित्य मंडल मेरठ– १९७६ ई0
५४. देवी भागवत पुराण – वेद मूर्ति तपोनिष्ठ पं०श्रीराम शर्मा आचार्य, संस्कृति संस्थान, बरेली, प्रथम संस्करण– १९६६ ई0
५५. धर्म और दर्शन – विष्णु देव उपाध्याय
५६. धर्म और दर्शन – आचार्य बलदेव उपाध्याय, चौखम्बा ओरियन्टालिया, प्रथम संस्करण– १९७७ई0
५७. ध्वन्यालोक – ।।आनन्दवर्द्धन।। आचार्य विश्वेश्वर, ज्ञान मण्डल लिमिटेड, वराणसी, प्रथम संस्करण – २०१९ वि०
५८. नारद पुराण – पं0 श्रीराम शर्मा आचार्य, संस्कृति संस्थान, बरेली, १९६३ ई0
५९. नाट्य शास्त्र – ।।भरत मुनि।। पं0 बटुक नाथ शर्मा एवं पं0 बलदेव उपाध्याय, चौखम्बा प्रकाशन सं0 १९८५ ई0
६०. निरुक्त – ।।यास्क।। श्री वेंकटेश्वर प्रेस मुम्बई १९८२ वि0
६१. निरुक्तम् – पं0 देवदत्त शर्मा, मेहरचन्द्र लक्ष्मण दास, दिल्ली, प्रथम संस्करण १९६३
६२. नीति शतक – ।।भर्तृहरि।। श्री वेंकटेश्वर प्रेस, संस्कृत सीरिज़, बम्बई १९८६ ई0

६३. नीति मुक्तावली –सं0 डा0 रवीन्द्र नाथ सेठ, डा0 देवकन्या आर्य, भारतीय नीति ग्रन्थ माला, साहित्य शोध संस्थान, नई दिल्ली, १९८१ ई०
६४. नैषधचरित – हरिदास ग्रंथ माला चौखम्बा, संस्कृत सीरीज़ वाराणसी
६५. पुराण पर्यालोचनम् – श्रीकृष्ण मणि त्रिपाठी
६६. पुराण–परिशीलन – आचार्य गिरिधर शर्मा चतुर्वेदी, बिहार राष्ट्र भाषा पटना, प्रथम संस्करण, सन् १९७० ई0
६७. पुराण विमर्श – आचार्य बलदेव उपाध्याय, चौखम्बा विद्या भवन, वाराणसी, प्र. द्वितीय संस्करण – १९७८
६८. पद्म पुराण – आचार्य श्रीराम शर्मा – संस्कृति संस्थान बरेली ।।वेद व्यास।। प्रथम संस्करण १९६९ ई0
६९. पूज्य आचार्य जी के सान्निध्य में – आचार्य निरंजन नाथ शर्मा
७०. पारस्कर गृह्य सूत्र – अन्तराम डोगरा, चौखम्बा, वाराणसी – १९३९ ई0
७१. पंच तंत्र – ।।विष्णु शर्मा।। विद्या भवन, संस्कृत माला, चौखम्बा विद्या भवन, वाराणसी – १९६१ ई0
७२. बृहदारण्यकोपनिषद् – ।।शंकर भाष्य।। गीता प्रेस गोरखपुर द्वितीय संस्करण २०२१ वि0
७३. ब्रह्म पुराण – अनु0 तारपीश झा, प्रभात शास्त्री हिन्दी साहित्य सम्मेलन, प्रयाग, प्रथम संस्करण – १९७६
७४. ब्रह्म वैवर्त्त पुराण – अनु0 एवं सम्पादक तारिपीश झा, हिन्दी साहित्य सम्मेलन प्रयोग प्रथम संस्करण – १९८१
७५. ब्रह्माण्ड पुराण – सं0 आचार्य श्रीराम शर्मा, संस्कृति संस्थान, बरेली, प्रथम संस्करण– १९६६ई0
७६. ब्राह्मण ग्रंथ – एक अनुशीलन डॉ0 रंजना, शिवाराधन प्रकाशन पुराना कटरा, इलाहाबाद, १९८८
७७. बौधायन गृह्य सूत्र धर्म सूत्र संपादक चित्र स्वामी शास्त्री, चौखम्बा, वाराणसी– १९३४
७८. बुद्ध चरित – ।।अश्व घोष।। विद्या भवन ग्रंथमाला चौखम्बा वाराणसी १९६६ ई0
७९. वृहस्पति–स्मृति – सं0 आचार्य श्रीराम शर्मा, संस्कृति संस्थान बरेली, १९७०
८०. भविष्य पुराण – पं0 श्रीराम शर्मा आचार्य, संस्कृति संस्थान बरेली, द्वितीय संस्करण १९७०
८१. भारतीय धर्म और दर्शन – आचार्य बलदेव उपाध्याय, चौखम्बा, ओरियण्टालिया प्रथम संस्करण, १९७७
८२. भारतीय दर्शन – डॉ० उमेश मिश्र, राजर्षि पुरुषोत्तम दास, टण्डन, हिन्दी भवन लखनऊ, प्रथम संस्करण – १९५७ ई0
८३. भारतीय संस्कृति का विकास – डॉ0 मंगल देव शास्त्री, भारतीय द्वितीय खण्ड–औपनिषद्धारा।। विद्या प्रकाशन, कचौड़ी गली, वाराणसी, प्रथम संस्करण १९६६ ई0
८४. भागवत पुराण का साहित्यिक अनुशीलन –डॉ0 संतोष शर्मा, शलभ प्रकाशन मेरठ, प्रथम संस्करण– १९९४
८५. मनुस्मृति – पं0 हरगोविन्द शास्त्री, चौखम्बा विद्या भवन वाराणसी, द्वितीय संस्करण संवत २०२६वि0
८६. महाभारत – प्रधान सम्पादक – डॉ0 श्रीपाद दामोदर, सातवेलकर, स्वाध्याय मण्डल, पारडी, जिला बसवाड़ा, प्रथमावृत्ति–१९६८ई0
८७. मत्स्य पुराण – गुरु मण्डल ग्रंथमाला कलकत्ता प्रथम संस्करण – २०११ वि
८८. मार्कण्डेय – एक सांस्कृतिक अध्ययन –डॉ0 वासुदेव शरण अग्रवाल भूमिका –
८९. मार्कण्डेय पुराण – वेदमूर्ति तपोनिष्ठ पं0 श्रीराम शर्मा आचार्य, संस्कृति संस्थान, बरेली, प्रथम संस्करण– १९६८ ई0

९०. मुण्डोकोपनिषद् - आनन्दाश्रम संस्कृत ग्रंथावली १२, पूना १९३५ ई0
९१. महोपनिषद् - १०८ उपनिषद् वेदमूति तपोनिष्ठ पं0 श्रीराम शर्मा आचार्य, संस्कृति संस्थान, बरेली, १९६१
९२. यजुर्वेद संहिता।।दयानन्द भाष्य।। वैदिक यंत्रालय अजमेर १९२९ ई0
93. याज्ञवल्क्य स्मृति ।।मिताक्षरा टीका सहित।। निर्णय सागर प्रेस, बम्बई १९०९ ई0
९४. रस गंगाधर ।।पं0 राज जगन्नाथ।। श्री मदन मोहन झा, कृत हिन्दी व्याख्या, चौख बा प्रकाशन १९५५ ई0
९५. रघुवंश महाकाव्यम् ।।कालिदास।। पंडित पुस्तकालय काशी १९६१ ई0
९६. विष्णु पुराण भाग -1 सं0 वेदमूर्ति तपोनिष्ठ पं0 श्रीराम शर्मा आचार्य, संस्कृति संस्थान बरेली, प्रथम संस्करण - १९६७ ई0
९७. विष्णु पुराण भाग -2 पं0 श्रीराम शर्मा आचार्य, संस्कृति संस्थान, बरेली, प्रथम संस्करण- १९६७ ई0
९८. विष्णु धर्मोत्तर पुराण -सं0 वेदमूर्ति तपोनिष्ठ पं0 श्रीराम शर्मा आचार्य, संस्कृति संस्थान बरेली, प्रथम संस्करण - १९६६ ई0
९९. वायु पुराण - गीता प्रेस, गोरखपुर
१००. वाराह पुराण पं0 श्रीराम शर्मा आचार्य, संस्कृति संस्थान बेरेली- १९६७ ई0
१०१. वाल्मीकि रामायण - विद्या भवन संस्कृत गंथमाला २८, चौखम्बा, वाराणसी - १९७७ ई0
१०२. वाल्मीकि रामायण - गीता प्रेस गोरखपुर पंचम संस्करण २०४२ वि0 भाग -१, भाग-२
१०३. वेदान्त सार ।।सदानन्द।। ।।हिन्दी अनुवाद सन्त नारायण श्रीवास्तव।। पीयूष प्रकाशन, इलाहाबाद १९६८ ई0
१०४. वैदिक साहित्य और संस्कृति बलदेव उपाध्याय, द्वितीय संस्करण- १९५८ ई0
१०५. वैदिकी - डॉ0 मुंशीलाल शर्मा, प्रकाशक रामबाग कानपुर - १९७२ ई0
१०६. वैदिक संस्कृति और दर्शन डॉ0 विश्वम्भर नाथ, सरस्वती प्रकाशन मंदिर, इलाहाबाद, प्रथम संस्करण -१९७८ ई0
१०७. व्रतोत्सव संहिता - पं0 रामगोपाल मिश्र, राष्ट्र धर्म प्रकाशन, लखनऊ, द्वितीय संस्करण - १९६७ ई0
१०८. वसीयत और विरासत पं0 श्रीराम शर्मा आचार्य, युग निमार्ण योजना, गायत्री तपोभूमि, मथुरा - १९९४ ई0
१०९. वक्रोक्ति जीवितम् ।कुन्तक। आचार्य विश्वेश्वर कृत व्याख्या, सं0 डॉ0 नगेन्द्र आत्माराम एण्ड संस १९५५ ई0
११०. वृत्त रत्नाकर - निर्णय सागर प्रेस, बम्बई - १९२६ ई0
१११. वृद्ध गौतम स्मृति - श्रीराम शर्मा आचार्य, संस्कृति संस्थान, बरेली - १९६६ ई0
११२. श्रीमद् भागवत गीता - श्री काशी संस्कृत ग्रंथमाला- १६२ चौखम्बा, वाराणसी- १९६२ ई0
११३. श्री शिव पुराण - पं0 श्रीराम शर्मा आचार्य, संस्कृति संस्थान, बरेली, तृतीय संस्करण - १९७८ ई0
११४. श्रीमद् भागवत पुराण गीता प्रेस गोरखपुर - २०१३
११५. शतपथ ब्राह्मण - विज्ञान भाष्य प्रकाशक राजस्थान वैदिक तत्त्व शोध संस्थान जयपुर - १९५६ ई0
११६. शुक्रनीति ।।शुक्राचार्य।। श्री काशी ग्रंथमाला- १९६९ ई0
११७. शंख स्मृति- पं0 श्रीराम शर्मा आचार्य, संस्कृति संस्थान बरेली- १९६५ ई0
११८. श्रुत बोध - बम्बई संस्करण- १९७८ ई0

११९. श्वेताश्वतरोपनिषद् - ।शंकराचार्य भाष्य।। हरिकृष्ण गोपन्दका, गीता प्रेस गोरखपुर - सं0 २०१९
१२०. सामवेद - पं0 श्रीराम शर्मा आचार्य, भगवती देवी शर्मा, ब्रह्मवर्चस्, शांतिकुंज हरिद्वार, प्रथमावृत्ति १९९३
१२१. साहित्य दर्पण - ।विश्वनाथ।। डॉ0 सत्यव्रत सिंह, चौखम्बा विद्या भवन, वाराणसी- १९६३ ई0
१२२. सत्यार्थ प्रकाश - महर्षि दयानन्द सरस्वती, आर्ष साहित्य प्रचारक ट्रस्ट खारी बावली दिल्ली, ३२वाँ संस्करण - १९८७ ई0
१२३. संस्कार विधि - महर्षि दयानन्द सरस्वती, सार्वदेशिक आर्य प्रतिनिधि सभा द्वितीयावृत्ति - २०३९वि0
१२४. साहित्य मीमांसा - विद्या भास्कर डॉ0 सूर्य कान्त शास्त्री, हिन्दी भवन लाहौर
१२५. संस्कृत साहित्य का इतिहास - डॉ0 वचन देव कुमार, नेशनल पब्लिशिंग हाउस, नई दिल्ली प्रथम संस्करण १९७७ ई0
१२६. संस्कृत साहित्य का संक्षिप्त इतिहास वाचस्पति गैरोला, चौखम्बा विद्या वाराणसी, तृतीय संस्करण- १९७८ ई0
१२७. संस्कृत साहित्य का इतिहास - कन्हैया लाल पौद्दार, श्रीराम विलास पौद्दार, स्मारक ग्रंथमाला समिति नवलगढ़ प्रथमावृत्ति, १९३८ ई0
१२८. संक्षिप्त चाणक्य नीति - नित्यानन्द विश्व माला ५ ई, देवदत्त शास्त्री, वैदिक शोध संस्थान प्रेस, होशियारपुर- १९६४ ई0
१२९. स्कन्द पुराण - आचार्य श्रीराम शर्मा जी, संस्कृति संस्थान बरेली- १९६६ ई0
१३०. सिद्धान्त कौमुदी - चौखम्बा प्रकाशन वाराणसी
१३१. संस्कृत साहित्य विमर्श -पं0 द्विजेन्द्र नाथ शास्त्री, भारती प्रतिष्ठान, मेरठ-१९५६ ई0
१३२. स्वतंत्रता संग्राम के मथुरा जनपदीय सेनानी- चिन्तामणि शुक्ल, युग निर्माण योजना, गायत्री तपोभूमि मथुरा
१३३. सुनसान के सहचर - पं0 श्रीराम शर्मा आचार्य, युग निर्माण योजना, गायत्री तपोभूमि मथुरा १९९४ ई0
१३४. सांख्य कारिका - ईश्वर कृष्ण, आद्याशंकर मिश्र, कृत व्याख्या, सत्य प्रकाश मंदिर, प्रयाग - १९५६ ई0

।।अ।। अंग्रेजी ग्रंथ -

१३५. ए हिस्ट्री ऑफ इण्डियन फिलासफी- एस0एन0 दास गुप्ता, कैम्ब्रिज यूनिवर्सिटी प्रेस- १९६३ ई0
१३६. ए हिस्ट्री ऑफ संस्कृत लिट्रेचर- सी0वी0 वैद्य, इण्डियन फिलासफी राधाकृष्णनन्, जार्ज एलेन एण्ड उन्विन लिमिटेड, लन्दन।

।ग।। कोषः-

१. अमर कोष - भानु दीक्षित टीका काशी नगरी प्रचारिणी सथा।
२. पद्म चन्द्र कोष - गणेश शास्त्री - १९२५ ई0
३. वैदिक कोष - बनारस हिन्दी यूनिवर्सिटी - १९६३ ई0
४. संस्कृत हिन्दी शब्द कोष - शिवराम वामन आप्टे

५. हिन्दी साहित्य कोष - ज्ञान मण्डल वाराणसी २०१५ वि०
६. संस्कृत शब्दार्थ कौस्तुभ - द्वारिका प्रसाद चतुर्वेदी
७. हलायुधं कोष
८. शब्द कल्पद्रुम - राधा कान्त देव, नाग प्रकाशन, दिल्ली - 7

।।घ।। पत्र-पत्रिकाएँ-

१. अखण्ड ज्योति - संस्थापक, संरक्षक, पं० श्रीराम शर्मा आचार्य, माता भगवती देवी शर्मा, अखण्ड ज्योति संस्थान, गायत्री तपोभूमि मथुरा।
२. युग निर्माण योजना - संस्थापक, संरक्षक, श्रीराम शर्मा आचार्य, माता भगवती देवी शर्मा, गायत्री तपोभूमि, मथुरा
३. कल्याण - पुराण कथांक ।संख्या-1।। वर्ष- ६३
   कृष्णांक वर्ष - ६ अगस्त १९३१
   भक्ति अंक - वर्ष - ३२ अंक - 1
   विष्णु अंक - वर्ष ४७. अंक -१
   शक्ति उपासना अंक संख्या -1 वर्ष ६१
   परलोक एवं पुनर्जन्म संख्या - 1 वर्ष ४३
   गीता प्रेस, गोरखपुर
४. जीवन-दर्शन - वर्ष-२०, अंक - १०, अक्टूबर - १९८५, मानव सेवा संघ वृन्दावन मथुरा।

www.ingramcontent.com/pod-product-compliance
Lightning Source LLC
Chambersburg PA
CBHW060459240426
43661CB00006B/851